名家讲谈录

方立天讲谈录

方立天◎著

佛學

九州出版社
JIUZHOUPRESS

图书在版编目（CIP）数据

方立天讲谈录 / 方立天著. -- 北京 : 九州出版社,
2013.12

ISBN 978-7-5108-2506-4

Ⅰ. ①方… Ⅱ. ①方… Ⅲ. ①哲学－中国－文集
Ⅳ. ①B2-53

中国版本图书馆CIP数据核字(2013)第298556号

方立天讲谈录

作　　者	方立天　著
出版发行	九州出版社
出 版 人	黄宪华
地　　址	北京市西城区阜外大街甲35号（100037）
发行电话	(010)68992190/2/3/5/6
网　　址	www.jiuzhoupress.com
电子信箱	jiuzhou@jiuzhoupress.com
印　　刷	三河市九洲财鑫印刷有限公司
开　　本	680毫米×970毫米　16开
印　　张	23
字　　数	341千字
版　　次	2014年1月第1版
印　　次	2014年1月第1次印刷
书　　号	ISBN 978-7-5108-2506-4
定　　价	48.00元

编辑缘起

方立天教授是我的老师。上一个八十年代，我在中国人民大学哲学系读研究生的时候，每一天，我们在进出图书馆的路上，大概都能看到方老师进出图书馆的身影。同学之间就一个传一个地知道了，这位个子不高，神态怡然，步履安泰的老师，就是我们系专门研究佛教的方老师。在我的印象里，方老师进出图书馆几乎形成不变的规律，犹如康德先生在哥尼斯堡那条小路上定时地散步。对于方老师治学勤奋的精神，那时候就有了钦佩之情。

虽知其名，但是我一直没有机缘听过方老师的课。不过，离开学校之后，第一次接触佛教理论，就是向方老师学习，拜读他的大作《佛教哲学》。方老师的文风深入浅出，佛教哲学这样看起来高深玄远的学问，在他的笔下，变得条理清晰，易于理解。当时在书中读到佛教总结的人生八大苦难，顿时感到对我是一种振聋发聩的提醒，佛教以一种独特的眼光审视娑婆世相，为人打开一扇解除烦恼的智慧之窗。这个认识的机缘，即是从方老师的著作而来。

后来，我收存了方老师的关于佛教研究的各种专著，由于时间紧张，尚不及仔细研读。不过，每一次读他的书，总是感到当下获益。一次，在编辑书稿时，遇到英文 meditation 的翻译问题，译者译为“冥想”。而“冥想”这个词，包含了多种不同的意思。从印度宗教文化背景的表达来看，译得是否妥当？我为此犹疑良久。此时正好读到方老师关于禅宗起源的著述，这个问题当下迎刃而解。今年初，我读到方老师关于佛教因果论积极意义的阐释，感到方老师佛学研究的境界更有突破升高。当时就萌发一想，把方老师尚未结集出版的演讲等著述汇编成书，为喜爱佛学和中华传统文化的读者，提供一个新的通俗读本。这个想法，得到方老师欣然同意和支持。于是，由我社王海燕博士整理编排，经方老师增删审定，《方立天讲谈录》得以和读者见面。并由此，我们开辟了一个“名家讲谈录”系列，拟将学术名家的成果精华以通俗形式奉献给普通读者。为这个机缘的实现，我要对方老师表示深挚的感谢！

我想，接下来，我们将继续向方老师学习，继续把他的丰富的研究成果和思想智慧传播给广大读者。希望方老师继续地给予可贵的支持。

九州出版社总编辑　张海涛

2013 年 12 月 15 日

佛学研究的人生体悟（代序）

我不是一个宗教的信仰者，也不是一个宗教的反对者，而是把宗教作为一种客观对象进行研究的一个大学老师。我想跟佛教有关的大概有这样几类人：直接有关的就是佛教的信徒，第二类就是研究佛教的一些学者，第三就是佛教部门有关的行政官员。

佛教学术界研究佛教的人是怎么研究的？他们的立场、方法和观点怎样？可能对我们信仰佛教的朋友也会有参照价值。

研究中国佛学的因缘

我是浙江人，1933 年出生，1956 年进入北京大学哲学系，1961 年从北大哲学系毕业，分配到中国人民大学哲学系中国哲学史教研室做教师。

当时哲学系对老师有两条要求：一是从先秦到近现代中国哲学史要会通讲；二是要确定哪一段哲学史作为你的重点研究方向。当时很多人报了先秦、两汉、宋明、近现代，但魏晋南北朝、隋唐几乎没人报。这一阶段除了儒学以外，还有佛教、道教，宗教内容比较多，20 世纪 60 年代初期的政治舆论环境中，道教、佛教研究都被称为“险学”，但我还是报了这一段，而且决定先研究佛教。

当时研究佛教有三个困难。一是内容庞杂，历史很长，派别很多，要想系统、全面地把握佛教思想史很不容易；二是佛教有很多概念，它的文字我们大多认识，但它的意思有特定的内涵，不易了解；三是佛教的思维方式跟我们一般的思维方式不同，是通过排斥而肯定，通过否定来呈现事物的真相，通过不是这个，不是那个，然后就是那样来认识事物，与儒家注重现实的思维很不一样。虽然困难不少，但我最后还是确定把佛教研究坚持下来。

我觉得我与佛学研究有三点因缘：

一是传统影响。浙江一直是一个佛教大省，佛教的禅宗、天台宗等在民间影响很大。我母亲就信仰佛教，我就读的那个小学和一座庙相连，上完课我们就跑到庙里去玩，去看佛像。我的几个哥哥姐姐都不到成年就走了，母亲希望观音菩萨保佑我活下来，就说我是观音菩萨生的，并把我的小名“观生”贴在关公像后面，这把我和佛教的感情拉得很近，好像我和观音菩萨、关公老爷都有一种特殊关系似的。这很可能是影响我研究佛教的一个内在基础性的原因。

二是理性选择。进入北京大学以后，在对中国哲学的了解当中，对中国佛教也有了一点了解。认识到佛教内容很丰富，和中国文化、中国哲学的关系密切，很值得我们研究。

三是个性爱好。我比较喜欢研究、思考冷门的问题，不太喜欢研究大家都研究的、都有兴趣的东西。佛教当时当然是不被大家重视的一个学科。我就想，别人不研究我就去研究。只要克服了困难，就会取得学术研究的成果。

研究中国佛学的轨迹

我到中国人民大学的时候，具备的佛教知识很少。后来了解到中国佛教协会办了一个中国佛学院，学校的领导允许我去听课，我就住到庙（法源寺）里，几位教我们的法师都是饱学之士，学习了约八个月，取得两大收获：

一是对佛教的基本历史、基本理路、基本思想有了一个初步的了解。二是了解到佛门法师的生活，了解到他们都是道德高尚、有追求、有信仰的人，而且也了解到佛教内容很庞大，学问很深。从佛学院回到学校以后，我就开始了佛学研究。我想这个研究不仅要取得近期效果，而且应能成为一个长期研究的系列。

1.从佛教代表人物的个案研究入手

经过反复考虑，我决定从佛教传到中国以后一些在中国佛教中影响最大的僧人入手。第一个研究的是东晋的道安法师，头一篇研究的文章在《新建设》上发表。当时《新建设》相当于现在的《中国社会科学》，是中国科学院办的人文社会科学的杂志，地位很高。

“文革”结束后，我继续进行个案研究，当时研究的人物有道安、慧远、支道林、僧肇和梁武帝萧衍等等。我的研究方法是首先找全资料。比如说道安，首先要把道安写的所有文献、资料都反复看，有关他的传记等也都要看。第二是将已有研究道安的成果都找来看，这样就知道别人已经研究到什么程度，哪些还可以拓展。

我写的魏晋南北朝佛教人物的系列研究成果，后来被中华书局注意到，20 世纪 80 年代初中华书局主动约我把对魏晋南北朝佛教人物的研究结集成书，这就是《魏晋南北朝佛教论丛》。中华书局的人说，我们一般不给年轻人（我当时还比较年轻）出论文集，都是给老专家出书。中华书局出《魏晋南北朝佛教论丛》，对我来说是很大的鼓励和鞭策。

后来我发现有一个人物在东晋时代特别重要，这就是慧远大师。慧远是山西人，后来在江西弘法，在江西庐山东林寺主持佛事活动。我将对慧远的研究写成专著《慧远及其佛学》。

我注意到这些个案研究的意义：它是对于佛教领袖的思想的集大成研究，实际上中国佛教领袖的思想就是中国佛教的思想。研究中国佛教思想首先要从研究中国佛教不同阶段的一些重要人物的思想开始。所以后来到了隋唐那一段我也研究了法藏（华严宗的创始人）的思想，写了《法藏》一书，在台湾出版，受到较高评价。后来我还研究了禅宗的创始人慧能。这些个案研究使我掌握了中国佛教派别的重要背景，对了解中国佛教思想的发展有很大帮助。

2.佛教典籍的整理

研究佛教首先要研究文献，要看得懂。我的文化背景，功夫、能力都有局限，要读懂佛教典籍的内容有困难。但是，如果缺乏对文献的准确了解，研究佛教就没有基础。我反复思考，想出一个办法：选一本书，把这本书加以标点、注释和校勘，然后用现代的语言进行翻译。对一本书做过这样的系统工作，再读第二本佛教典籍，就会相对比较容易。

我当时选的那本书是华严宗的经典《金师子章》，是法藏给武则天说法的。他将佛教的华严经义理说给武则天听。文章很短，但很重要。是阐述华严经中关于最高精神境界理论的著作，很深刻，不是一般人能了解的，是要经过修持，达到很高境界以后，宇宙呈现出来的现象、状态在人的主观心境中的体现。这本书很薄，我把它精心地加以整理，又加以翻译，由中华书局出了《华严金师子章校释》。

这本书被当时的古籍整理领导小组组长李一氓看到了，写了一篇书评，派了秘书送到我家来征求意见。这个书评后来在《读书》杂志上发表，对我的古籍整理的方式、方法和路子给予了充分的肯定。他还多次在不同场合提到这本书。我在华严宗《金师子章》的校释里面，不光进行了标点、断句、校勘、注释和翻译，而且还进行了比较客观的评论。

经过一些这样的锻炼，我对佛教典籍了解的程度提高了，后来还和几位朋友一起编了一套《中国佛教思想资料选编》。这套书成为大学哲学系学习佛教的重要文献。

3.佛教哲学现代化研究的尝试

我对佛教人物有了一定的研究，对典籍也有一定的了解，接下去我又开始了对佛教哲学现代化研究的尝试。佛教哲学很深奥，这一研究在我看来，一要有现代问题的意识。现代人类社会存在什么问题？佛教哲学当中相应地有哪些资源？佛教哲学有人生哲学、宇宙论、认识论和修持论（实践论）等很多方面，哪些方面是现代人所关切的？对此我们要重视。因为研究归根结底是为提升现代人素质服务的。

二要用现代的语言表述佛教的思想。不能只说“般若”、“涅槃”，这些佛教用语要用现代语言把它解释清楚。

三要运用现代方法对佛教哲学进行阐释。佛教从早期原始佛教到部派佛教到大乘佛教有个发展过程，其思想逻辑的形成也有个过程。早期佛教思想主要是四谛——“苦、集、灭、道”，部派佛教内容就丰富起来了，到大乘佛教就讲“缘起性空”。研究它的思想逻辑与历史发展，是研究佛教的重要方法。还有分析和综合的方法。佛教理论包括人生论、心性论等等，内容很多，要把其中不同的元素进行分解，分解了以后进行深入地研究，然后再加以综合。这对于了解佛教哲学关系很大。对于佛教哲学我研究的侧重点是人生论、心性论和修持论。每一个问题都有不同的要点。通过历史和逻辑的统一、分析和综合等研究方法来把握佛教哲学，取得了较好的效果。

四是要做出评价。作为一个学者，对一个思想体系、信仰体系，应该做出自己的评论。我认为，这个评价应当是具有现代意识的、实事求是的，既要有理性的了解，又要加以心性的体会，认同的就肯定，有不同意见的，需要发展的，就提出自己的看法。

我对佛教哲学经过以上四个方面的研究后，写出了《佛教哲学》一书，印量较大，在地摊上都有。北京大学历史系周一良教授看后给我写了信，认为有了这本书，佛教入门的书就算有了。《佛教哲学》是在个案研究基础上，就整体佛教的思想进行宏观研究的。这本书与我的其他佛教研究著作一样，也得到了奖励。

4.佛教文化中国化的探索

接下来，我又开始思考佛教中国化的问题。印度佛教到了中国内地，用中国各民族文字翻译传播；中国的西部地区、中部地区、长江、黄河以北地区和以南地区自然环境不一样，人文环境也不一样。这些都会使一个外来的宗教在传播过程中发生变化，比如饮食习惯，藏传佛教和汉传佛教就不一样。翻译的文字也不同，于是形成了汉传佛教、藏传佛教和南传佛教。

中国佛教和印度佛教的区别是我思考了很多年的问题。我把它归纳为好几个方面，例如，中国佛教比印度佛教更重视现实，重视自性，重视简易，重视顿悟等等，这些我都有专门的文章论述。中国佛教传播的过程，是对印度佛教进行了重大发展的一个过程，只有进行这样的研究，才能推动佛教学术研究的发展，才能把握佛教发展的规律。这方面我写了《中国佛教与传统文化》，这本书也是在地摊上都有，是一本比较、研究了佛教和中国其他文化形态（哲学、伦理道德和文学艺术等等）的关系的著作。

佛教是发展的，不同的历史阶段佛教所面临的、要解决的问题很不一样，时代会带来佛教思想的发展和变化。作为一个佛教学术研究者，重要的是要观察这些变化。比方说，中国佛教禅宗的产生就和时代的变化有极大的关系。佛教传播到民间，就需要像慧能这样的人调整印度佛教的很多思想内容——走中国禅宗的路。当代海峡两岸都提倡人间佛教，这个人间佛教也是时代对佛教提出的要求。我很早就给星云大师提过一个建议：成立一个社会心理研究所，观察社会的变化、各类人群心理的变化后提出对策。人间佛教和唐代的禅宗可以说是中国佛教的两大创造。

5.对中国佛教哲学的整体研究

中国佛教哲学有没有体系？它的体系是怎样的？这是我在完成个案研究、典籍整理，又进行了宏观的研究以后做得最多的工作：从中国的佛教领袖、思想家的著作出发，把他们对印度佛教哲学的发展创造加以系统的整合，整理出中国佛教的哲学体系——我把它看作自己学术生平中一个最重要的志业。起初想用七八年的时间完成这本书，后来因为社会工作越来越多，结果用了 15 年时间完成了这部 90 多万字的《中国佛教哲学要义》（上下册）。在这部书中，我把中国佛教哲学体系分成人生论、心性论、宇宙论、认识论和修持论。这本书获得第 6 届国家图书奖、北京市第 8 届哲学社会科学优秀成果特等奖、2004 年“中华文化优秀著作奖”一等奖，并列入“中国文库”出版。很早就有了韩文版，日文、英文版都在翻译之中。

这本书体现了我几十年研究的总积累，所以完成以后我写了一个后记，说我真是解放了、解脱了，很高兴！

回顾我研究中国佛学的整个过程，大概的研究轨迹就是这五个方面：个案人物研究、典籍整理、佛教哲学的现代化探讨、佛教文化的中国化研究，以及对中国佛教哲学体系的整体研究。现在看起来这个研究是符合逻辑的，它由基础到专业，由比较容易到比较困难，由具体到抽象，由局部到整体，体现了它的逻辑性和有效性。

研究中国佛学的人生体悟

大体上可以说我从 20 世纪 60 年代初期（中间也停了十多年时间），到现在为止对佛教进行了重点的学术研究。在对佛教研究的 50 年中，我感触最深的人生体悟有三条：

第一个感悟，50 年来学习研究中国佛学，使我懂得佛教是有益于提高觉悟和培育道德的学术体系。佛教主要有两个特点：一是追求真理，一是提升道德。第一个是对宇宙人生有正确的认识，对宇宙人生的真相、实相要有真实的把握；第二个是对自己的道德人格素质要努力有所提升。

例如，在提升觉悟方面，我认为关键性的一个命题就是佛教的“缘起性空”。这是佛教认识宇宙、认识人生最核心的观念。所谓提高觉悟、提高智慧就是要认识、觉悟缘起性空。大家都知道佛教的世界观就是缘起论，一切事物都是互相依存的。正因为是互相依存的，所以它是性空的。这个用现代化的语言来解释就是说一切事物都是关系的组合，包括我们现在这个书院都是由各种因素、关系构成的。既然是关系，它必然是个过程。组成这种关系的各种因素都在不断变化，在不断变化当中推动整体缘起事物的变化。用佛教的语言叫做“无我”、“无常”。一切事物都是关系，一切事物都是过程，因此，结论是性空，一切事物都是相对的。大体上也可以说佛教认为一切事物现象都是有的，但本质是空的。

缘起性空，这个对我们人生的修持其实意义很大，是很重要的。2011 年 9 月份，胡锦涛在北京会见奥巴马时说了一句话，我认为非常重要。他说:“全世界已经进入了相互依存的时代。”就是说由于全球化，带来了国家之间的互相依存，互相之间的联系越来越密切。要合作，合作就双赢，互相斗就两败俱伤。这实际上就是缘起论。所以，佛教的缘起论是和当代人类社会的变化关系最密切的一个理论。人们认识当代的时代特征实际上会借用佛教的缘起论去观察——一切事物都是缘起的、互相依存的。

佛教要弘扬佛法，要传播佛法。我非常强调传播佛法最重要的是将缘起论的思想贡献给人类。互相缘起，互相依存，要和谐，这个就是普遍价值。这个价值很重要，如果儒、释、道与西方的思想能够融通，加以综合创造，就可能形成新的、符合当代人类需要的具有普遍意义的理念。我认为佛教在这方面可以作很大的贡献。佛教的理论确实是能提高觉悟、增长智慧的。

另外，大家都知道佛教给自己做了一个定义表述就是:“诸恶莫作，众善奉行，自净其意，是诸佛教。”这就是说佛教的道德和智慧是不分离的。智慧要体现在道德的实践上，智慧和道德不能分开。所有不好的事情我们都不要去做，所有好的事情我们都要努力去做，这就是佛教。佛教就通过这样的表述把道德的提升和智慧的提高统一起来。

我想这对我的人生的指引是有意义的——使自己要求自己要不断去追求真理，要提升自己的人格。我有两本文集:《寻觅性灵》和《仰望崇高》。一个是北京师范大学出版社出版的，一个是首都师范大学出版社出版的。寻觅性灵就是寻求良知，就是通过研究佛教以后懂得要寻找良知。仰望崇高，佛教要我们追求崇高，追求超越。这实际上就是佛教对我影响的结果。这是我的第一个感悟。

第二个感悟，要有坐冷板凳的精神。因为研究佛教要有定力。佛教不是那么好研究的，它需要坐下来学习、思考、体会和反复琢磨。坐冷板凳的过程是甘于寂寞的过程，外界物质利益对自己的诱惑要淡然面对。我没有别的长处，但是，有一条我是可以说的，我不去争——不争房子，不争职称，不争这个那个，从来不去争。我现在也可以说有些当时就可以得到的东西，我都没有得到，没有得到也泰然处之。几十年来我基本上就在图书馆里看书、备课和写作。所以，中国人民大学领导说我上图书馆是大学的一道风景线，当然现在由于身体不允许，这个风景线没有了。中国人民大学后来有一篇写我的文章叫《不争而争》——不争但都得到了。本来1983年评副教授，我是排在前面的，当时领导说我年轻，科研成果很好，中华书局都有论文集，虽说你教学缺56个学时，但是，我们也不会因为你缺56个学时就把你排在后面。后来又说不行了，说我态度不好。其实就是没有去感谢某领导给我提升，相反给领导提了点意见，所以把我的副教授拿掉了。但是人遇到不高兴的事不要不高兴，因为高兴的事就要来了，高兴的事来了你也不要太高兴，因为不高兴的事就要来了。1984年中央要在全国重点高校的文史哲经的每一个专业里，选五个人为正教授。有的是要破格提拔，有的是从副教授往上提。文学五个，哲学五个，经济五个，历史五个。这个时候各个单位的领导没有别的考虑，就是希望学校尽量有人入选，因为这样可以表现学校的素质。我的东西也被送上去了，1984年就被破格提升为正教授，成为特批教授。这与我研究佛教有关系，淡泊名利。关键是自己努力，你努力了，社会总有会公正对待你的时候。不争而争，要坐冷板凳，要不去争。但要努力，不争不是放弃自己的追求，我的追求主要是在学术上。

第三个感悟，是好学深思，独立思考，自由思想。治学成败关键是你有没有独立思考的精神，自由思想的精神。要独立思考，不能画地为牢，作茧自缚，那样写出来的东西是重复的，没有意义的；从典籍实际出发，进行分析、研究，推导出独到的结论，学术研究的关键是要提倡独立思考，提倡自由思想，这样才会有所创造。否则只有枝枝节节的东西，那样的研究是无效的。中国禅宗思想中，有“小疑小悟，大疑大悟”，提倡怀疑精神，提倡思考，这是很重要的。

在什刹海书院“2012年秋季论坛”的讲演
原载《光明日报》2013年2月4日第5版

目录

禅

佛教思维方式

佛教与人生

佛教与文化

禅

禅宗精神——禅宗思想的核心、本质及特点

在中国佛教史上，禅宗是中国禅师依据中国思想文化，吸取并改造印度佛教思想而形成的颇具创造性的成果，在东亚思想文化史上产生了巨大的作用和影响。禅宗经历了准备、兴盛和衰落的过程，历史悠悠，流派众多。自达摩迄至道信、弘忍以来，有牛头宗的兴起和南宗北宗的对立，南宗内又有荷泽、洪州、石头等诸宗的竞起，洪州、石头两宗又衍出临济、沩仰、曹洞、云门、法眼五家的分立，门叶繁茂，家风各异，兰菊争艳，异彩纷呈。禅宗主流标榜不立文字，教外别传，直指人心，见性成佛。其间不同流派或云即心即佛，或谓非心非佛，或言即事而真，或称本来无事，还有诸如扬眉、瞬目、叉手、踏足、擎拳、竖佛、口喝、棒打甚至呵祖、骂佛等类机锋，其教学与禅修的方法更还有语录、公案、古则、话头、默照以及云门三句、黄龙三关、临济三玄三要、四料简、四宾主、四照用、曹洞五位等，五花八门，纷然杂呈，令人眼花缭乱，困惑难解。究竟如何认识禅宗？禅宗的根本精神是什么？这是研究禅宗首先遇到的重大问题。我想，若要解决这个问题，必须了解禅宗的思想核心、本质及其特点。

一、禅宗思想的核心——心性论

中国古代封建社会，以高度的中央集权专制和分散的自然经济为

基本特征。自中唐以来，这种社会格局的内在阶级紧张、中央与地方摩擦、民族之间冲突，渐趋激化，适应破产农民和失意的士大夫的精神需要，禅宗获得了广泛的社会基础和普遍流传。禅宗为解救人生的苦难而产生，也在解救人生的苦难中发展，形成了一套人生价值哲学体系。禅宗思想体系包括本体论、心性论、道德论、体悟论、修持论和境界论等思想要素，其中最主要的是心性论、功夫论和境界论三大要素，分别阐明了禅修成佛的根据（基础）、方法（中介）和目的（境界）三个基本问题。从这三大思想要素的相互关系来看，心性论是禅宗思想体系的核心内容。

禅宗把自心视为人的自我本质，认为苦乐、得失、真妄、迷悟都在自心，人生的堕落、毁灭、辉煌、解脱都决定于自心。自心，从实质上说是本真之心，也称本心、真心，也就是佛性、真性，正如唐代道宣在《高僧传》中介绍菩提达摩新禅法时所说的“含生同一真性”，此真性为人人所平等具有。由此，禅宗在传法时讲“以心传心”，即师父不依经论，离开语言文字直接面授弟子，以禅法大义使弟子自悟自解，这也称传佛“心印”。“自心”是众生得以禅修成佛的出发点和根据，是禅宗的理论基石。

禅宗也以“自心”为禅修的枢纽，提倡径直指向人心，发明本心，发见真性，以体认心灵的原本状态，顿悟成就佛果。也就是说，禅修是心性的修持。从中国禅宗的发展来看，禅师们都把修持功夫专注于心性上，如，达摩、慧可、僧璨重视坐禅守心，道信、弘忍重视“心心念佛”、“念佛净心”。牛头法融主张“无心”，也是心性的禅修功夫。北宗神秀的禅法，其弟子普寂归结为“凝心入定，住心看净，起心外照，摄心内证”。（见《荷泽神会禅师语录》）南宗慧能提倡单刀直入，自证于心，自悟本性。神会认为灵智是人心的体性、本质，强调开发灵智。马祖及其门下派生出的沩仰和临济两宗，提倡直指本心，强调平时的言语举动、日常生活表现都是本心的自然流露，由此而有屙屎放尿、着衣吃饭、走路睡觉、运水搬柴等都是佛事之说，认为都可以从中体悟真理。石头希迁及其门下衍化出的曹洞、云门和法眼三宗，重视一切尽由心造的唯心论，认为人的心灵是圆满完美的，只要心地自然，就会佛法遍在，一切现成。由此可见，虽然禅宗各派在修行的方式、方法、风格上各有不同，但是，或为了启导心地的开悟，或顺应心地的自然展现，或求得心灵的自由，各种禅修实践都围绕着心性进行，这是一致的。

禅宗还把禅修的目的、追求境界、成就佛果落实在自心上，强调佛从心生，自心创造（成就）佛，自心就是佛。如道信提出的“念佛心是佛”的命题，就是专念于佛，心心相续，以求心中见佛。如此，心与佛相融无别，佛就是心，心就是佛。神秀主张“离念心净”，并认为净心的呈现就是佛地。慧能宣扬“我心自有佛，自佛是真佛；自若无佛心，向何处求佛？”（《坛经》）“见自本性，即得出世。”（同上）认为人的自心、自性就是成佛的内在根由，就是佛的本性。成佛并不是另有一种佛身，众生的自心、自性就是佛。众生只要认识自我，回归本性，当即成佛。在慧能看来，佛就是众生原始心灵、内在本性的人格体现，就是本心、本性的觉悟者，并不是外在于众生的具有无边法力的人格神。慧能门下及其后来的临济、曹洞等五宗都宣扬“即心即佛”的思想，“即心”，此心；“即佛”，就是佛心，就是佛。认为众生当前的现实心就是佛之所在。有的禅师还强调“即境是佛”，“触境皆如”，“境”，指事、物。眼前的事物就是佛“真如”之所在。这是从理与事相即的角度，即把理事两边统一起，以求禅境。这里的“理”是指性理，心性的“理”，性理是指一切事物的本质和根源。实际上就是以心性（佛性）与事境相统一，以事境为心性的体现作为禅修的境界。还有的禅师鼓吹“本来无事”、“无心可用”，这是强调人心本来是清净的，而心清净就是佛。所谓心清净就是从主观上排除执著佛法和万物为实有的观念，排除把心视为能实生佛法和万物的实有心的观念。可见，仍是“即心即佛”的变相。简言之，所谓涅槃，所谓佛，就是本性的护持，心态的复原，心灵的升华。

从上述禅宗的根据、方法和目的三方面思想来看，都是围绕心性展开的，心性是禅宗禅理的基础、禅修的枢纽和禅境的极致，心性论是禅宗思想的核心。研究禅宗，必须着重研究禅宗的心性思想。

二、禅宗思想的本质：自然——内在——超越

从禅宗思想体系的内涵、结构、核心来看，禅宗的基调是以心性论为基点，通过心性修持获得心性升华的心性学说，是一种摆脱烦恼、追求生命自觉和精神境界的文化理想。贯穿于禅宗心性学说、文化思想的本质内容是：自然——内在——超越。

禅宗吸取中国道家的“自然”观念来诠释人的生命自然状态、人的自性。道家把自然规定为万物的本质、本性，是不假人为、自然而然、本来如此的真实存在。“僧家自然者，众生本性也。”（《荷泽神会禅师语录》）禅宗认为，“自然”就是众生本性，也就是佛性。这也就是把佛性界定为自足完满、纯真朴实的生命本然。人的本性既然是自然的，也就是内在的，是内涵于人身的本质性存在，既非外在的神灵所赋予，又非通过超越经验、违背人性的作为所获得的，同时也是各种外在因素所不能消灭的。人的内在自性是生命的主体、成佛的根据。人的现实感性生活是自性的外在作用和体现，人转化为佛是自性的发现，是由此而生的精神境界的显现。人的自性是内在的又是超越的，因为内在本性是清净、圆满、纯朴、觉悟的，是离开一切现象，有别于人的外部表现的。如何实现超越？禅宗认为修禅成佛，就是见性成佛，就是向自己心性去体认，识得自性便成佛道，便是实现了超越。禅宗强调佛就在心中，涅槃就在生命过程之中，理想就在现实生活之中。这样，禅宗就把彼岸世界转移到现实世界，把对未来生命的追求转换为内心反求。由此禅宗反对舍弃现实感性生活扭曲自性去寻求超验，而是强调“佛法在世间，不离世间觉”（《坛经》），要求在日常生活中发现超越意义，实现理想精神境界。禅宗公案中的“世尊拈花迦叶微笑”（《法演语录》卷下）就是提倡心灵沟通，要求会心体悟。禅宗要求从“饥则吃饭，困则打眠，寒则向火，热则乘凉”（《密庵语录》）中体会禅道，从“青青翠竹，郁郁黄花”（《祖堂集》卷三）中发现禅

意。禅宗要求从青山绿水中体察禅味，从人自身的行住坐卧日常生活中体验禅悦，在流动无常的生命中体悟禅境，从而实现生命的超越，精神的自由。

禅宗提倡内在超越，这种超越意识的具体内涵是什么呢？我们认为包括了超越对象、超越方法和超越结果几个方面，这里着重论述超越对象和超越结果。

为了追求解脱，成就佛道，禅宗设计了一套消解人们心灵深处的紧张、矛盾、障碍，超越二元对立的方案。人是自然的一部分，又是从自然中分裂出来的独立实体，向往与自然同样具有永恒性、无限性，向往与自然的同一是人类最深沉、最根本、最强烈的内在愿望。生命现实与美好愿望并非一致，生命短暂与时间永恒、生命个体与空间整体、生命主体与宇宙客体等一系列人类所面临的矛盾，是禅宗的超越对象，超越目标。

人生短暂与宇宙永恒的矛盾最能激发人内在心灵的不安与痛苦。了脱生死大事是佛教也是禅宗的最基本目的。禅宗以“无生”思想来泯灭生死界定，超越生死的时间界限。“几回生，几回死，生死悠悠无定止。自从顿悟了无生，于诸荣辱何忧喜。”（《永嘉证道歌》）“无生”，指一切事物是无实体的、空的，由此也是无生灭变化的。这是要求转变观念，从生灭的现象中看到无生无灭的本质。生灭是短暂的，无生无灭是永恒的，从悠悠生死中了悟无生，就是在短暂中体认永恒，消除短暂与永恒的隔阂。

个体生命的认识和实践等多方面的有限性与宇宙空间的无限性的矛盾，也是引人困惑不安的永恒性课题。禅宗通过无限扩张个体心灵的作用来摆脱个体生命的局限，进而消除有限与无限的矛盾。“心境明，鉴无碍，廓然莹彻周沙界。万象森罗影现中，一颗圆光非内外。”（同上）这是说只要人的心境明净透彻，就能周遍宇宙万物，从而在内心实现泯灭内外的超越，使有限与无限在个体心灵中相即圆融。

由生命与万物、主体与客体的矛盾而引发的物我、有无、是非、善恶、真妄、苦乐等一系列的差别对立，是又一使人产生烦恼、痛苦的根源。这也是禅宗大师们所着力寻求解决的一大问题。他们继承道家的思想，通过直观宇宙本体（道、无）来寻求解决问题的途径。他们宣扬“本来无一物”（《坛经》）、“本来无事”以消解矛盾，称“体诸法如梦，本来无事，心境本寂，非今始空。……既达本来无事，理宜丧己忘情，情忘即绝苦因，方度一切苦厄。”（《禅门师资承袭图》）即一个人了悟万物如梦如幻，一切皆空，做到忘却情欲，超越自我，也就不存在生命与万物、主体与客体的对立了。为此，他们特别强调“无念”的重要性，“念”，指妄念，要求人们不被纠缠于种种差别的妄念所迷惑。

从上面的论述，我们可以看到，禅宗是通过心性、心理、认识、观念等范畴，即在主观精神领域转变生灭的观念，扩大心的作用，泯灭情欲，排除妄念等内在活动来消解人的基本矛盾，排除心灵的紧张，克服人的意识障碍，从而实现自我超越的。

实现自我超越，就会出现不同层次的超越结果：(1) 在泯灭种种矛盾的禅修过程中，会使人的情感得以宣泄，烦恼得以排除，痛苦得到缓解；(2) 禅修具有心理调节的功能，这种功能的增强，使得人们的心绪趋于稳定，心态归于平衡；(3) 禅宗把涅槃理想落实于现实生活中，强调在日常生活实践中实现人生理想，这会使人居安乐道，使人满足、愉快、兴奋，平添生活情趣；(4) 禅宗尊重宇宙万物自然本性的自发流露，又提倡从统一和谐的视角超越地审视宇宙万物，这会使人从对自然、对宇宙万物的感性直观中获得一种特殊的愉悦体验，即审美经验，从而极大地提高人们的生活意境；(5) 禅宗超越短暂与永恒、有限与无限、主体与客体的对立，使人由悲叹人生短暂、渺小、孤独转而提升为体验不朽、伟大、和谐，从而提高人的主体地位，并把人格尊严高扬到极致；(6) 在肯定人的主体地位和人格尊严的基础上，禅宗进一步确立人的内在本性与超越佛性的终极合一，从而使每个人获得真正认识和终极安顿：我是自然本性未曾扭曲的我，一旦对自然本性自我发现，整体体悟，我就与宇宙万物和谐共存，我就与宇宙同在，我就是佛。这些超越结果，禅师们自然会因根机差异和修持程度而有所不同，有的可能达到某个层次，或某几个层次，也有的可能同时达到上述全部超越境界。

三、禅宗的思想特点

禅宗的思想特点主要是相对于印度佛教、中国佛教其他宗派的差异性而言，禅宗内部不同派别的思想也有差异，这里是从总体上论述禅宗的思想特点，主要有：

1. 直指人心，不立文字。佛教其他各派都重视心性修持和经典教化在由凡转圣中的作用，禅宗却有所不同。它在心性修持上提倡单刀直入，径直指向当下现实的人心，体验清净本性，见性成佛。不重视经典和言教，废除坐禅，排斥繁琐名相辨析，否定绝对权威，反对偶像崇拜。这种简易明快的禅修道路和方法是禅宗思想的根本特点。

2. 成就理想，不离现实。其他佛教派别普遍地排斥现实生活，而禅宗却肯定现实生活的合理性，认为人们的日常活动是人的自然本性的表露，洋溢着禅意，人们要在平平常常的感性生活中去发现清净本性，体验禅境，实现精神超越。这种寓理想于现实中，在现实生活中成就理想的主张使禅修具有最为接近世俗生活的优长，具有十分明显的活用实用价值。

3. 继承传统，不断创新。禅宗除继承佛教外，最重视结合中土固有的传统思想，是最典型的中国化佛教宗派。如它继承道家的道、无、自然、无为无不为等范畴、命题和思想，也和道家一样具有鲜明的超越差异、对立、矛盾的意识。同时，禅宗不仅创造了一系列生动活泼、丰富多彩的现实超越方法，而且又否定了道家"游于尘垢之外"的脱离现实生活的超越道路。如上所说，禅宗主张在现实的感性生活中实现心理、观念、精神的超越。禅宗是继承道家，又超越道家，这也是它的影响作用在唐末以来一时超过道家的原因所在。

综合以上对禅宗思想的核心、本质和特点的简要评析，我们似可以回答以下的问题：

1. 什么是中国禅宗的禅？中国禅宗的禅是一种文化理想，一种追求人生理想境界的独特修持方法，或者说是一种生命哲学、生活艺术、心灵超越法。

2. 什么是禅宗精神？回答是超越精神。超越是禅宗思想的本质，超越现实矛盾、生命痛苦，追求思想解放，心灵自由，是禅宗追求的理想目标，它如一条红线贯串于整个禅宗思想体系之中。

3. 如何评价禅宗？禅宗的修持方法、生活态度、终极关怀、超脱情怀，对于人的心灵世界、精神生活是有不可否认的正面意义的。在历史上，它对破产农民和失意士大夫、知识分子起到一定的思想解放作用，吸引了大批破产农民聚集山林，过着农禅并重的生活，同时，也深受一些思想家、文学家、艺术家的欢迎和赞赏，从而推动了思想文化的发展。在当前社会转型期中，出现了某种价值取向失衡，道德水准下降，拜金主义、享乐主义和极端个人主义盛行的倾向，我们若能重视吸取禅宗的超越精神的合理内核，无疑有助于端正人们的价值坐标和道德规范，提高人们的文化品位和精神境界。与禅宗的这种积极作用相联系，禅宗对客观环境和客观矛盾的悲凉超越，对物质生产和物质生活的消沉冷漠，则又是和人类的物质需求相悖的。我们认为，人们面对大自然大宇宙，也应当以现实的人文精神为主导，永不满足，不懈求索，依靠智慧与创造、知识与科学的力量，不断战胜苦难，求得人类幸福。如果精神上的自我超越，变成精神上的自我满足，进而丧失了进取精神、开拓精神与奋斗精神，是既不利于实现人生的价值与光华，也不利于推动社会的进步与发展的。

（本文的基本论点曾先后在首届禅宗与中国文化国际学术研讨会和中国国际汉学研讨会上报告过，后又作了补充。）

原载《哲学研究》，1995（3）

如来禅与祖师禅

在中国禅宗史上，从如来禅为最上乘禅的提出到祖师禅的崛起，这一过程集中地反映了慧能禅宗一系的分化与演变，具有深刻的思想文化意义。中国古代禅师对如来禅与祖师禅的指称并不一致，且有的语焉不详，有的语意含混，以至影响了后人对如来禅和祖师禅两个名称的含义、两种禅法的差异，以及两者历史的分限的理解和认识，论说五花八门，莫衷一是，直至今天仍困扰着对禅宗史的深入研究。本文拟在充分理解古代禅师的有关用语及其思想原意的基础上，试图探讨和厘清以上诸问题，以求对如来禅与祖师禅的再认识。

一、何谓如来禅？

就现存的佛教文献来说，最早出现如来禅这一名称的经典，是南朝刘宋时求那跋陀罗译的《楞伽经》(全称为《楞伽阿跋多罗宝经》)。该经卷二称禅有四种，并列举了愚夫所行禅、观察义禅、攀缘如禅、如来禅四种名目。[①] 这四种禅也称为凡夫所行禅、观察相义禅、攀缘如实禅、如来清净禅。[②] 据《楞伽经》讲，愚夫所行禅，是指闻声、缘觉和外道修行者了知“人无我”的道理，体察到人身的苦、无常、

① 见《大正藏》第 16 卷，492 页上。

② 同上。

不净的相状，而进入“无想定”、“灭尽定”的境界。观察义禅，是既已懂得“人无我”的道理，也观察“法无我”的意义。攀缘如禅，是谓若执著前二种禅境，分别二种“无我”，仍是虚妄之念；若能了知两种“无我”是虚妄之念，不令生起，契合于“如来藏心”，则为攀缘如禅。如来禅是“谓入如来地，行自觉圣智相三种乐住，成办众生不思议事”。① 这里的“圣智”，是指圣者的智慧，佛的智慧。“自觉圣智”是自悟的如来智慧。这是说，如来禅是指已经获得如来智慧，成就了佛果，而住入如来地，受用法乐，又示现不可思议的妙用以普度众生。《楞伽经》总结了禅的四个类型或四个层次，把“人无我”、“法无我”亦即空寂的思想与“如来藏心”统一起来，以具备自觉圣智的如来禅为止观的最高层次，又以契合“如来藏心”的攀缘如禅为阶梯，这就直截指示了佛家修持实际的究竟和源头——如来藏清净心，启发当时一些禅师另辟返归清净心的禅修途径。中国禅宗的思想实导源于此。②

自菩提达摩以来，中经慧可、僧璨、道信、弘忍，至慧能，据现存有关文献来看，他们几乎都没有论及如来禅。禅宗内部最早论及如来禅的是慧能的弟子神会。神会说：

有无双遣，中道亡者，即是无念，无念即是一念，一念即是一切智，一切智即是甚深波若波罗密，波若波罗密即是如来禅。是故经云：佛言，善男子，汝以何等观如来乎？维摩诘言，如自观身实相，观佛亦然。我观如来，前际不来，后际不去，今即无住。以无住故，即如来禅；如来禅者即是第一义空。③

“波若”，当作般若。神会以般若智慧为如来禅，这和《楞伽经》以具

① 《大正藏》第16卷，492页上。

② 参见吕澂：《中国佛学源流略讲》，北京：中华书局，1996年，369页。

③ 《荷泽神会禅师语录》，《中国佛教思想资料选编》第2卷第4册，北京：中华书局，1983年，96页。

备自觉圣智为如来禅有相通之处，然而，神会所讲的智慧是有无双遣的般若中道，这和自觉圣智泛泛而谈的如来智慧又并不等同。神会还以无念、无住为如来禅，这与慧能的“无念为宗”、“无住为本”思想相呼应，实是肯定了慧能的禅法为如来禅。

《历代法宝记》云：“东京荷泽寺神会和上每月作坛场，为人说法，破清净禅，立如来禅，立知见立言说为戒、定、惠（慧），不破言说，云：正说之时即是戒，正说之时即是定，正说之时即是惠（慧）。说无念法，立见性。”① 清净禅是九种大乘禅法之一，是菩萨以上阶位长期修行后达到的禅境。这里是以顿悟说的立场，来称赞神会破神秀的清净禅而立如来禅。肯定神会的如来禅是立知见、立言说的，言说即是戒、定、慧，并强调知见、言说与顿悟是一致的。

宗密是历史上第一个对禅宗史进行系统总结的佛教学者，他对禅法的内涵、类别、高下，对禅宗各派的传承系统、理论主旨、修行方法以及深浅得失都作了深入的评述。他把禅法分为五类，即五个层次，将如来禅置于最上等级。他在《禅源诸诠集都序》卷上之一中说：

> 禅则有浅有深，阶级殊等。谓带异计，欣上厌下而修者，是外道禅。正信因果，亦以欣厌而修者，是凡夫禅。悟我空偏真之理而修者，是小乘禅。悟我法二空所显真理而修者，是大乘禅。（以上四类，皆有四色四空之异也。）若顿悟自心本来清净，元无烦恼，无漏智性本自具足，此心即佛，毕竟无异，依此而修者，是最上乘禅。亦名如来清净禅，亦名一行三昧，亦名真如三昧，此是一切三昧根本。若能念修习，自然渐得百千三昧。达摩门下展转相传者，是此禅也。②

宗密在这里把禅分为五等：第一外道禅，是把境分为上下两种，厌弃在下的经验世界，欣慕在上的超越世界，也就是厌弃世间，企求摆脱现实的苦难，希求天上的悦乐，把心定止于在上之境，从而造成一心

① 《大正藏》第51卷，185页中。
② 《大正藏》第48卷，399页中。

的分裂。第二凡夫禅，没有外道禅的那种“欣上厌下”的分裂，此禅信仰因果报应，使心定止于善行以求善报。由于心定止于善行在先，希求获得果报在后，这样，心也有先后二境，同样存在难以定止下来的缺陷。第三小乘禅，知我为空，不求善行必有善报，但不知法空，而将心定止于法上，也是有所偏。第四大乘禅，知我空，也知法空，能于一切境观其空，使心与境（空）冥合为一，但还不是最高层次的禅法。第五如来禅，宗密认为这当是最上乘禅。他指出，这种禅法的特质在于：肯定人人自心本来清净，本具佛性，本无烦恼，自心与佛毕竟无异；在这种基础上，众生经过禅修，若顿悟自心本来清净，使本来清净的自心得以呈现，众生就是佛了。这是在强调如来禅的本源——清净本心，如来禅的修持方式——顿悟。修持这种如来禅，既能直接把握修持的源头，又能顿然快速觉悟。与前面四种禅法相较，如来禅是最上等的禅法。宗密还明确指出，如来禅是菩提达摩门下代代相传的禅法。

宗密在《中华传心地禅门师资承袭图》中把禅宗分为牛头宗（法融一系）、北宗（神秀一系）、南宗（慧能一系），又由南宗分出荷泽宗（神会一系）和洪州宗（马祖道一一系）。在《禅源诸诠集都序》中，宗密又把禅宗分为由低到高的三宗：一是修心息妄宗，指北宗；二是泯灭无寄宗，指牛头宗；三是直显心性宗，指洪州宗和荷泽宗。宗密虽然把洪州宗和荷泽宗并列为禅宗的最高层次，但是又强调荷泽宗比洪州宗更高一畴。首先，宗密认为荷泽宗是慧能南宗的嫡系，而洪州宗则是傍出。他说：“荷泽宗者全是曹溪之法，无别教旨。为对洪州傍出故，复标其宗号。”[①] 在荷泽宗人看来，马祖道一一系并非嫡传，只能算是“傍出”，只有荷泽宗一系才是正统，才是南宗真正的代表。其次，在禅法的理论和实践方面，宗密认为，洪州宗承认真心或真性是众生成佛的本源，这是正确的，正因如此，与荷泽宗同被列为“直显心性宗”。但是，“洪州意者，起心动念，弹指动目，所作所为，皆

① 《中华传心地禅门师资承袭图》，《中国佛教思想资料选编》第2卷第4册，460页。

是佛性全体之用，更无别用。全体贪、嗔、痴，造善造恶，受乐受苦，此皆是佛性。”“朝暮分别动作，一切皆真。”[①] 据此，宗密评论说：“真心本体有二种用：一者自性本用，二者随缘应用。……今洪州指示能语言等，但是随缘用，缺自性用也。又，显教有比量显、现量显。洪州云心体不可指示，但以能语言等验之，知有佛性，是比量显也。荷泽直云心体能知，知即是心，约知以显心，是现量显也。洪州缺此。”[②] 宗密认为，洪州宗把一切行事，一切修持，乃至一切现象都等同于佛性本体，这是“随缘应用”，是“比量显”，也就是佛性需经过外援而有的推知作用，而缺乏“自性本用”、“现量显”，即缺乏佛性的直接显现作用。也就是说，这种缺憾妨碍了对真心本体的认识、体悟，甚至会以现象代替本体，以为现象之外别无本体，从而导致在修持上误入歧途。宗密的这种批评，必然引发洪州宗人的强烈反弹。时移斗转，到了 11 世纪，洪州宗犹如燎原之火，传遍了大江南北，并自认为慧能南宗的“嫡传”，而此时的荷泽宗却被说成“傍出”。洪州宗人提出祖师禅以贬低如来禅，就是和禅宗内部这一分歧的历史背景直接相关的。

与宗密同时代的、曾获得马祖道一门人怀海印可的黄檗希运禅师也有对如来禅的论述。他说：“夫学道者，先须屏却杂学诸缘，决定不求，决定不著。闻甚深法，恰似清风届耳，瞥然而过，更不追寻，是为甚深入如来禅，离生禅想。从上祖师唯传一心，更无二法。指心是佛，顿超等、妙二觉之表，决定不流至第二念，始似入我宗门。”[③] 希运在心即是佛的思想基础上，强调排除杂学诸缘，不求不著，顿入如来禅。希运对如来禅是充分肯定的，他对如来禅法门的解说和神会、宗密的思想也是一致的。

仰山慧寂（841 ～ 890）是由洪州宗分衍出来的沩仰宗创始人之一，

① 《中华传心地禅门师资承袭图》，《中国佛教思想资料选编》第 2 卷第 4 册，465 页。

② 同上，470 页。

③ 《黄檗希运断际禅师宛陵录》，《古尊宿语录》上册，北京：中华书局，1994 年，46 页。

他首先提出与如来禅相区别的祖师禅的名称，并把如来禅作为与祖师禅相对举、在层次上低于祖师禅的禅法，相应地，他还对如来禅的内涵作了新的解说。史载：

师（仰山慧寂）问香严："师弟近日见处如何？"严曰："某甲卒说不得。"乃有偈曰："去年贫未是贫，今年贫始是贫。去年无卓锥之地，今年锥也无。"师曰："汝只得如来禅，未得祖师禅。"[①]

从仰山慧寂、香严智闲师兄弟的对话内容来看，香严对贫的认识在时间上有从去年到今年，在内涵上由无地进到无锥的变化过程，就禅法来说，这种变化大约与渐悟方式相应。若这一解说得以成立，似可说仰山禅师是以渐悟指称如来禅，以顿悟为祖师禅的觉悟方式。仰山不仅把祖师禅与如来禅加以区别，而且还肯定祖师禅高于如来禅，这在中国禅宗史上是第一次。

自仰山以来，如来禅与祖师禅对举的观念日益为禅宗各派禅师所认同，一些禅师重视把握、区别两种禅法，如北宋时临济宗杨岐派禅师法演（？～1104）就关注两种禅法的区别，常问门徒："还说得如来禅么？……还说得祖师禅么？"[②]上述仰山慧寂区分如来禅与祖师禅的说法，后来成为禅门的参禅公案。例如，临济宗石霜楚圆禅师对仰山的公案作了这样的开示："大众，还会么？不见道：'一击忘所知，更不假修持。''诸方达道者，咸言上上机。'香严恁么悟去，分明悟得如来禅，祖师禅未梦见在。"[③]这里的"一击忘所知"是联系到禅宗史上的"香严击竹"公案进行开示。这个公案是说香严拜沩山灵祐为师，一日灵祐对香严说，我不问你平日的学习心得，只想问你在未出世时的本来面目是什么样。香严连进数语，都不契理，又遍检所集诸方语句，也没有一言可以酬对，于是就焚烧所集语句，泣涕辞去。后

① 《景德传灯录》卷十一《袁州仰山慧寂禅师》，《大正藏》第51卷，283页中。
② 《法演禅师语录》卷中，《大正藏》第47卷，656页下。
③ 《五灯会元》卷十二《石霜楚圆禅师》，北京：中华书局，1984年，703页。

偶于山中芟草，以瓦砾击竹作声，廓然省悟。便归堂沐浴，焚香遥礼沩山，赞云："和尚大悲，恩逾父母。当时若为我说却，何有今日事也？"[①]石霜楚圆禅师评论香严击竹省悟是"一击忘所知"，意思是，悟则悟了，但是仍有言语知解，悟得的只是如来禅，而不是祖师禅。

值得注意的是，后出的《坛经》北宋契嵩本和元代宗宝本对如来禅的界定和肯定。经载唐中宗李显神龙年间，中宗据神秀等人的荐举，派内侍薛简南下，驰诏迎请慧能进京。薛氏见到慧能后，二人有一段对话，"薛简曰：'京城禅德皆云，欲得会道，必须坐禅习定，若不因禅定而得解脱者，未之有也。未审师所说法如何？'师曰：'道由心悟，岂在坐也！经云：若言如来若坐若卧，是行邪道。何故？无所从来，亦无所去，无生无灭，是如来清净禅。诸法空寂，是如来清净坐。究竟无证，岂况坐耶？'"[②]这段对话反映了宋代以来《坛经》增补者的观点，是针对神秀一系坚持坐禅方式而发的，并以心悟与坐禅相对立。增补者依据般若思想，强调不来不去、不生不灭就是如来清净禅，如此坚持诸法空寂，也叫如来清净坐。在增补者看来，慧能的禅法是如来禅，而坚持坐禅是邪道。这也反映了此时禅宗内部有些禅师对如来禅的推崇和对神会、宗密的如来禅观点的认同。上述"无所从来，亦无所去，无生无灭，是如来清净禅"云云，在敦煌写本《坛经》原本（法海本）和惠昕本中都没有记载，而当代有些学者以此为据，谓慧能认为自己的禅法是最上乘的如来清净禅，看来这种说法是难以成立的。

从以上佛典和历代禅师对如来禅的论述来看，关于如来禅的意义，概括起来，重要的约有六说：（一）佛地的禅定，此为《楞伽经》所说。（二）般若波罗蜜、无住、第一义空，此为神会偏于以般若智慧来言如来禅。神会的如来禅重视立知见、立言说。（三）顿悟自心本来清净，宗密以此为如来禅，希运也持这一说法。（四）渐悟空无为

① 《景德传灯录》卷十一《邓州香严寺智闲禅师》，《大正藏》第51卷，284页上。

② 《六祖大师法宝坛经·护法品第九》，《中国佛教思想资料选编》第2卷第4册，61页。

如来禅，慧寂首创此说；慧寂并置如来禅于祖师禅之下，使如来禅的意义发生重要变化。（五）以立语言知见为如来禅，楚圆此说符合神会、宗密的界说，但含有贬义。（六）不来不去、不生不灭为如来禅，此为后出契嵩本和宗宝本《坛经》所言，其思想与神会对如来禅的界说是一致的。以上表明，如来禅的意义是多种的、复杂的、不断演变的。总体说来，禅宗内部先是以般若智慧和顿悟清净本心为如来禅的本质规定，祖师禅名称提出后，强调以主张渐悟和言说为如来禅的特征，并偏于贬斥。

二、何谓祖师禅？

禅宗史上论及祖师禅的重要史料，除上面提到的仰山慧寂对香严智闲禅师的评论，后来还有香严禅师与仰山慧寂的又一段对话："复有颂曰：'我有一机，瞬目视伊。若人不会，别唤沙弥。'仰山报沩山曰：'且喜闲师弟会祖师禅也。'"[①]"机"是禅修时心灵产生的一种能力。"伊"指佛法。香严颂文的意思是说，我的心灵，眨眼间就能直觉到佛法。也就是说，这种直觉是应缘接物，一如无心道人，是不存在知见又不废视听的，若不会这种禅法，就如同未受具足戒的沙弥。香严禅师的颂文，这次得到了仰山慧寂的肯定，认为也是得到祖师禅的真传了。根据颂文"我有一机，瞬目视伊"就是祖师禅的立义，显然，仰山慧寂是以不作分别，当下顿悟为祖师禅的本质规定的。

石霜楚圆禅师发挥仰山慧寂的祖师禅说，进一步阐发祖师禅的长处。他说："且道祖师禅有什么长处？若向言中取，则误赚后人，直饶棒下承当，辜负先圣。万法本闲，唯人自闹。"[②]"赚"，骗。他认为如来禅"向言中取"，是误导甚至是欺骗后人，有负先圣。万法本来无事，只是庸人自扰。这就是说，祖师禅的长处是离开言语文字的，是靠自心体悟，当下即是，这里说的"万法本闲，唯人自闹"即一切现成的

① 《五灯会元》卷九《香严智闲禅师》，北京：中华书局，1984年，537页。
② 《五灯会元》卷十二《石霜楚圆禅师》，703页。

思想，实是祖师禅的理论基础。

后来，修祖师禅的禅师还进一步提出过祖师关的说法，强调修禅者必须要参透祖师禅机的关门，领悟祖师禅法的关口。《无门关》云：“参禅须透祖师关，妙悟要穷心路绝。祖关不透，心路不绝，尽是依草附木精灵。且道，如何是祖师关？只者一个无字，乃宗门一关也。”[①]这里说祖师关的核心问题就在一个“无”字上，这个“无”字的内涵是什么呢？就是无一切相对相状，无一切相对差别，无一切相对格局。过祖师关，就是过“无”字关，就是离却言语知解，断绝思维活动，也就是“穷心路绝”，超越相对分别。只有这样，才能当下体证悟得，才算是进入了祖师禅的境界。

为了突出祖师禅的渊源有自，历史久远，禅门还提出“拈花微笑”的公案、“西天二十八祖”的说法和“祖师西来意”的机语。“拈花微笑”公案是说“世尊昔在灵山会上，拈花示众。是时众皆默然，惟迦叶尊者破颜微笑。世尊云：‘吾有正法眼藏，涅槃妙心，实相无相，微妙法门，不立文字，教外别传，付嘱摩诃迦叶。’”[②]这是一则在宋代以后才流传的故事。这里的“正法眼藏，涅槃妙心”是指佛的内证法门，也即不能以言说表达，只能以心传心的甚深微妙法门。“拈花微笑”被祖师禅奉为“以心传心”方式的典型，是传授佛法真理的典范。中国禅师把创立佛教的教主释迦牟尼说成是不立文字、教外别传的创立者。实际上，不立文字、教外别传这种说法只是中国祖师禅法的要旨，是与释迦牟尼的法门迥异其趣的。

与拈花微笑的公案相应，中国禅师还提出“西天二十八祖”说。“西天二十八祖”是指印度依次传承禅法的有二十八位祖师，灵山法会上得释迦牟尼心印的迦叶被推为一祖，阿难是二祖，直至菩提达摩为二十八祖。[③]菩提达摩是西天第二十八祖，同时又是东土初祖。菩提达摩后，依次相传为慧可、僧璨、道信、弘忍、慧能，总称为“东土六

---

① 《大正藏》第48卷，292页下。

② 《无门关》，《大正藏》第48卷，293页下。

③ 契嵩：《传法正宗记》，《大正藏》第51卷，716—744页。

祖”。宋代以来，禅宗通过编排历代祖师的传授关系，以表示祖师禅自佛祖释迦以来，代代相承，法脉不绝，为祖师禅的源远流长制造了历史根据，同时它的编排的虚拟性又为祖师禅的形成演变增添了历史迷雾。

菩提达摩既是从西方印度来中土传播禅法的初祖，他从西方印度传来的密意，即是禅的真消息、真精神。“祖师西来意”究竟是什么？这个问话，成为祖师禅开悟的机语，重要的公案。祖师禅认为，禅的真髓是强调人人具有成佛的心，而自心及其觉悟成佛，是要个人亲证，而不能以言诠来表示。所以，禅师们对于“如何是祖师西来意”的提问，通常是给以不着边际的回答，以示“西来意”只能意会，不能诠释，从而启发提问者转向自我内心的体悟。

在仰山慧寂以祖师禅与如来禅对举以前，马祖道一的门下庐山归宗寺智常禅师已将一味禅与五味禅相对扬，一味禅正是通向祖师禅的重要一环。史载：“师（智常）因小师大愚辞，师问：‘什处去？’云：‘诸方学五味禅去。’师云：‘诸方有五味禅，我这里有一味禅，为什不学？’云：‘如何是和尚一味禅？’师劈口便打，愚当下大悟，乃云：‘嗄！我会也，我会也。’师急索云：‘道！道！’愚拟开口，师又打，即时趁出。”[①] 这里所说的“五味禅”是指前述宗密禅师在《禅源诸诠集都序》卷一中所归纳列举的五种禅。智常禅师贬斥五味禅为五味驳杂不纯不净的禅，高扬一味禅是纯正无杂的最上乘的禅。智常禅师不让小师大愚开口，开口便打，就是在暗示禅是不能言说的，这就是祖师禅的本质所在。

以上祖师禅禅师关于祖师禅意义的论述，概括起来要点是：（一）主张当下顿悟，凡提倡渐悟的，都不属于祖师禅。（二）强调教外别传，不立文字，主张经教、知解和言诠的，不是祖师禅。（三）提倡参透祖师关，斩断一切思念活动，凡参禅时心路不绝者，不算祖师禅。（四）以心传心，师资相承，凡不属东土六祖系统和慧能一系的，不列入祖

① 《联灯会要》卷四《庐山归宗智常禅师》，《续藏经》第1辑第2编乙第9套第3册，250页。

师禅。祖师禅的这些意义既是互相联系的，又是相对独立的，如凡提倡渐悟的，都不属于祖师禅，但又不等于凡主张顿悟的就都是祖师禅，只有既主张当下顿悟，又强调不立文字，教外别传的，才是祖师禅。教外别传，不立文字，是祖师禅最重要、最本质的核心规定，是祖师禅与其他禅相区别的主要标尺。

三、如来禅与祖师禅的禅法区别

如来禅与祖师禅是既有联系又有区别的两种禅修形态，而祖师禅又是在如来禅的基础上形成的，也主要是针对如来禅提出的。那么，如来禅与祖师禅的主要区别点何在呢？根据祖师禅禅师的有关论说，并结合祖师禅的习禅表现可以看出，两者的主要区别点大约有以下四个方面：

（一）借教悟宗与教外别传——宗旨不同。如来禅禅师重视从佛教经典出发理解佛学和禅。他们或奉《楞伽》，或尊《般若》，或诵《金刚》，主张用经教发明心地，只是在构成信仰以后，才不再凭借言教。他们也主张“不离文字”，强调知解。如慧能是听闻经义后“言下大悟”的。慧能也重视说法，其弟子还集录《坛经》传世。祖师禅则以“教外”自居，打出“教外别传”的旗帜，以与“教内”依据经籍的诸教派相区别，也表示与禅宗内部借教悟宗的宗旨不同。《佛果圆悟禅师碧岩录》第十四则云：“禅家流，欲知佛性义，当观时节因缘，谓之教外别传，单传心印，直指人心，见性成佛。”[1]在祖师禅看来，佛教的真髓，禅法的密意，不是任何经籍文字所能契合的，也不是任何教说所能表露的，只能是直接地以心传心的体验方式来传达。这种对语言文字的超越性才表现出真正的禅法和更高的理境。祖师禅认为，以文字言说来传达的佛学和禅法，是教内系统，以心传心则是在教之外，是教外别传。祖师禅的斗机锋，打手势，参话头，乃至棒喝等奇诡动作，甚

① 《大正藏》第48卷，154页下。

至呵佛骂祖等超常言行，就是表示以心传心的种种不可言说的禅修形式和手段。

（二）真心体用与自心显用——禅源差别。禅源即禅的本源，指众生本来具有的真心、本性、佛性，这是最高主体性，是众生成佛的根据。如来禅与祖师禅都认同众生本来具有佛性，这一点是相同的，然而对佛性的体与用，或者说对真心、佛性作用的看法则不完全一致。如来禅强调真心的体与用的区别，强调真心的用是依恃真心本体的作用，据此而预设一超越的分解，通过分解以显示超越的真心，显示真心本体的作用。祖师禅不同，它把真心、佛性和自心、自性等同起来，以自心、自性表示众生本来具有的超越的真心、佛性，全面地、充分地肯定自心、自性的意义和作用，认为语默动静，作恶造善，乃至全部贪、嗔、痴都是佛性的作用、表现。祖师禅强调作为真心、佛性的自心、自性的当前的觉悟，排除显示超越的真心、佛性的分解工夫。

（三）渐修顿悟与无修顿悟——方式歧异。自菩提达摩以来，如来禅并不排斥顿悟，而是主张通过渐修以达到顿悟的境界，为此提倡坐禅、看心、看净等渐修方式。祖师禅不讲渐修，而主张无修，所谓无修就是顺其自然，随缘任运，无修而修，修而无修。史载："王常侍一日访师（临济义玄），同师于僧堂前看。乃问：'这一堂僧还看经么？'师云：'不看经。'侍云：'还学禅么？'师云：'不学禅。'侍云：'经又不看，禅又不学，毕竟作个什么？'师云：'总教伊成佛作祖去。'"[①]这是在自心显用、平常心是道的思想基础上，进一步主张无事是贵人，提倡不看经，不坐禅，而在日常行事中随时体悟禅的境界，提倡生活就是禅，无修即是修的平俗化的禅修模式。

（四）人格理想与艺术境界——境界的偏离。如来禅与祖师禅通过不同的禅悟方式而使个体生命意义飞跃，进入宗教境界、道德境界、哲学境界与艺术境界。如来禅与祖师禅都追求禅修成佛的境界，这点是相同的。然而如来禅更偏重于宗教道德的修持，欲望的排除，观念

---

① 《古尊宿语录》卷四，北京：中华书局，1994年，74页。

的调整，人格的提升，而祖师禅则把终极理想落实在现实生活中，强调现实生命就是佛性的体现，主张在现实活动中获得情趣和美感、自得与满足，在感性直观中获得一种特殊的审美愉悦体验，从而在心灵的深处发挥、提升出一种灿烂的意识境界。

以上是我们根据有关的资料对如来禅与祖师禅的区别所作的概括，而从禅宗发展史来看，由于对祖师禅的界定不够明确，以致如来禅与祖师禅的区别，一直成为一些禅师的一大困惑。《潭州沩山灵祐禅师语录》在论及仰山慧寂勘定香严会祖禅师后，有这样的附录："玄觉云：'且道，如来禅与祖师禅是分不分？'长庆稜云：'一时坐却。'云居锡徵云：'众中商量，如来禅浅，祖师禅深。只如香严当时何不问如何是祖师禅，若置此一问，何处有也？'"[①] 这里把玄觉禅师和唐末五代长庆慧稜禅师以及宋代云居清锡禅师的话组织在一起，表现出一种因难以区分如来禅与祖师禅而取消两者分别的倾向。

迄至明末，临济宗汉月法藏禅师还关注如何抉择如来禅与祖师禅，并就两者的界说作了明确的区分："祖师禅者，透十法界之外，不堕如来之数，故曰出格。如来禅者，起于九种法界，堕在十法界之顶，犹是格内。欲知格内格外之分，须在一事一物上分清十法界诸种之见，直到极顶方是如来地位，祖师禅又从佛顶上透出。"[②] 法藏禅师以十法界为格局，认为祖师禅是超出十法界的极顶佛的界限，而如来禅则以如来佛为目标，是在十法界之内。如来禅与祖师禅的区别就是"格内格外之分"。法藏禅师把祖师禅视为在境界上超出或高于成佛的禅法，如此，在理论上必然带来困难：佛教以佛为觉悟者，为十界之最上等，也即达到了最高境界者，而"从佛顶上透出"的"出格"，应是高于佛的更高境界了，在佛教看来，这种境界是不存在的。通常禅宗讲超佛越祖是指超越佛与祖师的权威，显露众生自家本具的佛性，并不是说在成就的果位上超越佛，在达到的境界上高于佛。"出格"，是超越佛

① 《大正藏》第47卷，580页中。

② 《三峰藏和尚语录》卷六，《禅宗全书》第52册，台湾文殊文化有限公司印行，621页。

的境界，实际上也就游离于佛教之外了。此外，法藏还认为，要达到格内格外之分，就必须在具体事物上分清十法界的不同知见、见解。法藏的这一看法和传统的祖师禅反知见、反见解的主张也是不一致的。由此看来，法藏禅师对如来禅与祖师禅的区分，虽然简要明快，但是并不符合以往禅宗祖师区分如来禅与祖师禅的主流界说。

当代太虚法师（1889 ~ 1947）在《中国佛学特质在禅》[①]一文中，把菩提达摩至五家的禅分为三个发展阶段和三种禅修形态：从菩提达摩到慧能的禅为“悟心成佛禅”，慧能以后至五家禅宗之前为“超佛祖师禅”，五家禅宗称为“越祖分灯禅”。从名称的角度言，“悟心成佛禅”实即如来禅，而后两种禅均可称为祖师禅，因为祖师禅自然是“超佛”的，而“越祖分灯”也是祖师禅的分灯，并没有越出祖师禅法的轨道。把太虚法师提出的三种禅法名称归结为如来禅与祖师禅两种也未尝不可，这样也许更为简要、明确。不过，从历史的角度而言，太虚法师提出从菩提达摩至五家禅宗的禅法存在着三个阶段，可以看出其间禅法的演变，又给人以重要的启示。

四、如来禅与祖师禅的历史界限

在禅宗学说史上，宗密禅师明确指出如来禅是禅法中最上乘禅，并认定从菩提达摩以下直至洪州宗均属如来禅。仰山慧寂提出了祖师禅的概念，他实际上还把重渐悟的神秀一系列入如来禅。在唐武宗会昌五年（845）灭佛以后，一些禅师确把教外别传、不立文字作为祖师禅的根本特征，从而更鲜明地表现了祖师禅与如来禅的区别。祖师禅禅师还有西天二十八祖、东土六祖说。由此，古代禅师通常认为祖师禅传承是指菩提达摩传入禅法始，经慧能下及五家七宗，或是指慧能、马祖一系的禅法。也有近代禅师依据如来藏清净心的思想，把菩提达摩至慧能均归属于如来禅。

① 载于《现代佛教学术丛刊》第 2 册《禅学论文集》，台北：大乘文化出版社，1976 年，1—111 页。

当代学者对如来禅与祖师禅的历史界限的看法分歧也很大。除了认为两者等同不作区别的看法之外，重要的看法有：（一）菩提达摩以前所传的禅，无论是小乘禅，还是大乘禅，都是如来禅，菩提达摩是禅宗的开山祖师，所传的是直指心源、见性成佛的禅法，是有别于如来禅的祖师禅。（二）慧能以前所传的是如来禅，慧能、马祖一系开出直指本心、见性成佛的顿悟的禅法，是为祖师禅。（三）洪州宗、石头宗成立前是如来禅，提倡教外别传，不立文字，直指人心，见性成佛的洪州宗、石头宗是祖师禅。有的还认为只有禅宗五家才是真正的祖师禅。还有的学者从广义和狭义两方面界说如来禅与祖师禅，①认为广义的如来禅包括印度佛教的禅法及其在中国的传播，直至慧能南宗创立以前的禅法，狭义的如来禅则指神秀一系和宗密的禅法；广义的祖师禅是指慧能一系的禅法，狭义的祖师禅则指慧能本人的禅法以及保持慧能禅法风格的禅法，这主要是指荷泽宗神会和大珠慧海的禅法。这些分歧看法，反映了区分如来禅与祖师禅的根据不同，也反映了对有关禅师禅法的认识差异。这些分歧的焦点集中在慧能禅法的归属问题上。牟宗三先生在《如来藏与祖师禅》一文中认为，慧能是“将《般若经》与空宗之精神收于自心上来，转成存在地实践地‘直指本心，见性成佛’之顿悟的祖师禅”，而神会则是“以如来藏真心系统为背景而来的如来禅”。②对于牟先生的这种看法，唐君毅先生则持有鲜明的疑义和异议。③

划分如来禅与祖师禅的历史界限，是一个十分复杂的问题。我们认为，中国禅宗从如来禅到祖师禅是一个历史演变的过程，其间并不存在绝对的界限，但如来禅与祖师禅在禅修的途径、方式、方法以及风格上也确实存在着差别。如上所述，我们以为应从古代禅师的论述和实践中概括出区别点，这种区别点集中表现在是否主张在日常行事

① 详见董群：《祖师禅》，杭州：浙江人民出版社，1997年，6—17页。

② 见《现代佛教学术丛刊》第52册《禅宗思想与历史》，台北：大乘文化出版社，1978年，96页。

③ 《致张曼涛的信》，同上书，111—112页。

中随时体现佛性与禅境，尤其是，是否标榜“教外别传，不立文字，直指人心，见性成佛”的宗旨。就总体而言，凡是提倡这种宗旨的是祖师禅，而如来禅则是和这一宗旨不符合或基本上是不符合的。

应当指出的是，自菩提达摩始，禅门就已主张见性成佛了，他在《略辨大乘入道四行》中说，一切众生都具有清净的真心真性，只是在现实生活中，这真心真性为烦恼所蔽，不能显了罢了。他教人彻底排除虚妄的烦恼，回归本身自有的真心真性。菩提达摩提出了见性成佛的思想，但还没有明确提出直指人心的说法。慧能则进了一步，他宣扬“悟人顿修，自识本心，自见本性”，“一切万法，尽在自身中，何不从于自心顿现真如本性”。[①]这种顿修、顿现的说法显然已有“直指人心，见性成佛”的思想，也就是提倡单刀直入的顿教。同时，慧能虽也讲“法以心传心”，但又多次重复强调自己闻说《金刚经》，言下大悟，顿见真如本性，以此来开导门人。[②]慧能并不排斥经教，这与禅宗后来的“教外别传，不立文字”的主张有所不同，而他的自识本心、自见本性的思想又与“教外别传，不立文字”的主张相通。按照自识本心、自见本性思想的逻辑要求，成佛并不必依赖经论的权威，不必经过任何言说的分解方式，据此后来的禅宗五家最终形成“教外别传，不立文字，直指人心，见性成佛”的禅修路线，至此祖师禅真正进入了成熟阶段。

根据以上判别如来禅与祖师禅的标准，以及由如来禅发展为祖师禅的历史进程，我们认为菩提达摩至沩仰、临济、曹洞、云门、法眼“五家”的禅法似可分为三个阶段：从菩提达摩至弘忍是如来禅，从慧能至禅宗五家形成前是由如来禅向祖师禅的过渡形态，五家的形成标志着禅宗进入了祖师禅的历史阶段。

为什么说从慧能至五家形成前是由如来禅向祖师禅的过渡形态呢？这是因为从慧能至五家形成前的禅法背景复杂，很难直接归入如来禅或祖师禅的范畴。例如慧能，他的基本思想是性净顿悟，或者说

---

① 敦煌本《坛经》，《中国佛教思想资料选编》第2卷第4册，9、15页。

② 同上，5、8、16页。

是真心自悟；在修禅上，他重视借教悟宗，也不笼统地排斥读经、念佛、禅定，这都是与如来禅相类似的。同时，慧能又主张自识本心，自见本性，顿悟成佛，还鼓吹“定慧等”，扩大了禅定的范围，并有把“定”融入于“慧”的倾向，这又是与祖师禅相近的。从慧能至五家形成共有四、五代法系，其间是不断演变的过程，也是祖师禅成分愈来愈多的过程。如黄檗希运明确说的：“祖师直指一切众生本心本体，本来是佛，不假修成。”“祖师西来，唯传心佛。直指汝等心，本来是佛。”① 相比较而言，慧能较后继者较多如来禅色彩，而他的法嗣如马祖道一、百丈怀海、黄檗希运等则越来越富祖师禅的风格。至于有人把慧能说成是祖师禅，而把他的门下神会说成是如来禅，我们认为是不恰当的。实际上，慧能的单刀直入、直了见性的顿教法门应是神会举扬起来的，神会和慧能应同属从如来禅向祖师禅的过渡阶段，同是兼具如来禅和祖师禅两种色彩的禅师。

一部禅宗史昭示人们：沩仰宗的问世，标志着祖师禅的形成。此后祖师禅禅师更日益鲜明地高举“教外别传，不立文字，直指人心，见性成佛”的旗帜，不持戒，不诵经，不念佛，不坐禅，强调任其自然，自性自度，动辄扬眉瞬目，行棒行喝，甚至超宗越格，呵佛骂祖。在唐末、五代和北宋时代，祖师禅蔚然成风，一度成为禅宗的主旋律，影响广泛而深远。直至明代文人在评论北宋时代亲炙禅法的两大著名诗人苏东坡和黄庭坚的禅法时还说：“黄、苏皆好禅，谈者谓子瞻是大夫禅，鲁直是祖师禅，盖优黄而劣苏也。”② 子瞻和鲁直分别是苏东坡和黄庭坚的字。苏氏主禅净皆修，黄氏则嗣临济宗支派黄龙祖心禅师的禅法。从谈者的评论可看出，明代文人认为祖师禅高于大夫禅，在禅法上黄庭坚优于苏东坡。

禅宗五家都以日常行事为禅的生活，也主张不滞文字，离开言句，但是实践这些主张的具体方法则是灵活多样、各不相同的。如五代末

① 《黄檗希运断际禅师宛陵录》，《古尊宿语录》上册，40、41页。

② 袁衷等录：《庭帏杂录》卷下，见《丛书集成初编》[〇九七五]《郑氏规范》，北京：中华书局，1985年，11页。

期，在禅宗中影响极大的派系法眼宗，其创始人清凉文益就是重视经教，提倡认真看经的，他对《华严》很有研究，并以《华严》的理事圆融说为中心来讲禅。他既不凌空谈禅，又不滞着于文字，对当时祖师禅的缺陷和丛林的时弊起了一种补救作用。后来，约在两宋之际，从曹洞宗演化出的默照禅，提倡以打坐为主的寂默静照，并与从临济宗演化出来的看话禅相对峙，从此结束了祖师禅主导禅宗天下的历史。

五、祖师禅提出的思想背景及其流传的文化意义

祖师禅是中国佛教中惟一标榜“教外别传”的流派，是佛教中国化的最突出的典型。祖师禅的提出具有深刻的思想文化背景，祖师禅的流传具有重要的历史文化意义。

祖师禅既是禅宗禅法的逻辑发展，也是中国固有文化影响的结果。中国禅宗吸取了印度佛教的真心真性思想，进一步把真心真性与自心自性等同起来，强调生心起念，一举一动，善恶苦乐都是佛性的表现，突出了自心自性的作用与返归自心自性的意义。这就势必导向摆脱经教功能、排斥文字语言的禅修轨道。中国儒家倾向于人性本善，重视心性修养，道家也认为人性自然，提倡返本归源。儒道两家也都偏重于直觉思维，重视在现实生活中提升自我，实现理想。在这种文化背景下，具有中国固有文化素养的禅师们，就自觉不自觉地融合了中印两国的相关思想，创造出祖师禅禅法。祖师禅是在佛教的框架内融入了中国的民族思维、民族性格、民族追求，呈现出强烈的主体思想和鲜明的世俗倾向，表现了异于印度佛教的重要特色。

自由批判和独立判教是祖师禅形成的又一重要思想文化背景。佛教是开放的、创新的体系，内部不同派别的自由论争，相互诘辩，不断推动了佛教学说的新发展。祖师禅的提出就是与慧能一系批判神秀一系的渐悟法门直接相关的，也是与洪州宗一系批判神会、宗密的重知见的禅法直接相关的，没有这种学术上的自由批判，也就没有祖师禅的出现。独立判教是中国佛教学者的一大优长，宗密禅师把佛教禅

法判为五类或五等，后来洪州宗一系禅师又把宗密所判的五类禅称为五味禅，把它贬斥为五种杂交的禅法，而与一味清净的禅相区别，其实一味禅实质上就是祖师禅。所以，在一定意义上说，祖师禅也是判教的结果。由自由批判和独立判教而形成祖师禅的史实看，禅师的性格，一是具有反教条、反传统、反权威的批判精神；二是在佛教修持上追求快速、纯一，排拒缓慢、多杂，这就比较适应中国古代苦难深重的劳动者的需求，符合民众的愿望和民族的心理。从这一角度考察祖师禅的形成和流传，对于了解中国民众宗教信仰取向和民族心理结构，是有着重要意义的。

禅宗祖师地位的提高与民间祖先崇拜的影响，是祖师禅形成与流传的又一重要因素。禅门讲究传承、嗣法，若没有师承关系，没有得到祖师印可证明，这样的禅师是没有地位的。从菩提达摩到弘忍的传承是一代一位领袖，一位祖师只能印可一位弟子。慧能废除衣钵传授制度后，是由祖师用一定的方式判定弟子是否得到正法，哪位弟子若获得祖师的印证，也就被认为得到了传授。这种传授制度，突出了祖师在传承过程中的权威性，推动了祖师信仰的形成。祖师作为佛法、禅门的代表，与佛已无实质的区别，祖师与佛祖平起平坐，互相转位，也就成为禅门平常的事了。祖先崇拜是中国固有的基本信仰与民间习俗，祖先崇拜影响了禅宗的祖师崇拜，如寺院设祖师堂，安置祖师遗像，以供拜瞻。又立祖师忌，规定在祖师忌日时，举行法会，以示纪念。祖师的崇高地位、祖师信仰的流行和祖先崇拜的习俗，直接影响了祖师禅名称的确立与祖师禅的流传。从禅门视祖师与佛祖平等，甚至比佛祖更崇高的现象来看，其间反映出的中国禅宗的民族主体意识是强烈的，所透露出的民间信仰习俗是浓郁的。

原载《中国社会科学》，2000（5）

门外看生活禅

主持人，各位与会先进，大家好！

首先我要感谢举办单位邀请我参加这么一个重要的、带有开创性的学术会议。其次我要代表中国人民大学佛教与宗教学理论研究所、宗教高等研究院对会议的召开表示祝贺，并预祝会议取得圆满成功。

我发言的题目是“门外看生活禅”。我想就生活禅的提出、生活禅的界说、生活禅的宗旨、生活禅的内涵、生活禅的方法讲一点我学习以后的看法和感想，并提出一些期望和建议。

一、生活禅的提出

生活禅的提出不是偶然的，他有禅宗历史延续、发展的原因，有燕赵大地的孕育作用，有时代的现实要求，还和提出生活禅的净慧长老的个人因素有关。

我认为净慧长老继承了两个传统：第一是虚云老和尚禅法的传统，也可以说是佛教禅宗丛林的传统；第二个，是他长期在中国佛学院学习研究的现代佛教学术传统。这两个传统使他形成了两个特质：第一是他的理论造诣比较高。他是中国佛学院的研究生，他在读研究生期间我有幸在中国佛学院旁听，我是旁听生，没有资格当研究生。所以我跟净慧长老是有殊胜法缘的，我每次遇见他，他都说我是他的老同学，我感到很荣幸。改革开放以后，他担任了《法音》的主编，并发表了一系列的著作，在我看来，他是当代中国在佛学理论造诣方面比较高的一位高僧大德，这是一个特质。第二，是他的开创精神。他在1992年提出了生活禅，1993年举办了首届夏令营，还创办了一系列的刊物，如《禅》、《禅学研究》等，还出版禅佛教丛书，印大藏经，成立禅学研究所，创办书店，给重点高校的有关佛教专业学生发奖学金，举办论坛，吸收一些学者包括有的大学校长为信徒，等等。他的活动很多，面很广，这都说明了他的开拓创新精神，他是当代中国在佛教文化建设方面成就比较突出的一位高僧大德。我认为他的这两个特质决定了他在对生活和禅关系的体悟基础上，提出了生活禅。

生活禅的提出，我认为一是吸收了传统的祖师禅——特别是从临济禅和赵州禅中提出的一些理念、禅法，如赵州从谂和尚的“无门关”、“赵州桥”、“吃茶去”、“洗钵去”、“庭前柏树子”、“平常心是道”等公案，是说禅就是在当下的，是“触类是道”，“触目是道”，这些我认为对净慧长老提出生活禅有很直接的影响。再有，他看到了近现代中国佛教的弊病。这个弊病主要是佛教和现实社会脱节，表现在两个方面：一个是遁迹山林，一个是追求死后解脱。净慧长老既继承了祖师禅的传统，又看到了佛教的弊病，他强调要把佛教传统禅法的精神和现代人的生活实际结合起来，要把祖师禅的精神和人间佛教的思想结合起来，从而提出了生活禅的理念，我认为是适应时代要求的，是时代的必然，是历史的必然。

二、生活禅的界说

净慧长老给生活禅作出界说，下了定义。他说：“所谓生活禅，即将禅的精神、禅的智慧普遍地融入生活，在生活中实现禅的超越，体现禅的意境、禅的精神、禅的风采。”又强调，生活禅是一个大概念，不是一个小概念。这里所讲的“禅”，或者“在生活中修行，在修行中生活”所说的“修行”，也是一个大概念，是大智慧、大觉悟、大境界，它覆盖着生活的方方面面，覆盖着世（间）、出世（间）的全部，所以从广泛的意义上来讲，一切的修行无不是禅，也无不是生活禅。

这就是说，相对而言，生活禅的“禅”是不限于禅定的“禅”，而是包括布施、持戒、忍辱、精进、禅定、智慧“六度”的全部内容，包括见地和功夫两方面。净慧长老强调生活禅修行基础功夫的重要性，认为按照修次第禅的修法落实基础功夫是一个根本。他还明确地指出，生活禅的次第就是发菩提心、立般若见、修息道观、入生活禅。

三、生活禅的宗旨

生活禅的宗旨就是“觉悟人生，奉献人生”，这是净慧长老提出的带有口号性的两句话，也是对佛教修行生活影响最大的两个理念。展开一点说，就是强调“在生活中修行，在修行中生活”，“在觉悟中奉献，在奉献中觉悟”。由此可以说，生活禅的目的就是，佛教要突出以社会人生为本位，以利他为途径，以解脱为归宿。提倡积极地关怀社会、人生与大众，积极地承担责任和义务，要求“在尽责中求满足，在义务中求心安，在奉献中求幸福，在无我中求进取，在生活中透禅机，在保任中证解脱”。也就是说，生活禅的目的在于落实人间佛教的理念，进而把少数人的佛教变为大众的佛教，把彼岸的佛教变为现实的佛教，把学问的佛教变成指导生活实践的佛教。

四、生活禅的内涵

净慧长老认为，生活是丰富多彩的，禅的内容是丰富圆满的。生活有精神的生活与物质的生活，有迷失的生活与觉悟的生活，有染污的生活与净化的生活，有凡夫的生活与圣者的生活。禅是一种方法、一种道路、一种体验、一种境界。所谓生活禅的内涵，就是通过物质生活、精神生活层面的禅修，使人们从迷失的生活转化为觉悟的生活，从染污的生活转换为净化的生活，从凡夫的生活提升为圣者的生活。

五、生活禅的修持方法

修持生活禅，要求把学修佛法与现实生活结合起来，要求在生活中勤修戒、定、慧“三学”和慈、悲、喜、舍“四无量心”，要求将信仰落实于生活，将修行落实于当下，将佛法融化于世间，将个人融入于大众。

生活禅的修持法门很多，而在净慧长老看来，人类最大的问题是以自我为中心，一切从自我出发，所以破除“自我”、破除“妄心”是一个重点。由此他提出要照顾好此心，要照管好妄心——当下迷惑的妄心，也要照顾好觉悟时的真心。先要照管好妄心，为了照管好妄心，首先就要观心，而观心的拐杖——为观心提供的拐杖，就是念南无阿弥陀佛，把千万个妄念集中到一个念头上来，集中到一句佛号上来，以妄制妄，调服妄心。其次，他强调要在每件小事上“善用其心”，他特别提到《华严经·净行品》中所讲的141首偈子，每一个偈子讲的都是日常生活中的一件小事，要求修行菩萨道的人要在每一件小事上善用其心，善待一切。总之，生活禅的方法可以简单通俗地概括为：老老实实地做人，踏踏实实地做事，扎扎实实地做学问。以上是落实生活禅的基本方法和要求。

在讲完对生活禅的看法和感想后，我还想讲讲对生活禅的期望和建议，共有四点：

其一，在我看来，禅是信仰价值、人文价值、精神价值，生活禅是在生活中通过体悟去发现，或者是呈现，或者是提升出一种人生意义、人生理想和人生价值，由自然的、功利的生活境界，上升为道德的、智慧的生活境界，也就是通过觉悟人生进而奉献人生。这对于缓解当前普遍存在的个人自我中心、物欲横流、信仰危机、道德滑坡等现象，以及对积极的心灵建设、心理建设都会有现实的、重要的意义，对于和谐社会的构建具有普遍意义和时代意义。

其二，我希望不断地总结生活禅修持经验，不断地充实生活禅的内容。在我看来，在这一方面，修行生活禅的修行者如何体悟缘起性空的宇宙观，以及如何做好明心见性的功夫，是两个重要环节。这对于破除有所住的妄心，显现真心本性，通达到觉悟的禅境，是有重要意义的。

其三，我期望净慧长老能逐步形成一套生活禅的程序，使生活禅程式化，这有利于初入生活禅的修持者有所依循，更便于操作。

其四，我希望生活禅能够向深度和广度两个方面推进，为此我建议举行一些专题会议。专题会议的任务有三条：第一是交流经验，交流我们修持生活禅取得的经验；第二是深入总结河北禅宗的历史经验，挖掘、弘扬河北禅宗的历史资源；第三是加强理论建树，进而把生活禅推向全国，推向全世界。

谢谢！

2011 年 5 月 14 日在“首届河北赵州禅·临济禅·生活禅学术论坛”开幕式上的发言

原载《中国民族报》2011 年 5 月 31 日

禅宗与念佛

禅宗与念佛关系的历史演变情况如何？在中国佛教史上，这是一个比较复杂的问题，同时也是一个富有理论意义与实践意义的问题。本文拟着重论述禅宗与念佛关系的历史演变过程，并从历史演变中简要总结出禅净融合的历史趋势和中国佛教的历史走向。

一、禅与念佛的本义与发展

为了论述禅宗与念佛的关系，有必要先简要地叙述一下禅与念佛的本义及其在中国佛教历史上的发展。

先说禅。禅是梵语 Dhyāna 音译“禅那”的略称，汉译是思维修、静虑、摄念，即冥想的意思。用现代语言简要地说，禅就是集中精神与平衡心理的方式方法。从宗教心理角度来看，禅的修持操作主要是“禅思”、“禅念”和“禅观”等活动。禅思是修禅沉思，是排除思想、理论、概念，使精神凝聚的冥想。禅念是厌弃世俗烦恼、欲望的种种念虑。禅观是坐禅以修行种种观法，如观照真理、否定一切分别的相对性，又如观佛的相好、功德，观心的本质、现象等。禅修具有多种功能，诸如：精神集中，即注意力集中，以为修持提供稳定、良好的心理状态。调节情绪，平衡心理，带来宁静与快适的感受。化解烦恼，舍弃恶欲，排除恶念，提升精神境界。禅还能产生智慧，有助于观照人生、宇宙的真实。此外，禅经还说，长期禅修能获得超常的能力，即神通力，与今人所谓“特异功能”近似；又禅修或可得见诸佛，断除疑惑。

与禅那相应的梵语 Samādhi，音译三摩地、三昧等，汉译作定、等持等。定是令心神专一，不散不乱的精神作用，或指心神凝然不动的状态。一般地说，定是修得的，是禅修的结果。在中国，禅也当作定的一个要素，被摄于定的概念之中，通常是梵汉并用，称作“禅定”。禅定成为惯用语，被视为一个概念。事实上，禅定的主要内容是禅，是通过坐禅这种基本方式使心念安定、专一、不散乱的修持实践，其中心是静虑、冥想。中国禅宗的禅，则明显地向慧学倾斜，带有排拒坐禅的意味，强调由思维静虑转向明心见性，返本归源，顿悟成佛。中国禅宗的禅与印度佛教的禅在意义上是迥异其趣的。

大约自马祖道一以来，中国禅宗把禅由坐禅静思发展为日常行事，由心理平衡发展为生命体验，从根本上改变了禅的内涵。中国禅宗学人还强调禅悟，认为觉悟要由日常行事来体现，由生命体验来提升。这就是说，禅与悟是不可分的，悟必须通过禅来获得，禅没有悟也就不成其为禅。没有禅就没有悟，没有悟也就没有禅。从这个意义上说，禅就是禅悟。这与印度佛教所讲的禅也是大相径庭的。

中国禅宗还大力开辟禅悟的途径和创造禅悟的方法。这主要有：

（一）禅宗以明心见性为根本宗旨，而性与相相对，相与念相联，念又与住（住著）相关。为此慧能提倡无相、无念、无住的法门，要求不执取象的相对相，不生起相对的念想，保住没有任何执著的心灵状态，这是一种内在的超越的方法。

（二）性与理、道相通，悟理得道，也就是见性。理、道又与事相对，若能理事圆融，也就可见性成佛。由此“触类是道”和“即事而真”成为禅修的重要的途径和方法。

（三）禅悟作为生命体验和精神境界，具有难以言传和非理性的性质。相应地，禅师们纷纷充分地调动语言文字、行为动作、形象表象的功能，突出语言文字的相对性、行为动作的示意性和形象表象的象征性，形成丰富多彩的禅悟方法。

次说念佛。“念”，本指主体对所缘对象的忆念作用，念佛就是忆念所归依的佛。后又由心念向外转为观念、口念，也就是由心里称念法身佛，转为观想佛的体相、功能，口中称念佛的名号。这心念、观念和口念三种念佛，分别称为法身念佛、观想念佛和称名念佛。法身念佛的法身即法的实相，故也称为实相念佛。中国佛教学者宗密又从观想念佛的念想佛的相好角度，分出观像念佛，即观念塑画等的佛像。

念佛的对象是佛，小乘佛教的念佛偏重于对释迦牟尼的归敬、赞叹、思念，大乘佛教认为三世十方有无数量的佛，相应地所念的佛数量众多，扩大了念佛对象的范围。大乘佛教所念之佛常见的有阿佛、药师佛、弥勒佛、阿弥陀佛、大日如来等，但通常又以阿弥陀佛为代表，以至于一提及念佛，一般都以为念阿弥陀佛，这是念佛对象的显著变化。

佛教经典历来重视以念佛为观想内容和禅观方式，也就是提倡通过念佛把心思集中起来的冥想法，从而构成一种禅观，一种禅定，称为“念佛三昧”。《观无量寿佛经》云：“更观无量寿佛身相光明，……其光相好及与化佛不可具说。但当忆想，令心明见，见此事者，即见十方一切诸佛，以见诸佛，故名念佛三昧。”[①] 认为修持念佛三昧，观想无量寿佛（阿弥陀佛）的相好光明，故能于定中见十方一切诸佛。念佛三昧中有一种般舟三昧。修行般舟三昧是在一特定时间（如七日或九十日）内，常行走不得休息，环绕行道，步步、声声、念念皆在阿弥陀佛。完成此三昧就能见诸佛现前，故也称“佛立三昧”。天台宗人则称为“常行三昧”。《文殊说般若经》还把一心念佛，专修念佛一行，称为“一行三昧”。

中国佛教学者对念佛方法的梳理都很关注。如天台宗智𫖮在《五方便念佛门》（见《大正藏》第四十七卷）中列举出五种念佛法门：（一）称名往生念佛三昧门，（二）观相灭罪念佛三昧门，（三）诸境唯

① 《大正藏》第 12 卷，343 页中。

心念佛三昧门，（四）心境俱离念佛三昧门，（五）性起圆通念佛三昧门。这是根据不同对象随机而说的五种方便念佛法门。华严宗澄观的《大方广佛华严经经疏》卷五十六（见《大正藏》第三十五卷）也举出五种念佛法门：（一）缘境念佛门，（二）摄境唯心念佛门，（三）心境俱泯念佛门，（四）心境无碍念佛门，（五）重重无尽念佛门。这是从心境即主体与客体的关系角度分列的念佛法门。宗密在《大方广佛华严经普贤行愿品别行疏钞》卷四（见卍《续藏经》第七册）则从念佛对象的视角分为称名念佛、观像念佛、观想念佛和实相念佛四种念佛。唐代兼通律、密、净的僧人飞锡，著《念佛三昧宝王论》（见《大正藏》第四十七卷），以念佛三昧为诸禅三昧中的宝王，并把念佛从时间的角度分为念未来佛、念现在佛和通念三世无不是佛三大门。此外，有的佛教学者还把念佛分为念他佛、念自佛和自他俱念佛三种。念他即念阿弥陀佛，念自即观心，自他俱念即观心、佛、众生三无差别。在中国佛教史上，念佛法门众多，其中包含了中国佛教学者的创造。

念佛法门传入中国后，最为流行的是观想念佛与实相念佛。后来由于净土学者昙鸾、道绰的提倡，尤其是善导（613 ~ 681）创立净土宗，便以称名念佛为主要修持法门，并广泛深入千家万户。以后，持名求生极乐世界的信仰广为流行，以致不论哪一宗派采用的念佛法门，都和持名往生净土的思想相结合，这是印度佛教念佛法门在中国的重大发展。

持名念佛法门之所以在中国盛行，是受了龙树《十住毗婆娑论·易行品》思想的影响。该品说菩萨道“或有勤行精进，或有以信方便易行疾至阿惟越致者。……若菩萨欲此身得至阿惟越致地，成就阿耨多罗三藐三菩提者，应当念是十方诸佛，称其名号。”[①]“阿惟越致”，不退转，是菩萨修持追求佛果的阶位。“阿耨多罗三藐三菩提”，佛圆满觉悟的智慧。这是说，称名念佛是修菩萨行速至不退地的方便易行道。中国净土宗在接受这种思想影响和吸取净土经典学说的基础上，提“称

① 《大正藏》第26卷，41页中。

名念佛往生”说。《无量寿经》卷上第十八愿文有“十念”之说，[①]《观无量寿经》也说“具足十念称南无阿弥陀佛”，[②]宣扬十念念佛即可往生弥陀净土。关于“十念”的解释，佛教学者说法不一。善导将十念解释为十声称佛，并认为，一生无尽数地称佛名号乃至一声称佛名号，都可以往生弥陀净土。善导所立的“称名念佛往生”说成为净土宗的根本宗旨。

净土宗的称名念佛法门奠立在两个原理之上：一是阿弥陀佛名号的神圣功效。阿弥陀佛的“阿弥陀”三字被认为是佛法界的内在音声。阿字是表宇宙开辟，生命生发的根本音，弥字表一心平等的无我大我义，陀字是表含摄一切法藏的究竟处，三字各具神圣意义。阿弥陀佛名号凝聚着阿弥陀佛法身、报身与应身以及各种智慧和无量功德。阿弥陀佛的本愿就是使称名念佛的众生往生西方极乐世界。阿弥陀名号作为阿弥陀三身以及智慧和功德的载体，是凡圣同构相互呼应的媒介。名号所在之处，也就是阿弥陀佛愿力光明遍照之处。修持者称名念佛之时，也就是得阿弥陀佛护持之时。信愿持名，也就能全部融摄佛功德为自身的功德。二是众生自心内含阿弥陀佛，心想佛即生佛。《观无寿经》云：“诸佛如来是法界身，遍入一切众生心想中，是故汝等心想佛时，是心即是三十二相，八十随形好。是心作佛，是心是佛，诸佛正遍知海，从心想生。”[③]这是说，阿弥陀佛是最高真理，遍于一切众生心念之中，阿弥陀佛与众生心念相通相融，众生若口念阿弥陀佛，心想阿弥陀佛，自心就能显现阿弥陀佛，乃至十方一切诸佛。心作心是，系念佛界，是念佛法门的又一重要理念。

二、禅宗与念佛

从菩提达摩来华弘扬禅法至慧能创立禅宗前，留下的文献资料较

① 见《大正藏》第 12 卷，268 页上。
② 《大正藏》第 12 卷，346 页上。
③ 《大正藏》第 12 卷，343 页上。

少，其中记载有提倡念佛为禅修方式的主要是道信，慧能以后至五家禅宗则贬低、偏离，甚至排斥念佛，然自宋代延寿以来，禅师们又转向修持念佛，并最后定型于禅净合一的念佛禅。

（一）东山法门与念佛

菩提达摩禅法经慧可、僧璨传道信。道信（579 ~ 651）和门人弘忍，在湖北黄梅共创“东山法门”禅法，使禅僧的生活方式和修持方法发生巨大变化。道信在《入道安心要方便法门》中说：“我此法要，依《楞伽经》诸佛心第一。又依《文殊说般若经》一行三昧，即念佛心是佛，妄念是凡夫。”[①] 这就是东山法门禅法的纲要。《文殊说般若经》一行三昧，是一种修持方法，指一心念佛的三昧。道信把属于念佛法门的“一行三昧”引入禅修，强调念佛与成佛的合一，提出了“念佛心是佛，妄念是凡夫”的命题。所谓念佛心是“系心一佛，专称名字”，[②] 是排除一切妄念，专于念佛，心心相续，以求心中见佛。实际上这是主张念佛与念心的同一。道信的念佛是称名、观想等多种活动，念心就是观心。也就是一方面以念佛求生无量无边功德，一方面以观心灭尽妄念，求得心地清净。这两方面是同步的，甚至是同一的。这也就是“念佛心名无所念”，[③] 是不作区别、无所执著的心，是心的本然。念佛心排除妄心、烦恼，不执著对象形相，其结果就会“忽然澄寂，更无所缘念”。[④] 念佛心的佛是无形相的，念佛心的心也是无形相的，从修持的更高意义上说，念佛实是无所系念，连念佛心也不生起，只保持原来的净心，才是真念佛。这种无所念的念佛心，才是禅修成佛的基础：“身心方寸，举足下足，常在道场；施为举动，

---

① 见《楞枷师资记》卷下，《大正藏》第 85 卷，1286 页下。

② 《文殊说般若经》卷下，《大正藏》第 8 卷，731 页中。

③ 《入道安心要方便法门》，见《楞伽师资记》引，《大正藏》第 85 卷，1287 页上。

④ 同上。

皆是菩提。”[①]身心的一切活动，都是成佛的道场，都体现了成佛的觉悟。所以，“离心无别有佛，离佛无别有心”，[②]念佛心是佛，真念佛时，佛与心的形相一同泯灭，佛与心相合相融，佛就是心，心就是佛。这也就是所说的“念佛即是念心，求心即是求佛”[③]的真谛。

道信提出的“念佛心是佛，妄念是凡夫”的命题，既把念佛心与妄念，佛与凡夫对立起来，也把念佛心与佛、妄念与凡夫统一了起来。道信以念佛与念心相合而一构成念佛心的观点，把众生的现实心与原本的清净心沟通起来，从而也就为从念佛过渡到成佛架起了桥梁。

弘忍的大弟子神秀也把念佛与观心融为一体，提倡“正念”念佛。他在《观心论》中说：“夫念佛者，当修正念。(了义)为正，不了义为邪。正念必得往生净国，邪念云何达彼？佛者觉也，所谓觉察身心，勿令起恶。念者忆也，谓坚持戒行，不忘精勤。了如来义，名为正念。故知念在于心，不在于言。……既称念佛之(之，原作云)名，须行念佛之体。若心无实，口通空言，徒念虚功，有何成益？……念从心起，名为觉行之门；诵在口中，即是声音之相。执相求福，终无是乎？”[④]神秀认为，念佛在心不在口，应修正念，排除邪念。所谓念佛的正念是“觉察身心，勿令起恶”，“坚持戒行，不忘精勤”，这也就是把念佛与去恶从善，除妄显净的观心统一起来，神秀把念佛纳入了观心的禅修实践之中。此外，弘忍门人宣什开创了南山念佛门禅，门人智诜、法持也是念佛行者，坚持念佛修行。

(二)慧能至五家禅宗与念佛

中国禅宗实际创始人慧能，提倡心性本净，顿悟成佛的学说，相应地也扩大了禅的范围。敦煌本《坛经》(一九)载：“何名坐禅？此法门中，一切无碍，外于一切境界上念不起为坐，见本性不乱为禅。何

① 《入道安心要方便法门》，见《楞伽师资记》引，《大正藏》第85卷，1287页上。

② 同上。

③ 同上。

④ 《大正藏》第85卷，1273页上。

名为禅定？外离相曰禅，内不乱曰定。”① 所谓禅定就是对外远离一切境界相状，对内保持心性平和不乱。禅定并不固定于传统的坐禅形式，而是重在内在心灵的调控、超越。与此相关，慧能还把一行三昧加以推广，扩展到活泼的现实生活层面，他说：“一行三昧者，于一切时中，行住坐卧，常行直心是。”② 一行三昧有理事二种，事方面的一行三昧就是念佛三昧，理方面的一行三昧是观真如，以知法界一相，本无差别，持修定心。慧能就是将观真如实相以使心灵安定下来的禅修贯通到日常生活的行住坐卧中去。慧能不讲念佛，他把念佛往生西方极乐世界定位为“下根”人的修持方式。敦煌本《坛经》（三五）载有当时韶州刺史韦璩与慧能这样一段对话：

使君（韦璩）礼拜，又问：“弟子见僧俗常念阿弥陀佛，愿往生西方，愿和尚说得生彼否？望为破疑。”大师言：“使君听慧能与说，世尊在舍卫国，说西方引化，经文分明，去此不远。只为下根说远，说近只缘上智。人有两种，法无不一，迷悟有殊，见有迟疾。迷人念佛去彼，悟者自净其心，所以佛言‘随其心净则佛土净’。使君东方人，但净心无罪，西方心不净有愆迷人，愿生东方，两者所在处，并皆一种。心但无不净，西方去此不远；心起不净之心，念佛往生难到。除十恶即行十万，无八邪即过八千，但行直心，到如弹指。使君但行十善，何须更愿往生？不断十恶之心，何佛即来迎请？若悟无生顿法，见西方只在刹那，不悟顿教大乘，念佛往生路遥，如何得达？”③

由此看出，慧能认为修持念佛往生西方极乐世界的是“迷人”、“下根人”，真正的“悟者”、“上智者”是自净其心。修持的关键是净心而不是念佛。心不净，怎样念佛也难以到达西方极乐世界，心净则西方

① 见《中国佛教思想资料选编》第2卷第4册，北京：中华书局，1983年，10—11页。

② 敦煌本《坛经》（一四），同上书第9页。

③ 敦煌本《坛经》（一四），《中国佛教思想资料选编》第2卷第4册，18页。

极乐世界就在当下。自净其心与念佛往生，体现了两种不同的修持方式与追求境界。

沿着慧能的禅修路线，马祖道一禅师更是高唱“平常心是道”和高扬“道不用修”，从而在更大范围内冲击了佛教原有的修持方式、方法，持戒、坐禅、读经、念佛等诸方面，不同地被淡化，有的甚至被否定了。如后来的临济宗创始人义玄就明确地主张不看经、不习禅。史载：“师（临济义玄）与王常侍到僧堂，王问：‘这一堂僧还看经么？’师曰：‘不看经。’曰：‘还习禅么？’师曰：‘不习禅。’曰：‘既不看经，又不习禅，毕竟作个什么？’师曰：‘总教伊成佛作祖去！’”① 义玄认为成佛作祖的方法不在于看经、习禅，可以说，念佛也已在义玄的视线之外，不是成佛作祖的修持方法了。

百丈怀海禅师制定了禅院清规，清规的最重要特点是不立佛殿，只设法堂，表示佛祖亲自嘱受，以现前的众人和佛法为重。怀海的《百丈清规》原本在宋时失传，从北宋杨亿《古清规序》来看，《百丈清规》一方面淡化了礼拜佛与念佛等修持形式，一方面仍坚持诵经与禅修结合、坐禅与适当休息结合的方法，并不取消念佛、诵经与坐禅②。元代重编的《敕修百丈清规》卷上《住持章》中载有“念诵”一小节，对念佛诵经的时间、方式、内容均有详细规定，并附有念诵巡堂图。卷下《大众章》中“坐禅”和“坐禅仪”二小节，对坐禅的时间、程式以及应注意的问题都作了明确说明③。后来日僧无著道忠，收集百丈古清规以下各清规有关禅林规矩、行事等语、名目的起源和沿革，编成《禅林象器笺》，于公元1744年刊行。书中载有禅宗的称念十佛之名的念诵法。十佛为清净法身毗卢遮那佛、圆满报身卢舍那佛、千百亿化身释迦牟尼佛等。念诵有二类：一是三八念诵，内又分三念诵，即每月逢三日、十三日、廿三日念诵，八念诵，即每月逢八日、十八日、

① 《五灯会元》卷十一《临济义玄禅师》中册，北京：中华书局，1984年，649页。

② 参见北宋杨亿《古清规序》，《大正藏》第48卷，1157页下—1158页中。又，现存元代百丈山德辉的《敕修百丈清规》，与百丈原来的清规面目已大不相同了。

③ 详见《大正藏》第48卷，1121页，1142页下—1143页中。

廿八日的念诵；二是四节念诵，为结夏（夏安居开始）、解夏（夏安居结束）、冬至、年朝四大节日的念诵。念诵的行法次第为预挂念诵牌，洒扫僧堂，备置香烛，届时鸣钟集众，大众按次第巡堂称念佛名号①。由此可见，在五家禅宗盛行时，念佛修持虽然受到冲击，但是，讽诵念佛还是禅宗的修持方式之一。至于成书于元代的《敕修百丈清规》则是反映了唐末五代延寿大力倡导禅净双修后，禅门转而对念佛的重视，这从延寿以来云门、临济和曹洞诸宗著名禅师提倡念佛修持的实践可以看得更加清楚。

（三）延寿以来的禅净双修思潮

唐末五代法眼宗禅师延寿（904 ~ 975）召集天台、华严、唯识诸宗僧人，广收博览，并互相切磋，彼此质疑，编成《宗镜录》一百卷，调和了禅教之间和教内各家之间即各宗派的义理宗旨。延寿又撰《万善同归集》六卷，高提禅净双修一致之道。这是隋唐佛教宗派成立以来，佛教宗派义理的第一次大规模的整合、重建，突出了禅净的地位和禅净双修的方向。自宋代以来，念佛禅几乎席卷整个中国禅界，宋、元、明、清历代一些著名禅师，直至当代的虚云、圆瑛，都奉行禅净双修的路线。禅净双修成为宋以来中国汉地佛教修持的基本方法之一，念佛禅则成为与这种修持方法相应的基本修持形态之一。中国禅宗的修持轨道又一次发生了转向。

延寿在所著《万善同归集》中引证唐代慈愍三藏之说云："慈愍三藏云'圣教所说，正禅定者，制心一处，念念相续，离于昏掉，平等持心。若睡眠覆障，即须策勤念佛，诵经礼拜。行道讲经说法，教化众生，万行无废，所修行业，回向往生西方净土。'"②据此延寿进而主张禅定与念佛相结合，修持万行，往生净土。慈愍三藏慧日，曾赴印

① 详见《禅林象器笺》第四类《节时门》的《四节》和《三八日》，第十七类《讽唱门》的《念诵》和《十佛名》，见《现代佛学大系》第 6 册第 77 页、95 页，第 7 册第 522—525 页，台湾弥勒出版社 1982 年 8 月版。

② 《万善同归集》卷上，《大正藏》第 48 卷，963 页下。

度参访，回国后倡导有别于善导一系的净土法门。他反对禅家视净土为引导愚心的“方便说”，排斥禅徒的空腹高心，主张教禅一致、戒净并行、禅净双修，提倡念佛往生，强调一切修持都回向往生净土。延寿继慧日遗风，大力弘扬禅净双修。他说：“犹清珠下于浊水，浊水不得不清，念佛投于乱心，乱心不得不佛。既契之后，心佛双亡。双亡，定也。”[①]认为念佛有助禅定，念佛是禅定的一种方法，两者是完全统一的。他还作“念佛四料拣”偈，云：

> 有禅无净土，十人九蹉（一作错）路；阴境若现前，瞥尔随他去。……无禅有净土，万修万人去；但得见弥陀，何愁不开悟。……有禅有净土，犹如戴角虎；现世为人师，来生为佛祖。……无禅无净土，铁床并铜柱；万劫与千生，没个人依怙。[②]

在禅与净的四组关系中，延寿认为禅无净土，十人有九人堕于魔道。无禅有净土，则万无一失，必能出离生死。也就是说，净土要比禅更高，净土是修行的方法，也是修持的归宿。延寿强调禅净双修是最高修行层次，在现世为人师表，在来生成就最高理想人格。

禅门历来倡言“唯心净土”，认为“净土”是“净心”的表现，离心无独立的“净土”存在。净土宗则弘扬“西方净土”，这是以阿弥陀佛为教主的极乐世界，是远离人心、远离世俗社会的彼岸世界。延寿竭力调和这二种净土，他的《万善同归集》中的“圆修十义”，从理事、权实、二谛等十个方面圆融各种不同教义。延寿认为“唯心净土”，心外无法是“理”，寄形极乐世界（“西方净土”）是“事”，而“理事无阂”，“唯心净土”与“西方净土”是圆融无碍。佛说二谛，“西方净土”属于俗谛，而无俗不真，与“唯心净土”是一致的。延寿调和二种净土，是为了肯定“西方净土”，是把“西方净土”理念融入禅宗理论和实践之中，以往生“西方净土”作为禅修的终极目标和最高理想。

---

① 《万善同归集》卷上，《大正藏》第48卷，962页中。

② 见《净土指归集》卷上，《续藏经》第1辑第2编第13套第1册，68页。

延寿的禅净双修思想对禅宗各派都产生了深刻的影响。云门宗人、宋代天衣义怀提倡禅净兼修，义怀之嗣慧林宗本、长芦应夫和居士杨杰等也都既主参禅，又重念佛。应夫门下宗颐尝论禅净关系，言云：

念佛不碍参禅，参禅不碍念佛，法虽二门，理同一致。上智之人凡运着二谛，下智之人各立一边，故不和合，多起纷争。故参禅人破念佛，念佛人参禅，皆因执实谤权，执权谤实，二皆果未成，地狱先辨。须知根器深浅，各得其宜，譬如营田人岂能开库，开库人安可营田。若教营田人开库，如跛足者登山，若教开库人营田，似压良人为贱，终无所合也。不若营田者且自营田，开库者且自开库，各随所好，皆得如心。是故念佛参禅各求宗旨，溪山虽异，云月是同，可谓处处绿杨堪系马，家家门户透长安。①

"开库"，开启仓库。话的意思是，念佛与参禅，二种修行方法虽然不同，但二者的宗旨是一致的。修行方法的运用与众生根器有直接关系，上智人兼修禅净，下智人可参禅或念佛各持一种，殊途同归，皆得成佛。这也就是说，既可禅净双修，又可参禅念佛，各究尽一门，这都是要根据众生的不同条件来决定的。

宋代以来，临济宗人也不乏提倡禅净双修者，如死心悟新禅师深得参禅的本旨，同时又大力劝修念佛。他也说："清珠下于浊水，浊水不得不清。念佛投于乱心，乱心不得不佛。佛既不乱，浊水自清，浊水既清，功归何所？良久云：'几度黑风翻大海，未曾闻道钓舟倾。'"② 这与延寿的说法一致，也是强调以念佛定心，把念佛纳入禅定，提倡念佛禅。到了元代，提倡禅净兼修的临济宗著名禅师益趋增多，如中峰明本，他一面为看话禅辩护，一面大力提倡禅净融合，认为净土之外没有禅，净土和禅是心，两者体同名异。他作《观念阿弥陀佛偈》，令病人念阿弥陀佛，以祈求轻安。偈文云："阿弥陀佛真金色，相好端

① 见《净土简要录》引，《续藏经》第1辑第2编第13套第2册，106—107页。

② 《续古尊宿语要》卷一，《续藏经》第1辑第2编第23套第5册，430页。

严无等伦。白毫宛转五须弥，绀目澄清四大海。光中化佛无数亿，化菩萨众亦无边。四十八愿度众生，九品咸令登彼岸。”① 提倡念阿弥陀佛，以求往生西方净土。中峰明本法嗣天如惟则禅师也兼弘净土教。他说：“永明悟达摩直指之禅，又致身极乐上品，以此解禅者之执情，为末法劝信。余谓其深有功于宗教者此也。”②“永明”，即延寿。这是充分肯定延寿禅净双修主张的重要性。他还阐发了禅净同一说：“参禅为了生死，念佛亦为了生死。参禅者直指人心，见性成佛。念佛者达唯心净土，见本性弥陀。既曰本性弥陀，唯心净土，岂有不同者哉？”③ 强调禅与净都是为了了脱生死，两者目的相同：念佛是“达唯心净土，见本性弥陀”的门径，两者方法一致。惟则在所著《净土或问》中力说禅者有念佛之必要，并申说念佛应以称名念佛为上。他说：

念佛者或专缘三十二相，系心得定，开目闭目，常得见佛。或但称名号，执持不散，亦于现身而得见佛。此间现见多是称佛名号为上。……称名号者无管多少，并须一心一意，心口相续，如此方得一念灭八十亿劫生死之罪。……十念者每晨面西，正立，合掌，连称阿弥陀佛，尽一气为一念，如是十气为十念，……十气连属令心不散，专精为功。名十念者是借气束心也，尽此一生，不得一日暂废。④

认为称名念佛高于观想念佛，是灭罪往生的最有效办法。元末被喻为狮子王的临济宗人楚石梵琦，崇信华严圆教，宣扬教禅一如，谓：“教是佛口，禅是佛心，未了之人听一言，只这如今谁动口，便向个里会得，坐断天下人舌头，更分什么禅，拣什么教。”⑤ 他作净土诗，云：

---

① 见《幻住清规》，《续藏经》第1辑第2编第16套第5册，415页。

② 《净土或问》，见《净土十要》卷六，《续藏经》第1辑第2编第23套第4册，376页。

③ 《天如惟则禅师语录》卷二，《续藏经》第1辑第2编第27套第5册，415页。

④ 《净土或问》，见《净土十要》卷六，《续藏经》第1辑第2编第13套第4册，383页。

⑤ 《楚石梵琦禅师语录》卷九，《续藏经》第1辑第2编第29套第1册，79页。

遥指家乡落日边，一条归路直如弦。空中韵奏般般乐，水上花开朵朵莲。杂树枝茎成百宝，群居服食胜诸天。吾师有愿当垂接，不枉翘勤五十年。……一寸光阴一寸金，劝君念佛早回心。直饶风阁龙楼贵，难免鸠皮鹤发侵。鼎内香烟初未散，空中法驾已遥临。尘尘刹刹虽清净，独有弥陀愿力深。[①]

竭力赞扬西方净土的殊胜和弥陀愿力的深厚。

宋代曹洞宗真歇清了与默照禅创始人宏智正觉同为丹霞子淳的高徒。他主张“但念阿弥陀佛，求生西方极乐”[②]，又说：“捷径法门，唯有念佛。功高易进，念佛为先。若不念佛而求出离者，终无所获。普劝清信一心念佛，求愿往生，决不误矣。”[③]清了认为念佛修持为往生西方净土捷径。他还批评大慧宗杲的看话禅，说：“如今一般底将依师语、相似语、格则语、合头语口传心授，印板上次第排布，参来参去，参得一肚皮禅，三年两岁依前忘却。到处争胜负，彼此人我，无明亘天。”[④]又说：“你而今只管将古人言句玄妙公案筑在肚皮里，将谓平生参学事毕，殊不知尽是顽涎涕唾，古人唤作运粪人，污汝心田。”[⑤]指斥看话禅参究公案，口传心授，以为大悟，实际上尽是邪见，污染心性。同时，清了又主张“直将阿弥陀佛四字作个话头，二六时中，自晨朝十念之顷，直下提撕”。[⑥]也就是以阿弥陀佛四字为话头，以念佛代公案，提倡“看话念佛”，形成看话禅的一种新形式，也即禅净融合的一种特殊形态。又，明末曹洞宗人无明慧经根据一般禅家的“唯心净土，自性弥陀”的旨趣，说：“念佛人，要心净，净心念佛净心听，心即佛

① 《净土资粮全集》卷一，《续藏经》第1辑第2编第13套第3册，213—214页。

② 《戒杀文》，见《归元直指集》卷上，《续藏经》第1辑第2编第13套第2册，136页。

③ 见《归元直指集》卷上，《续藏经》第1辑第2编第13套第2册，125页。

④ 《真歇清了禅师语录》卷下，《续藏经》第1期第2编第29套第3册，319—320页。

⑤ 同上书，第325—326页。

⑥ 《净土简要录》，《续藏经》第1辑第2编第13套第2册，107页。

兮佛即心，成佛无非心净定。”[①] 又说：“念即佛，佛即念”[②]，“念佛心即净土”[③]。他强调众生本具佛性：“清清净净一灵光，刹刹尘尘不覆藏。万万千千都失觉，多多少少弗思量。明明白白无生死，去去来来不断常。是是非非如作梦，真真实实快承当。”[④]“灵光”即佛性，清净无染，灵照而放光明。劝告众生顿见佛性，成就佛果。慧经在强调念佛的同时，也倡导看话禅，他说：“参学之士，道眼未明，但当看个话头。”[⑤]一如大慧宗杲家风，又表现出曹洞宗与临济合流的趋势。

与慧经同时代的明末佛教四大师祩宏、真可、德清、智旭，进一步淡化了宗派立场，他们几乎都提倡禅净双修，并程度不同地主张会归净土。四大师中德清因恢复禅宗祖庭曹溪有功，被称为曹溪中兴祖师，是当时禅门巨匠。德清也极力倡导禅净一致，他说：“参禅看话一路，最为明心切要。……是故念佛参禅兼修之行，极为稳当法门。”[⑥]对于看话头，他强调：“古人说参禅提话头，都是不得已。公案虽多，唯独念佛审实的话头，尘劳中极易得力。”[⑦]提倡念佛话头的禅修。对于坐禅念佛，他也提出了新解：“所云坐禅，而禅亦不属坐。若以坐为禅，则行住四仪又是何事？殊不知禅乃心之异名，若了心体寂灭，本自不动，又何行住之可拘？苟不达自心，虽坐亦剩法耳。定亦非可入，若有可入，则非大定。所谓‘那伽常在定，无有不定时’，又何出入之有？”[⑧]“那伽”，此指佛。佛的行、住、坐、卧都在定，据此，那伽亦谓“常在定”。这是说禅是心，不能拘泥于坐。又大定也不可入，佛就并无出入而常在定。又说：“今所念之佛，即自性弥陀，所求净土，即

---

① 《念佛法要》，《续藏经》第 1 辑第 2 编第 30 套第 1 册，32 页。

② 同上。

③ 同上。

④ 《示建阳傅居士谒》，同上书，30 页。

⑤ 《无明慧经禅师语录》卷一，《续藏经》第 1 辑第 2 编第 230 套第 1 册，3 页。

⑥ 《憨山老人梦游集》卷五《示刘存赤》，《续藏经》第 1 辑第 2 编第 32 套第 2 册，134 页。

⑦ 《憨山老人梦游集》卷二《答郑昆岩中承》，《续藏经》第 1 辑第 2 编第 32 套第 2 册，112 页。

⑧ 《憨山老人梦游集》卷十五《答许鉴湖锦衣》，《续藏经》第 1 辑第 2 编第 32 套第 3 册，206 页。

唯心极乐。诸人苟能念念不忘，心心弥陀出现，步步极乐家乡，又何必远企于十万亿国之外，别有净土可归耶？”① 教人念佛时彻悟自性，成就唯心极乐净土。也就是提倡念佛与禅合而为一。

当代禅宗泰斗虚云和尚（1840 ~ 1959），身承五宗，长期参禅，久有体悟。他不仅对禅门五家宗派同样尊重，而且也提倡禅净双修。他说：“参禅念佛等法门，本来都是释迦老子亲口所说，道本无二，不过以生夙因和根器各各不同，为应病与药计，便方便说了许多法门来摄化群机。”② 又说：“动散之时，则持名念佛。静坐之际，则一心参究‘念佛是谁’。如斯二者，岂不两全其美。”③ 虚云在提倡禅净双修同时，还认为“参禅、念佛、持咒等一切法门，皆教众生破除妄念，显自本心。佛法无高下，根机有利钝。其中以念佛法门比较最为方便稳妥。”④ 表现出当代禅门大师对持名念佛的充分认同和高度肯定。当代禅门又一高僧圆瑛（1878 ~ 1953）的禅修宗旨是教宗兼弘，侧重禅净，归心净土。他也认为禅净是针对众生不同根机而设施的不同法门，禅宜于上根人修持，念佛则智愚老少咸宜，而念佛达到极致，则与禅悟无异。圆瑛提倡禅净双修，禅修时系心于佛，即守定阿弥陀佛的话头参究，实际上把禅修融进净土，为归心净土提供修持基础。

三、小　结

综上所述，我们可以就禅宗与念佛的关系得出以下几点看法：

自菩提达摩禅法传入中国以来，先是兼修念佛，随后一度偏离念佛，后来又转而提倡念佛，可以说，在禅与念佛的关系上走了一个

① 《憨山老人梦游集》卷二《示优婆塞结社念佛》，《续藏经》第 1 辑第 2 编第 32 套第 2 册，117 页。

② 《出席中国佛教协会成立会议感想》，《虚云和尚法汇续编》第 53 页，1990 年河北佛教协会印本。

③ 《致马来亚麻坡刘宽正居士函》，《虚云和尚年法汇》合刊本第 679 页，1986 年台湾大乘精舍印经会印本。

④ 《覆星洲卓成居士》，同上书第 680 页。

“之”字形。这其间的变化，慧能和马祖、延寿分别起了关键性作用。

宋代以来禅净结合的形式，大体上有三类：一是念佛禅，是实行念佛的禅法。二是看话念佛，即以“阿弥陀佛”四字为话头的参禅方法。三是融禅于净，这是以禅为修持往生西方净土的一个法门，强调归心净土。

禅净融合是古代中国佛教的最终走向，体现了自力与他力、内在超越与外在超越、此岸世界与彼岸世界的结合与统一。

禅净融合的理论机制，一是根机说，多数禅师都认为禅净两种法门是适应众生的不同根机的修持方法，各有适用的对象，从这种意义上说，两者是不矛盾的。二是圆融论，即将禅净与理事、二谛等相配，以理事、二谛的圆融，来论证禅净的融合无碍。三是配合论，如主张动散时念佛，静坐时参禅，如此互相配合，更富修持实效。

原载《1999 年两岸禅学研讨会论文集》，台中，1999 年

佛教思维方式

般若思维简论

印度佛教经历小乘之后，大乘兴起，并成为佛教的主流。随着大乘佛教的产生，般若学逐渐成为佛教的主导思想。“般若”，被认为能断惑证真，度化众生，而称为“佛母”，是佛教所谓的高级智慧——一种指导观察一切事物的根本视点，判别是非善恶的基本方法，也是佛教所证悟的最高理想境界。从认识论和思维科学的角度来说，般若是一种特殊的体证方法和体验境界。

大乘佛教中观学派奠基人龙树，是般若思想的发掘者和弘扬者。他依据般若思想，进一步超越单纯的空观，主张离去“空观”和“实有”两边，以合乎中道，把握一切事物的实相，这就是“中道正观”，即“中观”。这个学派认为，中观是观察一切事物的唯一正确的方法。为了论证中观学说，龙树还提出“二谛”说，作出了真理论的论证。又为彻底贯彻二谛说，还着重破除各种“偏见”，提出“八不”说，以否定世俗的认识。还提倡“现观”即神秘的直观，作为悟解人生宇宙的实相，证入涅槃的方法。本文就是对佛教这种特具异彩的思维方式作一简要的论述。

一、般　若

大乘佛教继承小乘佛教禅观的运思路数，同时又针对小乘佛教，尤其是说一切有部主张佛说的法都有自性的观点，强调法无自性，对佛所说法不可执著，由此出现了般若类经典。此类经典影响深远，后来的《宝积经》、《华严经》、《法华经》和《维摩经》等，都是依据《般若经》的般若思想撰成的。可以说，般若思想实际上已成为大乘经典的中心思想，般若是大乘佛教的新思维。

般若是梵文 Prajñā 的音译，也译作“波若”、“体罗若”等，意译为智慧。这种智慧不是指普通经验的知识，也不是世俗人所能具有的一般智慧。它是包含各种神通的超越能力在内的超越知识、超越经验的灵智，是洞照性空，超情启智，达到成佛境界的宗教智慧，是一种宗教的神秘直观，一种成佛的特殊认识、手段。按照大乘佛教的说法，发心修道要经过十地（阶段），逐步学到一点般若，到了八、九地阶段才能真正领会般若智慧，至于圆满具足般若，要到最后十地阶段，即成佛之时。可见，佛教认为完全具足般若是一个漫长的修习过程。般若汉语意译作智慧，并不完全符合原意，有的佛教学者用“圣智”来表示般若，而唐玄奘则主张保持梵文音译“般若”。用我们的话来说，般若实质上就是体悟万物性空的直观、直觉。

般若，作为一种特殊的智慧，一方面，只有通过对世俗认识的否定才能获得，是排斥世俗认识的。另一方面，般若智慧如果不采用世俗人所能接受的方式、手段，又无法宣传、影响群众，为群众所接受。因此，为了方便，又承认运用世俗认识的方式、方法作为通达般若智慧的工具、桥梁。这样，通常般若又分为三种：一是“实相般若”，指般若的理体、实性，即是离开虚妄分别相的性空，是体证的境界；二是“观照般若”，指观照实相（性空）的真实智慧；三是“文字般若”，即以般若经论表述般若思想的言教，是一种言传的方便。这就是说，般若是以特殊智慧为内核的包含了实性、功能和形式的内容丰富的概念。

从宗教思想方面来看，般若思想的中心内容是阐发一切现象“性空幻有”或“真空妙有”的道理。依据缘起论，一切现象都是因缘和合而成，也就是没有自性的，是空的，是性空、真空；虽然一切因缘和合而成的现象没有自性，但是假有的现象是存在的，幻有、妙有是有的。由因缘和合而成的现象是幻有，但不是无，不是虚无。空，不是假空而是真空；有，不是真有而是假有。般若思想要求对一切现象同时看到性空和幻有两个方面。《金刚般若波罗蜜经》对此作了形象的说明：“一切有为法，如梦幻泡影，如露亦如电，应作如是观。”同时，般若学还认为，佛经上所说的般若言教也是佛为了教化众生的需要而作的假设、方便：“如来说第一波罗蜜非是第一波罗蜜，是名第一波罗蜜。”“波罗蜜”，是到达彼岸的意思，也就是指到达彼岸的途径、方法。这是说佛说的般若也就是概念的假设，是“文字般若”，佛说法也是幻有。般若思想就是要求在认识和行为上不滞于现象，排斥对于现象的执著，也就是超越“偏空”和“偏有”的偏见，以把握现象的实相。

从宗教实践方面来看，般若思想和小乘佛教偏于追求痛苦的解脱不尽相同。般若为了证悟最高的理想境界，是以菩提为佛的境界，把菩提当作佛体。菩提是梵文 Bodhi 的音译，意译为觉悟、智慧。般若思想把菩提作为成佛的标志，也就是突出地强调智慧的关键性的意义。《大般若经》宣传菩提的内容包括了三种不同层次的智慧：一是“一切智”，这是指对一切现象都能认识，也就是对现象的共性认识，是小乘佛教的最高智慧；二是“道种智”，不仅具有对现象的共性认识的一切智，而且还知道得到此种认识的具体方法，这是大乘菩萨的智慧；三是“一切种智”，不仅知道一切现象的共性，也知道一切现象的自性，是一种无所不知的认识，这是佛的智慧。这三种智慧，涉及认识对象的共性与自性、共相与自相的关系，涉及思维形式的抽象与具体的关系，它以宗教形态反映了由抽象到具体，再到抽象与具体统一的认识过程。

般若是佛教所谓接近、把握事物实相的唯一方法，般若就是直观、直觉。但是普通所谓直观是介于见者与被见者之间的，般若的直观则是就某一事物还没有成为事物以前的直观。所谓还没有成为事物是指还没有被人为分别的事物，还没有被概念化的事物。般若的直观就是观照天地未分、主客未分的东西，观照未被分别的事物的真相，这是无分别的纯粹经验，这种经验没有被分别，还没有概念化。这就是说，般若是一种内在的呈现，内在的体验，是无法用语言、概念表达的；是用无分别说的方式，将般若智慧呈现出来，把真实的般若展现出来。所以，大乘佛教又说般若是一种“无分别说”，一种“无分别智”。但是大乘佛教也强调般若直观与分别智又不是绝对对立的。分别智和般若无分别智是相互联系的。比如，分别智把树视为树，同一时间又思考树在未加分别前不是树，树是树又不是树，分别又无分别，也就是出于分别又入于无分别，分别而不分别。

由于般若智慧的运用，无分别智又有根本无分别智和后得无分别智的区别。根本无分别智就是无分别智，是指直观亲证佛教真理，也就是观照事物的共相——空性，达到主观与客观的完全契合一致、没有任何差别。因这种智慧是指导日后观察种种现象的根本依据，故名根本无分别智。后得无分别智是在获得根本无分别智之后，把它运用于分析各种具体现象的智慧，故名。后得无分别智重新与概念联系，借以观照事物的自相，这种自相是依据于共相的。共相是空性，所以自性也是空性。这两种智实际上是一种智，只是先后和作用不同，与概念有否联系不同。根本无分别智要靠后得无分别智才能在世俗世界的认识中发挥功能，不为各种具体现象所迷惑，而后得无分别智要依靠根本无分别智才能掌握佛教真理，分析各种具体现象。

佛教般若理论提出的三种智慧（一切智、道种智、一切种智）和两种智（分别智与无分别智、根本无分别智与后得无分别智），具有重要的认识意义。它以认识必须是在主体与客体相应的经验反思中，触及了人类的认识与智慧的最大难题，即鲜明地体现了人类面临无限的时空而追求绝对的认识与智慧的愿望和意向，也尖锐地反映了人类经验知识的片面性、相对性的缺陷，人类认识能力的局限。有限的主观与无限的客观的对立，困惑、折磨着人类。佛教另辟道路，从精神境界中寻求解答。它把理想中的无限智慧奉献给佛，宣扬佛具有一切种智、无分别智，为人类在认识上的努力指出独特的方向，给以一种情感上、思想上的满足。这种般若理论中所包含的主体与客体、有限与无限、能知与所知的矛盾，正是宗教赖以存在的深刻的认识根源之所在。

二、中 道

《般若经》流行后，般若直观思维方式日益成为佛教观察、认识事物的基本模式。继《般若经》之后的小品《宝积经》就宣扬用般若作为观察一切现象的“根本正观”。这种主张是缘起空思想的继承，同时又和以往单纯的“空观”不同。空观是否定“实有”的，是以空为实际存在的。小品《宝积经》超越了单纯的空观，主张既是空观，又不着空观，既离去“实有”一边，也离去“空观”一边，即离去两边，提倡“中道”，并把这种“中道”固定地运用到“正观”方面，形成了“中道观”。

龙树在《般若经》和《宝积经》的思想基础上继续前进，他把“中道观”即“中观”作为彻底批判偏执一边的部派佛教的基本武器，作为阐发中观学派理论的根本方法，从而又进一步丰富和发展了佛教“空观”和“中道观”的理论。

龙树在《中论·观四谛品》中给“中道”下了一个定义，说：“众因缘生法，我说即是无（空），亦为是假名，亦是中道义。”这是鸠摩罗什的译文。因此偈有三个“是”字，中国三论宗称之为“三是偈”，天台宗认为此偈论及空、假、中三谛，称之为“三谛偈”。这个偈是大乘佛教中观学派的根本思想的集中表述，历来为佛教学者所重视。偈文简括地表述了中观学派的缘起理论，表述了因缘、空、假名和中道四者的内在关联：因缘是出发点，由此而表现为空和假名，也合而表现为中道。就此缘起法的含义来说，有两方面：一是空，这个空是以言说出现的，存在于认识之中的，所以说“我说”；二是假名，假，假设，即用语言文字表示，是名言，是假立之名。事物虽然从认识上说是空，但是表述千差万别的事物的概念是有的。假名是有，但又不是实有。空和假名是同一缘起法的两个方面，是密切地相互联系的，因为是空才有假设，因为是假设才是空。这样在看法上就要既不执著有

(实有)，也不执著空（虚无的空)。这样看待缘起现象，就是中道观。

龙树常以水中月来比喻中道说：水中的月亮并不是真正的月亮，也就是没有月亮的自性，是空，但是，水中月又确是人们看到了的，作为月的幻相，即幻月、假名月是存在的。说水中真有月亮是不对的，说水中根本没有月亮也是不对的。只有说水中无真月亮而有假月亮才是合乎中道。这个比喻十分迷人，但远非真切。我们要问：天上的月亮是否真有呢？只有证明天上的月亮是无自性，即天上没有真正的月亮才能证明龙树的月亮无自性的根本立论，而事实上龙树是难以证明天上的月亮是不真实的。

龙树所讲中道的“中”，是执中的意思，不是折中或中庸。这种中道的见解就是“中观”。龙树所讲的中道和释迦牟尼所讲的中道有所不同。释迦牟尼的中道是修行方法的指针，而不是方法论学说。龙树把中道提高到一般方法论的高度，强调中道就是所谓真正把握一切事物现象的实相的方法和途径。这种中观思想是缘起空思想的发展，是在和那种视“空”为“零”、“虚无”的观点的斗争中形成的。“中”是对“空”的认识的进一步发展，是对虚无的空的观点的否定，对无自性的空的肯定。为了批判虚无的空的观点，又强调假有的存在，由此产生假有的观念。由无自性的空和假有，即“空”和“假”两方面，综合而为中道，即成立“中”。龙树的中观理论，把一切现象归结为性空、幻有两个方面，从根本上说是不符合实际的，但是它反对虚无的空的观点，看到了事物的相对性、变动性，是有理论意义的。

按照上述的中道，一方面空掉因缘所生法，是“非有”，一方面这“非有”，即“空”，也不能执著，是“非空”，这样就形成了非有非空二重否定的中道双非的判断形式。这种形式的展开，通常把事物判断为非生非灭、非有非无、非常非无常、非我非无我、非来非去、非净非染、非苦非乐，等等。这被认为是对一切事物的实相的正确描述。在中观学派看来，一切对立的概念都是相待而成、比较而言的，并不是事物本身具有这些特征、特性、相状，而是用概念加在事物上面，去说明事物，这必然是虚妄的。这里，中观学派用概念的相对性，去否定事物的固有特征是不对的。中观学派认为语言文字是假名，只能用于俗谛，不能用于说明真谛，不能说明般若真相，否定了语言文字的价值。由于否定语言文字的价值，又必然否定思维和思想，否定知识和逻辑。中观学派的双非判断形式，肯定绝对矛盾的双方同时并存，势必混淆对事物特征稳定性的认识，但它又以一种颠倒的形式猜测到了事物是存在与非存在的统一，猜测到了事物对立的两重性，是包含辩证法因素的。

龙树强调中观是空观的进一步发展。他认为中观是对空的最全面、最正确的认识，也就是对一切事物现象的实相的最全面、最正确的把握。何谓实相？“相”指事物的相状、特征，如牛有牛相，马有马相。人们给事物起的名称，下的定义，这种名称和定义就成了事物的相，人们关于事物的概念、观念也就是事物的相。佛教认为，这些相是虚假的，不合乎事物实相的。所谓实相是指事物的真实相状、特征。佛教所讲的实相是从缘起现象上发现真实的意义，也就是着重对缘起现象的真实意义作出价值判断，而不是就缘起现象的实相作出客观解释。中观学派描绘实相有种种相：不可破坏、常住不异、无能作者、非苦非乐、非常非无常、非我非无我，最重要的是从本以来无生无灭，为实相的根本义。由此中观学派强调实相是无相的，所谓无相是讲无定相，即不能有定相。比如主张生或主张灭，主张有或主张无，都是有定相，凡是主张矛盾的一个方面，就是定相，应当远离、扫除，只有把矛盾的对立双方合在一起，如非生非灭、非有非无，才是实相之相。所以中观学派强烈反对执著相、执取相，强调相不可得，无取无舍，要超出四句义。四句义是用四句话来概括两个概念之间的各种关系，是古印度逻辑的一种公式。如以有无概念为例，两者关系为：有而非无，无而非有，亦有亦无，非有非无。这四句中任何一句都不反映实相，不符合实际，不能说明实相。在中观学派看来，实相是离开一切相的，描述事物的相状、特征，是人们的分别，是人们的观念、概念，其实与事物本身是不相干的。万物皆空，实相是无分别相的。龙树从对缘起现象的中观认识上强调认识绝对的真，这种绝对的真就是空，性空。这个实相——性空，正是佛教追求的认识目标。龙树的中观理论归根到底是为佛教的精神解脱论提供认识论根据的。

三、二　谛

龙树的中观学说把一切现象归结为“空”和“假名”，但是日月悬高，草木长地，万象森然，怎能说它是空呢？这是常识所很难同意和接受的。当时就有人反对龙树的说法，说如果一切皆空的话，那就不可能有生活的规范和认识的原则，也不可能有佛教的三宝、四谛和因果报应等。这是需要从理论上作出回答的。同时，佛教对于现象的看法，常有不同的说法，甚至是矛盾的说法，如有时说是空，有时又说有，使人无所适从。这也需要从理论上作出说明。对于这些情况，佛教认为是佛说法的层次不同。如何区分层次需要提出一个标准，这个标准叫做“谛”。佛教中观学派通常以二谛为标准，也就是以俗谛来说明一切现象是有，以真谛来说明一切现象是空，从而构成了具有真理标准意义的二谛论。

龙树在《中论·观四谛品》中说：

> 佛教依二谛，为众生说法。一以世俗谛，二第一义谛。若人不能知，分别于二谛，则于深佛法，不知真实义。若不依俗谛，不得第一义。不得第一义，则不得涅槃。……如谓我着空，而为我生过。汝今说所过，于空则无有。以有空义故，一切法得成。若无空义者，一切则不成。

龙树在这段话中说明了二谛的重要性、真俗二谛的关系以及空的实际应用等重要问题。

谛，是认识、道理、真实、标准的意思。二谛就是相对的两种实在的认识。谛，原为古印度婆罗门教用语，为佛教所沿用。二谛指俗谛和真谛，俗谛又称“世谛”、“世俗谛”，指世间的一般常识；真谛又称“胜义谛”、“第一义谛”，指佛教所谓的殊胜认识、胜义认识，即佛教真理。龙树认为，因缘和合而生的一切现象自性皆空，世俗的人们不懂得这个道理，误认为一切现象都有自性，都是真实的。这种世俗以为正确的道理，称为“俗谛”。佛教圣贤发现世俗认识的颠倒，阐发缘起性空的道理，这是真正真实的道理，称为“真谛”。从俗谛来说一切现象是有，从真谛来说一切现象是空。将二谛统一起来观察现象，就是既要看到现象的性空，又要看到现象的假有。龙树强调，二谛是佛根据众生即说法对象的不同而采用的两种说法，有时以俗谛说，有时以真谛说。

龙树认为俗谛和真谛是对立统一的关系。真俗是对立的，二谛不仅有高下之分，而且性质也不同。从根本上说，俗谛是虚幻的、颠倒的，真谛是真实的、正确的。同时二谛又是统一的，两者是缺一不可的。真谛本来是无法用语言、名相概念来表达的，但是，不用名言表达又如何使人把握真谛呢？为了使人们证得真谛，就得“为真谛而说俗谛”。并不是有了真谛就可以不要俗谛了，“若不依俗谛，不得第一义”。俗谛和真谛的关系建立在运用概念的解释上。从语言说，概念是“名”，从心思说，概念是“想”，只要能正确地运用名想，和真谛配合，相顺相成，就是通向理解佛理的道路，足以成为真实。也就是可以以俗谛为阶梯，由俗入真。这就是说，俗谛在一定意义上又是有真实性的。在证得真谛以后仍有俗谛，这是由真化俗，也就是真谛随顺世间的种种概念而作种种的方便，使众生的认识逐步提高，趋向究竟。真谛如果不依随俗谛，也无从成立，无以说明世界现象，更无从化导人们。所以必须将二谛联系起来说明现象。

中道、中观的内涵就是综合真谛和俗谛两个方面去看待世界万物。从真谛看，万物是空；从俗谛看，万物是有。这是用真谛说明佛教真理，用俗谛说明世俗观点。其次，还要看到，真谛的空不是虚无，而是一种不可表述的存在，即有，俗谛的有，不是真有，而是一种因缘和合的假有，即空。再次，还要看到，真谛和俗谛、空和假有是互相联系，不可分割的。因为是空，才是假有；因为是假有，才是空。只有空无自性，才可以有种种假名设施，即概念的表示，如三宝、四谛等。如果没有空，一切现象都有独立的恒常的绝对的自性，就难以用语言文字表示，也就没有假名、假有了。这样在认识上就会排斥两种绝对对立的看法：虚无和实有。人们既不执著空（虚无的空），也不会执著有（实有的有），把真谛和俗谛统一起来，不偏于俗，也不偏于真，这就会合乎中观。

龙树弟子提婆（圣天）继承和发展二谛说。他就二谛的说法提出了“真假”的问题，给以真假的区分。《广百论本·教诫弟子品》说：“诸世间可说，皆是假非真；离世俗名言，乃是真非假。”这里包含有两层意义：一是世间的现象是可以用语言表述的，而出世间的则是不能言说的，不可言说的；二是用语言表述的都是假的，是假有，只有离开世俗语言了解、表述的才是真的，是实有。也就是说，俗谛是假的，真谛才是真的。提婆认为真谛不可言说，同时又主张用俗谛来解说真谛，以便使众生了解真谛。但是，他强调用语言表述的俗谛是假有、假没，不能执著，众生应当通过俗谛又超越俗谛，进入真谛。提婆以真假论真俗二谛的思想，对后来中观学派学说的发展有重要影响。

佛教二谛说始自小乘部派佛教，而把二谛说作为根本的认识原则的是大乘中观学派。这也说明，佛教各派对二谛的说法不完全相同，其含义有一个演变的过程。小乘说一切有部所讲的俗谛，是指把因缘和合而成的、可以分析的事物看作真实存在的认识，真谛则是指一种把单一的、不可分析的事物看作真实存在的认识。大乘中观学派从对一切现象视为性空还是实有来区分真俗二谛。小乘经部和大乘瑜伽行派，都是以世俗和佛教为区分的出发点，认为世俗的认识就是俗谛，佛教的智慧和佛法就是真谛。应当说，小乘说一切有部的二谛说带有一定的唯物主义因素，但又显示出机械、割裂的弱点。小乘经部和大乘瑜伽行派的说法与常识相悖，带有更多的宗教偏见，至于大乘中观学派的说法更表现了彻底的唯心主义立场，但又闪烁出辩证法的光芒。佛教二谛说关系到认识的层次和类别以及真理的层次和标准的问题。佛教各派对这些问题看法虽然不尽相同，但一般地说都这样认为：

凡与外界万物相符的认识，至多是常识的真，即使在常识范围内，同一东西，不同人也有不同的看法，如对美丑、香臭，不同人的看法差别就很大；又在此时此地为真，在彼时彼地则为不真。佛教认为世俗所谓的真实，包括感性经验和理性思维所得的知识都不是绝对的真实。佛教认为真理必须具有恒常性和普遍性的性格。所谓恒常性是指对于一切时间都恒常如此，不因时而变易，超乎时间的限制。所谓普遍性就是超乎空间而存在，是遍于一切物、一切处的。佛教教人要超越有分别的、无常的、不普遍的相对知识，进而掌握无分别的、恒常的、普遍的绝对知识。总之，佛教所讲的真理，与世俗常识科学、哲学所讲的真理是不同的。

四、八　不

大乘中观学派的对事物的生起和性质有一个重要的说法："不生亦不灭，不常亦不断，不一亦不异，不来亦不出（去）。"（《中论·观因缘品》）这就是著名的八不缘起说。八不缘起说否定一切事物的真实性、客观性，同时也集中地反对用生、灭、常、断、一、异、来、去概念去说明世界万物的实有，反对把概念看作实在的。认为执著生、灭、常、断等概念，乃是一种戏论，对认识现象的实相和宗教道德的实践都是无益的。八不说就是为了消灭这种戏论，使人进入寂灭状态。

从思维方式方面看，龙树的八不主要是破，是否定，是一种以破为立，即通过否定来肯定佛理的方法。佛教通常认为，宣扬真理的语言表达有两种方式：遮诠和表诠。遮诠是从反面作否定的表述，以排除事物的真实性。表诠是从正面作肯定的表述，以显示事物的真实性。八不就是否定对一切现象的种种认识，从否定方式中，显示悟入一切现象的实相——绝对空性。龙树运用相待的二分法，从两方面破生又破灭，破常又破断，破一又破异，破来又破去，以体现中道正观。生、灭、常、断可以概括为有、无，所以龙树又着力于破有破无以显示中道，也就是"破邪即显正"之谓。《中论·观涅槃品》说："非有，非无，非有无，非非有非非无。”“非有”即无，“非有无”即非亦有亦无，也即非有非无，“非非有非非无”即亦有亦无。这是通过否定有无，以显示亦有亦无的中道，是由否定到肯定。

提婆进一步发展了龙树的学说。他认为龙树以破为立的方法不彻底，主张一破到底，“破而不立”。他采用三分法，不仅破有破无，而且也破亦有亦无，的确比龙树破得更为彻底了。

随着中观学派的二谛和八不学说的流行，大乘佛教形成了四句例的推理方法。四句例的格式，如以有无、是非为例是：

第一句	第二句	第三句	第四句
正	反	合（兼）	离
有	无	亦有亦无	非有非无
是	非	亦是亦非	非是非非

四句的逻辑推理顺序是正反合离，也就是肯定（表）、否定（遮）、肯定又否定、超越肯定和否定。这四句是对一切事物的四种不同解释。事物的根本性质是有无、是非问题，四句例按照正反合离的规定，分别为有、无、亦有亦无、非有非无，是、非、亦是亦非、非是非非。佛教认为，这四句并不是对事物的真实的说明，执著四句分别以为真实，就是偏见，就是戏论。但是沿着四句例的分合和否定的倾向逐步展开，继续前进，也就可以进一步获得更真实的知识。由此四句又称为“四门”、“四句门”，是所谓悟入实相、进入涅槃之门。中国三论宗创始人吉藏在《三论玄义》中说，释迦牟尼之道“理超四句”，“体绝百非”。“四句”就是正反合离四句;“百非”，“非”，是不，不是，否定，“百”，是多数的意思，如非有非无、非有为非无为等等。“超四句”就是“离四句”，“绝百非”就是断绝百非。大乘佛教认为，只有在道理上超离四句，在体性上断绝百非，扫尽各种各样的偏见，才能实现人生的理想要求，达到涅槃寂静的境界。

龙树的八不理论含藏着这样的认识论观念：知识并没有也不能向

人们提供真实可靠的东西，它只能产生分歧，增添矛盾，导致争论，使人生增加烦恼和痛苦。显然这是一种极端的怀疑论思想。

五、现　观

大乘中观学派在大力破除对概念的执著，强调运用日常的概念是不可能认识世界实相的同时，又提倡认识世界实相的方法——现观。龙树说："诸法实相者，心行言语断，无生亦无灭，寂灭如涅槃。"（《中论·观法品》）"心行"，即运思，思维活动。实相是寂灭清净的，对实相的认识就是涅槃，实相就是涅槃。世界万物的实相是不能用理性思维，不能用语言分别，不能用概念亲证的。认识世界万物实相的方法是现观。所谓现观是运用般若智慧直接与对象交通，直观地认识对象，体会对象，与对象合而为一，中间没有任何间隔，没有通常的思维活动，无须语言概念的中介作用。后人把现观比喻为"如哑受义"。"哑"，哑巴。"受"，领受。"义"，指对象、境界。哑巴不会说话，但对境界也有所感受。正如俗语所说的"哑巴吃黄连，有苦说不出"，哑巴吃了发苦的东西同样有苦的感受，是难以用语言表述、形容的。"如人饮水，冷暖自知"，一个人饮水的冷暖感觉，他人是很难体会的，饮水者也只能用真热、真凉、比较热、比较凉等模糊语言来传告他人，然而自身的实际感受也比语言的表述更为清晰、深刻、真切。龙树所说的现观就是这样一种直观、直觉。

现观是佛教各派普遍采用的认识方法，如《阿毗达磨俱舍论》卷二三把现观分为见现观、事现观和缘现观三种，其中"见现观"最明显地体现了现观的特征："唯无漏慧于诸谛境现见分明，各见现观。""无漏慧"，"漏"，烦恼，指具有断除烦恼、证得佛教真理的智慧。见现观就是以无漏智慧观照苦、集、灭、道"四谛"的各种境界，现见分明。佛教的现观是属于见道阶段的认识活动。见道是佛教徒修行的阶位之一，因以无漏智慧观照苦、集、灭、道四谛，得以现见，证得佛教真理，故称。在见道以前，众生的修习都是凡夫位，所得的是有漏慧，是没有断除烦恼的智慧。经过不懈的修持，进入见道，获得无漏慧，证得佛教真理，就成为圣者了。现观就是通过修持禅定，不经过语言概念的媒介，用无漏慧使佛教真理直接呈现于面前，此时认识主体与认识对象、智慧与实相完全吻合，没有差别，由此获得新的智慧、认识，就是无分别智。

现观是佛教徒修行的特定阶段的思维方式、认识方法，是人类的一种特殊心理状态，表现出人类心灵活动的种种特征，主要有：

直接性 现观是认识主体直接地把握认识对象，是以人生生命去体验世界实相，是一念见道，当下悟得。虽有以往经验的积累，但又超越以往的经验，是一种直接的内在心理体验。

整体性 现观是把对象作为一个整体来看，而不是分别地局部地看，也就是整体地把握宇宙人生的实相——苦、空。在佛教看来，对事物分别地局部地看，就会看成是静止的而不是变动的，割裂的而不是完整的，就不能得到真正的认识。分别的局部的认识并不是真实的认识，不是佛教真理。

契合性 佛教认为世俗中的人们只能认识事物的表面现象，这种表面的认识是不可靠的。佛教还认为，如果主体与客体处于差别、对立的状态，主体是难以真正认识、把握客体的。现观是主张认识主体置身于认识客体的内部，深入对象的内层，与之契合为一，从而真正地把握世界的实相。

不可说性 佛教现观是不能用符号和语言文字表达的，凡以符号和语言文字表达出来的，就不是现观。在佛教看来，语言文字不是真正沟通主体和客观世界内在本质的桥梁，而是把握世界实相、达到真理的障碍。我们认为，语言虽然不能充分表达直观思维和直觉思维的内容，但是决不能贬低语言的作用。语言是主体加工处理、储存、传递信息的工具，是一种符号系统，而这种符号系统是指称被反映的客体的，客体的反映、信息，形成意义，符号是意义的载体。主体的思维活动通常总是通过语言符号而向客体联系的。

神秘性 佛教的现观是特定修行阶段的认识活动，不是常人所能具有的，是要经过静坐和禅定等预备性的心理锻炼才能形成的。现观是追求一种宗教境界，以寂灭清净的涅槃为目标。这种涅槃境界是一种涉及宗教、哲学、道德等感受的心理状态，是一种幻觉状态。

佛教的现观就是神秘的直观、直觉，直观与直觉是有区别的，而在现观中则是两者兼而有之。佛教的神秘直观、直觉和我们所说的直观、西方所说的直觉的含义是不同的。我们所讲的直观是指在实践中客体作用于人的感觉器官而在人脑中产生的感觉、知觉和表象，也就是感性知识。佛教的直观是通过排斥感性认识和理性认识而对绝对实在性的把握。佛教的直观是要经过长期的修持才能具有的，而一般的直观是人们自然具有的。佛教要求修行者在获得感性认识和理性认识之后，排除、超越这些认识，又回复到这些直观，这种直观是后得的直观，不是原始的直观。佛教的直观和我们所说的直观都有直接性的共同特点，但是佛教的直观对象是观照苦、集、灭、道四谛，以把握宇宙人生实相，这又和具有具体性、生动性的一般直观不同，而带有抽象性、唯心性的特点。西方哲学所讲的直觉多指理智的能力和活力，而有的学者又视为是与动物的本能近似的能力和活力。佛教的直觉不是人类的本能，而与西方哲学所讲的理智的能力和活动有相似之处，但两者在认识途径和追求目标方面是不同的。

总之，佛教般若思维是直观思维中极富特色的一种，它所包含的丰富内容是值得有关思维科学、哲学和宗教学的研究工作者细心发掘和认真总结的。

原载《江淮论坛》，1989（5）

佛教“空”义解析

“空”是佛教哲学的根本概念和核心范畴，也是佛教义理的最高范畴。“空”因适应佛教人生归宿学说解脱论的需要而成为佛教哲学的第一个关键词。谈空说有，亦即空与有、自性与空性、无常与有常、无我与有我等关系，成为佛教哲学探讨、论辩的中心问题。在佛教的长期发展演变过程中，“空”成为佛教徒从种种束缚、烦恼、痛苦乃至生死中解脱出来的主导观念。佛教因倡导以观照空理、证悟空性而趋入涅槃之门，号称“空门”。诸佛被尊为“空王”。众生归命佛法，皈依佛教，谓为遁入“空门”。入佛门出家者，被称为“空门子”。在大量的佛教经典里，不同派别对“空”的含义各有不同理解，彼此纷争，相互批判，反复论辩，致使“空”义的内涵极为复杂多样，产生了诸如我法俱有、人空法有、人空法空、假名性空、识有境空、非有非空、亦有亦空、真空妙有等等论说，真可谓众说纷纭，形成了多姿多彩的“空”论体系。

面对人类和宇宙万物的客观存在，有人包括一些佛教学者对佛教各派各宗的“空”论产生了种种理论疑难和困惑，例如：由各种原因、条件和合而成的真真切切、确确凿凿的事物为什么是假有，而不是真有？为什么说事物是性空，而不是性实？如果说人是空，那么轮回主体是否存在？轮回又有什么意义？否定了人的真实存在，怎么能肯定业力的作用？契入涅槃境界的主体又是什么？一切众生本性空寂，为什么又有“如来藏”、“佛性”？而且为什么“如来藏”和“佛性”还是本有的呢？除此之外，佛教讲空，是否会否定人们追求现世福祉的努力呢？会不会由于说空而导致对邪恶认识不够，对善良肯定不足，并产生负面的作用呢？诸如此类。可以说，佛教最富思辨色彩的“空”义哲学，就是为了回答、消解这些矛盾、疑难而展开的。

佛教的“空”论也不可避免地使一些人产生异议，被指斥为虚无主义。这种指斥虽有一定的根据，但实际上，“空”论是和佛教的理想归宿、修持方法等紧密联系着的，是有丰富的实质内容的。就“空”论的思想主流而言，既非实有主义，也非虚无主义，而是一种不能简单地以有或无论之的价值哲学理论。

佛教的“空”论是对人类通常的感性认识和理性认识的挑战与反动，这一方面使它陷入背离常识的片面、局限乃至谬误，另一方面也使它具有超越常识的见解、判断乃至超凡的智慧。可以这么说，在佛教的“空”论体系中，交织着诡辩与真理、糟粕与精华、偏见与智慧，“空”论在人类思辨认识史上实是独具华彩的篇章。

对于佛教史上“空”思想的复杂演化过程，笔者将有专文论述。本文试图透过丰富的历史资料，集中解析“空”概念的类别与内涵，特别强调佛教的“空”义可从空性、空理、空境和空观四个方面予以把握，并对佛教的“空”义学说给予总体评价。

一、“空”义的类别

在佛教“空”义演变的历史中，一些佛教学者对空的义理进行了不同的区分，有二空、三空、四空，直至十八空、十九空、二十空等多种分类，而其中以十八空最为著名，也最为重要。十八空初由大乘般若空宗的重要经典《摩诃般若波罗蜜经》提出，后龙树的《大智度论》做了集中的诠释和发挥。空的义理是般若经系统的根本思想。十八空说是在佛教内部围绕空有问题的理论斗争中形成的，是对空的义理的系统分类和全面总结。下面，我们就以般若经系统的十八空说为中心来论述佛教“空”义的类别。

对于为什么讲十八空，龙树解释说：“若略说则事不周，若广说则事繁。譬如服药，少则病不除，多则增其患。应病投药，令不增加，则能愈病。空亦如是，若佛但说一空，则不能破种种邪见及诸烦恼；若随种种邪见说空，空则过多。人爱著空相，堕在断灭。说十八空，正得其中。……善恶之法皆有定数。……以十八种法中破著，故说有十八空。”这是说，讲十八空，一是从法(对象)上讲，法的分位是有定数的，说十八空与法的定数相应；二是从对治众生的邪见上讲，说太少不好，说太多也不好，而说十八空，不简不繁，应病投药，适得其中。十八空的具体内容是：

(1) 内空。“内”指眼、耳、鼻、舌、身、意“内六处”，也称内法。内空即认识器官空无自性。(2) 外空。“外”指色、声、香、味、触、法“外六处”，也称外法。外空即认识对象（境界）空无自性。(3) 内外空。合内法空与外法空为内外空。(4) 空空。内外法空即一切法空，此空亦属假说名言，对此“空”概念也不应执著，应当空却。(5) 大空。十方世界本无固定方位，是空，也即宇宙空间是空无自性的。(6) 第一义空。“第一义”指诸法实相。诸法实相空无自性，不能执著，为第一义空。(7) 有为空。种种因缘和合之法与因缘之法都无自性，故空。(8) 无为空。无为法无因缘，有为法与无为法相互依存，无为法是通过有为法的否定来实现的，由此有为法空，无为法亦空。此无为法指涅槃，无为空就是涅槃空。(9) 毕竟空。有为空无为空，一切法毕竟无有遗余，皆不可得，名毕竟空。(10) 无始空。一切法皆无有始，然无始也是假名，执著无始也是一种邪见，应当破除，是为无始空。此是破除对有始与无始的时间观念的执著。(11) 散空。诸法由因缘条件和合而成，因缘条件离散，则空无所有。(12) 性空。“性”指自性、法性，是不待因缘而自有的，而诸法都从因缘生，是故自性不可得，法性不可得，为性空。(13) 自相空。此指诸法的总相与别相均空。(14) 诸法空。诸法既无自性，又无自相，也即一切法空。(15) 不可得空。诸法因缘和合而成，无自性空，故实无可得，是为不可得空。(16) 无法空。诸法终归灭无，无法可得，故为空。(17) 有法空。诸法因缘和合而有，为有法；然有非实有，是名有法空。(18) 无法有法空。无法与有法，两者俱空，故名。

以上所讲十八空，是大乘空宗从不同角度、不同侧面，反复地论述空的各种含义、形态，其间的组织排列既有交叉性，也有逻辑性。按顺序来说，“内空”、“外空”、“内外空”是破主体和客体的实有观，是以空破有。“空空”是破执著以上空的空见。前三种空是破因缘和合的有为法。“大空”是破空间的自性，破无为法。“第一义空”是破诸法的实相。随后是概括为“有为空”和“无为空”，并归结为“毕竟空”。七、八、九三种空都带有总括的性质。此后第十至第十五种空是从时间、生灭、自性、相状等视角去阐发空义，并总结为“诸法空”，“不可得空”。最后三种空是再次从生灭有无的角度提出“无法空”和“有法空”，并合为“无法有法空”。可见，大乘空宗对诸法实有自性的破除是全面的、系统的、彻底的。

十八空又可大别为两类：一类是破除众生主观执著而讲的空，有“空空”、“大空”、“无始空”；另一类是破除诸法实有而讲的空，除了以上三种空，其他十五种空均可归于此类。大乘空宗破除诸法实有主要从内与外、性与相、有为与无为、生与灭（有与无）八个方面来进行，其中最重要的是性与相两个方面，性空与相空实可概括第二类所讲的各种空。性相相对，相由性摄，性空不仅可以统摄相空，也可统摄其他十三种空。由此又可说，诸法的十五种空都可归结为性空，性空是大乘空宗十八空说的核心。

二、“空”义的内涵

在论述佛教“空”义的演变与类别之后，我们还要进一步揭示佛教尤其是大乘空宗的“空”义的内涵。《中论》卷四《观四谛品》有颂云：“汝今实不能，知空空因缘，及知于空义，是故自生恼。”就是说，若不知道空的多重含义，就会产生疑难、苦恼。颂文所讲空的多重含义是：空的本身；空的因缘，即为什么要讲空，或者说讲空是为什么；空义，此指空的意义，包含空的境界和空的用处两层意思。由此颂文，“空”义的内涵可以扩展为四个层面，即空性、空理、空境和空观，以下分述之。

（一）空性

在佛教史上，佛教各派对空的诠释各有不同，就其影响来说，最具代表性的是大乘空宗的“空”说。如上所述，大乘空宗有十八空之说，内容丰富复杂，而就其核心内容来说，“空”主要是指“空性”而言。所谓空性，是说佛所说的一切法即一切现象都没有实在的自性，也就是既无主宰性（不自在），也无实体性（无实在不变的体性），现象当体即空。诸法无有自性的“空”，更切实地说，诸法“空性”被认为是诸法的共同实相，共同的真实，共同的本质，这也就涉及我们现在所说的世界的统一性问题，可以说在佛教尤其是中观学派看来，世界万物都统一于空性。

大乘空宗又强调，空绝不离开有，空并非虚无。诸法虽然自性空，但是由因缘条件产生的非实在的现象即“假有”（幻有）是存在的。性空与假有不能分离，两者是诸法的一体两面。又如《中论》卷四的名句“众因缘生法，我说即是无（空），亦为是假名，亦是中道义”，既是对构成诸法的恒久的实体的否定，也是对由因缘条件和合而成的无常变化的非实在的假有现象的肯定。空性说，可以说是佛教的根本观念，包含了丰富的理论思维，其荦荦大者有：

关系论。佛教讲“众因缘生法”、“法不孤起”，认为任何事物都不是单一的、独立的存在，而是和其他事物互为因果、互相依待的。如人是“五蕴”和合而成，山河大地是“四大”和合而成。这是说，缘起论是一种关系论，认为人和万物都是不同因素组合而成的关系，并不是独自本有的实体，也就是说都是空的。

过程论。由因缘条件产生的人和万物，只要某一因素发生一点变化，与其相连的其他因素也就随之变化，即处在不断变化的过程中，如人的生老病死，世界的生住异灭。人与万物既然是一个“无常”的过程，也就说明没有不变的自性存在，都是空的。

本质论。缘起就是无任何实体。一切缘起法性空假有，也就是本质是性空，现象是有，是假有，这是一种性空的本质论。

价值论。佛教的空性说是为众生提供一种通过对共同的实相认识以了解事物对人生的意义的学说，它强调在因缘和合的无常的现象上去苦心寻求主观客观的恒常自在的实体是不可能的，因为这种实体并不存在。众生若要寻求和执著性空为实有，必定会带来无穷的迷惑、烦恼和痛苦。佛教要求众生空却对实体的执著，体认空性，归于寂静，获得解脱，求得自在，以达到人生理想的终极归宿。

（二）空理

如上所述，龙树认为，之所以要讲空，是在于显示佛教的真理、佛法的真义。佛教把佛说法分成不同层次，以便于了解佛教义理，其区分层次的标准称作“谛”。佛教通常以二谛为标准，以俗谛（世俗谛）说诸法是有，以真谛（胜义谛）说诸法皆空，也就是说，讲空是为了显示真谛。显示真谛的空是一种理，空这种理称为空理。一般说来，佛教真理称作“真如”，“如”即如其本来状态的真实相，也即无自性的实相。空是无自性的寂灭相。般若经系统将“如”立为空，认为空是一切因缘和合事物的本质状态，是事物的无自性、空寂性的理论概括。一切皆空的空理，是最高的绝对的真理。

作为区别于俗谛的真谛空理，排除一切分别，排除一切成见，排除一切定见，尤其是排除有见（常见）、无见（断见）。有见是偏执世间实有，实体不灭，常住不变。无见是否定因果相续之理，视一切法都会断灭，化成乌有。空理远离有与无、常与断二边，非有非无，非常非断，合乎中道。

从道理看，空作为最高的绝对的真理，只有般若智慧才能把握。这就要求对缘起事物进行直观体悟，当下证取对象的无自性之理。史载南唐中主李璟在与禅宗法眼宗开山祖清凉文益论禅道后，同观牡丹花，中主命作偈，文益即赋曰："拥毳对芳丛，由来趣不同。发从今日白，花是去年红。艳冶随朝露，馨香逐晚风。何须待零落，然后始知空。"形象地表述了随时随地当下悟空的智慧诉求。

（三）空境

佛教大乘空宗的空义的另一重含义是指对象、境界。此宗认为要了解众生生存世间的意义，必须分清自相与实相。世间的自相只是言说的构想，而众生执为实有，就会带来痛苦。但若通过表面的自相，深入实相，就能了解实际上世间是自性本寂的。这性寂（空）就是实相，就是众生证悟的对象，而证取了性寂，也就进入了空境——大解脱大自在的境界。

大乘空宗把世间的实相归宿为无自性的"空"。《中论》卷四《观涅槃品》云："无得亦无至，不断亦不常，不生亦不灭，是说名涅槃。"无得无至，不断不常，不生不灭，就是涅槃状态，涅槃境界。也就是说，众生悟入一切法空的境界，就是进入涅槃境界，从而也就摆脱执著、束缚，获得精神解脱。

（四）空观

在大乘空宗看来，空的实际运用，一方面是空掉不正确的看法，以便于佛法的安排。如有空，才能讲苦、集、灭、道"四谛"，讲佛、法、僧"三宝"等；如没有空，世间诸法都有自性，就不可能从空的方面讲四谛、讲三宝等佛法。另一方面，作为一种修证方法，观想世间诸法空寂无相，构成空观。空观是佛教各派修持的重要法门，我们稍作论述。

佛教各派由于阐说"空"义之不同，随之而立的空观法门也有差异。总起来说，佛教空观法门有三：一是从缘起事物的彼此依存，即透过事物的空间关系去观空；二是从缘起事物的前后延续，即透过事物的时间变化去观空；三是从缘起事物的当体，即透过事物的现象直入本质去观空。这也就是横观彼此、竖观前后和直观当体的三种空观方法。

大乘空宗和中国天台、华严等宗都不赞成通过分析诸法而观空性的方法，重视从事物当体直观空性。如《般若波罗蜜多心经》云：“观自在菩萨，行深般波罗蜜多时，照见五蕴皆空，度一切苦厄。”就是说，观自在菩萨在修持深入的般若直观时，当下观照五蕴皆空。中观学派在般若经系统空观的基础上，进一步主张中观。中观作为空观的补充、发展，强调不落于空与假有两个极端，以避免虚无主义与经验主义，而又综合此空与假有两端，以臻于超越的中道境界。

天台宗人认为空观有多种，如析空观、体空观和偏空观（于假、中以外观空）等，但都不圆满，他们提出空、假、中三谛圆融论，《摩诃止观》卷一下云：“若谓即空即假即中者，虽三而一，虽一而三，不相妨碍。”空、假、中三谛是相即互具、圆融无碍的。天台宗的三谛圆融论是对中观学派的中观论的发展。

华严宗人也重视空观，提出了“真空观法”，在《华严发菩提心章》中展开为四种：会色归空观、明空即色观、空色无碍观和泯绝无寄观。前两种又各有四个观法，共为十个法门，为空观提供了周密、具体的方法。

三、佛教“空”义学说的评价

佛教“空”义经历了漫长的演变过程，内部不同教派对“空”理念的看法也很不一致，然就大乘佛教尤其是大乘空宗来说，一切缘起事物空无自性，即“诸法皆空”的观点是对世界万物、人的构成和人生现象的本质的根本看法，并奉为最高的普遍真理。佛教“空”义是对人生和宇宙的事实判断，但主要是价值判断；是理性思辨，但主要是悟性直觉；是解脱论的理论需要，但主要是众生解脱的修持实践要求。“空”义关涉人生和宇宙的有无、真假、虚实等根本理论问题和实践问题，在人类认识史上既留下了理论误区，也留下了辩证思维，在人类社会史上既带来了消极的作用，也产生了积极的作用。

（一）理论思辨的价值

从哲学思维的角度来说，佛教尤其是大乘空宗的“空”义，论及了事物的形成、变化、现象、本质等诸方面的关系：

空与缘起。空宗认为宇宙间纷然杂陈、形形色色的事物，都是由因缘生起，由此也是空的。这是承认世界上的事物存在着普遍联系，是矛盾的对立统一，同时又由此推论出事物无实体、无自性，即空的结论。

空与无常。佛教认为缘起事物是“刹那不住”的运动，“念念生灭”的变化，由此无恒常不变的自性，是空的。这里对一切事物不断变化的论断，是辩证思维的突出表现，但又由事物的无常变化片面地推导出事物是空的论断。

空与自性。空宗强调自性是自有、不变、恒常的，而世间不存在这样的自性。否定自性即是空，无自性即是空。一定意义上可以说，所谓诸法无自性，就是说事物的本质是空的。这种论说在哲学思维上具有一定的启迪意义。

空与假名。空宗认为因缘所生法，既是空，又是假名。假名指现象假有，空指现象的本性，假有与空是统一的，事物的本质与现象在空性的基础上得到统一。假名说揭示了名言与对象、名与实的差别。

空与诸法。《中论》卷四云：“以有空义故，一切法得成。”自性空而缘起有。强调空对成就一切法的作用，即为一切法的形成提供可能。这也逻辑地包含了空与诸法互不分离、互不排斥的思想。联系大乘佛教反对“顽空”（偏空）、“断灭空”的观点，也是在于肯定空与有的对立统一。

佛教提出“空”的否定性概念，阐发“空”义的否定原理，体现了对宇宙与人生的深刻认识和体悟：一切事物都是互相联系和运动变化的，都将走向自身的反面，由肯定走向否定。这种思维方式具有反常识、反常规、反世俗、反现实、反传统和反权威的意义。这是一种深邃的思想，也是一种生命的智慧。中国道家老子、庄子都重视“无”

的作用，西方一些哲学家也强调“虚空”的意义，这都不是偶然的。至于由“空”发展为“非有非空”及空、假、中三谛圆融等论说，其间所包含的辩证思维合理因素，是更加值得注意的。

（二）一些疑点的理论思考

从纯学术立场来看，佛教“空”的义理有其合理的一面，也有其局限的一面。佛教“空”的思维如果讲过了头，越过了度，就会引向极端，导致偏颇。这也就是说，我们在反思“空”义过程中，形成了一些疑点，值得进一步深入思考。

在佛教的缘起性空命题中包含了这样一个重要的理论预设：自性是自有的、恒常的、不变的本性，而这种自性是不存在的。万物都是缘起而有，不是自有。不是自有，就会引生无常变化，而人的生活又希望保持恒常，这就产生了人的恒常要求与事物的变化不居的矛盾，然而这个矛盾又是不可克服的，“无常故苦”。烦恼、痛苦意味着人不能主宰自己的生活和生命，这种不自在，就等于失去了“我”的意义，这就是“无我”，就是“空”。人是“空”，事物也是这样，也是在不断变化，没有自性，也是“空”。但是，这里至少有两个问题：一是“自性”的恒常不变与缘起事物的变化不居是否截然对立呢？能否说在事物的变化中包含不变的成分呢？变中有不变，不变的也在变，这是否合乎事实，也合乎道理呢？二是“空”原是佛教的价值判断，但实际上又扩展为事实判断，在我们看来，划清这两种判断的界限也是有重要意义的。

缘起事物的条件性与真实性是否绝对对立呢？这也是一个很重要的理论问题。把事物的联系绝对化，进而否定事物的实体性，实质上易于割断因与果的联系，导致因与果的分离。

佛教的一个重大理论贡献是寻求人生和宇宙的真实（真如实相），要求体悟不受思维和语言影响的、如其本来面目的真实相状。这种实相被归结为无差别的共相、无自性的空相（空性）。这就导致自相有与共相空的对立，即现象有与本质空的对立，这是淡化甚至抹杀了两者统一的一面。

佛教深刻地揭示了语言文字与客观事物的区别以及语言文字的局限性，同时又过度强调认识主体与客观物自体（实相）的绝对对立，认为人类认识的本性不可能把握客观事物的真实性和本质。凡被认识的对象，都是人们施设名相的结果，是虚幻的现象，是假有，其本质是空。而我们认为，名言概念作为人们表述思想的工具，凡是副实的名言概念，就是对客观事物的真实性和本质的反映，其认识意义是不能低估的。

在我们反复审视以上一些理论疑点时，发现正确认识和把握相对与绝对的相互关系有重要的理论意义。相对指有条件的、暂时的、有限的，绝对指无条件的、永恒的、无限的。相对与绝对的差别是相对的，彼此的关系是辩证的。绝对的东西只存在于相对的东西之中，同样绝对真理也只存在于相对真理之中。如果这一理论得以确立，我们似乎可以说，相对与绝对是存在于同一事物之中，相对真理与绝对真理也是存在于同一真理之中，而不是分别存在于有的世界与空的世界、世俗的世界与出世俗的世界之中。由此又可以进一步说，一切因缘和合的事物，既由因缘生起而有，也由无常生灭而空，是有与空的统一。这个有是实有，事物是实有与空的统一。

（三）社会作用的两重性

佛教“空”义在社会历史上产生过两方面的作用。从其积极作用来看，主要有：一是有利于社会的和谐共处。“空”义由因缘和合推演出来，空就是缘起。佛教的互为因果的缘起论，要求人们“未成佛道，先结人缘”，“广结善缘”。也就是要重视因缘、珍惜因缘、感恩因缘，依照相依相存的因缘理论，处理好人与家庭、人与社会，乃至人与民族、人与国家的关系。这无疑有助于社会的和睦、互助和发展。二是有利于树立忘我观。按照缘起性空的理论，人生是一个变化无常的过程，这就要求人们从长远的终极的眼光客观而冷静地反思人生的历程，重视人生过程，珍惜人生过程，把握人生过程，审视人性弱点和自身缺陷，破除我执、我贪、我慢，不计一时的利害得失、成败荣辱。得意淡然，失意泰然，达观豁然，以缓解人生的痛苦，充实人生的意义，完善人生的品格。从消极作用来看，一些人可能由于对“空”义的误解，而形成虚无主义的世界观和人生观，所谓看破红尘，消极悲观，无所作为，得过且过，这是无助于社会发展的。也有一些人以空破有，破而不立，同样也易于堕入消沉悲观的泥潭而无所建树。

原载《中国人民大学学报》，2003（6）

谈“空”说“有”话佛理

大家好！很高兴来此作这场佛教学术交流活动。今天和诸位交流佛法研究心得的题目是“谈‘空’说‘有’话佛理”。因为在座诸位都有一定的佛学基础，所以就讲讲佛教义理的核心的问题，即“空”“有”及其关系，以及如何指导修行实践的问题。

一、“空”“有”问题是佛教义理的核心

（一）“空”“有”理念的涵义

佛教认为，一切现象都是因缘和合而生，因缘在现象在，因缘散现象灭，因缘不是永恒不变的，所以现象也不是永恒不变的，是为“空”；又由于一切现象由因缘而生，属于一种存在，故为“有”。“空”是就存在的本性说，“有”是就存在的现象说。空和有是一体二面的说法。佛语体系中，将一切现象称为“诸法”，包括客观事物、思想、想象乃至不存在的东西，如龟毛兔角之类。因缘即关系、条件，其中“因”为主要原因、内在根据，“缘”为次要原因、外在条件。若因缘不连用，单只说一个缘字，如缘起、缘生，缘则包括因和缘，也就是包含主要原因和次要条件两层含义。因缘和缘的联系和区别要搞清楚。

“空”“有”理念为佛教对宇宙人生的根本看法，关乎宇宙人生的

空有、真假、虚实问题，是哲学最普遍、最原初、最深刻、最尖锐的问题，是佛教的宇宙观、人生观、价值观的根本观念。

（二）“空”“有”是佛教解脱主义教旨的内在逻辑

佛教的教旨是解脱人生的烦恼、痛苦及生死问题。佛教认为人生是痛苦的，儒家、道家认为人生是快乐的。相比而言，佛教认为人生是痛苦的认识要深刻得多，更具有忧患意识，能自觉地去变革人生、提升人生。

早期佛教认为，造成人生烦恼、痛苦的主要原因是有我，即个体生命，由此而积造恶业，召感身体，不断在生死界中流转。人要消除烦恼、痛苦，获得解脱，就要破这个“有”的自我，而悟证“无我”。也就是在修证实践过程中，要从“我”的观念、“我的东西”的观念束缚中脱却开来。部派佛教又转而从形而上学的旨趣，强调“无我”是作为实体的我不存在。后来大乘佛教更进一步主张：“无我”就是事物不具有永恒不变不灭的本体（我），就是无自性。在佛教理论体系里有我与无我，即有与空，关系到人生的终极关切问题，构成消除烦恼、解脱痛苦、超越生死的佛教人生哲学的根本性理论前提。

二、“空”“有”学说的历史演变

佛教哲学不是僵化的、一成不变的，自释迦牟尼佛创教以来，一直是开放的、不断发展的、与时俱进的。把握“空”“有”论争是了解佛教思想发展的关键。

佛教的思想理论体系主要是缘起论。“空”“有”理念的内涵，是奠立在缘起论学说上的，是随着佛教缘起论的发展而演变的。佛教《缘起偈》曰：“若法因缘生，法亦因缘灭；是生灭因缘，佛大沙门说。”“佛大沙门”即释迦牟尼。该偈是说，生灭为因缘作用，生亦因缘，灭亦因缘，生是“有”，灭为“空”，生灭、有空都由因缘决定。缘起论是佛陀创立的基本学说，当时主要反对印度流行的两种学说：转变说，积聚说。转变说认为，人和世间一切事物均由唯一原因转变而生，此原因即梵天（相当于上帝），又称为一因生多果说。积聚说认为，人与万物是由许多元素积聚凑合而成的，又称为多因生一果说。缘起论反对这两种说法，认为一切现象是互为因缘、互为条件、互为因果、互为依存，是“此有故彼有，此生故彼生”，[①] 其间并无梵天（上帝）的创造、主宰，也不是若干元素凑合而成。佛教有“见缘起即见佛法身”之说，认为懂缘起即懂佛法，强调信仰佛教主要是信仰缘起说，用缘起学说观察、认识宇宙人生的实际。这也是佛教在学说上区别于其他宗教的主要之点。

总结印度佛教思想文化史，缘起论以及空有论的发展演变，大致经历了四个时期：

（一）早期佛教（原始佛教）的“离我执”说

早期佛教讲的“我”是针对奥义书哲学强调我为实体一点而来。

这里的“我”是指永恒不变的存在，也即永远不灭的实体。实体也就是本体的意思。当时印度社会流行有“大我”（梵天，类似上帝）和“小我”（灵魂）之说。虽然对于“我”是否存在的一类形而上学问题，释迦牟尼未加讨论，但是从他的缘起论世界观来看，显然是排斥、否定实体的“我”、灵魂的“我”的。释迦牟尼还强调“离我执”，“我执”就是对自我的执著，以为生命中有常一不变、能作主宰的实体。其实所谓自我是由肉体和精神的诸条件组合而成，并无实体。所以释迦牟尼提倡远离我执，强调脱离我执这种错误的见解和态度。

早期佛教讲人生实相，讲“离我执”，讲“人无我”，也是通过“四谛”学说来体现的。“四谛”即苦、集、灭、道，“谛”即真实、真理。“苦”，指人生有身心的痛苦，生死的痛苦，求之不得的痛苦等；“集”，是痛苦原因的集合；“灭”，即痛苦的消灭，为寂灭的理想境界；“道”，是实现寂灭理想的方法途径。这是说，人生是痛苦的，要面对痛苦，

① 《杂阿含经》卷十，《大正藏》第 2 卷，67 页上。

寻找原因，主要原因一是无明，处在没有理性光明、浑沌无方向的状态；二是贪欲，诺贝尔文学奖得主莫言在其《生死疲劳》的扉页上，就引用《佛说八大人觉经》：“生死疲劳，从贪欲起。少欲无为，身心自在。”[①] 针对人生的痛苦及其原因，采取相应的修持方法，以期达到灭除烦恼痛苦的理想境界。四谛说为人生的清净、光明指明了一条独特的途径。

早期佛教还强调，修行实践者要懂得因缘、因果的道理，以及个人做事所形成的“业力”。“业”指行为，业力即以行为为原因导致果报的力量。业力在生命中会发生作用，在因果关系中产生果报。因此做人要有道德责任感，要觉悟人生可贵，用智慧处理人生问题。一方面，讲道德，与人为善；另一方面，要勇于追求真理，体悟真实。如此通过追求至善和追求至真两方面的精进修持，从而超越烦恼痛苦和生死轮回，达到解脱境界。

（二）部派佛教时期的“我空法有”诸说

由于对世界现象的看法和对佛理的理解产生了分歧，佛教形成了不同教派，运用“空”“有”的种种不同的说法，来阐发各自人生解脱的理论。如说一切有部主张“我空法有”说，认为我是空的，人是空的，而法是有的。为什么佛教说一切有部说我是空的、人是空的呢？因为人是由五蕴构成的。“蕴”是积集的意思，“五蕴”就是构成人的生命存在和周围环境的五种要素的集合。具体说，五蕴指色、受、想、行、识。其中“色”，指物质，就人来说，“色”为身体；“受”，感受、感觉、感情；“想”，想象，表象作用；“行”，意志、意念、欲求；“识”，认识作用，也指意识。色是身体，受等后四者是心的作用，合起来即是身和心，物质和精神。五蕴相合而成人，构成人们的生命存在。佛教认为，在五蕴积集以外，没有独立的、绝对的、不变的、实体的自我存在，是为“我空”、“人空”。至于构成人的五蕴即五种元素是有的，

---

① 《大正藏》第 17 卷，715 页中。

称为“法有”。

此外，又如大众部主张“法无去来”说，认为过去是没有，因为已经过去了；未来还没有来，故是“无”，是“空”；但现在是“有”，是存在的。再如正量、犊子等部主张“我法俱有”说，认为我与法二者都存在、都有，并以此来解决轮回转世的灵魂问题。

（三）中观学派的“假有法空”（又称缘起性空、万法皆空、一切皆空等）说

义净《南海寄归内法传》卷一载：“所云大乘无过二种，一则中观，二乃瑜伽。中观则俗有真空，体虚如幻；瑜伽则外无内有，事皆唯识。”[①] 大乘佛教中观和瑜伽二大派提出了新的空有观。

中观学派为大乘佛教，主张不出家也可信奉佛教，但一定要发菩提心，即要有使人开悟成道的智慧，其核心即要了悟“诸法皆空”的道理。中观学派认为以前的小乘佛教认识都不究竟（不彻底），正确的认识应该是假有法空、万法皆空。例如龙树菩萨云：“众因缘生法，我说即是无（空），亦为是假名，亦是中道义。”（《中论》卷四）“无（空）”，指空性。“假”是施设、权宜的意思，“假名”，即施设的名称。“中道”，远离事物的对立状态，不执著于空性和假名，而臻于不偏不倚的中正之境。例如咱们的讲堂，是众因缘生法，是各种建筑材料、人工以及时空条件因缘和合而成，讲堂是无自性、无实体的，是个施设的名称。在龙树看来，因为各种缘起法是有关因素结合而成的，也是变化的、无常的，所以一切缘起法都是空的，又是假名，也是中道。这也就是说，缘起、空、假名、中道四者是一致的，相通的，就外延而言，甚至是等同的。这其间的一致关系要领悟好。

《金刚经》云：“一切有为法，如梦幻泡影，如露亦如电，应作如是观。”有为法即缘起法，如梦境、幻象、泡沤、虚影，如朝露、电光，都是因缘和合的、生灭变化的现象，虽是有，但本性是空的；虽是有，

① 《大正藏》第 54 卷，205 页下。

但是假名有。

《心经》云:“色不异空，空不异色；色即是空，空即是色。”色即物质，物质现象不离开空，空亦不离物质现象；“即”为相合不离，相即不二，物质现象（有）与空，是有空相即，有与空既相摄受，又相制限。了解物质现象和空的不异、相即关系，十分重要。

由上可见，一切缘起现象之所以是空，一是缘起现象是因缘和合而生，是互相依存的关系结构，是“无我”；二是缘起现象都是不断变化的生灭过程，是“无常”。无我、无常，故是空。总之，缘起性空有两层意思：一切事物都是缘起，互为因果，互相依存，是因缘关系的结合；结合关系的元素都在不断变化发展，是一个过程。也就是说，缘起论包涵了关系论和过程论两个理论要点，认为一切事物、现象都是关系，都是过程，由此一切事物、现象均无主宰、无自性、无实体，是无我的、无常的，是空的。这实际是指事物、现象的相对性，是相对性的存在。缘起性空的“空”，不是虚无，不是没有，不是零，不是绝对不存在，不是绝对否定。中观学派认为，如能从缘起看到性空，又看到性空存在于缘起中，就可以了解宇宙人生的实相，增进人生智慧，提高人生境界。

中观学派的学说颇为深刻。从存有论看，现象和本质、有和空不分离，不会有孤立的本质或孤立的现象存在。从认识论看，空、有不割裂，无自性的空属于真谛，偏于超越面；假名有则是俗谛，偏于经验面。真俗二谛圆融，常识、经验与真知、真理，相对真理与绝对真理统一。从境界论看，由俗入真，观照色空相即，五蕴皆空，就能“度一切苦厄”，这也是“涅槃与世间，无有少分别”（《中论》卷四）的理想与现实的统一论。

（四）瑜伽行派的“识有境空（无）”说

大乘佛教瑜伽行派为了批判和纠正执著于空，以为空是虚无的“恶取空”的思想流弊，提出“三性说”。这里“性”指道理、真理，“三性”即三谛、三种真理。

瑜伽行派又称唯识学派，此派创立了一种新视角，即从心生世界和心识转为佛智的角度来观察世界和人生，认为人对外境的认识、把握都是主观意识的表象，是经过感知的外界事物在头脑中再现的形象。例如一个人心态好时，看到美景就感觉很美丽，心态不好时，同样看美景，就感到很凄凉，所谓好心情才会有好风景，从这层意义上讲，外境的存在都是内在意识的产物。唯识学派从意识缘起现象上体认实相，以人的表象是否合乎本质以及本质自身存在的价值，把存在形态分为三种，构成“三性”，即三谛说，宣扬“识有境空（无）”的思想。

三性即遍计性、依他性、圆成性。遍计性是意识把一切法都周遍地计度臆测，而执取为具有实体、自性的真实对象，不知其本是因缘所生，并无实体、自性，是一种对缘起现象加以虚妄分别、执为实有的错误认识；在依他性中，“他”指缘、条件，即认识到一切现象都依因缘和合而成，是一种相对真理；圆成性，是在依他基础上排除了遍计的虚妄而圆满成就实相，是达到绝对真理的认识。此派学者依三性认识的步骤作了这样的譬喻：晚上因光线昏暗，错认绳子是蛇，为遍计的评价；进而明白了绳子是由因缘条件和合而成，是着眼于依他性的评价；再进一步分析绳子由麻所构成，绳子的本质是麻，从而了解它的真实性能，是究竟的圆成评价。总之，唯识学派视识是境相的本质，境相是唯识所变，是识有境无（空），是“外境空”。

中国佛教对“空”“有”学说也有发展：

1. 晋代佛教形成了解空热潮。当时聚集了大量学者，研究“空”“有”关系，著名的如僧肇，撰《不真空论》，对“空”“有”论争作了总结，认为万物缘起无自性，不是真实有自性，这就是“不真”，不真就是“空”。这是以不真解说空义。

2. 提出“法界缘起”说和“真空妙有”观念。华严宗人提出“法界缘起”的学说。“法界”此指“如来藏自性清净心”，即人人都具足的本来清净无染的心灵。此说一是强调一切现象都由“清净心”随缘生起，离开“清净心”，别无他物；二是宣扬在此“清净心”的作用下，各种现象无不处于你中有我、我中有你、你即是我、我即是你的“圆融无碍”、“重重无尽”的联系之中。也就是说，世界一切现象共同为缘，互为因缘，“一即一切，一切即一”。[①] 一事物与他事物互不排斥，各各自在，圆融无碍。华严宗还提出“真空幻有”说，如魔术即是幻有，魔术不是无有，而是虚幻的有。后又发展为“妙有”，讲“真空妙有”说。“真空”是指最高真理（真如）远离妄想执著，不增不减；“妙有”是指真如常住不变，为现象世界成立的依据，是真的有。华严宗创始人法藏在《华严妄尽还源观》中提出了“摄境归心真空观”和“从心现境妙有观”，用以说明“一尘”上体现的“色空相即”的道理，并强调真心即人的主体性与客体性的真如相通，进而通过真空妙有的观照达到主客融合无间的精神境界。

3. 主张“空有圆融”。如华严宗、禅宗的“理事圆融”，强调真理与事象、本质与现象的统一，即是“空”“有”思想的重大发展。又如天台宗主张“三谛圆融”，三谛即空、假、中。空、假、中三谛互相融合，同时成立，每一谛都同时兼具其他二谛，构成天台宗的认识境界、觉悟境界。

佛教的“空有圆融”说，就是提倡看问题的全面性。在佛门中有这样一个故事，很能说明这个问题。古时有个老和尚外出期间，寺里有个弟子不小心打破了他心爱的花盆。老和尚回来后，弟子们围着他反映此事，有人建议对肇事者严肃处理以体现戒律，老和尚点点头说对；有人建议宽容以体现慈悲，老和尚也点点头说对；有弟子就疑惑了，说两种建议是彼此矛盾的，为什么师父却说他们都是对的呢？老和尚对他也点点头，说你也对。这个故事说明老和尚很有智慧，既肯定了三位弟子认识中合理的地方，同时又否定了各自认识的局限与不合理性，使大家增长了智慧和圆融处理事情的能力。

---

① 《华严一乘教义分齐章》卷四，《大正藏》第45卷，503页上。

三、“空”“有”思想的现代意义

1. 认识“空”“有”关系要排除两种误解：(1) 认为“空”为虚无，为绝对否定。其实佛法中的“空”是指相对性，是“有”的“空”，与虚无主义的恶取空不同，是排斥虚无主义的。最近一位法律专家来访，说近来寺庙财产纠纷不少，有的当事人质问出家僧人：你们不是说“看破红尘”，讲“一切皆空”吗，还要保留钱财做什么？来访者问我怎么看，我说这是对佛教思想的误解。所谓看破红尘，着重指看破世间染污的一面，并非全盘否定世俗社会的价值。所谓一切皆空，是讲一切事物都是因缘和合而起，本性是空，并不是简单否定缘起事物的存在。寺庙财产纠纷应按法律相关规定处理，才是解决问题的恰当办法。(2) 认为讲“空”是消极的。其实体悟“空”，要看到一切都是缘起，是关系，因此要重视关系，要惜缘；缘起也是过程，因此要重视变化，重视当下，在缘起的关系和过程中，排除我执，去恶从善，离苦得乐，所以是积极的，“空”说与消极的人生哲学并没有直接关联。附带地说，多年来有一种对中华传统文化儒道佛三教思想特征的评论，说儒家是“提得起”，道家是“想得开”，佛家是“放得下”。一般而言，这是讲得有道理的，但是就佛教来说，既有“放得下”的一面，也有“提得起”的一面。现代著名僧人倓虚（1875 ~ 1963）在所著《影尘回忆录》中，附有法相照片一张，两边题有十二个字“看破、放下、自在，弘法、建寺、安僧”，是倓虚法师一生修持的最佳写照。“看破”就是观照宇宙人生的实相，“放下”就是远离无明和贪欲，从而得到解脱自在，这是一方面；另一方面是要积极有为，勇猛精进，为弘法、建寺、安僧作出贡献。我以为对佛教的评论应当兼顾这两个方面，才是全面的观点。

2.“空”“有”理念说明，一切现象都是因果相续的，这就要求人们一方面排除不好的妄想、执著、贪婪，淡泊名利，诸恶莫作；一方面要把握向上的目标，勇猛精进，了解宇宙人生的真相本质，追求真理，众善奉行，提升道德，从而完善人生，提升境界。

3. 理解现象与本质、现实与理想的关系，我们应从现象中把握本质，从现实中体认实相，进而显现人生的意义和价值，提升人生的品格和境界。

4. 把握心识与智慧的联系与区别，重视由染转净、去恶从善、转迷为悟的修持功夫，以转识得智，转凡成圣。

2013 年 4 月 7 日在宁波七塔禅寺的讲座

原载《法音》，2013（6）

禅悟思维简论

唐代慧能创立的禅宗是我国佛教独特的一支，它标榜“教外别传”，以不立文字、直指人心、见性成佛为宗旨，以追求理想人格和人生境界为目标，推行一套排斥语言文字、“以心传心”的禅悟成佛方法，构成一种别有风采的直观思维方式。本文着重就禅宗的禅悟思维作一简要的论述。

禅宗的禅悟有一个历史的演变发展过程。慧能首先提倡性净自悟，追求主体对于自身内在本性的复归，以求得主观精神的解脱。慧能《坛经》用中国通俗语言阐发了禅悟思维，在中国禅宗史上具有最重要的意义，后来禅宗大师的主张都是慧能思想的发展。在慧能以后，禅宗荷泽系宗密主张“知之一字，众妙之门”，而南岳系则加以批评，认为“知之一字，众祸之门”。南岳、青原两系都高扬不立文字，尤其是南岳系马祖道一和青原系石头希迁分别高唱“触类是道”和“即事而真”的禅道，成为禅宗的典型宗风。此后沿着直指心源的道路前进，越来越趋向于舍弃经论文字，扫除玄句，大辟机用，以求顿悟成佛。青原系下形成曹洞、云门、法眼三宗，南岳系下形成沩仰、临济两宗，各宗都发挥了各式各样、丰富多彩的接化方法。如“四照用”、“五位君臣”、“三句”等教学模式，机锋棒喝、超佛超祖甚至呵祖骂佛的教学手段。到了宋代，禅宗又出现了文字禅、看话禅和默照禅，各呈异彩。

历代禅宗学人经长期禅修实践，形成了大量的“公案”，这些公案表明禅师的基本修持方法是顿悟渐修，或者更准确地说是由渐修到顿悟，再渐修。也就是说，各种条件没有成熟的学人要在平日重视渐修，准备、创造开悟的条件；对于条件成熟而还没有开悟的学人，要提出疑难问题，或用棒喝手段，猛击一掌，大喝一声，引导他紧张寻思，激发开悟，寻思时可以和日常行事、感性活动结合起来；开悟后仍要经过严格的勘验，继续渐修，对遇到的问题随时都要作出真切的解释，从实际生活中去锻炼自己的功夫，塑造理想人格，进入新的人生境界。

一、无念、无相、无住

禅宗实际创始人慧能倡导自识本心、自见本性、自我成道的学说，是以认识、返观众生主体的本心、本性为成佛的根本途径的，因此慧能竭力排斥对外界事物的思维、执著，提出“无念为宗，无相为体，无住为本”（敦煌本《坛经》）的三项禅修要求，构成了慧能顿悟说的基本内涵。

（一）无念为宗

慧能说：“无念者，于念而不念。”（同上）“无念法者，见一切法，不著一切法，遍一切处，不著一切处。”（同上）“念”，指记忆，此泛指分别、认识，即思维活动。“无念”的思维活动有两点：一是就主观方面说，心体要离开念，即认识本体，远离一般的思维活动；二是就客观方面说，见一切现象（“一切法”）而又不执著。这就是说，思维时不执著主观思维和客观现象，为无念。其中第二重意义尤为重要，“于外著境，妄念浮云盖覆，自性不能明”（同上）。妄念是执著外境的杂念，无念就是无杂念，强调排除一切杂念。“悟无念法者，见诸佛境界。”（同上）只要悟解这种无念法门，排除一切妄念，就能见佛的境界。无念对于众生成佛具有关键性的意义，所以要以“无念为宗”。“无念”是从否定角度讲的，若从肯定角度讲就是提倡“正念”。“真如即是念之体，念即是真如之用。”（敦煌本《坛经》）这里所说的念就是正念。真如指万物本性，即众生的本心、本性、佛性。正念是真如本性（体）的自然呈现（用）。正念时能使众生的内在本性顿然发露出来，此时也就由迷转悟，成为佛了。无念是对外不执著境，所以要竭力排除世俗的分别、认识，也就是世间的各种概念、判断、推理都应排除净尽。正念是以心念心，直观本心，人在自身内部设置认识主体与认识客体，进行观照活动。在慧能“无念为宗”的命题里，排除一般的感性经验、理性思维与提倡神秘的内在直观是相辅相成的。

（二）无相为体

慧能说：“无相者，于相而离相。”（同上）“相”，指一切现象的相状，以及由认识相状而产生的表象。所谓“无相”，是在接触外界形相时能够离开即不执著形相，也就是主张在接触客观世界时，不形成感性认识，以免产生对外界的贪恋执取，所谓“离相，性体清净”（同上），表明离相即无相在禅修中也是十分重要的。能做到无相，就能在思想上得到升华，达到性体清净，所以“无相为体”。慧能认为，相是建立在主观心的虚妄分别上的，是人们主观分别的结果。所以“无相”也就是要看到一切现象的无分别性、无差别性。后来有人提出无相讲不通，说释迦牟尼佛就有三十二相，禅宗学人解释说，释迦牟尼佛三十二相也是人心主观的虚妄之见，佛与众生的差别相、佛相、众生相都应破除，强调众生的自心就是佛，众生的本心与佛并没有区别。

（三）无住为本

敦煌本《坛经》说：“无住者，为人本性，念念不住。”“无住”，是指人的本性。印度佛教讲无住是指一切事物都没有凝固不变的性质，这是一切现象的共性。后来《大乘起信论》以无住为万物本原“真如”的属性，慧能把无住视为人的本性，强调在一切事物上念念无住，不能把意念定在任何事物上，亦即不把原来的性空的事物执著为实有，这样思想就不会受束缚，而获得解脱。慧能认为，万物都由自心生，如果悟解事物的真性——空性，自心就不会定住在事物上；这种不在事物上定住，不把事物执为实有的心，是从万物中洞察空性的一种智力。这是通过禅修从感性世界中获得的精神超越，是从世俗现实感性经验中得到的思想解脱。

慧能《坛经》所说的“无念为宗，无相为体，无住为本”，是禅宗悟道的基本途径，这三者是密切联系的统一整体，其中“无念为宗”居于最重要地位，它主张排除一切杂念；排除杂念的根本要求是不能执著一切事物的相状，即“无相”；排除杂念，还要求不在任何事物上定住，执为实有，为“无住”。从认识论来看，就是主张排除世俗的认识，排除感性认识和理性认识，或者说，通过直观把握万物的性空和主体的本性，从感性经验中获得升华、超越，进入新的人生境界。

二、触类是道与即事而真

慧能提出“无念为宗，无相为体，无住为本”的宗旨，要求众生排除杂念，不执著事物的相状，不执著事物为实有，返归自性，顿悟成佛。慧能所说的众生的自性就是佛性，佛性作为众生的本性，归属于宇宙万物的真如本性，佛性与真如本性是相等相通的。众生体悟宇宙万物的真如本性，也就返归众生的本性，觉悟成佛。这样众生顿悟成佛就集中归结为这样的问题：众生的杂念、执著、行为和万物的本性关系如何？众生的日常行事与众生的佛性关系怎样？这也就是如何通过修禅顿悟众生和万物的本性问题。围绕着这样的主题，慧能门下衍为南岳怀让、马祖道一和青原行思、石头希迁两大系的禅修方式，南岳一系倡导“触类是道”，[①] 青原一系主张“即事而真”。

（一）触类是道

“触类”是指人在禅修中的各种行为、表现，“道”是佛道、佛理、佛性。“触类是道”是说人在禅修生活中的任何行为都是佛道、佛理、

① 胡适说，马祖道一禅法的宗旨是“触类是道，任心为修”。见所作《中国禅学的发展》。

佛性的自然流露和表现。马祖道一禅师（709 ~ 788）是“触类是道”禅法的主要倡导者。道一原主坐禅，怀让特以磨砖不成镜为喻说明成佛不必坐禅，使他顿然开悟。[①] 他继承慧能的思想，提倡“即心即佛”说，认为众生心性与佛性没有差别，人的自心即是佛心，自心就是佛。因此人的一切行为也都是佛道、佛性的表现，是一切皆真。马祖高弟南泉普愿禅师说：“平常心是道。”众生的平常心本来就是佛心，只是因为众生没有觉悟到这一点，随着名言，执著外物，以为实有，形成迷惑。若能一旦回光返照，停止向外追求，返本归源，那就全体都是佛心、佛道，没有别的什么东西；若能了解、觉悟本心就是佛心，那就大道只在目前。禅道触目皆是，行住坐卧，应机接物都合乎佛道，都是佛道的体现。马祖认为，修行成佛的关键在于悟得本心，只要小心护持本心（佛心），使其不受污染，那就不需要另外一些特别的修持，不需要有意识地去作从善止恶的事，只要“纵任心性”，任运自在就够了。如扬眉、动目、哈欠、咳嗽，这些小动作都是佛事。所以马祖在接引前来禅修的学人时就采用奇特古怪的教学方法，他不用语言文字来讲佛理，而是用打耳光、口喝、脚踢等动作，刺激诱导门人，教人去思索，返归本心，悟得本心，求得自我解脱。

马祖道一的禅学思想和禅修方式对后世禅宗的影响极大。黄柏希运继承道一的思想和风范，进一步主张“心即是佛，更无别佛。即心是佛”（《黄柏山断际禅师传心法要》）。不仅如此，“此法即心，心外无法，此心即法，法外无心……心即是法，法即是心”（同上）。心不是“见闻知觉”，而是“本源清净心，常自圆明遍照”（同上）。也就是宇宙万物的清净本体。希运排斥人们通常的感性和理性活动，主张直指心源。希运弟子义玄又创临济宗，形成峻烈的宗风。他提倡大机大用，

---

① 《五灯会元》卷三《南岳怀让禅师》：“开元中有沙门道一，在衡岳山常习坐禅。师知是法器，往问曰：‘大德坐禅图什么？’一曰：‘图作佛。’师乃取一砖，于彼庵前石上磨，一曰：‘磨作什么？’师曰：‘磨作镜。’一曰：‘磨砖岂得成镜邪？’师曰：‘磨砖既不成镜，坐禅岂得作佛？’一曰：‘如何即是？’”道一虚心向怀让请教，怀让给以开示，并作偈曰：“心地含诸种，遇泽悉皆萌。三昧华无相，何坏复何成？”言下道一开悟，心意超然。

棒喝齐施，把种种机用和一切言句都安措在剑刃口子上，逼人顿悟。在禅宗各派中，临济宗是对修持方式作了最大变革的流派，影响也最大、最久。马祖后形成的另一系沩仰宗，创始人之一沩山灵祐，也主张“以思无思之妙，返思灵焰之无穷，思尽还源，性相常住。事理不二，真佛如如”（《五灯会元》卷九《仰山慧寂禅师》）。强调借寻思的方便以触发顿悟，重视事理并行，识心达本。

（二）即事而真

“即事”是不离开日常行事。“真”，真实、本性、道、理、空。“即事而真”是指在禅修时从个别的事象上体悟，显现出性、理、空来。这种禅法和境界是青原行思门下希迁（700 ~ 790）提出的。相传希迁读僧肇《肇论》中“会万物为己者其唯圣人乎”句，深受启发，于是仿照道家《参同契》，也作《参同契》来发挥禅法。希迁所讲的“参”，指参差互殊的万物各不相犯，“同”是讲万物虽然殊异但又是互相渗透的、统一的，是“名异体一”，“契”是说禅修者在日常行事中，要体悟、契会万物既异又同的道理。这个理是众生本心所具有的，由此，理也就是心、本心。理与事并不相同，理是本，事是末，是有区别的。理与事又不分开，是统一的，要互相联系起来看。禅修者在禅观时要善于从具体的事相上体证全体的理，会末归本，返归本源一心，也就达到“即事而真”的境界。希迁倡导的这种禅法，开辟了青原一系的宗风。希迁经药山惟俨再传云岩昙晟，又提出“宝镜三昧”法门，主张在禅观时观照万物应当像面临宝镜一样，镜外是形相，镜内是影子，形影对显，形怎样影也就怎样，镜里的影子就是镜外形相的显现，影即是形。这是通过具体事象以显现出理的形象比喻。昙晟用这个比喻来说明希迁倡导的由个别体现全体的境界。希迁禅法的流传，导致后来曹洞、云门和法眼三宗的成立，这些派系的禅法都是“即事而真”宗旨的阐扬。

“触类是道”和“即事而真”是慧能以后禅宗内部的两种禅法、两种宗风。“触类是道”侧重于道、理，主张理体现到个别的事象上，所见的事象也无不是道。“即事而真”则从客观的事象出发，强调从纷繁复杂的个别事象中看出全体理，所见的各种个别的事象无不是理。从认识论来说，这两种禅法实质是，通过不同的途径，共同达到理事圆融的境界。这两种禅观涉及认识中的个别与一般、殊相与共相的关系，揭示了不同的认识途径，包含着辩证法因素。

三、四料简、四宾主与四照用

临济宗创始人义玄（？～867）继承道一、希运的“触类是道”的思想，进一步宣传一念心觉悟当下就是佛的主张，强调真正禅修的人并不着意追求佛果，而是随缘任运，不为外物所拘。他接引学人就从这种根本宗旨出发，棒喝兼施，机锋峻烈，单刀直入，为学人解除所受外物的束缚，以证悟触类都是道的禅理。义玄确立了接引学人的原则、重点、方式、标准等一系列设施，以破除学人对“我”、“法”两种偏见的执著（“我执”、“法执”），其中比较典型的是“四料简”、“四宾主”和“四照用”。

（一）四料简

“料”，度量。“简”，简别。“四料简”，就是四种简别的方法。这是根据修禅人的不同主观条件（“根器”）和迷悟情况，而采取的有针对性的教授方法。义玄说：

> 我有时夺人不夺境，有时夺境不夺人，有时人、境俱夺，有时人、境俱不夺。（《人天眼目》卷一）

“夺人”，指出人无真正实体，否定对人生的世俗见解，破除众生的“我执”。“夺境”，指出外界事物是空的，破除“法执”。这是视学人“我执”和“执法”的情况，对于执著我见为实有的人，着重破除“我执”；对于执著外物为实有的人，着重破除“法执”；对于人生和外物都执著的人，两者都破；对于那种人生和外物都不执著的人两者都不破。

（二）四宾主

“宾”，参学者。“主”禅师。宾主，即师生，或者说是通禅理者和不通禅理者。“四宾主”是禅师和学人问答的四种情况和结局，区分参禅迷悟的四种类别。区分迷悟的标准是看对人生、对外境是否执著，这也是是否体悟禅理的分界线。不执著是主，是悟；执著是宾，是迷。具体说，“宾看主”，禅师不懂得禅理，学人懂得禅理；“主看宾”，禅师懂得禅理，学人不懂得禅理；“主看主”，师生双方都懂得禅理；“宾看宾”，师生双方都不懂禅理。四宾主全面地区分了师生答问的四种类型，是有意义的，但它以否定主客体的客观实在性为禅理，这不能不说是一种颠倒的主张。

（三）四照用

“照”，观照，指对客体的认识。“用”，功用，指对主体的认识。“四照用”就是针对学人对主客体的认识情况而采用的四种不同方式，以分别破除“我执”和“法执”，破除对主客体执为实有的观点。具体说，“先照后用”，对于执著客体为实有的人，先破“法执”；“先用后照”，对于执著主体为实有的人，先破“我执”；“照用同时”，对于主客体都执著为实有的人，同时破我法二执；“照用不同时”，对于主客体都不执著为实有的人，给予肯定，不用再破除了，这类人已经获得禅悟，应机接物，触类是道，只要注意修持就是了。

四料简、四宾主和四照用，都是临济宗人接引学人的说教模式，其中四料简和四照用是相近的，都是着重于对主体和客体执为实有的观点的破除。四宾主的区分也以是否破除对主体和客体执为实有为标准。这些做法的目的在于启示学人排除世俗见解，返归本心，见性成佛。这是唯心主义的认识论、心性论。但是值得注意的是，这些具体方法因人而异，区别对待，带有鲜明的针对性、灵活性，反映了方法论上的某些规律。此外，临济宗人的四分法思维模式，也在一定程度上反映了认识的类型、标准和方法的某种特征。

四、曹洞五位与云门三句

（一）曹洞五位

曹洞宗创始人良价（807 ~ 869）和本寂（840 ~ 901）继承石头希迁的“即事而真”的观点，吸取《周易》阴阳八卦组合的方法，从事（个别）理（全体）及其交涉关系出发，提出多种五位的说法来接引学人，通过事以显理来指导修禅。曹洞宗的这套说法，世称“曹洞五位”，“五位”就是五种形式。曹洞五位包括功勋、正偏、君臣等不同的五种形式，其中功勋五位“向、奉、功、共功、功功”，是用以判断禅修的深浅的，而正偏五位、君臣五位则是显示理事关系的，是正与偏、君与臣分别互相配合而构成的形式，也是五位中最为重要、最具有认识意义的。

正偏五位和君臣五位是：

正中偏	君位
偏中正	臣位
正中来	君视臣
偏中至	臣向君
兼中到	君臣合

“正”指体、空、真、理、净、黑；“偏”指用、有（色）、俗、事、染、白；“兼”，非正非偏，亦即中道。“君”与“臣”，是以封建等级称谓喻指正与偏，即君为正位，臣为偏位。正偏、君臣都是中国的语言，君正和臣偏分别代表事物的主次。从哲学上看，正、君是指世界万有的本体、本性，代表理；偏、臣是指世界千差万殊的现象，代表事。曹洞宗人认为宇宙万有的本原是理（真如、佛性），事（现象）是理的

显现。他们根据这种理事关系，运用正偏、君臣互相配合而构成了五种认识和教学形式。教学时有敲有唱，要学人听出偏正、君臣的区别及相互联系。正偏五位和君臣五位的具体内容是：

“正中偏”，是正中之偏，正位的体具偏位的用。体是能具，用是所具，能具的体定为君臣五位的君位。习禅者悟解体中的用，从体起用。

“偏中正”，是偏中之正，偏位的用具有正位的体。用是能具，体是所具，能具的用定为君臣五位的臣位。习禅者悟解用中的体，事中的理，觉知一切现象都是真如、空性，摄用归体。

“正中来”，是指一切现象如理随缘而起，是君臣五位的君视臣位。习禅者在此位是由体起用，按照理去修行。

“偏中来”，谓用全合乎体，从现象到本体，是君臣五位的臣向君位。习禅者于此位是终日修而远离修念，终日用而不见功用。

“兼中到”，非正非偏，体用兼到，理事并行，内外和合，是君臣五位的君臣合位，是习禅者的最高果位。

正偏五位和君臣五位是由理与事、本体与现象的回互交错关系而定的，前两位是禅修的初级阶段，三、四位是禅修的较高阶段，第五位是禅修的最高阶段。这也就是习禅者在修行上由浅入深的功勋五位。

正偏五位和君臣五位是对理事关系、体用关系的五种认识程序和模式，依次是体起用，理起事；用具体，事具理；用归体，事归理；用合体，事合理；体用双兼、俱泯，理事并行、同泯。前四种虽然逐渐深化，但都各有所偏，或偏了体、理，或偏了用、事，只有第五位体用兼带、理事圆融，才是最高认识境界，最高解脱境界。曹洞五位体现了曹洞宗人由事见理的认识论观念。第二位“偏中正”、第四位“偏中至”、第五位“兼中到”都程度不同地反映了这种理事不离、即事而真的主张。

从理论思维来说，曹洞宗的五位说抓住了本体与现象的重大哲学问题，从本末的角度探索其种种关系，并主张体用合一，理事圆融，是有意义的，作为一种引导认识逐渐深化的教学方法也确有其独到的细密深刻之处。曹洞宗所说的本体是真如、理、空性、佛性，其内容比较复杂，但就其基本点来说，不是众生和事物内在的体，而是人们头脑中虚构出来的观念，由此展开的理事关系的内涵，也不可能是符合客观实际的。

（二）云门三句

禅宗青原法系经数传又有文偃（864 ~ 949）创立云门宗。文偃上承石头希迁等人的“即事而真”的见解，创立了一套独特的教学方法，这就是文偃的法嗣德山缘密禅师所总结的著名的云门三句：

> 我有三句语汝诸人：一句函盖乾坤，一句截断众流，一句随波逐流。作么生辨？若辨得出，有参学分；若辨不出，长安路上辊辊地。（《五灯会元》卷十五《云门宗·德山缘密禅师》）

“函盖乾坤”句，后有颂阐释说：“乾坤并万象，地狱及天堂，物物皆真现，头头总不伤。”（《人天眼目》卷二）“真”，真如，佛性。这是说，宇宙一切，包括地狱天堂，头头物物，都是真如妙体的显现，都有佛性。这也就是所谓“青青翠竹，尽是法身”（《云门匡真禅师广录》卷中）。“一切现成”，不需要任何改变，这是云门宗对宇宙万物的生成和本性的总看法。

“截断众流”句，是接引学人认识事物的方法。有颂阐释说：“堆山积岳来，一一尽尘埃，更拟论玄妙，冰消瓦解摧。”（同上）这是强调纤尘不立，用一句话或一个字回答学人的提问，使人蓦地截断转机，不容拟议，体会真理不可名说，无路可走，转而向内心领悟世间并没有任何东西可以成立，破除各种执著，径直地去体证真如。

“随波逐流”句，也是接引学人的教学方法。颂阐释说：“辨口利词问，高低总不亏。还如应病药，诊候在临时。”（同上）这是说对参学者要根据具体对象灵活说法。

云门三句，又称“云门剑”、“吹毛剑”，喻其无比锋利，能斩尽一切妄念、执著，获得思想解脱。所以人们称云门宗风是“孤危耸峻，人难凑泊”（《人天眼目》卷二），十分险峻而简洁高古。

云门三句，分别说明了对世界的看法及接引参禅者的方法（即所谓“机用”），可以说，是世界观、认识论和方法论的统一。云门三句贯穿着理事关系的思想。“函盖乾坤”，合天盖地，融摄一切，是真如，即理。“截断众流”，是一个断面，是事。理是全体，事是个别。通过“截断众流”，体证真如，就是“即事见真”。总之，所谓云门三句，实质上是通过极富特征的直观去体证宇宙本体，使主体返归本性、体悟宇宙本体，进而使主体与客体合一的学说和方法。

五、机锋与棒喝

上面我们介绍了慧能以后禅宗各派的独特的认识方式和教学方法，在这些教学方式和教学方法中，禅师普遍运用“机锋”与“棒喝”，这些形式在晚唐时更成为各派的主要教学方式。

（一）机锋

“机”，几微，动作之微妙，此指禅机。“锋”，锋利，尤喻语言的锐利。机锋是禅师与学人的问答迅捷锐利，语言含蓄微妙，不落迹象，语句激人证悟。禅师以锐利的语言开导学人，此种教学方法称为“机用”。禅师和学人用锐利语言表达的主题与境界，称为“机镜”。禅师开导学人的一言一行都被认为含有“机要秘诀”，给人以启迪，令人触机生解，称为“禅机”。随着机锋的广泛运用，逐渐形成了固定的师徒问答句式，这些句式的原始记录，不加文字修饰，就成为“语录”。禅宗所录的问答口语，开创了我国的语录体。由于这些问答句式的每一条都可作为教学的典型事例，因此后来又有了“公案”。“公案”，本来是指公府判断是非的案牍，禅宗认为前辈祖师的问答机缘、言行记录，是一种典型的范例，可以用作判断是非迷悟的标准，所以也称为“公案”，相当于现在的档案。禅宗传灯录编集这类公案一千七百余条，称为“一千七百则公案”。

后期禅宗学者往往以“拈花微笑”的传说，作为机锋的典范和来源。相传佛祖释迦牟尼在灵山会上说法时，有大梵天王献上金色波罗花，佛祖当即拈花示众，听众默然不解其意，唯独摩诃迦叶破颜微笑。佛祖“拈花”示意，迦叶“微笑”以表领悟，师生心心相印。于是佛祖宣布，这个不立文字、教外别传的法门，付与迦叶。“拈花微笑”被禅宗奉为“以心传心”法门、运用机锋方法的根据，迦叶也被后期禅宗尊为始祖。

禅宗机锋涉及的范围十分广泛，提问和回答的内容也相当丰富。当时比较集中和广泛流行的是两个意义相近的热门话题：“如何是祖师西来意”和“如何是佛法大意”。“祖师”指被奉为初祖的菩提达摩禅师。“如何是祖师西来意”是问菩提达摩自西天来中国传授禅法，其禅意究竟如何。如果能了解“西来大意”，也就了解了佛祖的禅的本意，修禅也就入门了。所以通常禅宗师徒见面，学人首先问的是这个问题。公案里大量记载着这种提问，但回答却是五花八门，没有雷同的，如“庭前柏树子”、“好大灯笼”、“一寸龟毛重九斤”、“破草鞋”、“屎里蛆儿”、“山河大地”、“西来无意”，以及反问“只今是什么意”等等，都是“如何是祖师西来意”的答案。

禅宗人修禅毕竟是为了成佛，所以“如何是佛”也是一个常被提及的问题。史载大梅山法常问马祖禅师“如何是佛”，答“即心是佛”。后来马祖又改说为“非心非佛”。法常指斥马祖“惑乱人心”，坚持“即心即佛”说。马祖得知后给以了充分的肯定，说“梅子熟也”(《五灯会元》卷三《大梅法常禅师》)。又如长庆大安问百丈禅师：“学人欲求识佛，何者即是？”答曰：“大似骑牛觅牛。”(《五灯会元》卷四《长庆大安禅师》)意思是自心是佛。后来禅宗语录有许多类似的“牧牛话”，如有的说死后要“作一头水牯牛”，有的还绘图拈颂，更有的还摩岩刻石，以广流传。

禅宗机锋语句的特点是含蓄、简短、形象，有的直接回答，多数并不正面回答，教人自己去体会、证悟。如对“西来意”的回答“庭前柏树子”，意在截断学人别觅禅法的思路，强调大道就在眼前，要在日常行事上用功。它重在启发、引导，重在问者内在的觉悟、体证，是一种颇有特色的方法。

（二）棒喝

“棒”，棒打。“喝”，口喝。棒喝是禅师接引学人的手段之一，是在机锋的基础上发展起来的教学形式。禅师对于初学者所问，不作正面的语言回答，或用棒打，或以口喝，以检验其根机是否锐利，并暗示使之开悟。据佛教史载马祖道一已运用棒喝的手段。当有学人向他提问“如何是西来意”，他便打，还说：“我若不打汝，诸方笑我也。”（《五灯会元》卷三《江西马祖道一禅师》）史载他的喝曾使门人百丈怀海禅师“三日耳聋眼黑”。怀海门人希运听说后“不觉吐舌”。棒的广泛施用，通常说始于青原系德山宣鉴（782 ～ 865）和南岳系黄檗希运（？～约 850）。喝的广泛施用，则始于黄檗门下临济义玄，所以有“德山棒，临济喝”之称。禅宗典籍常以雨棒雷喝、石火电光、棘句钩章、悬崖削壁来描述禅宗，尤其是它的流派临济宗的权变莫测、生龙活虎的宗风。

德山宣鉴是青原下第四世，他用棒打的形式开导门人，史载：

> 小参示众曰：“今夜不答话，问话者三十棒。”时有僧出礼拜，师便打。僧曰：“某甲话也未问，和尚因什么打某甲？”师甲曰：“汝是什么处人？”曰：“新罗人”。师曰：“未跨船舷，好与三十棒。”（《五灯会元》卷七《德山宣鉴禅师》）

德山对门徒经常是“道得也三十棒，道不得也三十棒”（同上），是一位经常使用棒打形式的著名禅师。

黄檗希运也采用棒打的方法。史载义玄向黄檗希运请教“如何是佛法的大意”，义玄问声未绝，希运便打。如此问了三次，被打三次。后来义玄悟道：“黄檗佛法无多子。”“无多子”，是没什么了不起的意思。

义玄领悟到黄檗的宗旨是释迦牟尼的佛法，极为平常。此后义玄去回复黄檗，并给了黄檗一巴掌。黄檗说：“这风颠汉来这里捋虎须。”义玄便喝。黄檗见义玄已经证悟，就特许他进堂参见住持（见《五灯会元》卷十一引临济义玄禅师》）。

义玄创立临济宗后，大力推行喝的方法，门人也都纷纷效法，“师应机多用喝，会下参徒亦学师喝”（同上）。下面是义玄师徒同喝的一个典型例子：

> 上堂，僧问：“如何是佛法大意？”师竖起拂子，僧便喝，师便打。又僧问：“如何是佛法大意？”师亦竖拂子，僧便喝，师亦喝。僧拟议，师便打。乃曰：“大众！夫为法者，不避丧身失命。我于黄檗先师处，三度问佛法的大意，三度被打，如蒿枝拂相似。如今更思一顿，谁为下乎？”时有僧出曰：“某甲下乎。”师度与拄杖，僧拟接，师便打。（同上）

义玄师徒这种师喝僧喝、师打僧喝的动作性问答，是禅宗不立文字的禅法的集中表现，影响深远。临济宗的机锋峻烈、单刀直入，这种宗风是它久传的原因之一。

在禅宗的教学与修持上，棒喝确实是一种能产生振聋发聩作用的强烈手段。它以迅雷不及掩耳的语句或手段，荡涤情识，使人中断和转变习惯性的思维方式，激发紧张的寻思，唤醒学人的觉醒，迅速转向反求内心，形成异常的心理状态，进入神秘的精神境界。

六、超佛越祖与呵祖骂佛

禅宗提倡心净自悟，即心即佛，并运用机锋、棒喝等手段，寻求自我的精神解脱。沿着这样的解脱之道前进，约在禅宗五宗盛行的时代，一批禅宗大师逐渐形成了这样一些看法：一旦佛祖成了偶像权威，就会起束缚思想的作用，不利于解脱，必须破斥；佛教经典也如是，也可成为文字障，妨碍“得意”，影响成佛，也应当破斥。他们还形成了这样的一种气概、抱负和魄力，以为掌握了成佛的方法，集中寻思，明心见性，大彻大悟，觉悟成佛完全可能，而不是可望而不可即的事，甚至认为自己的机用手段可以超越佛和祖师，从而产生“超佛越祖”之说。不止于此，一些禅宗大师不仅反对自卑怯弱，自认为自己的独立人格与佛并无区别或已超越佛祖，而且更进一步，反对学人拾古人的牙慧、专去觅古人的足迹，强调自识本心、自求解脱，于是又产生了呵祖骂佛的教学方法和作风。

沩仰宗两位创始人沩山灵祐和仰山慧寂有这样的一段重要对话：“师（沩山）问仰山：‘《涅槃经》四十卷，多少是佛说，多少是魔说？’仰曰：‘总是魔说。’”（《五灯会元》卷九《沩山灵祐禅师》）抨击佛教的文字经典为有害的魔说。临济宗创始人义玄是呵祖骂佛的突出代表人物，他说：“自达摩大师从西土来，只是觅个不受人惑底人。”（《五灯会元》卷十一《临济义玄禅师》）他重视做自由人，不受人迷惑，说自由人就是佛。他主张“不看经”，“不习禅”，“佛祖俱不礼”。为了破除执著之心，他主张“向里向外，逢著便杀，逢佛便杀，逢祖便杀，逢罗汉杀罗汉，逢父母杀父母，逢亲眷杀亲眷，始得解脱”（《古尊宿语录》卷四《临济语录》）。佛教史上还有这样的故事：“世尊初生下，一手指天，一手指地，周行七步，目顾四方。云：‘天上天下，唯我独尊。’”云门宗创始人文偃禅师在叙述这个故事后说：“我当时若见，一棒打杀与狗吃，却贵图天下太平。”（《五灯会元》卷十五《云门文偃禅师》）这可以说是从根本上反对佛教的言论。此外，如南岳系丹霞天然禅师也说：“佛之一字，永不喜闻。”（《景德传灯录》卷十四）他还强调泥塑木雕的佛像，并不真正代表佛，成佛也绝非从佛像崇拜中来。他曾手劈木佛像，烤火取暖，以示破除偶像崇拜。青原系德山宣鉴禅师呵祖骂佛也十分激烈，他说“佛是西天老比丘”，骂佛是“老胡”，骂达摩祖师是“老臊胡”，斥贬佛经是“拭疮痍纸”，他甚至主张棒杀天下衲子（僧人），可见其禅道之严峻。

禅师们的超佛越祖和呵祖骂佛，遣荡经论教条的执著，是为了引导学人寻觅自己本来是佛的性，不必着意外求。这是中国佛教史上重视内在证悟、反对外在教导的最鲜明的史实。禅师们的这一套主张，当然不是真正的骂释迦牟尼，不是反对佛教，而是反对偶像崇拜，打破经典束缚，主张得意自悟，以成真佛，不过它毕竟具有反对外国权威（佛、祖）、反对教条（佛典）和反对佛教传统（依教相传）的作用，是对传统佛教信仰的重大突破。禅师主张突出自我人格，高扬自我意识，恢复人的主体性，发挥主观能动作用，对于冲破神学迷信，重建人的尊严，都具有一定的解放思想的意义。

七、文字禅、看话禅与默照禅

禅宗思想发展到宋代，又发生显著的变化。此时一些知名的禅师失去了原来禅居山林与平民接触而形成的朴实作风，转而经常与士大夫、官僚等上层人士交往、周旋，思想与风格日益与文人学士相合拍，并适应了统治者的需要。同时，禅宗的机锋、棒喝、呵祖骂佛等一套方法也已发展到登峰造极的地步，以往积累的大量公案，留给了人们足以揣摩、咀嚼、领会的大量思想资料。这一套方法不仅难以再有什么新的发展，而且由于这些方法的泛滥，相应地出现了“破坏”佛教的危机。因此宋代临济宗、云门宗的一些大师又一改以往“不立文字”、“教外别传”的传统，不仅重参究，也重“教”、重言说，即又转向在文字上下功夫。这样，在唐代原有“语录”的基础上，又出现了大量的“灯录”，还有“颂古”、“评唱”等形式，由“内证禅”变成了“文字禅”。后来一些禅师又产生了忧虑，认为文字禅和禅宗的精神背道而驰，他们主张只把公案的某些语句作为题目（话头）来参究，强调不从文字上去理解，而是从言外之意去领会，这就是所谓“看话禅”。与此同时，又有曹洞宗禅师反对看话禅，主张静坐看心，寂默静照，称为默照禅，这实际上是回复到慧能以前传统禅学的观法。宋代禅宗禅观法门的这些变化、反复，标志着它的思想已经停滞不前了。

（一）文字禅

所谓文字禅是一种从文字上寻求禅意的观行法门。禅师用以往公案来教学人，但公案的语意含蓄，不落形迹，很难讲清楚。同时又不能直接点破公案语句的禅意，还要比原来语句明白易懂，这就需要迂回曲折的方法绕着弯解说，也就是要求在文字言说上着力，下功夫，并采用传统的偈颂、诗歌、注释等文人喜闻乐见的体裁，以引人入胜，提高教学和宣传效果，这就是“绕路说禅”的方法。

文字禅最早的形式是颂古。禅师以“古德”（禅宗德高的古人）所说的语句作为参禅的准则，称为“古则”。以“古则”为韵语，发明其禅意的，称为“颂古”，实际上就是公案的颂。临济宗人汾阳善昭（947 ~ 1024）最早创颂古的形式，他收集古人的一百条公案，分别用偈颂来阐述，为《汾阳善昭颂古》。后来云门宗人雪窦重显（980 ~ 1052）也作《颂古百则》。此后临济宗杨歧派的圆悟克勤（1069 ~ 1135）更以雪窦的《颂古百则》为本，编成《碧岩录》。此书先在颂前加有“垂示”（提示），再在颂中加“着语”（夹注），介绍提出公案者的简历，再加“评唱”（注释），以发挥禅意。这是临济宗的主要典籍，也是禅宗史上的一个重大标志，即禅风发生了空前的变化，由讲公案发展到注释公案，由不立文字转为不离文字，并且影响很大，使一些有文化的禅师纷纷走上文字禅的道路，涌现出一批文词优美的禅宗著作，但同时也产生了舞文弄墨的流弊。

（二）看话禅

大慧宗杲（1089 ~ 1163）是圆悟的门下，他反对师父的文字禅，担心后人“专尚语言以图口捷”，就将所藏《碧岩录》的刻版毁掉了，并且改变了运用公案的方向，不是直接去理解公案的文字，寻求禅师的禅意，而是以公案中的某些词句作为“话头”来参究，也就是参活句不参死句，他常常举“狗子还有佛性也无”一则话头，要学人持久、反复地参究“无”字，也就是要昼参夜参，行住坐卧，着衣吃饭，屙屎放尿，都守个“无”字，这样日久月深，就与“无”打成一片，蓦然心花顿发，瞬间悟得佛祖的禅机。这种看话头的禅法，就称为“看话禅”。

看话禅自宗杲盛行以来，被临济宗人奉为圭臬，此后历经元、明、清，一直流传不绝。看话禅的特点是，用一则毫无意味和定见的活句，使人追问到底，大发疑情，如此疑来疑去，疑到山穷水尽，逼人返观自内，照破一切妄想杂念，探究本性，洞见自己的真面目。通常参究的话头是两个：“如何是父母未生前本来面目？”“念佛是谁？”这些话头是难以言说的，要靠内心的体察，作内省式的参究，以求省悟。参话头要善于怀疑，所谓“不疑不悟”、“小疑小悟”、“大疑大悟”，就是提倡怀疑，随意联想。看话禅的思维实质是直觉的把握，是对自我本性的心理体究，对主观见解的自我肯定。

（三）默照禅

曹洞宗的禅观法门回互细密，知见平实，和临济宗不同。到了宋代，更由曹洞和临济相异的禅观，发展为曹洞宗天童正觉的默照禅和临济宗大慧宗杲看话禅的对立。天童正觉（1091 ~ 1157）认为心是成佛的根本，众生固被妄念的蒙蔽不得觉悟。如果静坐默究，去掉妄缘幻习，本性恢复，清白圆明，那就能够事事无碍。所以他坚持默然静坐，摄心内观。他在所著《默照铭》中说：“默默妄言，昭昭现前，鉴时廓尔，体处灵然。”（《宏智禅师广录》卷八）又在《坐禅箴》中说：“不触事而知，不对缘而照。”（同上）这种禅观法门是所传菩提达摩“壁观”和神秀的长坐不卧、住心静观的禅法的继承，是佛教传统的禅定方法，是与慧能以来的禅法不同的。虽然宗杲和正觉的私人友谊很深，但是禅风的不同，引起了宗杲的反对，指斥正觉是邪师，抨击默照禅是只图省力不求妙悟。尽管默照禅受到宗杲的强烈批判，却也盛行不绝。

上述三种类型禅法几乎同时出现，是禅法中两大矛盾的反映。一是不立文字与不离文字的矛盾，一是不坐禅与坐禅的矛盾。这些矛盾实际上是慧能禅宗与以往禅学对立的新表现，是直觉思维不同形式的差异。

八、略　评

上面我们从认知的宗旨、形式和教学方法的角度，对禅宗各派的禅悟思维作了简要的介绍。从学术观点来看，禅悟的思想重心在于彻悟心灵世界，以求人生境界的完满实现，由此展示出一系列实现这种理想目的的道路、方式、方法，其中包括禅师开示学人的禅机和学人自身的禅悟，为认识论、思维科学和心理学提供了丰富的思想资料。

禅宗各派禅悟的主张、方式、方法并不相同，有的甚至是对立的，但多数流派禅悟思维的基本轨迹是相近、相似，乃至于相同的。从总体来看，禅宗禅悟思维的实质是什么？有什么特点？禅师接引学人的禅机又有什么特点？禅悟所追求的境界蕴含什么样的内涵？在哲学史上的意义怎样？这里我们试作一简略的评述。

禅悟思维的实质，可以从密切相关的几种角度去看。禅悟是一种内心体验，内心信息活动，即一种关于人的本体性的特殊的神秘感受和意会。在这种感受和意会中，超脱现实功利观念，超越感性经验，身心净化，消除主客观的对立，形成主客观的融合，进而达到主客观的泯灭状态，由此彻悟心境，豁然开朗，转换心态，发现新天地，进入新境界，获得新的信仰价值。禅师的内心体验，也是一种直觉反思。这是在内心突破语言文字和逻辑思维，超越自我经验、直感、情感、意志和思辨程序，依靠内心的非理性的直觉反思，既直接觉察本心的清净（佛性），又直接觉察万物的性空（真如），“以心观物”，心物交流，从而在瞬间克服主观与客观、主体与客体的对立，以及过去、现在和未来的时空界限，在内心中的物我、是非完全打成一片，洞察万象，大彻大悟，获得佛教的“终极真理”。禅悟的瞬间成就，也就是灵感爆发状态。从思维科学来说，禅悟实质上是经验信息的积累与冥想，是在某种主客观条件的引发下突然沟通而产生的突发性意识，是以直觉为接通媒介的思维活动，也就是灵感思维。直觉是洞察事物的一种特殊思维活动，灵感思维是一种具有突变性和突破性特征的思维创造活动。禅悟是以直觉为认识方法和认识形式的，禅宗的顿悟就是灵感获得创造性成果的表现，就是灵感的一种表现形态，所以禅宗的直觉、顿悟，具有灵感的性质。禅宗人正是将直觉、经验夸大、膨胀、神化为成佛境界，从而陷入神秘主义的。

从认识论角度看，禅悟思维的特点有四：

（一）自得性：禅悟的重心在于自我，在于内心的自得，即要觉悟自性本自清净，佛性本自具足，不要向外驰求。禅悟的基本途径在于打破心物界限，以心入物，用主体的直觉去反思渗透，把握宇宙人生的整个时空，悟入人生的最高境界。这也是立足于内心，从内心和外物的往返交流，融通合一，共同泯灭，从而达到对自我的超越。这种内心的自得性是禅悟的最重要特征之一。

（二）随机性：这是禅悟方法的本质特征之一。禅悟并不完全要求脱离日常实践经验，禅悟前往往有一个修持和思考的过程，后来由于突然受到某种因素的刺激、启示，以灵感的形式顿然彻悟。禅悟是个体感性经验的神秘飞跃。诱导禅悟的经验是偶然的，与机遇相伴随的，机遇有启示性的，也有意外性的，是不定时空难以预料的。禅悟方法的这种随机性特征充分表现了偶然性在直觉思维活动中的地位和作用。

（三）突发性：从顿悟的发生看，是一种突发性的体验、感受，是非理性的直觉思维活动的瞬间高峰。在直觉反思活动中，由于某种偶然机遇的触发，顿然出现主体本性与万物本性的同一、有限（人）与无限（宇宙）的融合、瞬间（人）与永恒（宇宙）的冥符，突然彻悟人生和宇宙的真相，获得顿悟——心灵的解脱。这种突发性、瞬间性的顿悟，是禅宗人的一种特有感受，是禅悟形式的重要特征。

（四）意会性：禅悟的结果是一种体验感受，体验、感受是一种内信息活动，不是一般的认识活动，是因人而异的；体验、感受是非逻辑分析的非理性思维活动，是瞬间突发，稍纵即逝的，所以只能意会，不能言传，难以用语言表达。如果有语言，也是一种不便于转换的内部理解语言。需要借用语言时，也不是循着语言的常识性、规则性去思维，而是打破语言的束缚，表现出超越语言限定的思想，以把握言外之意，弦外之音。这样，禅宗既排斥逻辑思维的作用，也否定语言文字的作用，以为使用语言文字，只能是分割、限定事物，扭曲事物的真貌。悟道，感受，“如人饮水，冷暖自知”，是不可言传的。同时，在张扬禅宗义理时，又不离开语言，特别重视并且能够活用语言。

禅悟是主体的一种内在直觉、体验、领会。禅师们在接引学人时，都重视运用禅机，令学人触机生解，在教学方法和认识方法上形成了富有特性的创造。其特点是：

（一）针对性：禅悟因人而异，禅师们非常重视从具体对象出发，有针对性地、有区别地开导学人，并总结出多种模式，如上面所讲的或“夺人”，或“夺境”，或“照”，或“用”，等等。从方法论角度来看，体现了从实际出发、灵活多样的特性。

（二）重启示：禅宗认为悟道是个人的事，人人都具有佛性，都可以证悟。所以，禅师对学人都重视启示，只教人自己去体会，从不轻易给人解说，从不说破。为了启发、暗示，禅师运用了各种生动活泼、丰富多样的手段和方式。通常采用的是两类做法：一是运用比较特殊乃至反常的语言，如隐语、比喻等，也就是相互矛盾、模糊不清以及无法理解的奥妙语言，如许多话头与公案就是；二是特殊的非理性的动作，如棒、喝等象征性的表现形式，是近似活泼自在的形象教学与直观教学，这都是为了使人产生联想，引发自觉，顿生悟解。

（三）提倡怀疑：禅宗认为人们受常识、观念的束缚，迷信权威，盲从教条，所以不能觉悟，要觉悟就要怀疑，只有怀疑才能觉悟。禅宗教人相信自己，相信自己的判断力，提倡怀疑，这是有重大积极意义的。

（四）反对权威、反对教条：与提倡怀疑密切相联系的是，禅宗认为悟道在于主体自身，众生自心就是佛。外在的佛祖和佛经并不能救助人成佛，甚至会成为个人成佛的桎梏，不必要也不应当依靠外在的权威，反对向外求佛救助，由此更进而有呵祖骂佛、诋毁经典之举，其目的在于教人向内追寻，求得自身的解脱。

上述方法论的内容虽然是宗教性的，但却包含了大量的合理性，可以看作是启发性教学实践的创造，对于总结认识的方法、形式和过程也是富有启发意义的。

禅宗的禅修悟道、瞬间顿悟所达到的心灵境界包含了宗教、哲学、道德、美学等多层次的思想内涵。

顿悟作为内心的直观体验，是思想观念的巨大飞跃，这主要表现在两个方面，从主观方面说，是对自我本性的寻觅、把握，对人的本体的发现，对最高主体的确立；从客观方面说，是对万物实相的寻觅、把握，对世界终极本原的发现，对宇宙最高真理的体认。同时，人与自然的本性一致的观念，使主客观沟通，打成一片，从有限中体察无限，从瞬间中体察永恒，内在地体悟到人与自然、主体与客体的统一，共存共亡，不可执著。这是在深层思想上把握人生宇宙真实的体验、感受，在宗教经验上是达到所谓即心即佛、自由快乐境界的体验、感受，由此进入“至真”境界，获得一种充实感和满足感。禅悟在对万有本原、宇宙终极的体认中，达到对社会、人生的超越，摆脱功利计较，形成淡远心境，进入“至乐”境界，获得精神的欢乐和道德的愉悦。禅悟心态也是一种美感体验，由于瞬间洞照人生宇宙的奥秘，领悟大自然的和谐有序、风光美妙，人与自然的融通合一，而使人的平凡生命、日常生活跃升而具有艺术、诗意色彩，使禅师进入“至美”境界，获得审美的愉悦和生命的快乐。总之，禅宗僧人在悟道中实现了宗教意义上的真善美三者统一的境界，获得心灵的解脱、自由和满足。这是一种真实存在的特殊的宗教感受和宗教境界，至于对这种感受和境界的各种意义的评价则是另一个问题。

中国禅宗与印度佛教的静修沉思、般若直观有一定的思想渊源关系，但它主要是在与中国道家、儒家等传统认识论思想相结合的基础上进行思想重构的产物，是独创性的中国化宗派。中国传统哲学认识论是认识活动、道德修养和审美过程的统一，是主体的知、情、意对象化为真、善、美，是追求主体与对象的直接合一。老子提倡通过“玄览”去把握“道”，庄子更是主张通过“无已”、“坐忘”、“心斋”等方法以达到“道”的境界。儒家孟子主张“尽心、知性、知天”，以求人道与天道的同一。中国禅宗正是在这种古代传统的直觉思维影响的基础上，结合印度佛教的宗教思想和形式，而形成顿悟的认识方法。禅宗与印度禅学的不同在于强调智慧、悟解、顿悟和对现实的某种肯定。禅悟作为一种侧重整体性、多向性的思考，和以非逻辑性为思维操作步骤的特殊的认识方式，突出地运用了直观思维形式和方法，阐发了非理性思维，显示了直觉顿悟对人类的内心活动、潜意识等方面的巨大作用，在洞照事物的整体性、多极性等方面的特殊作用，丰富了思维科学的内容，弥补了理性思维的不足，缓和了语言概念的局限。这在认识论、思维科学和心理学上是有贡献的。但禅宗贬低、排斥逻辑思维和语言文字的作用又是偏颇的。禅悟的思维方法不以实证科学为基础，不是按照逻辑规则推出新知，它的偶然性、神秘性，都限制了它的认识功能，包括在科学技术发展中的作用。至于禅宗提倡的人生境界，一味向内追寻的禅修，以及强调一切现成等观念所包含的消极社会作用，也是明显的。

原载《五台山研究》，1989（1，2）

中国佛教哲学思维方式简论

中国佛教哲学是中国传统哲学的重要组成部分。而中国佛教哲学思维方式是中国佛教哲学的根本内容。研究中国佛教哲学思维方式，对于了解中国佛教哲学、中国传统哲学乃至民族文化心理结构，都有重要意义。本文着重探讨中国佛教哲学思维方式的类型和特点等问题。

一、中国佛教哲学思维方式的类型

中国佛教渊源于印度佛教，是印度佛教与中国封建社会的政治经济生活以及传统文化相撞击、冲突、调和、融合的产物，是一种双向选择的结果。印度佛教经典和各种派别传入中国后，由于中国佛教学者原有认知的差异，导致了选择和吸收的不同。如继承印度大乘佛教中观学派思想的三论宗，继承瑜伽行派思想的法相唯识宗与印度佛教思维方式相当一致；而东晋慧远和南朝竺道生以及隋唐时代的天台宗、华严宗和禅宗等则更多地表现出中国佛教学者的中国化的思维方式。这里要论述的是，更为鲜明地体现了中国风格和色彩的佛教学者及佛教宗派的思维方式。这些思维方式大体上可以概括为以下几种类型：

（一）比附性思维

所谓比附性思维就是把两种相同、相似或某种可以相通、相比的现象、观念加以附会。佛教自两汉之际传入中国后，在相当长一段时间里，中国人对于这种宗教的神灵、信仰、思想和修持都是陌生的，一些佛教的信仰者、学者，往往依据自身原有的文化素养、知识结构来理解佛教。因此，一些外来的译经师，为了便于中国人理解、接受，表明佛教义理也是中国原已有之，为了求得佛教在中国的生存、传播和发展，就竭力将它与中国传统思想文化相附会。中国佛教的比附性的整合加工思维活动，不但广泛地涉及中国传统的宗教迷信观念、道家学说和儒学政治伦理观念，而且延续年代也相当之久远。其中表现比附性思维最突出、最集中的是汉魏两晋南北朝时代的佛教学者。

东汉以来，中国信奉佛教的上层人士往往把佛陀释迦牟尼比附为黄老神仙、天帝、真人，把佛和黄老视为同类的神，视作天帝来祭祀。后来《牟子理惑论》还用道家所讲的“修真得道”的真人来比附佛陀，描述其神通之广大。《牟子理惑论》还说：“佛者，谥号也。犹名三皇神、五帝圣也。”把佛又说成与中国的三皇五帝的称号一样的“谥号”。后来东晋孙绰作《喻道论》，又进一步把佛和儒家圣贤等同起来，说“周孔即佛，佛即周孔”，也就是把佛视为中国的圣人。这都是用中国传统的文化观念来看待佛，已不再是印度佛教所讲的佛了。

与对佛陀的比附相联系，当时把佛教教义也视为黄老道术的一种，以为佛教所讲断欲去奢、好生恶杀、行大仁慈、清虚无为，与黄老之教相近相通。又如佛教的禅学涉及神通，即通过修持禅定能得到一种神秘的功能和力量。这种神通当时都被理解为和神仙方术相似的法术。《牟子理惑论》还用中国道家的“道”和“无为”来描述佛道及其最高理想境界，说：“道之言，导也，导人致于无为。”实际上这和佛教的道与理想境界的内涵是完全不同的。

佛教与中国传统文化中矛盾最大的是儒家思想，儒家学说又是中国封建社会的正宗思想，如何协调两者的关系便是佛教面临的一大问题。类比、比附也就成了佛教沟通儒教的方法手段。儒家提倡的仁义被佛教学者看成协调人际关系的最高准则。儒家主张的祖先崇拜和孝道适应了以宗法血缘关系为纽带的社会关系的需要。有人甚至把佛教的五戒和儒家的五常等同起来，如南北朝时学者颜之推书《颜氏家训·归心篇》中的开头部分说：

内典初门，设五种禁，外典仁义礼智信，皆与之符。仁者，不杀之禁也；义者，不盗之禁也；礼者，不邪之禁也；智者，不酒之禁也；信者，不妄之禁也。

另外，把佛教的教义与儒家的政治观念以及现实的政治相协调，也是佛教学者所关注的。如三国时僧人康僧会编译了《六度集经》，通过比附手法，把佛教的慈悲教义政治化为仁道主张，宣扬“治国以仁”，强调在全民中推行佛教的五戒十善，就是行仁道，就是治政安民。

佛经是佛教的主要传播媒介。由于中印语言文字的不同，就有一个翻译和理解佛经的问题，也就是首先要把握“语意”，然后再深入思想底层。为了把握佛经意义，中国佛教创造了一种“格义”方法。这种格义是自觉的比附思维的突出表现。格义方法创于东晋的竺法雅，史载：“雅乃与康法朗等，以经中事数，拟配外书，为生解之例，谓之格义。”（《高僧传·竺法雅传》）“事数”，指佛教义理的条目名相，“格”是量的意思。“格义”就是以中国固有思想比拟配合佛教教义，使人易于了解教义的方法。这种方法曾普遍流行，虽然也有人主张废弃这种方法，但是废弃这种方法是一个过程，而且即使格义方法被舍弃，比附方法也仍然继续在使用。

在晋代，佛教形成般若学六家七宗，[①] 这是用老庄玄学来比附阐释佛教义理的不同学派。魏晋玄学的主题是本体论问题，探讨有无本末的关系。般若学主题是讲空，破除人们对一切事物的执著。两者主题并不相同，但在思维形式上有某种表面相似之处。中国佛教学者主动依附玄学，往往用玄学本体论看待般若学，以玄学的“无”为般若学的“空”，以致与般若学否定事物实体真实性的观点大相径庭。般若学

① 关于六家七宗，派别名称和代表人物的详细考证，参见汤用彤：《汉魏两晋南北朝佛教史》第九章，北京：中华书局，1955 年。

重要派别本无宗代表人物道安，宣扬以无为本的观点，实际上是玄学家何晏、王弼本无论派思想的变相。[①]

汉至南北朝时期佛教比附性思维的演变，大体上与当时传统思想的发展相关。汉代比附道术，魏晋时比附玄学，同时也都比附儒学，这反映了佛学重心的转移。佛教比附性思维的特征，主要是就某类现象的形式上的相似，语意上的可相通之处进行类比说明，实际两者之间相距甚远，有的甚至完全相反。如把“真如”译为“本无”，“涅槃”译为“无为”，就根本不合原意。但中国佛教比附思维的出现和长期存在是历史的必然。

（二）融会性思维

融会性思维与比附性思维既有联系又有区别。比附性思维是就两种相似的现象、思想和概念进行比附，这种比附也带有某种融通和求同的思维的某些特征。但是融会性思维则更前进一步，是把几个不同方面加以融会贯通，或泯灭其差异，或转化为新的观念、思想。这可以说是一种创造性的思维。

中国佛教学者的融会性思维是在佛教传入中国之日始就形成的，长期以来成为中国佛教思维的基本形式之一。融会性思维的发展演变过程大体上可以分为两大阶段：汉至南北朝时代，表现为一些佛教学者为缓和与传统文化的冲突，为求佛教的生存和发展，与儒学、道学进行融合；隋唐时代则是通过融会性思维创立新的宗派。前一段可以《牟子理惑论》作者和慧远为代表，后一段则以天台宗和华严宗为典型。

《牟于理惑论》一书大量引用了儒、道著作的思想、典故来比附说明佛教教义。值得注意的是，此书的比附性思维与融会性思维是结合在一起的。它提出，虽然佛教与儒家、道家有所不同，但三者都是“道”的体现者。这是用“道”这一中国传统哲学的基本范畴把三家思想加以融通。

① 参见拙作《魏晋南北朝佛教论丛》，北京：中华书局，1982年，229页，。

慧远（334 ~ 416），是东晋时很富于融会性思维的佛教学者。他的融会性思维主要表现在两个方面：一是融合佛教内部各派的学说，一是融会佛教与儒家、道家的学说。慧远把上乘毗昙学和大乘中观学说加以融通，把般若学、弥陀净土和禅法糅合在一起，并把印度佛教的十二因缘说和业报轮回说跟中国原有的神不灭论和类似因果报应思想结合起来，形成一个内容驳杂的思想体系。不仅如此，它还以佛学为主，玄学、儒家为辅，用佛学来融会玄、儒，强调“内外之道，可合而明”。他着重用“理”的乖合，把佛祖释迦牟尼和儒家推崇的圣人唐尧、孔丘等同起来，把佛教教义和儒家纲常名教沟通起来，强调最后都是合“理”的，或者说“理”是相同的。慧远的这种佛教思维活动和方式，实际上为以后大多数佛教学者确立了思想轨迹。

隋唐时代国家是统一的，要求有相应的统一的宗教，而国家的统一也促进了各地佛教文化的交流和融合。中国最早成立的第一个宗派天台宗，就其佛教思维方式演变史来看，就是圆融性思维的产物。圆融性思维是天台宗创立的基本思维手段，它建筑了天台宗的思维架构和形式。天台宗的基本教义止观并重、圆教观念、圆融实相和性具实相等，都是圆融性思维的突出表现。

天台宗的实际创始人智𫖮继承了先驱者慧文和慧思的综合性思维模式，大力调和南北两地的不同学风。在南北朝时代，北方佛教偏重于实践（“止”），南方佛教偏重于义理（“观”），天台宗人提倡止观并重，使南北两地的差异趋向统一，综合而成新的学风。天台宗不仅统一了中国佛教的学风，还以中国人长于历史性条贯的方法，会通了整个佛教的各类经典和各种派别，这就是“判教”。判教是把佛法作为一个整体加以分析和解释。也就是一方面对各类经典和不同派别的地位都给以会通和安排，以排除相互间的矛盾，一方面突出本宗所依据的经典的优越性，进而突出本宗在整个佛教中的地位。天台宗的判教的重心和特点在于，按照教理，提出把佛教的内容分为藏（指小乘）、通（通三乘）、别（大乘别于小乘）、圆（圆满）四教。四教以圆教为最高。圆是圆满的意思，或兼包通、别等，或是纯圆。天台宗认为自宗所宗奉的《法华经》是最圆满的，所以是圆教。天台宗以圆教为标榜也是对圆融思维方式的一种推崇。和这种判教相适应，天台宗还应用圆融思维宣扬“圆融实相”和“性具实相”的学说。所谓实相是指观照的对象。圆融实相的“实相”有空、假、中三种，称为“三谛”。圆融实相是说空假中三者同时存在，互不妨碍，也称“圆融三谛”。“性具实相”的“性具”，是说一切现象都是自然存在的，不是生起的，而且也不是孤立存在的，而是互相联系、互相转化，作为一个整体而存在的。因此有“一念三千”[①]之说，认为三千法（现象）同时圆满地存在于一念之中。圆融实相和性具实相是关于认识论和世界观的学说，为天台宗教义的核心。这两种学说是天台宗就认识对象以及和人类相关的现象，运用圆融性思维进行编排整合而融为一体的精神产品。

华严宗的圆融性思维方式更为突出。此宗就是依据《华严经》并融合了天台宗、法相唯识宗等思想而创立的。华严宗的判教也主张本宗是圆教，强调华严宗是真正的圆教，道理最圆满。华严宗哲学的中心思想是“无尽缘起”说。所谓无尽缘起，是说一切缘起的事物都是互相联系、互相渗透、相即相入的，是既有个体区分又互相贯通的整体，是无穷的、无矛盾的，即重重无尽的统一体。华严宗为了论证无尽缘起的世界观，从本体与现象的关系上，论证了理与事、性与相是圆融无碍的，从现象与现象的关系上，论证了事与事是圆融无碍的，从数量之间的关系上、“质的量”之间的关系上，论证了一与多、一与一切是圆融无碍的，此外又从时间的关系上论证了一念与九世[②]是圆融无碍的。总之，通过圆融性思维，对一些重要哲学范畴进行抽象思辨分析，从而直观地把握万物无尽无碍的境界。

天台宗和华严宗的思维方式，是中国佛教圆融性思维方式发展的顶峰，是中国特有的会通圆融性格的表现。战国时代思想家盛行整体思维，把世界视为一整体，每一个别事物也是一整体，整体包括个别，整体比个别重要。如惠施讲“天地一体”，庄子讲生死一体，《易传》

① 关于“一念三千”说的详细内容，请参见方立天《佛教哲学》第八章第二节。

② 九世，指过去，现在和未来三世又各有过去、现在和未来三世，合为九世。

讲“天地交而万物通”，认为天地相交，万物顺通，主张“观其会通”等。这些思维形式成为稳固的思维定势，具有历史的惯性，对后来包括中国佛教哲学思维在内的中国哲学思维的发展影响极大。

（三）顿悟性思维

顿悟性思维是中国佛教的又一特有的思维方式。天台宗和华严宗也都有顿悟性思维，但是以顿悟思维为达到悟道成佛境界的基本思维方式，并进行论证的是南朝时代的竺道生和唐代慧能创立的禅宗。

竺道生提出了一项认识论和方法论的重要原则：

夫象以尽意，得意则象忘。言以诠理，入理则言息。自经典东流，译人重阻，多守滞文，鲜见圆义，若忘筌取鱼，始可与言道矣。（《高僧传·竺道生传》）

“象”是达意的符号。获得意义，切入真理，就应当抛去符号和语言。竺道生在这种思想原则的基础上，进一步创立顿悟成佛说。何谓顿悟？“竺道生法师大顿悟云，夫称顿者，明理不可分，悟语极照；以不二之悟，符不分之理。”（慧达《肇论疏》）真理玄妙一体，不可分割。所谓悟是证得真理，是对真理的证悟、冥符。理既不可分，悟也不能分，证悟真理的智慧不能有差异，必与理相契合。这种悟就是顿悟。竺道生的顿悟思维是建立在中国人对“理”这一哲学范畴的理解的基础之上的。在战国中期，“理”已成为哲学范畴，孟子以理、义并举，此“理”是道德准则。《易传》也讲理，力主“穷理尽性”，此“理”是指天地万物之理。魏晋玄学家主张“得意忘象，入理言息”，一时成为思潮。竺道生在中国传统哲学范畴和思维方式的影响下，在中国佛教思想史上第一个引入“理”的范畴，作为说明觉悟成佛的根本观念，宣传理不可分，中国人善于悟理，能够顿悟。这可以说是开辟了一条新的思维途径。

唐代慧能创立的禅宗，与重言教、主渐悟的佛教流派不同，它主张不立文字，教外别传，提倡心净自悟、顿悟成佛。“悟”有顿渐之分。禅宗的顿悟是继承竺道生以来的顿悟学说，结合传统的心性理论而形成的独特的直观思维方式。

禅宗的顿悟思维方式，主要表现为“无念为宗”、“触类是道”和“即事而真”这些基本命题。“无念为宗”的“念”，即指思维活动。无念的含义有两个方面：一是就主观方面说，心体要离开念，认识主体要远离一般的思想活动；二是就客观方面说，对一切现象都不执著。就是说，主体在进行思维活动时，既不执著主观思维，也不执著客观现象，是为无念。

“无念为宗”是慧能提出的，其目的是要众生排除杂念，还归清净自性，顿悟而成佛。慧能认为，众生的自性就是佛性，而佛性也可以说就是宇宙万物的真如本性。众生的本性与宇宙万物的本体是统一的。由此众生觉悟成佛，也又可归结为体悟真如本性，由此又有慧能门下两大系的顿悟思维方式，南岳一系倡导“触类是道”，青原一系主张“即事而真”。所谓触类是道的“触类”，是指人们在禅修中的各种行为、表现。“触类是道”是说禅修生活中的任何行为都是“道”的自然流露、表现。“平常心是道”，众生的平常心就是佛心。纵任心性，任运自在，就是禅修。直指心源就能成佛。这是主张在日常的思维活动中，遇事以触发、顿悟，通过直觉以与道（本性，佛性）合一。所谓即事而真，“即事”，指不离开日常行事；“真”，真实，指本性、道、理、空。即事而真是说在修禅时从个别的事象上体悟、显现出性、理、空来。万物既异又同，修禅者要在日常行事中证悟、契合万物既异又同的道理。事是末，理是本。从具体的事象体证抽象的理，也叫做会末归本。理是众生本心所具有的，由此理也可以说就是本心。会末归本，也就是返归本心，在本心中达到即事而真的境界。即事而真的思维方式，就是由个别体现整体，从具体把握抽象。

禅宗的顿悟思维，强调不立文字，力求排除语言文字对思维的束缚，所以禅师传道解惑时，采用各种暗示、双关语，甚至棒打吆喝、拳打脚踢，催人顿悟。禅师运用语言和动作不是规定学禅者的思维，而是使学禅者去创造一种宗教性的情景、境界，也就是在宗教的哲学观念、道德自觉和审美情趣方面达到新的境界。

（四）内向性思维

佛教追求人生的理想境界，这种境界归根到底是一种精神性的自得，内心的体验，是心理上的变化；再者，追求人生的理想境界，归根到底是决定于个人的道德实践，而内心的道德意识往往被认为是道德实践的基础。顺着这种逻辑，内心成为了佛教修持的出发点与归宿点。

天台宗人重视一心三观，三观即观照空、假、中三种实相（真谛），而空、假、中三谛在心中得，由此就要求主体一方面心观照三谛，一方面观心自身。天台宗创始人智𫖮强调“心是惑本”，需要通过观照拔除迷惑。这种观心活动也称为“以心观心”，观照心源。这种观心的思维活动，就是通过内向性的自我意识的反思，在心灵深处开展去恶从善的斗争，以调整意识流向，转变意识内容，求得自我超度。

华严宗创始人法藏提出“华严观”，作为佛教修持的根本方法。在《修华严奥旨妄尽还源观》中，他把华严观分为六观，六观中前三观都是直接就主体的心着眼的，如第一“摄境归心真空观”，是说外境本空，要努力止息对外境的种种分别，摄境归心。第二“从心现境妙有观”，是观心里出现的万事万物，第一门是“摄相归体”，第二门是“依体起用”，归体依体这个“体”就是心。第三“心境秘密圆融观”，这是说心和境都是无碍的，是综合第一、二门，会通心境，圆融无碍。会通心境，实质上还是突出心的融通作用。

禅宗也称佛心宗，它十分重视心性的修养，提倡性净自悟，运用各种参究的方法，彻见心性的本源，成就佛道。为了顿见心性的本源，禅宗强调的参究方法是真心而行，不执著外物，也就是日常生活种种言行，都要纯任心性的自然。华严宗兼禅宗学者宗密在《禅源诸诠集都序》中，把禅概括为三宗：息妄修心宗、泯绝无寄宗和直显心性宗。这三宗的具体修持方法虽然不同，但都是以通过修心返归心性本源为宗旨的。禅宗可以说是提倡和践行内向性思维的典型。

二、中国佛教哲学思维方式的特点

中国佛教哲学思维方式又有什么特点呢？这要从多方面进行考察，既要广泛地与其他各种思想流派的思维作比较，其中尤其要与儒、道等哲学思维相比较，同时还要与印度佛教哲学思维相比较，通过这种多向的比较，就能揭示出中国佛教哲学与各种思想流派、传统儒道哲学、印度佛教哲学的思维方式的异同。其中相异之点固然表现出中国佛教思维的特点，即使是那些相同之点在另一种意义上也表现出中国佛教哲学思维的特点。

（一）直觉性是佛教也是中国佛教思维方式的基本特点

这是由于佛教哲学作为解脱人生痛苦的哲学，其目的是追求超越现实。人生的最高理想境界，实质上是一种内在的心理体验、思想解脱和精神满足，因此它往往排除分析、逻辑、经验的思维，排除语言文字功能，提倡直觉思维。佛教直觉思维的特点是：(1) 直接切入性。主体直接深入客体（人生的本性或宇宙的实相），与客体融合为一，泯灭主客界限。(2) 整体契合性。主体完整地把握、悟解宇宙的实相（“空”，“真如”），或返归、悟证人生的本性，达到与客体的完整契合。(3) 神秘意会性。佛教直觉思维活动的过程和结果是意会性的，神秘性的，不可思议的。上面我们讲到的中国佛教哲学的融会性思维、顿悟性思维和内向性思维就是直觉思维的具体形态。

（二）否定性是佛教也是中国佛教思维方式的重要特点

佛教追求超越现实的人生理想境界，这种境界或是彼岸佛国世界，或是主体内在本性的纯正呈现。这就要求否定现实世界和现实人生，或是实现人生的某些方面（如欲望、情感、要求等），因此在思维活动过程中往往贯穿着否定现实的目的，要求通过直觉思维体悟一切皆空的佛理，主观上对一切事物都不执著。印度佛教小乘主张破除对人生自我实体的执著；大乘中观学派视一切皆空无自性，主张破除对人生和客观世界的一切实体的执著；大乘瑜伽行派则主张识有境无，强调外界客观环境都是主体意识的变现。中国佛教学者僧肇提出“不真空”的命题，三论宗通过一系列的多重否定，宣扬无所得的思想，天台宗以及后来的华严宗和禅宗的思维方式，也都程度不等地贯穿着否定现实的目的和要求。通过否定性的思维活动，以肯定成佛境界，是包括中国佛教在内的整个佛教的基本逻辑。

（三）实用性是中国佛教思维方式的又一显著特点

这里所讲的思维的实用性，是指宣传佛教、信仰佛教和成就佛道的最实际、方便、迅速、“有效”的思维方法和途径。中国佛教学者所运用的比附性、融会性、顿悟性和内向性的思维方式，都表现出实用性思维的特征。为了求得佛理的解释而采用比附性思维，为了尽量减少传播佛教的阻力而运用融会性思维，为了尽早由凡转圣，快速成佛而提倡顿悟性和内向性的思维，这都反映出中国佛教学者重视实用、实效的思维品格。这种思维的实用性包含了承认现实、巧于调和的特点，如承认与调和跟佛教主旨相悖的儒学就是突出的表现。中国佛教思维的这种实用性特点，又一定程度上冲淡了否定性特点，使中国佛教思维中也带有一定程度的肯定性、现实性，把修持活动与现实活动、成佛境界与眼前生活统一起来，从而又表现出某种世俗性、入世性的特点。

三、中国佛教哲学思维方式是中国传统哲学思维方式的重要组成部分

从上述中国佛教哲学思维方式的类型与特点看，中国佛教哲学思维方式是中国佛教学者的创造，它是既继承又不同于印度佛教哲学思维方式，既吸取又区别于中国传统哲学思维方式，既对印度佛教哲学和中国传统哲学的思维方式进行双向吸取和选择，又加以创造性转化

而形成的颇具独特风格的思维方式。这些思维方式由于中国佛教学者的创造和运用，而又成为中国传统哲学思维方式的重要组成部分。

中国佛教哲学给中国传统哲学贡献了直觉思维方式。中国儒道学派也运用直觉思维方式，但应当承认，中国佛教对直觉思维方式作了最充分的发展和阐述，诸如顿悟与渐悟、知见与证悟、日常修持与行事、教学与顿悟、潜意识与意识、直觉与逻辑、直观与语言等等的关系都作了自觉或不自觉的阐发，从而极大地丰富了中国传统哲学的直觉思维的内容。这一方面是开拓了体验人生理想境界的新途径，对于哲学、文学、美学、伦理学以及思维科学作出了贡献；一方面是遏制了逻辑思维、分析思维的发展，间接地影响了自然科学的进步。

中国佛教哲学的内向性思维方式为宋明理学所吸取。儒学一贯重视修身，就性与情、欲望与道德的关系进行不断的探讨、争论。中国佛教尤其是禅宗的排除妄念、返归本性、成就佛道的学说，为唐代儒家李翱和宋明理学家所吸取，作为主体道德修养的基本途径，成为内向性的道德思维定势，影响甚为深远。

最后，唐代玄奘法师将印度佛教瑜伽行派的学说介绍到中国，此派的心理分析和逻辑学（“因明”）的思维方式，一时影响很大，但流传不久即趋衰竭。直至近代，瑜伽行派的典籍再度引起佛教界和有关学者的重视，一些进步思想家正是经过佛教的分析思维和逻辑思维的训练而接受西方文化和哲学的。它充分表现了佛教哲学的分析思维和逻辑思维的正面作用。

原载《浙江大学学报·人文社会科学版》，1989（1）

中印佛教思维方式之比较

中印佛教思维方式是指中印两国佛教学者的认识结构、思考问题和阐发理论的方式、方法，属于佛教文化的高层内容。研究和比较中印佛教思维方式，有助于了解两国佛教学者对外界刺激的反应格局，加工思维信息的操作方式，了解两国佛教学者直觉思维、分析思维和形象思维的具体形态，了解两国佛教学者乃至一般佛教徒的心理结构和民族性格。这对于研究宗教学、哲学、思维科学和心理学等都是有意义的。本文拟着重通过阐述中印佛教思维方式的演变，揭示中印佛教思维方式的异同，并从中得出一定的结论。

一、印度佛教思维方式的演变

佛教的根本宗旨是求得人生的解脱。如何认识人生、认识世界，从而把握宇宙的“真实”，获得觉悟，达到人生的理想境界，是每个佛教信徒的根本追求。这是一个如何通过认识宇宙人生的客观存在，成就主观精神境界的问题。佛教的这种宗教旨趣，极大地决定了主体对外界刺激的同化、加工、整合，即决定了思维方式。由于印度佛教流传的时代不同、地域不同，形成了不同的阶段和不同的流派，因此其具体教义和思维方式也就有所不同。印度佛教思维方式的演变主要经历了小乘、大乘中观学派、瑜伽行派和密教四个阶段。

（一）小乘佛教的思维方式

小乘佛教在理论上主要是反对当时流行的断常二见，提出缘起论，宣扬无常、无我和因果报应学说。所谓断常二见，“见”即见解、观点、主张。“断见”是认为人和事物的内在主宰者“我”死灭后就断了，“我”可以不受因果报应的支配。“常见”是认为“我”即人和事物的内在主宰者是常住不断、永恒不变的，就人来说也就是人的灵魂是不灭的。断见和常见也称“无见”和“有见”。小乘佛教反对这两种看法，认为是两种极端片面的见解，它强调人和事物都是“无常”的，不断变化的；而无常也是“无我”的。“我”指实体、自性，支配人和事物的内在主宰者，“无我”就是人和万物都没有独立的绝对的实体，没有内在固定的主宰。小乘佛教反对断常二见，是立足于缘起的绝对的实体，没有内在的固定的主宰。小乘佛教反对断常二见，是立足于缘起的理论。缘起论是释迦牟尼的创造，是说一切事物都是原因和条件即因缘构成的，一切事物都处于因果关系之中，事物的根源就在于因果关系。因缘和合即事物生，因缘离散即事物灭，所以事物不是恒常不变的，而是无常的，也没有绝对的实体或内在的主宰者，是无我的。一切事物都受因果律的支配，人也要受因果报应的支配。小乘佛教为了阐明这些道理，运用分析思维方式；为了体悟这些道理，提倡直觉思维方式。

小乘佛教着力运用因果思维分析人和世界万物的构成，以论证缘起、无常、无我的道理。它认为人是由色（物质、肉体）、受（感受）、想（思考）、行（意志）和识（意识）“五蕴”和合而成的生命体，且处在生、老、病、死，死而复生的不断变化过程中。小乘佛教强调包括人的肉体在内的世界上的物质现象都是由地、水、火、风“四大”即四种基本元素构成的，世界上的万事万物可归结为 75 类。后来的大乘瑜伽行派更归结为 100 类。小乘佛教不仅对人和物的构成及万物的种类进行分析，而且还从理论上对原因和结果进行分类和解说，提出四缘、六因、五果的理论，进而系统地阐述了缘起论，这都生动地表明了小乘佛教的理性思辨精神。

小乘佛教还提倡用禅观去体悟无常、无我的道理，以排除无知和欲望，获得精神的解脱。小乘佛教认为要证悟真理，必须有相应的心理准备和特定的思维方式，这就是禅观。禅观包括禅定和观照。禅定是指调整身体姿势、调整呼吸使思想集中的方法。观照是在禅定的基础上，专心运用智慧观照无常、无我之理，以获得真切的认识和体验。小乘佛教禅观的种类很多，例如“因缘观”，就是在禅定中观想人在生死轮回流转中的各种因缘的关系，体悟过去、现在和未来三世因果相续的道理，把握无常、无我的真谛。又如“界分别观”。“界分别”，是指将世界上一切东西加以各种分类。“界分别观”是指在禅定中观想各类事物都是由地、水、火、风、空、识“六大”和合而成的，聚散不定，生灭无常，没有实体。再如“不净观”，是在禅定中观想境界不净的相状，尤其是观想自身和他身唾涕大小便、浓血骨髂污秽不堪、全身不净的相状，以灭除贪恋的迷想和贪欲的邪心。

以上两种思维方式也就是小乘佛教的分别说和无分别说两种方法的表现。分析思维和分别说相应，直觉思维和无分别说相应。

小乘佛教主张在分析思维基础上运用直觉思维以达到人的理想境界，也就是主张通过分别认识人生和事物的无我、无常，悟入无分别的境界。由此看来，直觉思维是小乘佛教的主要思维方式。

（二）大乘中观学派的思维方式

继小乘之后的大乘中观学派，反对小乘佛教某些流派主张的人以外的客观事物或概念是有（“法有”）的观点，也反对大乘方广部的否定一切存在、纯是虚无（“恶取空”）的观点，而宣扬一切事物皆无自性的“毕竟空”观念。认为一切事物因缘和合，无须经过分解，当体是空的。和这种世界观相适应，中观学派采取般若思维的方式进行论证和阐述。般若思维具有直观、否定和综合等思维特征，是印度大乘佛教的最典型的思维方式。

1. 直观思维：般若是智慧的意思，但不是一般智慧，而是佛教智慧，是包含着各种神通的超越能力在内的超越知识、超越经验的一种灵智。实际上也就是一种体悟万物性空、获得主观精神解脱的直观、直觉。般若通常分为三种："实相般若"，指般若的体性，即体证了的性空境界；"观照般若"，指观照实相（性空）的智慧；"文字般若"，指表述般若思想的言教，如撰写的经论，是一种言传的方便。也就是说，般若是包含实相、功能和形式三者统一的直觉思维。般若智慧还被分为三个层次："一切智"，是对现象的共性的认识；"道种智"，是对现象的自性的认识；"一切种智"，是兼知一切事物的共性和自性的无所不知的认识。这种思维反映了由抽象到具体，再到抽象与具体统一的运思过程。中观学派所讲的直观也称为"现观"，就是以现观为把握世界实相的方法，运用般若智慧直接与对象交通，直观地体认对象，与对象合而为一。"如哑受义"，只能意会，难以言表。

2. 否定思维：这是指目的在于否定存在的真实性的思维方式。般若是直觉万物性空的智慧，是排除对事物和概念的任何执著的。文字般若只是一种方便，也是不能执著的。中观学派提倡以破为立，即通过否定以显示肯定的思维方法。著名的"八不"说就是这种思维的典型表述。"八不"的内容是不生不灭、不常不断、不一不异、不来不去，从而说明了一切事物都是性空的。这是运用相待的二分法，进行双向的否定，以否定为肯定。再一著名的事例是"离四句"的思维方式。大乘佛教形成了四句例的推理方法，四句例的格式是正、反、合（兼）、离。例如，有（正）——无（反）——亦有亦无（合）——非有非无（离），这是对事物性质的四种解释。四句例的逻辑是肯定、否定、肯定又否定、超越肯定和否定。大乘中观学派认为，这四句并不是对事物的真实说明，也不能执著，应当超离。

3. 综合思维：般若直觉是要体悟万物性空，以性空为真实。而山河大地，万象森然，又如何是空呢？中观学派以二谛即二种标准来加以解说，用俗谛说明一切现象是有，是幻有；用真谛说明一切现象是空，是真空。即既要看到有的一面，也要看到空的一面；既要不执著于有，也要不执著于空。要综合两方面看，以合乎"中道"。这也称为

“中观”。这种先分别而后综合的思维方式对以后大乘佛教认识论和真理论的发展影响非常深远。

（三）瑜伽行派的思维方式

中观学派运用般若直观阐述一切皆空的教义，因偏于讲空而引起了一些佛教学者的异议，同时由于提倡般若直观又导致一些佛教学者更加重视主体意识，专心内省，宣扬观念论，形成了瑜伽行派。此派建立了一套重视主体意识的反观、整治的思维方式。后来瑜伽行派还重视寻求合理的逻辑论据，对逻辑思维作出了贡献。

1. 内省思维：瑜伽行派的八识说体现了内省思维结构的特征。此派认为，眼、耳、鼻、舌、身前五识的各种感觉为意识（第六识）所综合而形成知觉、思维、推理。第六识以“末那识”（第七识）为根据。末那识的功能是思维量度，着重分别哪些属于自己，哪些不属于自己，是一种强大的执持力量。末那识以“阿赖耶识”（第八识）为依据和攀缘的对象。阿赖耶识也称为“藏识”，是最重要、最深层的识，前七识都由它产生，一切现象也都由它变现。八识说中的第七、八识可以说是内在的认识结构、潜意识。八识说体现了意识与潜意识互补的思维模型。前六识的认识结果经过第七识一起存在于第八识中，第八识经过加工整合再显现其支配、变现一切的思维作用。内省思维重视潜意识的作用是正确的，但极度夸大潜意识的作用又是错误的。

内省思维还表现在四分说上。“四分”，四种差别，指每一个识体的四种作用。具体地说，“相分”：识所认识的对象；“见分”：识的认识能力；“自证分”：证知见分的作用；“证自证分”：证知自证分的作用。值得注意的是，前六识的相分是阿赖耶识所变现的有关现象，第七识以第八识的见分为相分。第八识则以自身的功能、众生及其所在的国土为相分。这可以说，意识是以潜意识产生的有关影像为认识对象并进行思维活动的，思维活动的证知也在识的自身内部进行，实质上这是对意识和潜意识的功能、作用的自我反省。

瑜伽行派的内省思维的又一特点是转识成智。这是通过内省活动，转变意识和潜意识的功能、作用、性质，亦即排除感官欲望、感性认识，转变意识活动，实行内部转换，使潜意识保持无差别、清净无杂染，从而转化为成佛的智慧，这也就是实现了思维内容的转换。

瑜伽行派是奉行万物唯识所变的唯心主义流派。在其唯识理论中，包含了丰富的思维科学、认识发生论和心理学的内容，其中既有天才的猜测和细密的洞察，也有显著的偏颇和严重的局限，需要认真研究和总结。

2. 逻辑思维：瑜伽行派重视逻辑思维的运用，并推进了逻辑学的发展。印度原来有古因明，即关于推理、证明的学说。瑜伽行派学者陈那革新了古因明的面貌，开辟了因明学的新阶段。新因明把以前的宗（论题）、因（理由）、喻（例证）、合（应用）和结（结论）五支论式简化为宗、因和喻三支论式，并在因和喻方面都作了重要的改造。后来又把宗、因、喻的顺序调整为喻、因、宗，即和大前提、小前提、结论的逻辑三段论式相当，从而构成了从一般认识应用到个别事例上的演绎推理方式。这种思维方式是瑜伽行派驳斥论敌、宣传教义的工具。

（四）密教的思维方式

继大乘佛教之后的密教又转而运用具象思维和符号思维。密教提倡“三密”相应，以求即身成佛。“三密”为：“身密”，即双手做各种姿势；“语密”，口诵真言咒语；“意密”，专心观想大日如来。手势是一种带形象性的符号，真言咒语通常为“唵、嘛、呢、叭、咪、吽”，是语言符号。大日如来即毗卢遮那佛，观想大日如来佛，是特定的形象思维。可见这是强调运用符号和形象作为达到某种境界的思维手段，是一种颇为特异的思维方式。

二、中国佛教思维方式的演变

印度大小乘佛教是不分先后混在一起传入中国的，各派都在中国佛教史上发生过影响。由于中印思维元素如概念、词的不同，社会背景和包括传统思维方式在内的文化背景的不同，因此中国佛教思维方式必然发生变化。中国佛教各派中较能体现出区别于印度佛教思维方式的，有般若学派、涅槃学派和天台、华严、禅诸宗。

（一）般若学派的思维方式

佛经是佛教传播的主要媒介，由于中印文字不同，中国佛教学者有一个理解和把握佛经语意的问题。东晋时有些般若学学者创造了一种“格义”的方法作为理解佛经的方式。史载“雅乃与康法朗等，以经中事数，拟配外书，为生解之例，谓之格义”（《高僧传·竺法雅传》）。“事数”，指佛教义理的条目名相，如分析心理和物理现象的五蕴、十二因缘等。“格”，是量的意思。格义就是以中国固有思想比拟配合佛教教义，以使人们易于了解。这种比附方法一度流行，后来则受到佛教内部的反对。

东晋时的佛教般若学学者，由于对《般若经》的中心观念“空”理解不一，形成了七个般若学派别。这些派别的思维方式和印度大乘中观学派有共同之处，也存在着显著的差别。当时般若学学者往往用魏晋玄学的观点去理解《般若经》所讲的“空”。魏晋玄学是讲本末、有无、动静之辨的，它有不同的派别，般若学者受玄学不同派别的影响，也分成相应的不同派别。例如，道安本无宗主张以“无”为本，是玄学家何晏、王弼本无派思想的变相，其实印度般若学是否定事物本体的真实性的。又如支道林即色宗的思想和玄学家郭象的观点是一致的。如此等等。在般若学派内部，格义是一种比附性思维，一些反对格义的学者也运用比附性思维。两者的区别在于格义是用中国先秦哲学的概念、范畴进行比附，一些反对者则是运用玄学家的思想观点进行比附。

与比附性思维相联系，中国般若学者还运用融会性思维来调和佛教思想与中国传统思想的差异、矛盾，强调两者的相通一致。在这方面可以慧远为代表。慧远一方面融合佛教内部各派的学说，一方面还以佛学为主，玄学、儒学为辅，用佛学来融合玄、儒，强调“内外之道，可合而明”。他以“理”的乖合，把释迦牟尼和儒家圣人唐尧、孔子等同起来，把佛教教义和儒家纲常名教沟通起来，认为都是合“理”的。慧远的这种融会性思维方式对后世影响很大。

（二）涅槃学派的思维方式

东晋以来，随着大乘《涅槃经》的译出，涌现出一批研习该经的涅槃师，形成涅槃学派。此派最主要的代表人物是竺道生。他提出了顿悟成佛说，倡导顿悟思维。“竺道生法师大顿悟云，夫称顿者，明理不可分，悟语极照；以不二之悟，符不分之理。”（慧达《肇论疏》）悟是对真理的证悟，真理是不可分割的，证悟也只能是一次性的、整体性的，也就是顿悟。这种顿悟性思维是体认真理的灵感思维、直觉思维的形态之一，是与那种经过长期学习、修持逐渐觉悟不同的，在当时可谓开辟了一条新的思维途径。

（三）天台宗的思维方式

天台宗是隋代形成的中国佛教的第一个宗派，具有浓厚的中国化色彩。此宗以判教、止观并重、一念三千、三谛圆融和真妄心观等重要理论，构成庞大的思想体系。从这些理论中可以窥视出它的思维方式。

1. 圆融思维：构成天台宗思想体系的思维手段主要是圆融思维，这首先表现在创立新的止观并重的宗风上。“止”，禅定；“观”，智慧。止观并重就是提倡理论与实践并重，将南北两地不同学风（北方重实践，南方重义理）融合统一起来。其次，在判教（判定各类经典的意义和地位）上，它把佛教分为藏（指小乘）、通（通三乘）、别（大乘别于小乘）、圆（圆满）四教，以圆教为最高。天台宗一面会通了各派，一面自称圆教，体现了对圆融思维的运用和推崇。再次，是宣扬“圆融实相”说。“实相”是直观的对象。天台宗人认为一切事物的实相分为空、假、中三个方面，这三方面是同时并存、互相渗透、互不妨碍的，称为“三谛圆融”。天台宗的圆融思维方式，表现了中国僧人处理内部矛盾和统摄佛教彼此差异的高超的思维能力和独特的思维格局。

2. 立体思维：天台宗的重要教义“一念三千”说，既是圆融思维，也是整体思维、立体思维。“一念”，指心念活动的短暂时刻。“三千”，指宇宙整体，其中包括各种生命、万事万物的形相、性质、时间、空间等。一念三千就是宇宙的相貌全部呈现在众生的日常心思中。宇宙中万事万物是圆融无碍的，在一念中就具备宇宙整体立体的形象。在一念三千的运思过程中，经过由具象到抽象的过程，具象和抽象又共同存在于一念中，形成了对宇宙整体和万事万物的具象和抽象的内在把握。

3. 观心思维：天台宗人讲一念三千，一心三观，一心中具现宇宙整体，一心同时观照空、假、中三种实相（“三谛”）。由此就要求主体一面具现宇宙整体，观照三谛，一面反观心的自身。天台宗创始人智𫖮强调“心是惑本”，需要通过观照，拔除迷惑。这种观心活动也称“以心观心”，观照心源。这是通过内向性的自我意识的反思，在心灵深处开展去恶从善的斗争，以调整意识流向，转变意识内容，获求自我超度。

（四）华严宗的思维方式

华严宗为了宣扬本体与现象、现象与现象的互不矛盾、互相圆融的基本教义，提出或阐发三性、六因、十玄、六相、四法界等一系列哲学问题，具有极高的思辨水平。华严宗比天台宗更重视也更强调圆融思想，富有更多的思辨性。

1. 无碍思维：华严宗的理论一是判教，一是无尽缘起。在判教方面此宗也调和佛教各派，并认为《华严经》道理最为圆满；强调本宗是圆教。所谓无尽缘起，是说一切缘起的事物都是互为依待、互为因果、相互渗透、相即相入的，整个宇宙是既有个体区分又相互贯通的整体，是无穷的、无矛盾的，即重重无尽的统一体。华严宗运用圆融思维方式，从本体与现象关系上，论证了理与事是圆融无碍的；从现象与现象关系上，论证了事与事是圆融无碍的；从数量之间关系上，论证了一与多、一与一切是圆融无碍的；还从时间关系上，论证了一念与九世是圆融无碍的。华严宗正是通过圆融思维手段以体证圆融的境界。

2. 分析思维：华严宗的圆融思维是和分析思维密切不可分的，前者建立在后者的基础之上，后者又最终归结为前者。无尽缘起说的构成原理是三性同异与因门六义，无尽缘起说的内容是六相圆融和十玄无碍。三性同异是阐述事物种种性质的相对原理；因门六义是揭示一切现象缘起的原因有六种特征；六相圆融是描述一切事物都具有六种相状；十玄无碍指的是一切事物都具备的十种复杂关系。这都是分析思维的细密运用。例如，华严宗人阐发原因的六种特征：(1)“刹那灭”，不断变化。(2)“果俱有”，原因在产生结果后仍然存在。(3)“待众缘”，原因变为结果需要具备其他条件。(4)“性决定”，不同性质的原因决定了不同性质的结果。(5)“引自果”，原因只能引起自类的结果。(6)“恒随转”，永远与“藏识”（第八说）共存。华严宗以因门六义来说明原因在形成各种现象中的复杂融合关系，说明缘起现象中的复杂融合关系，说明缘起现象之间的浑然圆融关系。又如六相圆融，六相：(1)“总相”，事物的全体。(2)“别相”，事物的各部分。(3)“同相”，事物各部分合成一体。(4)“异相”，事物各部分各不相同。(5)“成相”，事物各部分和合而成事物。(6)“坏相”，事物各部分不和合而不成事物。这是把一切事物的相状分为六种，六相各不相同，但又可以通融无碍。也就是用总别、同异、成坏三对范畴六个方面，说明一切事物各有自性，又都可以融合无间。

3. 内向思维：华严宗创始人法藏在《修华严奥旨妄尽还源观》中，提出“华严观”作为修持的根本方法。华严观分为六观，其中前三观为：“摄境归心真空观”，是说外境由内心现起，要摄境归心，观万物真空之理。“从心现境妙有观”，是观从心现起外境。“心境秘密圆融观”，综合前两门，会通心境，圆融无碍。这三观都是从主体的心着眼的，强调心在显现外境和融通主客体中的作用，“归心”、“从心”都是内向思维，是对主体心灵的反思要求，是把环境、客体归摄、从属于主体的反思活动。法藏之后，华严宗大师澄观讲“灵知之心”，宗密讲“灵知本觉”，更加突出了主体心灵的认识作用，也就是更加突出内向思维的运用。

（五）禅宗的思维方式

禅宗的根本理论是性净自悟，主张运用各种参究方法彻见心源，觉悟佛道，在现实生活中成就人生理想境界。禅宗提倡的以顿悟为特征的禅悟思维，是重内证的直觉思维。禅宗流派很多，各派的参究方法风格迥异，五花八门，形成了禅悟思维的不同具体形态。

1. 无念思维：禅宗实际创始人慧能提出“无念为宗”的命题。“念”，即观照，思维活动。“无念”的含义有二：一是就主观方面说，心体要离开念，主体要远离一般的思维活动；二是就客观方面说，主体要对一切现象都不执著。无念思维是一种既不执著主观思维，又不执著客观现象的思维方式，其实质是通过排除一般的思维和客观现象，返归体验清净本性，发现清净自性，以成就为佛。无念对于众生成佛具有关键性的意义，所以说“无念为宗”。

2. 触类思维：禅宗慧能门下南岳一系倡导“触类是道”的禅悟方式。“触类”是指禅修中的各种行为、表现。“道”，指禅道、佛道、修持。“平常心是道”，道也就是众生的平常心。道体现在事中，心支配行为，触类是道是说禅修生活中的任何行为都是道的自然流露。纵任心性、任运自在，就是禅修。直指心源，就能成佛。这是主张随顺平常心，在日常的思维活动中，遇事以触发顿悟，通过直觉思维以与道（自性、平常心）合一。

3. 即事思维：禅宗慧能门下青原一系倡导“即事而真”的禅悟方式。“即事”，就是不离开日常的行事。“真”，真实，指本性、道、理、空。即事而真，是说在禅修时要从个别的事象上体证顿悟出性、理、空，以成就佛道。这种思维方式是由个别体悟一般，从具象把握抽象。也可以说是一种具象思维。

4. 参话思维：宋代以来禅宗思想又发生变化，出现了文字禅、参话禅与默照禅，与此相应，思维方式也发生了重要的变化。所谓文字禅，指注重言说，在文字上下功夫，从文字中求解悟。这样由“不立文字”到不离文字，由内证到外参，使思维活动转向注解模式，也多少带有理性和逻辑的色彩。有一些禅师提出参话禅与之相抗衡。参话禅，是用一则毫无定见的话头，如“如何是父母未生前的本来面目”“念佛是谁”作为题目。这些题目是难以言说的，要靠内心的参究、体察，要进行自我追问，大发疑情，如此疑来疑去，疑到山穷水尽，逼得反观自心，照破一切妄想杂念，洞见自己的真面目，获得顿悟。参话禅的思维方式带有很大的随意性，任凭随意联想，其目的在于追求对自我本性的心理体究。

5. 默照思维：一些禅师反对参话禅，提倡默照禅。他们认为心是成佛的根本，众生因被妄念蒙蔽，未得成佛，如果静坐默究，摄心内观，恢复本性，就能解脱。这种禅法是“不触事而知，不对缘而照”，是静坐看心，向内观照，审视自我，净化心灵，这是一种以禅定形式进行内向的观心的思维方式。

三、中印佛教思维方式的异同

从上述中印佛教思维方式的演变来看，两国佛教的思维方式存在着大量的共同点，也有着显著的差异点，其共同思维方式主要有直觉思维、分析思维、否定思维、内向思维、具象思维和经解思维等。

1. 直觉思维：中印佛教各派都普遍重视和运用直觉，直觉思维是佛教普遍而基本的思维方式。对人生最高理想境界的终极关怀，要求经过感性和理性的思维飞跃、超越，去获取自我的内在体验。佛教各派运用直觉思维，追求终极目标、理想境界，大约有三类：一是通过禅观洞察人生的本质、价值和理想境界，求得觉悟，如小乘佛教就是如此。二是通过般若直观，悟解宇宙万物的真实本相，以达到理想的精神境界，如中观学派、天台宗等就是如此。三是通过内省思维，直接返观内心，或转变观念，或恢复本性，以实现解脱，如大乘瑜伽行派、华严宗、禅宗就是这样的。这三类境界又互相交叉，尤其是后两类，一些佛教派别尤其是中国的天台、华严、禅诸宗，都认为宇宙万物的本相和众生的本性是统一的。直觉思维的具体形态很多，大体上可以归结为四类：第一类是禅观，要求坐禅进行观照特定对象。第二类是般若直观，即现观，是运用般若智慧直接与观照对象合而为一。第三类是观心，返观本性，显示本性。第四类是禅悟，在日常行事中，排除妄念，体验佛道。这几类直觉思维方式的区分也是相对的，其共同特征是：(1) 直接切入性：主体直接深入客体——人生的本相或宇宙的实相，与客体融合为一，泯灭主客界限，获得一种思想、精神、心理、道德、美感的大超越。(2) 整体契合性：主体完整地悟解、把握宇宙的实相（"空"、"真如"），或返归、证悟人的本性，达到与客体的完整契合。(3) 神秘意会性：排除语言概念和逻辑思维，追求自我的内心体验，是意会性的、不可思议的，即不能用语言表达的。

2. 分析思维：这也是中印佛教的重要思维方式。佛教追求人生的解脱境界，离不开对人生和宇宙的认识，这就需要运用分析方法，运用概念、推理和判断。如小乘佛教对原因和结果的类型的区分，对人生和宇宙的缘起说、构成说的论证，中观学派对各种"偏见"的揭示，对空的类别的分析，瑜伽行派对主观意识和心理现象的分类，华严宗对原因的属性、事物相状以及现象与本体的关系的论述，都是运用分析思维的突出事例，而且表现出古代分析思维的细密深入。尤其应当强调的是，瑜伽行派的因明和量论，更是对形式逻辑和认识理论作出了重要的贡献。此派学者把推理的三支论式加以科学调整，分别相当于形式逻辑三段论式的大前提、小前提和结论，构成从一般认识应用到个别事例上的演绎推理方式，与日常运思顺序一致，把思维活动和语言表达统一了起来，有力地推进了逻辑思维的发展。佛教的分析思维和直觉思维是两种不同的思维方式，前者多运用于分析客观对象，后者则多运用于追求理想境界，但两者也有种种联系，可以这样说，在佛教实践中，通常是分析思维在先，直觉思维在后，而在直觉思维过程中有时又包含分析思维，最终是舍弃分析思维而用直觉思维去达到不可思议的成佛境界——人生理想境界。

3. 否定思维：佛教追求的超越现实的人生理想境界，或者是彼岸佛国世界，或者是排除一切烦恼、欲望、妄念的主体内在本性的纯正呈现。这就需要运用否定思维以否定现实世界和现实人生，体悟人空或一切皆空的佛理。印度小乘佛教提倡否定性的直觉思维，以破除人们对人生自我实体的执著。大乘中观学派更是运用否定思维的典型，他主张以破为立，甚至只破不立，以破除一切事物的实体和人们的执著。中观学派强调事物都是名称、概念，是假名，进而否定事物的真实性。它还提出“二谛”、“八不”、“离四句”等一套思维模式来否定语言概念和客观事物的真实性。瑜伽行派是通过肯定意识变现事物来否定事物的客观性。继承印度中观学派的否定思维，中国佛教学者僧肇宣传“不真故空”的思想，以否定事物的真实性。三论宗还提出多重否定连续否定的思维模式，以宣扬“无所得”的思想。天台、华严和禅诸宗也都情况不同地运用否定思维模式，以引导人们追求成佛境界。总之，通过否定现实的思维活动，以肯定成佛境界，是佛教的基本逻辑。

4. 内向思维：这是以主体内心为对象的思维活动。佛教作为一种精神解脱的学说，必然重视对主观意识的修炼、转换，甚至把这视为能否成佛的关键。在这方面印度大乘佛教瑜伽行派是一个典型。此派把佛教的修持归结为内省活动，通过对自我意识进行审视、反省，改恶从善，以转识成智，成就为佛。此派还提出“四分”说，把识的功能作用分为四分，强调认识对象也包括在识中，识也能自我验证自身的认识功能，实际上是把整个思维活动限制在识的内部。这种思维方式为中国的法相唯识宗所继承。中国的天台、华严和禅诸宗也重视返观自心。天台宗内部甚至有真妄心观之辩，对观修对象的心是清净的还是污染的问题，长期进行争论，形成了两派对立的看法。华严宗的华严观也是一种观心修持。至于号称为心宗的禅宗更是以主体返归本性为觉悟成佛的标志，其内向思维同样是突出的。内向思维是一种认识自我、完善自我、超越自我，从而也就是实现自我的思维活动，这种思维方式不仅是佛教，而且也是各种重要宗教必然采取的一种方式，它是一切为了获得精神解脱的宗教徒的必经途径。

5. 具象思维：具象思维是一种通过对特定的具体形象的反复、专一的思维活动，以求得认识的转变、心理的升华和精神的解脱的思维方式。如小乘佛教禅观的不净观、白骨观，就是专以人身或白骨为观照对象的活动；密教尤其是它的意密是以大日如来为观想对象的；中国净土宗奉行一种观想念佛的思维方式，目的是教人集中思维观想阿弥陀佛的美妙庄严，使之油然生起敬仰向往之心，以便众生因如此虔诚而被阿弥陀佛接引至西方极乐世界；中国禅宗青原一系主张“即事而真”，在日常行事中悟道，也是一种形象化的直觉思维。佛教的具象思维方式对于俗文化层的信徒具有重要意义，是便于这类信徒接受、运用的思维方式。同时，具象思维方式的盛行也极大地推动了佛教美学艺术的发展。

此外，中印佛教在思维方式上还存在着经解模式，即以为经典是绝对的、神圣的，佛教学者往往只是以注解经典的方式来理解佛教教义，因而怀疑精神、创造性思维受到严重的阻碍。中国禅宗对于经解模式作了重大的突破，提倡怀疑，鼓励独立思考，但后来出现的文字禅，仍然跳不出经解模式的窠臼。经解模式的运用是宗教的特质所决定的。

中印佛教思维方式的差异点，主要可归结为两个方面。一是比附思维、圆融思维、顿悟思维为中国佛教所特有。首先，中国佛教的比附方式，是中国作为佛教接受国必然出现的现象。由于中印两国语言文字、思维方法和思维方式的不同，以及历史文化传统的不同，因此在理解翻译佛教经典时，中国佛教学者不免要用中国传统的信仰观念和哲学思想去比附，以推动佛教的传播。其次，圆融思维在印度佛教几乎是不存在的。印度佛教由小乘而大乘中观学派，再瑜伽行派，后为密教，先后经历了不同教派的发展过程，一般说来，后出现的派别虽然也继承了先行者的思想，但是往往又批判它的“偏失”，自命为更高的教派。如大乘中观学派就反对小乘一些派别所主张的事物是有的观念，而瑜伽行派又不同意大乘中观学派的一切皆空的学说，主张识有境无。印度佛教各派之间往往势不两立，不可调和，有时斗争相当激烈，因而不可能出现圆融思维。中国佛教则不同。印度大小乘佛教是不分先后同时传入中国的，中国佛教学者经过一段时间的消化后才了解它们之间的差异，而且难以肯定一派否定另一派，只能采取判教的方法加以融通。即使是禅宗一度标榜教外别传，后来也提倡禅教一致，事实上也和净土宗甚至和天台宗、华严宗合一了。中国佛教学者不仅要调和圆融佛教内部各派，而且还要和中国传统思想文化，尤其是儒学、道学相调和，这是因为儒学、道学是中国本土固有的强大的思想文化，尤其是儒学在汉代至清代几乎一直居于思想文化的主导地位，佛教只有在调和、迎合儒学的情况下才能立足、传播和发展。这样，圆融思维方式就一直成为中国佛教的思维特征之一。再次，关于顿悟思维，印度佛教一般认为成佛是一个长期修炼、逐渐觉悟即渐悟的过程。小乘佛教认为众生不能成佛，只能成罗汉。大乘佛教主张众生可以成佛，但要先成为菩萨，然后继续修行再成为佛。中国佛教则不同，一些佛教学者由于受“穷理尽性”观念的影响和重视现实、崇尚简易等民族心理的制约，反对渐悟成佛说，主张顿悟成佛说。竺道生认为悟理就成佛，慧能认为返归本性即为佛。悟理、返性，都在顿然之间完成，是顿悟成佛。顿悟说重在整体把握，简易明快。这反映了中印两国民族性格的差异和实现人生理想境界途径的差别。中印佛教思维方式差异点的另一个方面是，印度佛教的分析思维，尤其是逻辑思维比中国佛教要突出、鲜明、细密得多。印度佛教既重直觉，也重分析和逻辑，正如上面所述的，印度小乘佛教和大乘瑜伽行派对于分析思维和逻辑思维都作出了重要贡献。中国佛教如天台宗、华严宗等也运用分析思维和逻辑思维，法相唯识宗更是继承印度大乘瑜伽行派的思维理论和思维方式，但是法相唯识宗在唐代只流传几十年就衰落了，唐代以后成为中国佛教主流的禅宗几乎排除了分析思维和逻辑思维。可见中国佛教较为重视和更多运用的是直觉思维。此外，印度和中国佛教都运用否定思维，但印度佛教要比中国佛教突出。印度大乘中观学派着力运用否定思维，中国的华严宗和禅宗虽然也有否定思维，但是相对来说并不突出。

综上所述可见：中印两国佛教的思维方式既有共同点，也有差异点。因为同是佛教，所以思维方式的共同点是大量的、基本的；又由于是两个不同国家的佛教，因此思维方式的差异点也是突出的、鲜明的。同时，两国佛教思维方式也是同中有异、异中有同。两国佛教都运用直觉思维，但具体形态又各不相同；也都运用分析思维、逻辑思维和否定思维，但运用的情况和程度有别；虽然中印佛教各持顿悟或渐悟的不同主张，但都是不同形态的直觉思维。由此可见情况是错综复杂的。

中印两国佛教的思维方式以直觉思维为主，同时兼有形象思维、逻辑思维。这些思维方式之间的关系也是错综复杂的。有的派别是三种思维方式结合，有的是两种思维方式结合，有的则采用某一种思维方式，排斥其他思维方式。之所以出现这种种不同的情况是由于不同教派学者的认知结构与追求境界不同，当然也和中印两国的文化传统背景直接相关。

佛教的主旨归根到底是追求人生理想境界，这种特殊旨趣决定了佛教直觉思维的形态和特色，决定了佛教在思维科学上的贡献和局限。

原载《哲学研究》，1989（3）

佛教与人生

佛教的人生哲学

——兼论佛儒人生哲学之异同

探讨和分析历史上各种学派的人生哲学，对于我们建设新的人生哲学是有直接的借鉴意义的，因而也是一项重要的课题。本文着重阐述佛教的人生哲学，同时也兼论佛儒人生哲学的异同。

一、佛教的人生哲学

佛教的人生哲学，着重阐述人生的本质、意义、价值、命运，人生应当追求的理想境界，以及实现这种境界的道路和方法等问题，这是整个佛教教义的哲学基础，是佛教思想的核心内容。下面就几个基本问题来阐述佛教的人生哲学。

（一）人类在宇宙中的地位

佛教提出了宇宙的有情识的和证悟得道的生命体共分十类的说法。中国佛教学者把十类定名为“六凡四圣”。所谓六凡，也称为“六道”、“六趣”、“有情”、“众生”，指没有超越生死轮回、没有获得解脱的凡庸者。具体地说，由高到低，六凡是指：

天：因天然自然，清净光明，非人类世间所能比拟，故名。指一般的神，也称“天神”。天又分若干层次，其中“四天王天”是最接近人间的，“三十三天”即“忉利天”是较高层次的天。这些天神都是护持佛法的护法神。天是六凡中最优胜高妙的，但还有升进与堕落，还受生死轮回法则的支配，并没有真正解脱。

人：人类，有智能，有意识，能作恶也能从善者。

阿修罗：梵文音译，略称“修罗”，意译为“非天”，是魔神。佛教说阿修罗的能力像天，但因多怒好斗，失去了天的德性，被撵出了天界。

畜生：也称“傍生”，谓傍行的生类，指飞禽走兽，以及蜻飞蠕动、水游地藏的一切动物。

鬼：因恐怯多畏，故名为鬼。依赖子孙的祭祀，或拾取人间遗弃的实物而生活。鬼的种类很多，如大财鬼、小财鬼、多财鬼、少财鬼等。鬼中的药叉罗刹是有大威德者，而饿鬼是鬼中处境最糟糕的，常受饥渴，千年万载也不得一食，即使得了也立即为猛火烧成灰烬。鬼类中饿鬼最多，所以通常讲的鬼也就是指饿鬼而言。

地狱：这是六凡中地位最低、最为痛苦的受罪处。作恶多端、罪行累累的就在这里受惩罚。佛教通常谓地狱里面烈火熊熊，布满炽热的铜床铁柱，堕落在地狱里的要受火焚烧。地狱有三类，第一类是根本地狱，其中又分八热地狱和八寒地狱。如八热地狱中的第八阿鼻地狱，也称无间地狱，罪人在此受苦永无间断，最为痛苦。第二类是近边地狱，第三类是孤独地狱，在山间旷野、树下空中等处。

所谓四圣是指声闻、缘觉、菩萨和佛。声闻是指听闻释迦牟尼言教的觉悟者。缘觉是指独立观悟佛说因缘道理而得道者。菩萨发大誓愿要普度众生到彼岸，是后补佛。佛是修持取得最圆满的成就，是大彻大悟者。这四者虽然修持成就的大小、觉悟程度的高低有所不同，但都是属于觉悟者，都已超脱生死轮回，是超凡入圣的圣者。

由上可知，人类是六凡中的一凡，在宇宙中的地位很低，表现出佛教蔑视人生的基本立场。但佛教又把人置于六凡中的第二个层次，接近天神，在六凡中地位是较高的。佛教宣扬，人如果相信佛教，努力修持，就能经过“天”再上升成为圣者。这是佛教对人类的许诺，表现出对人类的重视和期待。

（二）人的本质

人是什么？佛教认为，人身是五蕴和合而成的生命体。“蕴”，也作“阴”，聚积的意思。五蕴是指构成人的五种要素、成分：色、受、想、行、识。“色”，物质，此指肉体。具体说，包括地、水、火、风“四大”。皮肉筋骨属于地大，精血口沫属于水大，体温暖气属于火大，呼吸运动属于风大。四大和合，组成人的肉体。“受”指感官生起的苦、乐、喜、忧等感情感觉（名曰“情”）。“想”，是理性活动、概念作用（名曰“智”）。“行”，专指意志活动（名曰“意”）。“识”，统一前几种活动的意识。色是物质现象，受、想、行、识是精神现象。人有肉体，也有精神活动，人是物质现象和精神现象的综合体。佛教宣扬，人是五蕴和合而生，五蕴是分散而灭、成坏无常、虚幻不实的。人犹如流动不息的水流和自生自灭的火焰，并没有固定的实体存在，五蕴最终要分离而消散，人根本就没有一个真实的本体存在。因此，人的本质是“无我”（无实体），是“空”。这里所讲的空，不仅是指人死亡后五蕴散灭是空，而且在未死亡时，也只是五蕴和合，也是空的。后者也是佛教最为强调的空的真正意义所在。应当承认，佛教对人是物质现象和精神现象的统一体的看法，是有道理的，但由此推论出人的本质是空的观点是不正确的。

（三）人的本性

佛教教人修持成就为佛，这又必然要论及人有没有成佛的内在根据的问题，也就是所渭佛性问题。佛性问题又和对人的本性染净、善恶判断直接相关，也就是要对人的本性作出道德评价。一般地说，佛教认为人的本性是清净的，后来还进一步强调人的本性是觉悟的，其所以没有成佛，是因为人受现实世间的种种不良影响，形成各种欲望，产生各种妄想，但是成佛的内在根据是存在着的。也有的佛教派别把人分为不同类型，认为有一种人作恶多端、反对佛教，不具有成佛的内在根据和可能。还有的派别认为人的本性有善有恶，是两重的，人的修行成佛的过程就是去恶从善的过程。总的说来，强调人的本性是清净、善良的，人人都有成佛的根据和可能，是佛教对于人性的基本观点。

（四）人生的价值

佛教断定人生是“苦”，人的生命、生存、生活就是苦，苦就是人的命运，就是人的价值。所谓苦，主要不是专指感情上的痛苦或肉体上的痛苦，而是泛指一种精神上的逼迫性，即逼迫恼忧的意思。佛教认为，一切都是变迁不息、变化无常的，广宇悠宙不外苦集之场。由于人不能自我主宰，为无常患累所逼，不能自主，因此也就没有安乐性，只有痛苦性。佛教对于苦作了各种各样的分类，但最通常讲的是八苦，具体指：

生苦：人未出生，十月住胎，俨如关在黑暗的地狱里，母亲喝热汤，就要备受煮烧。出生时，冷风触身，犹如刀刮。住胎出胎都受逼迫。

老苦：人至老耄，发白齿落，肌肉松弛，五官失灵，神智昏暗，生命日促，渐趋死亡。

病苦：一是身病，从头到脚，从里到外，“四大”不调，众病交攻，十分痛苦；一是心病，内心忧愁悲切，十分苦恼。

死苦：一因生命无常，命终寿尽而死；一因意外事故或遭遇灾难而死。

怨憎会苦：人们对主观和客观两方面都有所不爱，对于怨仇憎恶的人或事，本求远离，但是冤家路窄，仇人相遇，互相敌对的人偏偏要聚集在一起，憎恶的事偏偏要纷至沓来。

爱别离苦：人们对主观和客观两方面都有所爱，但是偏要分离，难以相爱。如父子、兄弟、夫妇、朋友，情爱融洽，欢乐相处，然而终不免父子东西，兄弟南北，夫妇分居，骨肉分离，甚至祸起非常，造成生死离别的莫大痛苦。

求不得苦：人们的要求、欲望、喜爱，往往得不到满足，求之而不能得，甚至所求愈奢，愈不能得到，痛苦也愈大。

五取蕴苦：也称“五蕴盛苦”、“五盛蕴苦”。这是一切痛苦的汇合点，即所有痛苦都归结到五蕴的苦。五蕴与“取”（指一种固执的欲望，执著贪爱）联结在一起就产生种种贪欲，称为“五取蕴”。这里，“取”即执著是关键。有了五取蕴就会产生苦，生、老、病，死、憎会、爱离、所求不得七苦天天向着五蕴袭来，人的身心盛贮众苦，又称为“五蕴盛苦”。

八苦分为两大类，前四苦是自然生理现象，也就是说，人生的过程就是连续产生不同痛苦的过程。第五至第七苦，即和憎恨的事物联结在一起的厌烦、和所喜爱的事物离别的悲伤、不能满足所求的痛苦，是着重就社会现象、社会生活、人与人的关系讲的。佛教把前面七种苦最后归结为五取蕴苦，是为了说明：五蕴就是苦，执著、贪欲就是苦，人的生命就是苦，生存就是苦。

佛教还在时间和空间两方面把人生的苦加以扩大化、绝对化，宣传人生的过去、现在和未来三世皆苦。人生所面对的世界也是苦，“三界无安，犹如火宅”，人间世界是火宅，是无边苦海。芸芸众生囚陷于熊熊火宅之中，备受煎熬；沉沦在茫茫苦海之中，尽受苦难。

人生是苦的命题，是佛教对人生价值的总判断，是佛教人生观的理论基石。

佛教还详尽地阐发了人生痛苦的原因，归结起来主要是两条：无明和贪欲。无明即无知，对佛理的无知。这种无知主要表现在两个方面：一方面，人生由五蕴和合而成，是“无常”的，终归要死灭的，而人往往企求人生有常，这是一种很大的无明；又一方面，人生由五蕴和合而成，是没有实体的，没有实体也叫“无我”，而人往往坚持有我——永恒不变的实体是实有的，这又是一种很大的无明。贪欲，指生理欲望、物质需求。人都追求感官的刺激、享受，对外界可以享受的一切，周遍驰求，执著不放。欲望本身就带来不幸，欲望不可能都得到满足，欲望必然给人带来种种痛苦。佛教着重从认识和欲望两个方面探求了人生痛苦的原因。

（五）人生的理想境界

佛教把人生的趋向归结为两条相反的途径：一是人生的需求往往由于自身的原因或和环境不协调而产生种种痛苦，人们又不了解它的原因，找不出解决的办法，只好随波逐流，听任命运的安排，陷入不断轮回之中，称为“流转”；二是对“流转”的生活采取相反的方法，破坏它，变革它，使之逆转，称为“还灭”。这就是所谓人生行事的两个相反系列，后者也就是佛教教人追求达到的人生最高理想境界。

早期佛教借用婆罗门的涅槃概念来标明佛教的最高理想境界，佛教所讲的涅槃，总的说是指灭除一切烦恼、灭除生死因果的意思。佛教各派对涅槃的看法并不相同，涅槃有不同的含义和类别。重要的有有余涅槃、无余涅槃、实相涅槃和以返归本性为涅槃等。

小乘佛教提出有余涅槃和无余涅槃的主张。有余涅槃是指断除贪欲，断绝烦恼，即已灭除生死的因，但作为前世惑业造成的果报身即肉身还在，仍然活在世间，而且还有思虑活动，是不彻底的涅槃。无余涅槃是相对于有余涅槃而言，是比有余涅槃更高一层的境界。在这种境界中，不仅灭除了生死的因，也灭除了生死的果，即不仅原来的肉体不存在了，而且思虑也没有了，灰身（死后焚骨扬灰）灭智，生死的因果都灭，不再受生，是更高的理想境界。

大乘佛教中观学派反对小乘佛教以无余涅槃作为人生的最高理想境界。此派突破小乘佛教的思想模式，从新的角度提出新的主张。他们认为涅槃和世间的本性是一致的，两者都是“空”，也都是不可言说的“妙有”，是完全统一的。他们批评小乘佛教不懂得这个道理，厌恶和离弃世间，去追求超世间的涅槃，这样就不能真正达到涅槃境界。中观学派认为，众生所追求的目标应该是正确认识一切事物实相，实相就是本来面目，就是毕竟空，认识到一切事物是空无自性的，还事物以本来的清净面目，并且加以实际运用，也就是去掉一切戏论，“显示实相”。实相就是涅槃的内容，涅槃境界就是对实相的认识和运用，这就是实相涅槃。

中国禅宗以性净自悟为立宗的理论基础，强调众生的本性是清净的，众生之所以不是佛是由于本性受到妄念的蒙蔽，一旦去掉妄念，返归清净本性，众生就是佛。禅宗是以认识、觉悟、体验众生自身的本性作为人生的最高理想境界的，这和印度佛教的涅槃观念是颇不相同的。

（六）人生的解脱途径

佛教对于达到人生的最高理想境界的途径和方法，论述很多，各派的说法也不尽一致，其中最有代表性的主张是戒、定、慧“三学”。

戒是指佛教为出家和在家的信徒制定的戒规，借以防非止恶，从是为善。这既是个人修持的基础，也是维护僧团集体生活的纪律。戒有多种，多至比丘戒 250 条，比丘尼戒 348 条。戒律中最基本的是五戒：不杀生，不得杀害任何生命；不偷盗，不得偷窃抢夺他人的财物；不邪淫，在家信徒不得乱搞男女关系，出家信徒更是应当不淫；不妄语，不得说假话；不饮酒，以免刺激神经，保持头脑清醒。

定即禅定，指心专注一境而不散乱的精神状态，也是为获得佛教智慧、功德、神通而修习的功夫。禅定的种类很多，如“四禅”，是用以对治妄惑、生诸功德的四种基本禅定，其内容为：初禅，由寻求伺察而厌离充满食欲和淫欲的众生所居的境界，以产生喜乐的心情；二禅，进一步断灭以名言为思虑对象的寻求伺察作用，在内心对佛教形成坚定的信仰并产生新的喜乐；三禅，舍去二禅所得的喜乐，住于非苦非乐的境地，并运用正念正知，继续努力修习，从而产生“离喜妙乐”；四禅，舍弃三禅的妙乐，唯念修养功德，由此而得“不苦不乐”的感受。四禅就是经过四个层次的禅定，引导众生脱离欲界感受，专心于佛教的修养功德，而形成一种“不苦不乐”的特殊的心理感受。

慧，指能使修持者断除烦恼、达到解脱的佛教智慧。佛教通常把智慧分为三种：闻所成慧，指听闻佛法所得的智慧；思所成慧，依前闻所得慧而进行深思熟虑，融会贯通，是得于自己思索的智慧；修所成慧，依由闻和思所得的智慧，修习禅定，从而证悟人生和宇宙的实理，即得于证悟的智慧。

佛教强调戒、定、慧三学是统一的，由戒生定，由定生慧，由此智慧而断绝一切无明烦恼，进入涅槃境界，成就为佛。

以上阐述的佛教关于人类在宇宙中的地位、人的本质和本性、人生的现实价值和理想价值以及实现理想境界的道路的学说，构成了佛教人生哲学体系的基本内容。

二、佛、儒人生哲学的异同

佛教和儒学几乎是同时在公元前 6 ～前 5 世纪出现的思想学说，是人类文化在古代东方的早期结晶，两者遥相辉映，分别蔚成世界性的巨大学派和文化圈。儒学和佛教探讨的对象都是人，都是对人生的一系列基本问题作出独特的说明，各自构成了一套人生哲学体系。由于地理、历史和传统等因素，佛教和儒学在人生哲学问题上，虽有相通之处，但总的说来相距甚远。

（一）相异之点

（1）关于人类在宇宙中地位的异说。如上所述，佛教比较贬低人类在宇宙中的地位，儒家不同，它重视人在宇宙中的地位，称人和天、地为“三才”，又强调人优于禽兽，为万物之灵，带有人本的色彩。同时儒家倾向于人在人伦关系网中存在的意义，而比较忽视个体存在的价值。总的说来，在这个问题上，儒家的观点是比较合理和正确的。此外，佛教又认为，在六凡中天过于享乐，不会修行，畜生、饿鬼、地狱则太愚蠢，难得有机会修行，只有人身难得，可以修行，即重视人的地位的转化，教导人由凡转圣，这又和儒家重视对人的教化有相似之处。

（2）关于人生价值的异说。佛教认为，人的肉体是“臭皮囊”，污秽之物。它还从变化、流动，即无常的视角去观察人生，强调人及其所处的环境都处于不断变化的过程中，人的生、老、病、死，作为生理规律是不可改变的。人类对自由、快乐的主观追求，与不断变化的客观现实形成冲突，这都造成矛盾的人生、痛苦的人生。儒家和佛教的看法不同，认为人生是乐，主张“自乐其乐”，“乐知天命”。孔子说：“知者乐”，“仁者不忧”，“君子不忧”。他还赞扬弟子颜渊（回）贫居陋巷，箪食瓢饮，安贫守俭，而不改其乐。后世儒家更有“寻孔颜乐处”之说。孟子说“反身而诚，乐莫大焉”。他主张“与民同乐”，说“君子有三乐”：“父母俱在，兄弟无故”，“仰不愧于天，俯不怍于人”，“得天下英才而教育之”。佛教与儒家对人生价值的截然相反的看法，实际上反映了人生现实价值的不同方面。

（3）关于人生理想价值的异说。佛教认为人生是痛苦，人间世界是苦海、火宅，要求出家脱离日常生活，进而超脱现实世界，成就为佛，也就是以涅槃、解脱为人生最高理想境界。儒家重视人的地位并赞美人生，所以也重视社会组织和人与人的关系，即社会内部整体的事情。由此，人生的理想是修身、齐家、治国、平天下。也就是要立德、立功、立言，即提倡所谓“三不朽”。虽然佛教和儒家都重视精神境界，在价值取向上有近似之处，但是，儒家是积极涉世、入世的，具有强烈的现实性和政治性，佛教是超世、出世的，具有鲜明的虚幻性和超俗性，两者形成了尖锐的对立。

（4）关于人的生死的异说。佛教与儒家对人生价值和理想看法的不同，有其深刻的认识论根源，即对人的生死有不同的了解和态度，由生死问题的不同看法又必然引出鬼神问题。生死、鬼神问题，是牵动人们情志不安的大问题。佛教大讲“生死事大，无常迅速”，宣传因果报应，轮回转世，强调人死后将按照生前的善恶行为而转化为另一种生命形态。儒家不同，一般地说，儒学认为人是由气构成，人的生死是气的聚散，有生就有死是自然现象。孔子关注人生，不重视人死，“未知生，焉知死？”“未能事人，焉能事鬼？”“敬鬼神而远之”，独重现世而不讲来世。佛教重视人死的问题，由此又生出一套鬼神系统；儒家重视人生的问题，由此又从原则上排斥灵魂鬼神之说。这也是佛教与儒家根本性的差异。

由上可知，佛儒两家在人生的根本问题上的观点是对立的，人生价值观念的不同，导致佛儒的对立，以致长期以来多数儒家学者对佛教持排斥的态度；也导致佛教不断地自我调节和改造，竭力和儒家的价值观念相协调，如禅宗等以返本归原为人生理想境界，又和儒家在人生哲学理论方面形成了互补的格局，对古代不同类型的人们发挥了支配其人生道路的作用。

（二）相似、相通、相同之点

佛教和儒家的人生哲学也有相似、相通或相同之处，主要有以下三点：

（1）重视建设理想主体的共识。佛儒两家都以人为探讨对象，重视人生问题，追求人生的理想境界，致力于建设理想的主体。也就是说，从哲学的层面来看，儒学和佛教都是主体性的哲学，是阐述个体的自我塑造、改良和完善，以实现最高主体性的哲学。在价值取向上，儒佛两家有惊人的一致性。由此，虽然佛教淡漠人世，弃绝人伦，儒家重视现世，笃于人伦，但是两者都十分重视个体的自我道德修养，都十分重视教化，而且两者的道德规范也是相通的，如佛教的五戒和儒家的仁、义、礼、智、信“五常”，虽然具体含义和实践目的不同，但又确是相应的，反映了佛儒两家代表人物对人们的基本道德规范的近似看法。

（2）性善论的共似理论基础。佛教的根本宗旨是教人信佛，通过长期的修持，成就为佛。人之所以能成为佛，其内在根据是有佛性。有的宗派还把佛性看为宇宙万物的本原。佛性论是整个佛教的理论基础之一。从道德价值来看，所谓佛性论也就是性善论。这和儒家在人性问题上的基本观点是一致的。儒家重视个人修养和道德教化，所以一直重视探讨人性的善恶问题。从多数儒家学者的说法来看，强调人的特性，即人之所以为人者是善。孟子是这种主张的代表，他强调人性中有仁义礼智四端，仁义礼智是四种根本的善，在人性中已先天地具有其端，并不是后天修养而成的。荀子宣扬人性恶，好利多欲，但荀子所谓的人性是指“生之所以然者”，即生而完成的性质，与孟子所讲的人性意义不同。荀子也承认人有善的可能，强调人性是可化的，一切善都是人性的改造。宋代理学家又以“天地之性”或“本然之性”为人生的究竟根据，从而为封建道德原则提供宇宙论的依据。儒家的这些人性理论都强调封建道德是善的，有的还把人性归结为人生乃至宇宙的根本，这和佛教把佛性看为成佛乃至宇宙的究竟根据，在理论思维路线上是一致的。

（3）向内用功的近似修养方法。佛教和儒家都重视主体的道德修养，在修养方法上也都重视向内用功，强调心性的修炼，内心的体验。为了向内用功，佛教运用禅定、直观，儒家提倡主静、省悟；佛教奉行禁欲主义，儒家倡导节欲主义，这都反映了佛教和儒家在主体修养方法上的近似之处。

由上可见，佛教和儒家在人生哲学问题上的相似、相通或相同之点，主要集中在心性学说和道德修养方法方面，这也是两家得以长期共存乃至互补融通的思想理论基础。

三、中国佛教对待与儒家人生哲学差异的态度

佛儒两家的人生哲学体系是根本对立的，佛教传入中国以后，在思想理论上遇到的最大挑战就是儒家的人生哲学、价值观念，这也是佛教难以排除和逾越的最大思想理论障碍。那么，佛教又是怎样处理与儒家人生哲学的差异的呢？综观佛教与儒学的交涉史，主要有以下几个方面：

（1）在生死、形神和因果报应等问题上坚持固有立场：佛教和儒家在人生哲学问题上的最大理论分歧，主要是生死、形神和因果报应问题。自东晋以来，尤其是在南北朝时期，双方更是在这些问题上形成了全面冲突。在争论中，中国佛教学者强烈地坚持佛教观点，如东晋后期南方佛教领袖慧远，著文阐明“形尽神不灭”和因果报应、业

报轮回的理论，梁武帝萧衍也撰文宣扬形尽神不灭的观念，他曾动员60多人，撰写约70篇文章，集中反对儒家学者范缜的《神灭论》，表现了中国佛教学者坚持有神论的坚定立场。

（2）高唱佛儒一致、互补论：中国佛教学者都主张从总体上与儒学认同，强调总体上的一致。如《牟子理惑论》，针对佛教传入中国后在社会上引起的种种反响、疑难，广泛引用孔子、老子的论点，为佛教辩护，宣扬佛教与儒、道精神一致。文中高唱佛儒之间如同金与玉、精与魄的关系一样，是不相冲突的。又如东晋慧远一面宣扬佛法，一面讲授儒家的《丧服经》，他着力宣扬“内（指佛教）外（指儒学）之道，可合而明”，强调佛儒两者的社会功能的互补作用。通常佛教学者都宣扬佛教可以“冶心”，儒学可以“治世”；佛教可以“治出世”，儒学可以“治现世”，彼此互补，以共同稳定社会秩序。

（3）高扬儒家的忠孝思想：佛教和儒学的伦理道德观念虽有相通之处，但从根本上说是对立的。无君无父、不忠不孝正是儒家攻击佛教的主要论点。这也是佛教和儒学在政治伦理思想上的最大矛盾。佛教为了求得在中国的生存和发展，早期来华的佛经翻译家，就以其特有的宗教敏感，通过删、改等方法，与儒家伦理观念相妥协，以消除矛盾。如早期译出的《六方礼经》、《善生子经》和《华严经》等，凡其中有关男女关系、家庭关系、主仆关系等人际关系的内容，译者都作了调整，以求与儒家道德观念相一致。后来，一些佛教学者进一步宣扬佛教的五戒和儒家的五常的一致性。唐代以来佛教学者更是公开提倡忠孝，沙门上疏改称为“臣”，寺庙上香首先祝颂“皇帝万岁万万岁”。佛教学者专门编造了讲孝的佛经，如《父母恩重经》，宣扬父母的养育之恩。印度佛教《盂兰盆经》叙述释迦牟尼弟子目连入地狱救拔饿鬼身的母亲的故事，被中国和尚视为孝经。寺院每逢农历七月十五日要举行盂兰盆会，追荐祖先，影响深远。宋代名僧契嵩专门作《孝论》12章，系统阐发了戒孝合一论，强调持戒就是孝，就是为前世、现世、后世即三世父母修福，由此契嵩还论定佛教比儒家还要重视孝，佛教的孝超过了儒家的孝。

从中国佛教对待与儒家人生哲学差异的态度来看，反映出佛教的自组织、自调节的功能，这种功能是佛教中国化的重要机制，也是佛教得以长期保持活力的内在因由，由此又体现出中国佛教的特色来。

原载《中国哲学史研究》，1989（1）

人生理想境界的追求

——中国佛教净土思潮的演变与归趣

一、前　言

佛教净土是指被净化的国土，也就是净化众生，远离污染、秽垢和恶道的世界，是佛、菩萨和佛弟子所居住的地方，是众生仰望和追求的理想世界。佛教净土观念流传中国，经历了一个不断演变的过程，其间也日益增添了中国佛教学者的思想创造。最初盛行的是弥勒信仰，后来弥陀信仰与弥勒信仰发生争论，并取而代之，逐渐成为主流。由于天台、禅等宗派与弥陀信仰结合，约自中唐以来，唯心净土观念又日益流行，并成为此后中国净土思想的主导观念。迄至近代，则更衍化出人间净土的思想。对人间净土的执著追求，就是中国佛教，尤其是近现代中国佛教净土思想的归趣，体现了中国佛教，尤其是近现代中国佛教对人生理想境界的憧憬。

二、弥勒净土信仰的兴衰

中国佛教的弥勒净土信仰始于晋代有关佛典的传译。南北朝时，弥勒信仰就在上层社会和民间流传开来，弥勒菩萨成为先于阿弥陀佛的信奉对象。弥勒净土信仰广泛流传的原因之一，是弥勒境界所产生的强大吸引力。弥勒具有两重身份，一是现今还在兜率天宫说法的弥勒菩萨，一是将来下生人间的弥勒佛。与这两种身份相应也有两种胜境，一是上生兜率天的天上胜境，一是下生成佛的人间胜境。

众所共知，弥勒菩萨居住的妙圣而庄严的兜率天，是早期中国佛教学者追求的理想境界。据载，最早提倡弥勒上生信仰的典型人物是东晋名僧释道安（312 ~ 385），在他的倡导下至少有包括昙戒在内的八位弟子也都专修弥勒兜率净土。此后在北方地区和江南一带，又都相继有不少追随者。迄至隋唐时代，天台宗人智𫖮、灌顶，法相唯识宗人玄奘、窥基等著名佛教学者也仍然奉持死后上生弥勒兜率净土的信仰。

《佛说弥勒大成佛经》就弥勒下生的人间净土描绘说：

> 其地平净如琉璃镜。……大金叶华、七叶宝华、白银叶华，华须柔软，状如天缯。生吉祥果，香味具足，软如天绵。丛林树华，甘果美妙，极大茂盛。……城邑次比，鸡飞相及。……智慧威德，五欲众具，快乐安隐（稳），亦无寒热风火等病，无九苦恼（即九种灾难），寿命具足八万四千岁，无有中夭。人身悉长一十六丈，日日常受极妙安乐，游深禅定以为乐器。[①]

这是说，弥勒未来降生的人间世界，大地平整，花果飘香，人们健康长寿，快乐安稳，没有水火、刀兵、饥饿等各种天灾人祸。该经还说，当弥勒佛从兜率天下生人间时，大地一派光明，处处五谷丰登，百姓康乐幸福。弥勒将在龙华树下三次说法，使广大民众得以解脱。弥勒下生信仰给人们带来了福音，不仅在佛教界，而且还在统治者和下层民众中引发出强烈的反响。如武则天就利用这种信仰，俨然以弥勒化身自居，在改唐为周时，自称“慈氏越古金轮圣神皇帝”。“慈氏”就

① 《大正藏》第 14 卷，429 页上。

是弥勒。下层民众则利用弥勒下生信仰来造统治阶级的反，他们打着“弥勒下生”的旗号反对隋唐王朝。这就是说，弥勒信仰的特殊魅力使它得以在当时兴旺一时。弥勒信仰的发展，也使最高统治者感到了它对自身统治的负面影响，引起了高度的警觉和关注。唐玄宗就颁发了《禁断妖讹敕》，明令禁止假托“弥勒下生”的名义从事各种不利于王朝统治的活动。这一举措给了弥勒下生信仰以沉重的打击。此外，弥勒信仰还遭到佛教内部弥陀信仰思想的不断冲击，在这内外双重压力之下，弥勒信仰也就渐趋衰落了。

三、弥陀净土思想的歧解

随着弥陀信仰经典的译出，弥陀净土学说在中国逐渐流行起来，同时在解释说明上也出现了不同的观点。据史载，东晋慧远与其师父释道安不同，他转而信奉阿弥陀佛，他曾率弟子、同道一百二十三人发愿往生西方极乐世界。然同时代的僧肇、竺道生因深受鸠摩罗什传授的般若学说等影响，却不讲远在西方的极乐世界。

僧肇说：

> 夫如来所修净土，以无方为体，故令杂行众生同视异见。异见，故净秽所以生；无方，故真土所以形。若夫取其净秽，众生之报也；本其无方，佛土之真也。岂曰残域异处，凡圣二土，然后辨其净秽哉？①

“无方”，无确定的方所。“杂行”，泛指修习三学、六度等善行。“异见”，指因烦恼而生起的见解。僧肇在这里说，佛的净土是无确定方所的，众生因修习的结果不同而有净秽的区别，净秽是众生的不同报应，是心的不同影响，并不是真正有净秽二土或凡圣二土的对立和区别。

① 《注维摩诘经》第 1 卷，《佛国品第一》，《大正藏》第 38 卷，334 页中。

僧肇又说：

夫行净则众生净，众生净则国土净。[①]

净土盖是心之影响耳。[②]

这都是说他不赞成离开众生的修持去另求佛国净土。竺道生著《佛无净土论》更明确地宣布佛无净土。为什么这样说？竺道生认为法身是无色的，既然法身无色无形，自然也是无土的：

无秽之净，乃是无土之义。寄土无言，故言净土。无土之净，岂非法身之所托哉？[③]

意思是说，净就是无土，无所谓净土。就土来讲，姑且称为净土。其实法身并不是寄托在净土上面的。竺道生认为，佛经上讲净土，完全是为了教化众生的需要：

净土不毁且令（原作“今”，改）人情羡美尚好。若闻净土不毁，则生企慕意深。借事通玄，所益多矣。[④]

净土说是一种教化众生的方便说法。

隋代的慧远、智顗、吉藏也都在佛身观的基础上，纷纷提出对净土的具体看法。慧远在《大乘义章》卷十九《净土义》中解释说，净土里住有佛，也住有众生，他把净土分事净土、相净土、真净土三种。事净土为凡夫所住，相净土为声闻、缘觉、菩萨所住，真净土是初地以上的菩萨和诸佛所住。慧远又把真净土分为真土和应土两种，真土又分为法

① 《注维摩诘经》第1卷，《佛国品第一》，《大正藏》第38卷，334页中。
② 《注维摩诘经》第1卷，《佛国品第一》，《大正藏》第30卷，337页中。
③ 《妙法莲华经疏》，《续藏经》第1辑第2编乙第23套第4册，410页。
④ 《妙法莲华经疏》，《续藏经》第1辑第2编乙第23套第4册，410页。

性土和实报土两种，应土则又称为圆应土。认为法性土、实报土和圆应土分别与佛的法、报、应三身对应。慧远认为阿弥陀佛并不是寿命无量，而是应身佛。阿弥陀佛的净土，一方面是凡夫于烦恼中发菩提心，借修行感得的世界，是事净土；一方面是佛借大悲愿力及其修行而得的世界，是真净土。①

天台宗创始者智𫖮进一步提出四净土说：一法身土是常寂光土，又作寂光土，是成佛者所住的国土；二报身土是实报无碍土，又作实报土，是初地以上的菩萨所住的国土；三是方便有乐土，是应身土的一种，为声闻、缘觉及菩萨方便道者所住；四是凡圣同居土，也是应身土的一种，它又分为秽土和净土两种，秽土是娑婆世界，净土是极乐世界。这二者都是凡夫和声闻、缘觉、菩萨三乘圣者居住的国土。②智𫖮与慧远的观点相同，也认为阿弥陀佛是法、报、应三身中的应身，阿弥陀佛净土是凡圣同居土。三论宗的创始人吉藏继承了慧远、智𫖮的净土思想，认为阿弥陀佛净土，既是修行后得的报土，又是为众生而应现的应土，是凡圣同居的净土。③

自北魏昙鸾，经隋代的道绰到唐代的善导，都把阿弥陀佛看作是法、报、应三身中的报身，视净土为超越迷妄世界的报土。道绰和善导不仅强烈反对阿弥陀佛净土是应土（化土）的说法，甚至还主张弥陀净土优于弥勒净土。这都构成为净土宗哲学思想的重要内容。

关于阿弥陀佛净土，道绰是这样说的：

今此无量寿国是其报净土，由佛原故，乃该通上下，致令凡夫之善并得往生。……问曰：弥陀净国既云位该上下，无问凡圣，皆通往者，未知唯修无相得生，为当凡夫有相亦得生也？答曰：凡夫智浅，多依相求，决得往生。然以相善力微，但生相土，唯睹报化佛也。④

① 详见《大正藏》第 44 卷，834 页上—837 页下。
② 详见《维摩经略疏》第 1 卷，《大正藏》第 38 卷，564 页中。
③ 详见《观无量寿经义疏·明净土第五》，《大正藏》第 37 卷，235 页。
④ 《安乐集》上，《大正藏》第 47 卷，6 页中、下。

“上下”，指圣人凡夫。道绰认为，阿弥陀佛净土是报土，由于阿弥陀佛愿力之强大，圣人凡夫都得以往生，尤其是凡夫往生报土更离不开佛的愿力。凡夫智慧浅薄，是求有相净土而得往生的。

善导继承道绰思想，其《观无量寿佛经疏》载文：

问曰：彼佛及土既言报者，报法高妙，小圣难阶，垢障凡夫云何得入？答曰：若论众生垢障，实难欣趣，正由托佛愿以作强缘，致使五乘齐入。[①]

“五乘”，人、天、声闻、缘觉、菩萨。这是说，阿弥陀佛报土是很难得入的，凡夫所以得入，完全是靠佛愿力这一强大外缘。善导认为，指明西方极乐世界为凡夫的最终归宿，这对凡夫的修持是极其重要的。他说：

或有行者，将此一门之义作唯识法身之观，或作自性清净佛性观者，其意甚错。绝无少分相似也。既言想象假立三十二相者，真如法界身岂有相而可缘，有身而可取也！然法身无色，绝于眼对，更无类可方，故取虚空以喻法身之体也。又今此观门等，唯指方立相，住心而取境，总不明无相离念也。如来悬知末代罪浊凡夫，立相住心方不能得，何况离相而求事者！如似无术通人居空立舍也。[②]

“方”，方位，此指西方。这是对《观无量寿佛经》第八想象观中“是心作佛，是心是佛”[③]意义的解释。善导批评说，用唯心论（“唯识法身之观”）或观念论（自性清净佛性观）解释阿弥陀佛及其净土是极其错误的。他说既然法身无色，凡夫就无法直观，这就必须依靠使凡夫能够集中注意力的形相，也就是要“指方立相”，为凡夫指明方位（西方

① 《观无量寿佛经疏·玄义分》，《大正藏》第37卷，251页上。

② 《观无量寿佛经疏·正宗分定善义》，《大正藏》第37卷，267页中。

③ 《大正藏》第12卷，343页上。

净土），树立形相（弥陀相好），以使凡夫“住心而取境”，集中心力修持往生西方极乐净土。那种离开具体形相的修持实践，犹如没有神通力的人，想在空中建造楼阁一样，完全是一种空想。道绰和善导都强调阿弥陀佛净土是报土，而众生只有依持阿弥陀佛的愿力才能得以往生。

道绰和善导还宣扬极乐之胜、兜率之劣的观念，如道绰在《安乐集》卷上就比较了弥陀净土与弥勒净土的优劣，文说：

一、弥勒世尊为其天众转不退法轮，闻法生信者获益，名为信同；著乐无信者，其数非一。又来虽生兜率，位是退处，是故经云：“三界无安，犹如火宅。”二、往生兜率，正得寿命四千岁命终之后，不免退落。三、兜率天上虽有水鸟树林和鸣哀雅，但与诸天生乐为缘，顺于五欲，不资圣道。若向弥陀净国，一得生者，悉是阿毗跋致，更无退人与其杂居。又复位是无漏，出过三界，不复轮回。论其寿命，即与佛齐，非算数能知。其有水鸟树林，皆能说法，令人解悟，证会无生。四、据大经，且以一种音乐比挍者，经赞言：“从世帝王至六天，音乐转妙有八重，展转胜前亿万倍，宝树音丽倍亦然。复有自然妙伎乐，法音清和悦心神，哀婉雅亮超十方，是故稽首清净勋。”①

“阿毗跋致”，意为不退转。这是强调往生弥勒净土，不仅寿命有限，且会退转，而往生弥陀净土，则寿命就与佛一样无量，绝无退转。因而，弥陀净土是远远超过弥勒净土的。同时还有迦才撰写的《净土论》（见《大正藏》卷四十七）更是宣扬极乐净土是实，兜率净土是虚，极乐净土是净，兜率天宫是秽；又举出两者的十种差别来加以论证。经过净土宗人的阐扬，阿弥陀佛是报土，且优于净土的思想得到了普遍的认同。

① 《大正藏》第47卷，6页中、下。

四、唯心净土观念的流传

唯心净土思想的阐扬与流传，是佛教净土观念在中国发生转型的重大标志。所谓唯心净土，是指心为一切的根源，净土是心的显现，是唯心所变，净土实存在于众生心中。也就是主张从心上了解佛与净土，即观自心以显自性之弥陀和净土。因谓阿弥陀佛与极乐净土俱在自己心中，又连称“己心弥陀，唯心净土”。

大力提倡“唯心净土”说的是禅宗大师。他们根据《维摩诘所说经》的“随其心净，则佛土净”[①]的思想，批评了念佛往生西方净土的修行方式，宣扬即心即净土的主张。

如禅宗四祖道信说：

> 若知心本来不生不灭，究竟清净，即是净佛国土，更不须向西方。[②]

认为众生的本心就是佛国净土，不必向外追求。慧能在回答常念阿弥陀佛能否往生西方极乐世界的问题时说：

> 迷人念佛生彼，悟者自净其心，所以佛言，随其心净则佛土净。[③]

这是批评说，期望念佛往生是糊涂人，明白的人不同，是求自心清净，而心净则佛土净。大珠禅师（慧海）更发挥说：

> 经云：欲得净土，当净其心，随其心净，即佛土净。若心清净，

① 《大正藏》第14卷，538页下。

② 《入道安心要方便法门》，见《楞伽师资记》引，《大正藏》第85卷，1287页下。

③ 《坛经》三五，《中国佛教思想资料选编》第2卷，第4册，18页。

所在之处，皆为净土。……其心若不净，在所生处，皆是秽土。净秽在心，不在国土。①

这里，大珠禅师把净秽之别，完全归结为心的净秽，更鲜明地表述了唯心净土的思想，客观上否定了存在于心外的西方极乐净土。到了宋代，继承唯心净土思想的延寿禅师又说："唯心念佛，以唯心观，遍该万法，既了境唯心，了心即佛，故随所念无非佛矣。"② 他认为，唯心念佛是以唯心观照万事万物，了悟一切境都是唯心所作，这了悟之心就是佛，所以唯心所念就是佛。由唯心所念无非是佛，他进而主张"唯心净土，周遍十方"③。即是唯心所作的净土，周遍十方世界，无限广大。同时延寿又否定了禅师舍弃西方极乐净土的说法，认为唯心净土与修持往生西方净土是一致的。他提倡能力强者习禅，能力差者修行诸善，同时高声念佛，宣扬禅净兼行、禅净一致的主张。自此以后，禅净双修就成为禅门的普遍修持方式。

禅宗的唯心净土思想，在思维格局上与天台宗的"一念三千"、唯识宗的"唯识所变"以及华严宗的唯心回转思想有着共同之处，所以，唯心净土说也成为禅、天台、华严诸宗一时的盛谈。例如，天台宗人知礼在其所作的《观无量寿佛经疏妙宗钞》中就主张唯心净土说，只是在说法上略有区别。知礼提出了"约心见佛"说，"约心"，即在心上观佛。这种观佛既不是把佛收进心中观想，也不是把心全部放入佛内观想，既不是只观想心，也不是只观想佛。这里知礼是强调"全心是佛，全佛是心"④，也就是在"心佛同体"、"心外无佛"的思想基础上观佛。知礼既突出心的作用，强调通过自己的心观佛，又重视观想佛，肯定佛存在于自心中，实是唯心净土思想的发展。

唯心净土思想也在净土宗内部产生了反响，得到回应。如善导的

① 《大珠禅师语录》卷下，《中国佛教思想资料选编》第2卷第4册，200—201页。

② 《万苦同归集》卷上，《大正藏》第48卷，967页上。

③ 同上书，966页中。

④ 《观无量寿佛经疏妙宗钞》第1卷，《大正藏》第37卷，197页下。

弟子怀感，因受唯识说的影响，也接受了唯心净土说，主张净土是人心所作。

他说：

依彼如来无漏土上，自心变现作有漏土，而生其中……虽有漏，以托如来无漏之上而变现故，极似佛无漏，亦无众恶过患。①

认为一般凡夫凭借佛的愿力所生的净土，并不是佛无烦恼垢秽（“无漏”）的清净国土，而只是依托佛的清净国土由自心显现出的类似的净土。也就是说，一般凡夫所生的净土，是自心的变现，并不是真正生于佛的净土。再如，唐代慈愍三藏日慧撰《往生义》，对禅宗批评念佛往生净土的主张加以论难，强调念佛读经等一切净土修行都是禅，提倡禅与念佛并修。又如，明末袾宏评论说：

有谓唯心净土，无复十万亿刹外更有极乐净土。此唯心之说，原出经语，真实非谬。但引而据之者错会其旨。夫即心即境，终无心外之境；即境即心，亦无境外之心。即境全是心，何须定执心而斥境？拨境言心，未为达心者矣。②

这是说，禅宗以唯心净土说否定西方极乐净土的存在，是不符合经典原意的。心与境是相即的关系，不能互相排斥，以执著心而排斥境，以唯心而否定西方净土，并不是真正了达心。袾宏还把禅净双修统一于念佛上，强调持名念佛是往生净土的首要法门。

宋代律宗元照也主张唯心净土说。元照本来是受天台宗的影响，但他不赞成知礼的约心观佛说，他强调不是观心，而是观阿弥陀佛，认为观阿弥陀佛而悟对象与心一体时，佛就是心。可以说，元照是在观佛的基础上理解心与佛的关系，进而肯定唯心净土说的。

---

① 《释净土群疑论》第1卷，《大正藏》第47卷，32页中。

② 《竹窗二笔·净土不可言无》，《云栖法汇·手著》第4册。

由上可见，自宋代以来，唯心净土、禅净一致的主张，大体上已成为中国佛教各宗派的共识，只是在具体解说和修持方法上，还存在着一些差别。

五、人间净土理念的倡导

近代以来，西学东渐，中国社会面临着巨大的冲击，历史不断发生变迁。时局动荡，战乱迭起，风雨如晦，乌云漫空。整个汉地佛教处在萎缩、颓危的势态之中。正是在中国历史大转变，中国佛教日趋衰落，面对时代挑战的严重深刻，被誉为近世新佛教领袖的太虚大师（1890 ~ 1947）敏锐地感察到中国社会的发展趋势和时代的脉搏，倡导“人间净土”说，并相应地提出了“人生佛教”、“人间佛教”的理念。太虚的主张，又经印顺等人的继承和发挥，成为了主导当代中国佛教实践追求的新理想和中国佛教现代化的新道路。

太虚所作《建设人间净土论》，在广泛陈述弥勒净土和弥陀净土之后，直接倡导“人间净土”的主张，他说：

> 近之修净土者，及以此土非净。必须脱离此恶浊之世，而另求其往生一良好之净土。然此为一部分人小乘自了之修行方法，非大乘的净土行。……今此人间虽非良好庄严，然可凭个人一片清静之心，去修集许多净善的因缘，逐步进行，久而久之，此浊恶之人间便可一变而为庄严之净土，不必于人间之外另求净土，故名为人间净土。[①]

认为离开人间另求净土不是大乘净土修行的目的，他强调要凭借每个人的清净之心，共同努力，逐步地转变恶浊世界为人间净土。在太虚看来，净土就是良好的社会，是人心清净的善果，浊土就是丑恶的社会，是人心不正的恶果。他认为大家只要以良好的心知，纯正的思想，

① 《太虚大师全书·支论》，427 页。

去建设一切正常的事业，就不难把恶浊的中国建设成为一片净土的中国。

为了配合人间净土理想的提出、推行和实现，太虚又着意于改造佛教，使之人生化、人间化，提倡“人生佛教”和“人间佛教”。所谓人生佛教，是指佛教要以人类为中心，以人生为基础，也就是对人类以外的其他众生，如天神、鬼神等存而不论；再是不重视“人死”，他认为人生重于人死，生活重于生死。人生佛教内涵的核心是重在做一个好人，成就人格，并进到成佛的境地。

> 仰止唯佛陀，完成在人格；人圆佛即成，是名真现实。[①]

太虚的著名诗句准确地表达了人生佛教的真谛。

太虚还在偏重于“僧人本位”的人生佛教的基础上，进一步提出面向“社会全体”的人间佛教的理念，他在《怎样来建设人间佛教》一文中说：

> 人间佛教，是表明并非教人离开人类去做神做鬼，或皆出家到寺院、到山林里去做和尚的佛教，乃是以佛教的道理来改良社会，使人类进步，把世界改善的佛教。[②]

人间佛教的理念突出了用佛教义理化导、改良、完善社会的意义、功能，扩大了人生佛教的实行范围，使佛教进一步贴近社会现实。太虚弟子印顺，也提倡一种基于人生佛教而又超越人生佛教的人间佛教。[③]他认为为了对治偏于死亡与鬼和偏于神与永生的佛教，必须高扬“人间佛教”，强调：

---

① 《即人成佛的真现实论》，《太虚大师全书·支论》。

② 《太虚大师全书·支论》。

③ 详见印顺《妙云集》下编之一《佛在人间》。

真正的佛教，是人间的，唯有人间的佛教，才能表现出佛法的真义。[①]

赵朴初也汲取太虚的思想，提倡：

发扬人间佛教的优越性。[②]

他说：

人间佛教主要内容就是：五戒、十善。[③]

把人间佛教的主要内容归结为佛教的基本道德规范。他还认为，人间佛教的意义在于，使人们能够自觉地建立起高尚的道德品行，建设起助人为乐的精神文明，有助于国家社会，进而以此净化人间，建设人间净土。[④]

太虚提出人间净土、人生佛教和人间佛教的理念，除了有其深刻的历史背景以外，还有多重的复杂的思想渊源：第一，人间净土思想是以人们都有清净心为出发点的，认为除去妄心，实践德行，无须离开现实人间，就能把人间变成道德高尚、精神文明的净土，变成彼此互助、人际和谐的乐园。可见《维摩诘经》说的“心净则国土净”正是人间净土说的主要理论基础。第二，人生佛教和人间佛教的提倡，是和中国儒家的人学思想分不开的，关于这一点，太虚在许多著作中也都有明确的论述。儒家重人事，远鬼神，强调“入世济民”、“经世致用”，重视伦理道德教化和修养，提倡君子人格，对人生佛教和人间佛教的内涵的界定，以及实践方法的选择，有着直接的重大影响。第

① 《妙云集》下编之一《佛在人间》，22 页。

② 《佛教常识问答》，《法音》文库，中国佛教协会，1990 年，110 页。

③ 《佛教常识问答》，《法音》文库，中国佛教协会，1990 年，110 页。

④ 详见上书，113 页。

三，太虚勇于突破传统佛教的某些界限，也是他对当时新思潮的一种热情反应与敏锐感受。他先后阅读过康有为的《大同书》、梁启超的《新民说》、章太炎的《告佛弟子书》、严复译的《天演论》、谭嗣同的《仁学》，以及孙中山的《三民主义》、邹容的《革命军》等，从而扩大了眼界，增强了使命感，直接推动他提倡新佛教理念，开展新佛教运动。由此可以说，人间净土以及相关的人生佛教、人间佛教理念，虽然也含有印度佛教思想，但主要是中国佛教思想，严密地说，更是中国近代的佛教思想。

太虚等人的人间净土、人生佛教、人间佛教的理念，就其实质来说，是强调人们道德素质的提高、精神境界的升华，从而使人间社会日益净化、文明、和谐、美好。这些理念与原始佛教的出世精神、佛教的泛众生论并不一致，但由于结合了中国的传统文化和中国民情实际，适应时代发展的需要，因此成为当代中国佛教实践活动的指针，并显示出强大的生命力。

综上所述，中国佛教人生理想论的内容十分丰富，且富民族特色。中国佛教学者经过接受、理解、消化直至创造，一方面适应中国人对长生不死的强烈欲望，对神秘境界的热切期待，大力宣扬西方净土思想；一方面又提出了自心即涅槃、自性即佛和人间净土的理念，表现出重人心、重人生、重人间、重现实的思想特征。这是对印度佛教思想的转换，也是对印度佛教思想的发展。

原载《人间净土与现代社会》，台北，法鼓文化事业股份有限公司，1998 年

弥勒信仰在中国

弥勒信仰无论是在印度，还是在中国的佛教史上都占有重要的地位。本文着重阐述的是弥勒信仰在中国的兴起原因、演变过程和基本特点三个问题，并借以窥探这一信仰在中国的基本面貌。

一、弥勒信仰兴起的三个原因

弥勒信仰是以弥勒菩萨为信奉对象的宗教信仰。在印度，早期佛教就有弥勒信仰。在早期佛教的经典中，如《增一阿含经》和《中阿含经》叙述的只是两位菩萨，一位是释迦牟尼佛，描述了他成佛前的情况；另一位就是弥勒菩萨，讲他是未来佛。由此可见弥勒菩萨的重要及其信仰发生之早。从中国佛教发展史来看，弥勒净土思想的发展也很早，是各类净土思想中发展最早的。弥勒菩萨成为民间的信奉对象，早于阿弥陀佛和观世音菩萨。弥勒信仰的兴起，始于晋代有关佛经的传译。弥勒经典的汉译本，最重要的有：《弥勒下生经》（竺法护译）、《弥勒成佛经》（鸠摩罗什译）和《弥勒上生经》（沮渠京声译），三者合称为《弥勒三部经》，又连同《弥勒下生成佛经》（鸠摩罗什译）、《佛说弥勒来时经》（译者不详）和《弥勒上生成佛经》（唐义净译），合称为《弥勒六部经》。这些佛经叙述了弥勒菩萨上生兜率天，和自兜率天下生世间成佛时，其种族、出家、成道、转法轮、国土及时节等事。弥勒信仰在唐代以前一直非常流行，并且产生了极为广泛的影响。弥勒信仰的兴起和普及不是偶然的，它有着极为深刻的原因，这些原因主要可归结为三个方面。

（一）弥勒身份的独特性

在佛教史上，弥勒的身份相当特殊，非同一般。它的特殊之处，就是具有两种不同的身份，一是在信仰上的，一是涉及史实方面的。他在信仰上的又有两种身份。

弥勒，梵名 Maitreya，巴利名 Metteyya，意译作慈氏。据《弥勒上生经》和《弥勒下生经》的记载，弥勒出身婆罗门家庭，后来皈依释迦牟尼，为佛弟子。他先于释迦牟尼入灭，并以菩萨身份长期住在兜率天，为天人说法并解决疑难问题。释迦牟尼曾预言，弥勒菩萨将下生世间为佛以救度众生。《中阿含经》载，释迦牟尼向弥勒授记（预言）说："弥勒，汝于未来人寿八万岁时，当得作佛，名弥勒如来。"[①]《长阿含经》也说，当未来人寿八万岁时，有国王名叫儴伽，此时此地"人民炽盛，五谷平贱，丰乐无极"[②]，"佛有出世，名为弥勒如来"[③]。后来大乘佛教弥勒经典更是详尽地发挥了这些思想。《佛说观弥勒菩萨上生兜率天经》（《弥勒上生经》）说：

> 世尊往昔于毗尼中及诸经藏说：阿逸多（即弥勒）次当作佛。……佛记此人成佛无疑。……如来应正遍知，今于此众说弥勒菩萨摩诃萨阿耨多罗三藐三菩提记。此人从今十二年后命终，必得往生兜率陀天上。[④]

由此可见，有关佛典一再提到释迦牟尼预言弥勒菩萨继当做佛的

---

① 《中阿含经·说本经》，《大正藏》第 1 卷，511 页。
② 《长阿含经·转轮胜王修行经》，《大正藏》第 1 卷，41 页。
③ 《长阿含经·转轮胜王修行经》，《大正藏》第 1 卷，41 页。
④ 《大正藏》第 14 卷，418 页。

事。有的佛典还说，弥勒为了留在兜率天宫为天人决疑，“具凡夫身，未断诸漏（烦恼）”[1]，“不修禅定，不断烦恼”[2]。他要在兜率天住寿4 000年，即一般说要在释迦牟尼去世后的56.7亿年后，弥勒才能从兜率天宫下降到现实世界（“娑婆世界”），在龙华树下成佛。弥勒在龙华树下曾三次会众说法，教化众生，使数以百亿计的人获得解脱。因为弥勒将代替释尊说法，所以现在称为“一生补处菩萨”，即过一生就成佛者，是未来佛。等到成佛时，即称弥勒佛、弥勒如来。这就是说，弥勒是下届娑婆世界成就正等正觉的候补者，是释迦牟尼佛的法统继承者。这样，弥勒就有了两种身份，一是现今还在兜率天宫说法的弥勒菩萨，一是将来下生此世界的弥勒佛。弥勒之所以受到特别的崇敬和信奉，与其具有这两种身份的特殊地位是密切相关的。

相传弥勒是在释迦牟尼入灭900年后的一位印度佛教论师，是大乘瑜伽行派的开山祖师。现存佛典题为弥勒菩萨造的就有《瑜伽师地论》、《大乘庄严经论颂》、《辩中边论颂》、《金刚般若波罗蜜经论》和《现观庄严论》等。又传，弥勒将瑜伽唯识理论传给了无著，是无著的老师。然而这一说法也有人持有异议。弥勒论师是否为历史上的实有人物，迄今未能定论。就广大佛教徒和民间群众来说，他们并不关心弥勒论师是否确有其人，他们完全是为弥勒菩萨和弥勒佛的独特魅力所吸引而引发出不可抑制的崇敬和信仰的情感。

（二）弥勒境界的理想性

弥勒境界与其两种身份相应，也有两种胜境。一是上生兜率天的天上胜境，二是下生成佛的人间胜境。兜率天是“六欲天”[3]第四个天，共有两部分。一是内院，为弥勒菩萨所居住的地方；二是外院，是一般天神和凡夫所居住的地方。兜率天妙圣庄严，《佛说观弥勒菩萨上生兜率天经》就内院的胜境描绘说：

---

① 《大正藏》第14卷，418页。

② 《大正藏》第14卷，418页。

③ 六欲天，指四天王天、三十三天、焰摩天、兜率天、化乐天和他化自在天。

> 诸园中有八色琉璃渠，一一渠有五百亿宝珠而用合成，一一渠中有八味水，八色具足。其水上涌浇梁栋间，于四门外化生四华，水出华中如宝华流。一一华上有二十四天女，身色微妙，如诸菩萨庄严身相。手中自然化五百亿宝器，一一器中天诸甘露自然盈满，左肩荷佩无量璎珞，右肩复负无量乐器，如云住空，从水而出，赞叹菩萨六波罗蜜。若有往生兜率天上，自然得此天女侍御。亦有七宝大师子座，高四由旬，阎浮桧金元量众宝以为庄严，座四角头生四莲华，一一莲华百宝所成，一一宝出百亿光明，其光微妙，化为五百亿众宝杂华庄严宝帐。时十方面百千梵王，各各持一梵天妙宝，以为宝铃悬宝帐上……诸阁间有百千天女，色妙无比，手执乐器，其乐音中演说苦、空、无常、无我诸波罗蜜。如是天官有百亿万无量宝色，一一诸女亦同宝色，尔时十方无量诸天命终，皆愿往生兜率天宫。①

这是华丽异常的天堂，内中各种设施都由诸宝所成，每一宝中又有无数莲花，每一莲花又由百宝所成，每一宝物又放出百亿光明。此外又有婀娜多姿的诸天宝女手执乐器，演说苦、空、无常、无我的佛法。兜率天上有七宝台大师子座，弥勒就在此座上说法。四周有天人围绕听法，天女竞相歌舞，赞叹供养。兜率天如此美妙的胜境自然会吸引无量诸天愿生此处。

《佛说弥勒大成佛经》就弥勒下生的人间净土也描绘说：

> 其地平净如琉璃镜。……大金叶华、七叶宝华、白银叶华，华须柔软，状如天缯。生吉祥果，香味具足，软如天绵。丛林树华，甘果美妙，极大茂盛。……城邑次比，鸡飞相及。……智慧威德，五欲众具，快乐安隐（稳），亦无寒热风火等病，无九苦恼（即九种灾难），寿命具足八万四千岁，无有中夭。人身悉长一十六丈，日日常受极妙安乐，游深禅定以为乐器。②

① 《大正藏》第14卷，419页。

② 同上，429页。

弥勒所降生的人间世界，大地平净，花果飘香。人们快乐安稳，健康长寿。没有水火、刀兵、饥馑等各种天灾人祸。此外，该经还描写说，弥勒降生的人世间，又是丰衣足食、财富无量、教育普及、文化素养极高的人间净土。在这里，统治者和被统治者都很仁慈善良，彼此和谐相处，相安无事。

弥勒经典还就众生上生兜率天的条件、方法做了说明，如《弥勒上生经》说具备以下条件，即持五戒、持八关斋戒、身心精进不懈、修十善法中的一项，就可以上生到兜率天宫亲近弥勒菩萨。还说："若有得闻弥勒菩萨摩诃萨名者，闻已欢喜恭敬礼拜，此人命终，如弹指顷即得往生。"[①] 这是说，众生只要得闻弥勒菩萨摩诃萨的名，并虔诚地信奉礼拜，命终时很快就可以上生兜率天宫。下生经描述了弥勒菩萨下生的翅头末城，说城中有诸般美好，儴法王虔诚供养弥勒，弥勒见众生沉没在大生死中，生出怜悯之心，于是在一天早上出家学道，坐在龙华树下半夜就成佛了。弥勒成佛后，又在龙华树下三度说法（"龙华三会"），使无数民众成就罗汉果。《弥勒上生经》还说，"得生于兜率天上值遇弥勒，亦随弥勒下阎浮提"。[②] 这里说的是上生与下生的关系，强调只要上生到兜率天，也就可以随弥勒菩萨一同下生至人间净土。可见，众生只要信奉弥勒净土，无论是上生兜率天堂还是下生人间净土，都是非常简易便捷的。

弥勒信仰传入中国时，西晋统治阶级内部互相倾轧，自相残杀，社会动荡，人民大众生活极不安定。后来的五胡乱华，又形成了南北对立的僵持局面，干戈相继，兵荒马乱，人民大众更是生活在战乱的水火之中。弥勒体现出的慈爱之心、相助精神成为人民大众的理想生命价值观。弥勒信仰反映了人民大众的未来理想，成为人民大众的人生观和世界观。人民大众相信，弥勒菩萨是帮助自己解脱苦难的救星。因此他们一心向往弥勒菩萨的天上净土和人间胜境。弥勒经典所描述的理想世界正是适应了人民大众的心理需求，因而弥勒成了人民大众

---

① 《观弥勒菩萨上生兜率天经》，《大正藏》第 14 卷，420 页中。

② 《大正藏》第 14 卷，420 页上。

普遍的信仰对象。

长期以来，中国的各寺庙在除夕晚上都要举行弥勒普佛法会，新年第一件大事就是在初一早上礼赞称念弥勒圣号：“南无当来下生弥勒佛。”这就是在祝愿弥勒早日下生到此世界，因弥勒下生成佛不仅佛法会随之昌盛，而且弥勒下生成佛的世界与现实的恶浊世界也截然相反，那是没有痛苦灾难的清净幸福的世界。中国佛教对弥勒信仰的巨大热情，反映了人民大众对理想世界的向往与追求。

（三）弥勒形象的可塑性

在佛教界中，弥勒的身份、地位和其他菩萨、佛都不同，如上所述，他是不固定的、变化的、上升的。弥勒菩萨经过极其漫长的岁月将下生成佛。弥勒地位、身份的这种变化性，为某些人塑造自己的形象、装扮自己提供了契机。不同的人为达到各自不同的目的，都可以不同方式利用这种变化性，即把自己装扮成弥勒下生的化身。武则天就借此把自己说成是弥勒的化身，为自己登上皇帝宝座提供神学论证，民间的一些人则打着弥勒化身的旗帜造统治阶级的反。至于佛教本身也在不断改变弥勒的形象，以扩大弥勒信仰的影响。弥勒形象的这种可塑性，我们认为也是构成弥勒信仰普及化的重要原因之一。

二、弥勒信仰演变的三个阶段

在中国，弥勒信仰分为上生信仰和下生信仰两大派。下生信仰又演化出化身信仰，从而形成了上生、下生和化身信仰三类。从历史的角度来考察弥勒信仰，这三类大体上呈现出三个先后不同的阶段，当然这种阶段的划分是相对而言的，其间也存在着相互交错的情况。

（一）上生信仰

据现有文献记载，最早提倡弥勒上生信仰的典型代表人物是东晋名僧释道安（312 ~ 385）。《高僧传》卷5《释道安传》载：

安每与弟子法遇等，于弥勒前立誓愿生兜率。后至秦建元二十一年正月二十七日，忽有异僧，形甚庸陋，来寺寄宿。寺房既窄，处之讲堂。时维那值殿，夜见此僧从窗隙出入，遽以白安。安惊起礼讯，问其来意。答云："相为而来。"安曰："自惟罪深，讵可脱度？"彼答云："甚可度耳。然须更浴，圣僧情愿必果。"具示浴法。安请问来生所往处，彼乃以手虚拨天之西北，即见云开，备睹兜率胜妙之报。尔夕大众数十人悉皆同见。安后营浴具，见有非常小儿伴侣数十来入寺戏，须臾就浴，果是圣应也。至其年二月八日，忽告众曰："吾当去矣！"是日斋毕，无疾而卒。葬城五级寺中，是岁晋大元十年也，年七十二。①

释道安开创了上生弥勒兜率净土信仰，在他的倡导下，他的弟子如昙戒、道愿和法遇等也都专修弥勒兜率净土。《高僧传》卷5《释昙戒传》云：

释昙戒，一名慧精，姓卓，南阳人。……废俗从道，伏事安公为师。……后笃疾，常诵弥勒佛名不辍口。弟子智生侍疾，问："何不愿生安养？"戒曰："吾与和上等八人同愿生兜率，和上及道愿等皆已往生，吾未得去，是故有愿耳。"言毕，即有光照于身，容貌更悦，遂奄尔迁化。②

昙戒重病时还念念不忘称念弥勒佛名。弟子问他为什么不愿往生阿弥陀佛的安养净土（即西方极乐世界），他回答说是已和道安等人发愿往生兜率净土。从他的回答可知，道安及其门下至少有八人是奉持弥勒信仰的。此外，如道安的教友竺僧辅，也发愿"誓生兜率，仰瞻慈氏"③。足见当时佛教界向往上生兜率天，亲近弥勒菩萨，以求佛来解

① 《大正藏》第50卷，353页。
② 同上，356页。
③ 《高僧传·竺僧辅传》，见《大正藏》第50卷，355页。

答疑难问题已成一种普遍的风尚。

兜率天不仅清净美妙异常，而且弥勒菩萨又亲自为人们说法解疑，这对佛教知识界具有强大的吸引力。佛教传入中国的早期，中国僧人对佛法的理解有很大困难，问题颇多，所以希望死后能往生兜率天宫，请教弥勒菩萨。道安的弟子僧睿说：

此土先出诸经，于识神性空，明言处少，存神之文，其处甚多。《中》、《百》二论，文未及此，又无通鉴，谁与正之？先匠所以辍章于遐慨，思决言于弥勒者，良在此也。①

印度佛教关于识神（精神、灵魂）是性空还是实有的问题，各种典籍说法不同，道安对此疑惑不决，发愿上生兜率天向弥勒请教。又如史载：

智严……受具足戒，恐不待戒。积年禅观，不能自决，大为忧苦。遂更与弟子智羽、智达，泛海重至天竺，以事问罗汉。罗汉复不能决，乃为入定，往兜率问弥勒，弥勒答云："得戒。"严大欢喜。②

这也说明佛教徒是视弥勒为佛国诸神中疑难问题的解决者、修持程度的裁定者，因而吸引了众多的僧人发愿往生兜率天。

与此同时，佛教学者中一部分人也热情赞颂弥勒上生兜率和下降世间为众生解决苦难的功德。如支道林撰写的《弥勒赞》一文说：

弥勒承神第，圣录载灵篇。乘乾因九五，龙飞兜率天。法鼓震云宫，逸响高三千。……盘纡七七纪，应运莅中幡。挺此四八姿，映蔚华林园。亹亹玄轮奏，三摅在昔缘。③

① 《出三藏记集·毗摩罗诘提经义疏序》，《大正藏》第55卷，59页。

② 宝唱：《名僧传抄》，见《续藏经》，第1辑第2编第7套第1册，13页。

③ 《广弘明集》卷15。

支道林盛赞弥勒上生兜率天为众说法，传遍了三千大千世界。经过漫长岁月后又下降世间在龙华林园说法济度众生。对弥勒的慈心和济人精神表示了崇高的敬意。可见弥勒的形象是如何深入人心！在道安及其弟子等人的影响下，北方地区和江南一带，相继出现了不少追随者。刘宋沮渠京声译出了《佛说观弥勒菩萨上生兜率天经》并广为流传，进一步推动了弥勒上生信仰向广度和深度发展。

在北魏太武帝灭佛以后，随着文成帝下诏恢复佛教，弥勒上生信仰成为北魏中期佛教的主要信仰。敦煌、云冈、龙门等北朝佛教石窟中，普遍开凿的是交脚弥勒像，还凿有弥勒龛。人们信奉弥勒兜率净土极为热情、虔诚。在南北朝时，整个北方地区，凿造弥勒像相当普遍，其数量之多，仅次于释迦牟尼像。有的学者根据云冈、龙门、巩县诸石窟和所知的传世金铜像加以分类统计，北朝有纪年的诸尊造像分别是，释迦牟尼 178 尊，弥勒 150 尊，阿弥陀佛 33 尊，观世音菩萨 171 尊，后者是在北魏分裂后迅速增加的。[①] 人们造像的动机虽各有不同，但有的方面又是相同的。如，北魏神龟三年（520）四月十三日翟蛮造弥勒像记云："佛弟子翟蛮为亡父母、洛难弟造弥勒像一坵（躯），愿使亡者上生天上，托生西方，侍佛左右，供养三宝。"[②]

又，东魏武定六年（548）五月三日广武将军奉车都尉唐小虎造像记残石云："仰为皇帝、大丞相，右为七世亡父母，见（现）存眷属造弥勒像一区（躯），愿国祚永隆万代，有愿先亡生天，离苦受乐，见存德福，生生世世值佛闻法，含生之类，同登正觉。"[③] 这是说，造像的目的：一是为皇上祝福，祈求国祚永隆；二是为父母祖先、兄弟姐妹等亲人祈福，祝愿死者上生天上，托生西方，欢乐幸福；三是祝愿一切众生同登正觉，成就正果。前两项目的体现了中国传统的忠、孝观念，后者则表现了佛教普度众生的慈悲胸怀。在中国人看来，儒家的伦理

① 参见唐长儒：《北朝的弥勒信仰及其衰落），见《魏晋南北朝史论拾遗》，北京：中华书局，1983 年，196—197 页。

② 《陶斋藏石记》卷六《后魏》。

③ 《陶斋藏石记》卷九《东魏二》。

与佛教的义理是统一的，并不矛盾。

在南方，如史载：

道矫，高陆人也。……住龙华寺……造夹苎弥勒倚像一躯。……释法祥，精进有志节。以元嘉九年立弥勒精舍。[①]

慧玉，长安人也。……元嘉十四年十月为苦行斋七日，乃立誓曰："若诚斋有感，舍身之后必见诸佛者，愿于七日之内见佛光明。"五日中宵，寺东林树灵火赫然，即以告众。众皆欣敬，加悦服焉。寺主法弘后于光处起立禅室。初，玉在长安，于薛尚书寺见红白色光，烛曜左右，十日小歇。后六重寺沙门四月八日于光处得金弥勒像，高一尺云。[②]

这表明在南方建造弥勒寺像也是非常普遍的现象，同时也说明修持弥勒净土的佛教徒已不在少数。又如陈代名僧释慧思也是奉持弥勒净土的。《续高僧传》卷 17《陈南岳衡山释慧思传》载："释慧思……又梦弥勒、弥陀说法开悟，故造二像，并同供养。又梦随从弥勒与诸眷属同会龙华。"[③] 从释道安大弟子释慧远信奉弥陀净土以来，弥陀净土信仰开始兴盛，信奉弥勒净土的人也同时信奉弥陀净土。

隋代和唐朝初年，弥勒上生信仰继续流行。据《慧日道场僧惠云墓铭》云：

法师俗姓贾氏，河南洛阳人。……以开皇十四年，岁次甲寅三月十二日辰时，端坐正色，称弥勒佛名，愿生兜率天上。舍于内侍省。[④]

这也是说，隋代惠云法师是一位弥勒上生兜率净土的信奉者。又如，

① 宝唱：《名僧传抄》，见《续藏经》，第 1 辑第 2 编第 7 套第 1 册，13—14 页。

② 宝唱：《比丘尼传·江陵牛牧寺慧玉传》，《大正藏》第 50 卷，937—938 页。

③ 《大正藏》第 50 卷，562 页。

④ 《八琼宝金石文字补正》卷二十五，北京：文物出版社，1985 年，160 页。

天台宗著名学者灌顶和智晞等人也都是奉持弥勒净土信仰的。《续高僧传》卷 19《唐天台山国清寺释灌顶传》云：

释灌顶，字法云，俗姓吴氏，常州义兴人也。……忽以贞观六年八月七日终于国清寺房，春秋七十有二。初，薄示轻疾，无论药疗，而室有异香。临终命弟子曰："《弥勒经》说：佛入灭日，香烟若云。汝多烧香，吾将去矣！"因伸遗诫，词理妙切。门人众侣，瞻仰涕零。忽自起合掌，如有所敬，发口三称"阿弥陀佛"。低身就卧，累手当心，色貌欢愉，奄然而逝。举体柔软，顶暖经日。尝有同学智晞，颉之亲度，清亮有名，先以贞观元年卒。临终云："吾生兜率矣，见先师智者（智颉）。宝座行列皆悉有人，惟一座独空，云却后六年，灌顶法师升此说法。"梵香验旨，即慈尊降迎，计岁论期，审晞不谬矣。[1]

由此可见，灌顶临终前虽然口称阿弥陀佛，但死后还是愿生兜率天宫，这段引文足以表明，他们追求的不是到兜率天求弥勒菩萨决疑，而是想荣登宝座为人说法。这就扩展了弥勒上生信仰的含义和目的，并反映出中国僧人学识的提高和民族主体意识的增强。

事实上，隋唐时代，弥勒上生信仰已超越了宗派的分野。除了提倡弥陀净土信仰的净土宗外，崇奉弥勒也成为其他一些重要宗派创始者的共同信仰。与天台宗灌顶等人一样，法相唯识宗的奠基人、著名的唐三藏玄奘法师及其弟子窥基法师，对弥勒上生信仰也都是十分虔诚的。《续高僧传》卷 4《唐京师大慈县寺释玄奘传》云：

又东南行二千余里，经于四国，顺殑伽河侧，忽被秋贼须人祭天。同舟八十许人，悉被执缚，唯选奘公堪充天食。因结坛河上，置奘坛中。初便生飨，将加鼎镬。当斯时也，取救无缘，注想慈尊弥陀如来及东夏住持三室，私发誓曰："余运未绝，会蒙放免；必其无遇，命也

① 《大正藏》第 50 卷，584—585 页。

如何？”同舟一时悲啼号哭，忽恶风四起，贼船而覆没，飞沙折木，咸怀恐怖。诸人又告贼曰：“此人可愍，不辞危难。专心为法，利益边陲。君若杀之，罪莫大也。宁杀我等，不得损他。”众贼闻之，投刃礼愧，受戒悔失，放随所往。[①]

这是说，玄奘在西行取经途中遇贼，在将被充作祭天供品的生死关头，他就专心注想弥勒如来的保佑，祈求放免。这一记载也表明玄奘是一向信奉弥勒的。玄奘回国以后，也热心提倡弥勒信仰，他说：

西方道俗并作弥勒业，为同欲界，其行易成。大小乘师皆许此法。弥陀净土恐凡鄙秽，修行难成，如旧经论，十地以上菩萨随分见报佛净土；依新论意，三地菩萨始可得见报佛净土，岂容下品凡夫即得往生？此是别时之意，未可为定。所以西方大乘许，小乘不许。[②]

这是说，印度佛教大小乘和佛教在家信徒普遍信奉弥勒净土，其修行方法比较简易。玄奘一生力主修持弥勒净土，一生常作弥勒业，直至临终时，乃一如既往满怀信心地发愿上生兜率天，觐见弥勒菩萨。《续高僧传》卷4《唐京师大恩慈寺释玄奘传》云：

奘生常以来愿生弥勒，及游西域，又闻无著兄弟皆生彼天，又频祈请，咸有显证。怀此专志，并增翘励。后至玉华，但有隙次，无不发愿生睹史多（兜率陀）天，见弥勒佛。……总召门人、有缘并集，云：“无常将及，急来相见。”于嘉寿殿以香木树菩提像骨对寺僧门人辞诀，并遗表讫。便默念弥勒，令傍人称曰：“南谟弥勒如来应正等觉，愿与含识速奉慈颜；南谟弥勒如来所居内众，愿舍命已必生其中。”至（麟德元年）二月四日，右胁累足，右手支头，左手臂上，铿然不动。

① 《大正藏》第50卷，449页。

② 《敬佛篇·弥勒部·发愿部》，见《法苑珠林》卷十六，见《大正藏》第53卷，406页。

有问何相，报曰："勿问，妨吾正念。"至五日中夜，弟子问曰："和尚定生弥勒前不？"答曰："决定得生。"言已，气绝神逝。[①]

玄奘以上生兜率天为归宿，他的大弟子窥基也是弥勒上生净土的热情信奉者，《宋高僧传》卷4《唐京兆大慈恩寺释窥基传》云：

释窥基，字洪道，姓尉迟氏，京兆长安人也。……年十七，遂预缁林，及乎入法，奉敕为奘师弟子。……后躬游五台山，登太行，至西河古佛宇中宿。梦身在半山，岩下有无量人唱苦声。冥昧之间，初不忍闻。徒步陟彼层峰，皆琉璃色，尽见诸国土。仰望一城，城中有声曰："住！住！咄！基公未合到此。"斯须，二天童自城出，问曰："汝见山下罪苦众生否？"答曰："我闻声而不见形。"童子遂投与一剑一镡曰："剖腹当见矣。"基自剖之，腹开，有光两道，晖映山下，见无数人受其极苦。时童子入城，持纸二轴及笔投之，捧得而去。及旦，惊异未已。过信夜寺中有光，久而不灭。寻视之，数轴发光者，探之得《弥勒上生经》。乃忆前梦，必慈氏令我造疏，通畅厥理耳。遂援毫次，笔锋有舍利二七粒而陨，如吴含桃许大，红色可爱；次零然而下者，状如黄粱粟粒。……基常生勇进，造弥勒像，对其像日诵《菩萨戒》一遍，愿生兜率，求其志也。乃发通身光瑞，烂然可观。[②]

窥基作有《弥勒上生经疏》，阐发了上生经的思想。传中所说作疏时笔锋上有舍利多粒，以示系神来之笔，非同寻常。他还造弥勒像，发愿往生兜率天宫。这一系列活动都表明弥勒净土仍是唐初佛教的重要信仰。

唐代一些在家的佛教信徒也信仰弥勒净土。众所周知，晚年号称香山居士的著名诗人白居易（772 ~ 846）就是一位信奉弥勒上生信仰的突出代表。他积极参加发愿"一时上生"弥勒净土的法会，《画弥勒

① 《大正藏》第50卷，458页。

② 《大正藏》第50卷，725—726页。

上生帧赞并序》记叙了法会的盛大情况。

南赡部洲大唐国东都城长寿寺大比丘道嵩、存一、惠恭等六十人，与优婆塞士良、维俭等八十人，以大和八年夏，受八戒，修十善，设法供，舍净财，画兜率陀天宫弥勒上生内众一铺，眷属围绕，相好庄严。于是嵩等曲躬合掌，焚香作礼，发大誓愿：愿生内宫，劫劫生生，亲近供养。按本经云：可以除九十九亿劫生死之罪也。有弥勒弟子乐天同是愿，遇是缘，尔时稽首，当来下生慈氏世尊足下，致敬无量，而说赞曰：百四十心，合为一诚；百四十口，发同一声。仰慈氏形，称慈氏名，愿我来世，一时上生。①

这里叙述的是一个佛教僧侣和在家信徒的社团的活动，颇具规模。在以崇奉弥勒净土为宗旨举行的法会上，大家发愿在下一世时上生兜率天宫内院，亲近供养弥勒。这说明直到唐代中叶弥勒上生信仰还是相当流行的。

白居易在所作《画弥勒上生帧记》中，还记叙了信仰弥勒的内在动机和强烈愿望：

南赡部洲大唐国东都香山寺居士、太原人白乐天，年老病风，因身有苦，遍念一切恶趣众生，愿同我身离苦得乐。由是命绘事，按经文，仰兜率天宫，想弥勒内众，以丹素金碧形容之，以香火花果供养之。一礼一赞，所生功德，若我老病苦者，皆得如本愿焉。本愿云何？先是，乐天归三宝，持十斋，受八戒者有年岁矣。常日日焚香佛前，稽首发愿，愿当来世，与一切众生，同弥勒上生，随慈氏下降：生生劫劫，与慈氏俱，永离生死流，终成无上道。今因老病，重此证明，所以表不忘初心，而必果本愿也。慈氏在上，实闻斯言。言讫作礼，自为此记。时开成五年，三月三日记。②

① 《白居易集》卷七十，北京：中华书局，1979 年，1475 ~ 1476 页。
② 《白居易集》卷七十一，1497—1498 页。

这段记载，表现了白氏深感老病之苦、来日不多时，追求永远超越生死的解脱境界，上生兜率净土并随同弥勒下降人间净土的强烈愿望；反映了人类不可避免的生命的痛苦与幸福、短暂与永恒的深刻矛盾，反映了人类对生命的幸福与永恒的热烈追求。

（二）下生信仰

早在西晋时，竺法护曾译出《弥勒下生成佛经》，但流传不广。后秦时有鸠摩罗什译出的《佛说弥勒下生成佛经》，广为流传。如上所述，此经宣称，当弥勒从兜率天下生人间时，大地充满光明，处处五谷丰登，百姓康乐幸福。弥勒在华严树下三次说法，使广大民众得以解脱。弥勒下生给人间带来了光明、丰乐和幸福。弥勒下生的思想在佛教界、统治者和下层民众中均引发出不同而又强烈的反响。

弥勒下生信仰的突出表现是弥勒佛像的塑造。与依据弥勒上生信仰而塑造的着菩萨装的交脚弥勒像不同，体现下生信仰而塑造的是，着佛装、取双腿下垂倚坐姿势的弥勒像，在造型上和释迦牟尼佛像已没有多大区别。这种造像南北两地都很普遍。如敦煌、麦积山、龙门都有高大的弥勒佛像。浙江新昌石佛寺的弥勒像高达十几米，四川的乐山大佛更高至62米，居世界第一。再是涌现出大量的弥勒经变画，表现弥勒下生及在龙华树下说法的生动情景。

随着弥勒下生信仰的流传，社会上还出现了若干与之相关的经典，据智升的《开元释教录》卷18《别录中伪妄乱真录》载就有《弥勒下生遣观世音、大势至劝化众生舍恶作善寿乐经》1卷、《随身本宫弥勒成佛经》1卷、《弥勒摩尼佛说开悟佛性经》1卷、《弥勒下教经》1卷、《弥勒成佛本起经》17卷、《弥勒下生观世音施珠宝经》1卷、《弥勒成佛伏魔经》1卷、《弥勒成佛伏部庄严成佛经》1卷、《弥勒下生经》1卷、《弥勒下生救度苦厄经》1卷、《勇意菩萨将僧忍见弥勒并示地狱经》1卷、《弥勒下生甄别罪福经》1卷，以上均散佚。这些经典的主题就是宣扬弥勒下生，叙述弥勒成佛及进行劝化的情景。这些经虽然都是中国人造的伪经，但如此之多伪经的纷纷出现，却足以说明弥勒下生信仰的广泛和深入。

弥勒下生的思想也引起了某些统治者的兴趣。他们认为，如果对民众的弥勒下生信仰加以利用，可以更好地维护自己的统治。在这方面，武则天是一个很典型的例子。她以妇女身份登基及其取代李唐王朝的一系列做法，都是与儒家政治伦理思想相悖的。为了给自己当皇帝制造舆论，她就利用了佛教。据《资治通鉴》卷 204“则天后天授元年（690）”载：“东魏国寺僧法朗等撰《大云经》四卷，表上之，言太后乃弥勒下生，当代唐为阎浮提主。制颁于天下。”[①] 当改唐为周时，武则天就以“慈氏越古金轮圣神皇帝”自称，“慈氏”即弥勒。她俨然以弥勒化身自居，神化自己，以愚弄民众。武则天的臣下也以弥勒看她，如《资治通鉴》卷 205“则天后天册万岁元年（695）”载：

庚子，以明堂火告庙，下制求直言。刘承庆上疏以为：……通事舍人逢敏奏称，弥勒成道时有天魔烧宫，七宝台须臾散坏。[②]

这是以明堂失火与弥勒成道时有天魔烧宫相比类，称武后就是弥勒。我们认为这种情况的出现，也从一个侧面说明了弥勒下生信仰的盛行。

统治者利用弥勒下生信仰，下层民众也利用弥勒信仰。早在隋代就已出现了这种情况，据《隋书》卷 3《炀帝纪》上载：

（大业）六年（610）春正月癸亥朔，旦，有盗数十人，皆素冠练衣，焚香持华，自称弥勒佛，入自建国门。监门者皆稽首。既而夺卫士仗，将为乱。齐王暕遇而斩之。于是都下大索，与相连坐者千余家。[③]

上述事后三年，又出现宋子贤自称弥勒出世、聚众作乱的事：

---

① 《资治通鉴》，第 14 册，北京：中华书局，1956 年，6466 页。

② 同上书，6500 页。

③ 《隋书》，第 1 册，北京：中华书局，1973 年，74 页。

（大业）九年（613），帝在高阳。唐县人宋子贤，善为幻术。每夜，楼上有光明，能变作佛形，自称弥勒出世。又悬大镜于堂上，纸素上画为蛇为兽及人形。有人来礼谒者，转侧其镜，遣观来生形像。或映现纸上蛇形，子贤辄告云："此罪业也，当更礼念。"又令礼谒，乃转人形示之。远近惑信，数日百千人。遂潜谋作乱，将为无遮佛会，同举兵，欲袭击乘舆。事泄，鹰杨郎将以兵捕之。夜至其所，逮其所居，但见火坑，兵不敢进。郎将曰："此地素无坑，止妖妄耳。"及进，无复火矣。遂擒斩之，并坐其党与千余家。[①]

这里说的是，借弥勒信仰结社聚众，并利用佛教无遮大会以举兵反抗统治者。同年底，还有扶风人向海明也利用"弥勒下生"举兵起事。

丁亥，扶风人向海明举兵作乱，称皇帝，建元白乌。遣太仆卿杨义臣击破之。[②]

有桑门向海明，于扶风自称弥勒佛出世，潜谋逆乱。人有归心者，辄获吉梦。由是人皆惑之，三辅之士，翕然称为大圣。因举兵反，众至数万。官军击破之。[③]

佛教徒向海明带头反抗隋朝，从众至数万人，且建元称帝，建立政权，其声势之浩大可见一斑。向海明举兵虽败，但毕竟给了隋王朝以沉重的打击。

到了唐代，仍有人利用"弥勒下生"信仰反抗当时的统治者。《册府元龟》卷922总录部《妖妄二》载：

王怀古，玄宗开元初，谓人曰："释迦牟尼佛末，更有新佛出；李

① 《隋书》，第3册，662页。
② 《隋书》，第1册，86页。
③ 《隋书》，第3册，663页。

家欲末，刘家欲兴。”[①]

这里所说的“新佛出”，就是弥勒下生。这是以“新佛出”来为取代唐玄宗李家王朝的统治制造舆论和气氛。为此，唐玄宗下诏加以禁断。《资治通鉴》卷211“开元二年七月”载：“戊申，禁百官家毋得与僧尼、道士往还。”随后，据《唐大诏令集》卷113载开元三年《禁断妖讹等敕》：

敕：释氏汲引，本归正法；仁王护持，先去邪道。失其宗旨，乃般若之罪人；成其诡怪，岂涅槃之信士？不存惩革，遂废津梁；眷彼愚蒙，将隐坑阱。比有白衣长发，假托弥勒下生，因为妖讹，广集徒侣，称解禅观，妄说灾祥。或别作小经，诈云佛说，或辄蓄弟子，号为和尚。多不婚娶，眩惑闾阎，触类实繁，蠹政为甚。刺史县令，职在亲人，拙于抚驭，是生奸宄。自今以后，宜严加捉搦。[②]

很明显，唐玄宗的禁令实与有人利用弥勒下生的信仰来造反直接相关。弥勒信仰和利用弥勒信仰来实现政治目的是两回事，但二者毕竟又有联系。从隋代以来，利用弥勒下生信仰来反抗统治阶级的现象频繁出现，也证明了这种信仰在民间流传之广。正因为这种信仰兴盛，所以才有人利用。同时，这种利用又引起了统治者的关注和警觉，甚至下令禁止，这就直接地打击了弥勒信仰。民间一些有真诚佛教感情的人，也因弥勒下生信仰与社会政治问题相牵连而兴趣大减，他们不敢冒政治危险，这自然又导致弥勒信仰的衰退。

此外，弥勒信仰还遭到佛教内部弥陀信仰的思想冲击。净土宗人道绰和善导提倡弥陀净土，宣扬极乐之胜、兜率之劣的观念。道绰在《安乐集》卷上对弥勒净土与弥陀净土的优劣进行了比较，文中说：

① 《册府元龟》，第12册，北京：中华书局，1960年，10889页。

② 《唐大诏令集》，北京：商务印书馆，1950年，588页。

一、弥勒世尊为其天众转不退法轮，闻法生信者获益，名为信同；著乐无信者，其数非一。又来虽生兜率，位是退处，是故经云："三界无安，犹如火宅。"二、往生兜率，正得寿命四千岁，命终之后，不免退落。三、兜率天上虽有水鸟树林和鸣哀雅，但与诸天生乐为缘，顺于五欲，不资圣道。若向弥陀净国，一得生者，悉是阿毗跋致，更无退人与其杂居。又复位是无漏，出过三界，不复轮回。论其寿命，即与佛齐，非算数能知。其有水鸟树林，皆能说法，令人悟解，证会无生。四、据大经，且以一种音乐比挍者，经赞言："从世帝王至六天，音乐转妙有八重，辗转胜前亿万倍，宝树音丽倍亦然。复有自然妙伎乐，法音清和悦心神，哀婉雅亮超十方，是故稽首清净勋。"

同时，还有迦才撰写的《净土论》（《大正藏》卷 47）更是宣扬极乐净土是实，兜率净土是虚；极乐净土是净，兜率天宫是秽。他又举出两者的十种差异来论证极乐净土的大优和兜率天宫的极劣。弥勒净土思想遭到如此的贬抑，人们也逐渐在比较中认识到弥陀净土更易修行，与其等待弥勒下生，还莫如口念南无阿弥陀佛，死后直趋西方极乐世界来得便当。这样，弥勒信仰就逐渐地被弥陀信仰所取代，而退居于次要的地位了。然而弥陀净土信仰之所以兴盛，又实有赖于弥勒信仰的流传为其奠定了坚实的基础。

（三）化身信仰

自唐开元以后，弥勒信仰日益衰落，弥陀信仰代之而起并成为净土信仰的主流。在这种情况下，于五代十国时，出现了弥勒化身的布袋和尚。传说中的布袋和尚，常常杖荷布袋到集市上行化乞物，故而得名。布袋和尚的出现，改变了弥勒的形象、职能和身份。禅宗《景德传灯录》卷 27 载：

明州奉化县布袋和尚者，未详氏族，自称名契此。形裁腲脮，蹙额皤腹。出语无定，寝卧随处，常以杖荷一布囊，凡供身之具，尽贮囊中。……时号长汀子布袋师也。……示人凶吉，必应期无忒。……梁贞明三年丙子三月，师将示灭，于岳林寺东廊下，端坐磐石而说偈曰："弥勒真弥勒，分身千百亿，时时示时人，时人自不识。"偈毕，安然而化。其后他州有人见师亦负布袋而行，于是四众竟图其像，今岳林寺大殿东堂金身见存。[①]

随着禅宗布袋和尚为弥勒化身说的流传，首先在江浙一带，民间遂将布袋和尚作为弥勒的原型画图或造像供奉。如北宋时代开凿的杭州灵隐寺飞来峰的布袋弥勒像，肥头大耳，袒胸露腹，笑容可掬，一副慈祥善良、宽容大度的神态。在一般的寺院中也都有布袋和尚像，有的设在山门殿，更多的是设在天王殿的正中央，像的形态多为欢颜、皤腹、正坐。民间称之为"大肚弥勒"。弥勒神像的两侧，有的寺院还配以寓意深邃的对联。如："大肚能容，容天下难容之事；开口便笑，笑世上可笑之人。"（北京潭柘寺、广州六榕寺）"大肚能容，容天容地，与己何所不容；开口便笑，笑古笑今，凡事付之一笑。"（南京多宝寺）"日日携空布袋，少米无钱，却剩得大肚空肠，不知众檀越，信心时将何物供养；年年坐冷山门，接张待李，总见他欢天喜地，试问这头陀，得意处是什么来由。"（广东韶关南华寺）"笑古笑今，笑东笑西，笑南笑北，笑来笑去，笑自己原无知识；观事观物，观天观地，观日观月，观上观下，观他人总有高低。"（四川乐山凌云寺）这类楹联大多语言诙谐，耐人寻味，注入了现实生活内容。劝人乐观旷达，宽厚容人，可以说是中国人对弥勒形象的一种文学改造，可谓是中国化了的弥勒佛。大肚弥勒佛成为寺庙的护法神，又似乎兼有迎客进殿以及规劝众人宽容对人的职能。在民间的工艺品中，大肚弥勒佛像成为吉利幸运的象征而博得人们的喜爱。

① 《大正藏》第 51 卷，434 页。

三、弥勒信仰的三个特点

我们从以上的论述可以进一步看出中国弥勒信仰的三个特点。

（一）多样性

中国的弥勒信仰，从其内涵看共有三个类型，即上生信仰、下生信仰和化身信仰。弥勒信仰的不同类型，适应了社会不同人群的多样需要，如弥勒上生信仰多以高僧大德和士大夫阶层为其社会基础。按照弥勒经典的说法，弥勒往生兜率天上说法再下降人间成佛，这期间要经过 56.7 亿年。这样，在释迦牟尼已逝世，而弥勒又未降生人间的这段时间内，一些高级僧侣因对佛理存有疑难问题就决心发愿，命终时往生兜率天宫觐见弥勒，解决疑难。东晋的道安和唐代的玄奘都是如此。而更多的庶民百姓则热切地期待着弥勒菩萨早日下生人间，给人们带来欢乐和幸福，因此对下生信仰持有更大的热情。至于化身信仰，则既适应了佛教扩大教化的需要，又适应了人们的普遍心理需求。

不同的弥勒信仰体现在造像上，也呈现出多姿多彩的形态。南北朝时，弥勒菩萨的造型多是交脚趺坐像，有的头冠中还有化佛。此外还有弥勒思维像，其造型为一足下垂，另一足放在垂足的大腿上，一手支颐作思考状，另一手则放在翘起的足上，神情悠闲自在。隋唐时，弥勒菩萨像多作善跏倚坐的姿势，或双手结说法印，或右手作无畏印，以象征在兜率天说法的情景。弥勒佛像的造型，最常见的是善跏倚坐，双手作转法轮印。另外，也有交脚而坐，双手结转法轮印的像，还有右手作施无畏印，左手作与愿印的立佛像。布袋弥勒的造像，则呈身胖肚大、袒胸露腹、笑口盈盈的形态，显现出与人民生活密切相关的世俗化倾向。

（二）实用性

中国人往往从实用价值的角度来对待弥勒信仰，尤其是弥勒下生信仰，有的更借以实现眼前的现实要求，达到自身的政治目的。前面所谈的武则天利用弥勒信仰来为自己登基做神学的论证，唐玄宗打击弥勒信仰以及下层民众打着弥勒下世的旗帜反对当时的统治者，都体现了对弥勒信仰的实用态度。至于宋代以来置布袋弥勒于天王殿中央，也充分表明了一种实用性的选择。

这里，我们想再补充说明一下弥勒信仰中的政治实用性的影响。唐代以后，弥勒信仰因统治者压制、禁断而趋衰落，但同时它又走向地下与民间宗教相结合继续发生作用。元代兴起的白莲教就是伪托弥勒教并融合摩尼教（因崇奉明玉，也称明教）、道教等而成的，一直流行至清代。每当现实政治令平民不满时，“弥勒下世”、“明王出世”的说法就不胫而走，其结果虽是往往遭到统治者的镇压，但是弥勒信仰因融入于五花八门的民间宗教之中，又时隐时现地显示出其存在和活力。

（三）融会性

在弥勒信仰的演变过程中，有一个十分值得注意的现象，即出现了布袋和尚。这是中国人融会思维的创造，也就是说，这种创造是一种融会的结果。布袋和尚的“布袋”能囊括各种杂物，是一种包容万物的象征。布袋和尚作为弥勒的化身，它融上生信仰和下生信仰于一体，融印度佛教出世观念与中国传统入世观念于一体，体现了中国人的生命价值追求——吉利、福气、包容、慈善，同时又体现了佛教的神圣形象和济世精神，因而布袋弥勒在佛寺中占有稳定而突出的地位是绝非偶然的。

隋唐时代佛教宗派林立，表现了佛教的兴盛，同时又为佛教内部带来矛盾、斗争和由此产生的损耗。宋代以来禅宗与净土宗日趋融合的趋向，也在弥勒信仰中得到突出的表现。布袋和尚是位禅者，又是净土系统的弥勒化身，禅净完全融为一体，体现了中国佛教的巨大创造力。

弥勒信仰有上生和下生两派，然而中国佛教学者善于把上生和下生沟通起来。如玄奘法师等人求上生兜率天，一方面是为了向弥勒菩萨求教问法，另一方面是愿随弥勒下生广作佛事，乃至证得无上菩提。这说明在中国的大德高僧看来，弥勒上生信仰与弥勒下生信仰的宗旨并无根本性的矛盾，二者是殊途同归的。

值得注意的是，在艺术方面，弥勒上生的图像与下生的图像也是融为一体的。如云冈第七窟北壁主龛分上下二层，上层龛内的一组五尊像，主像为一交脚弥勒菩萨，两侧是各一弥勒坐倚佛，再两端是弥勒半跏思维像。第八窟主龛北壁也分上下两层，上层龛中也是一组五尊像，主尊是弥勒佛，两侧分别是兜率天宫的弥勒菩萨和弥勒菩萨思维像。这弥勒菩萨和弥勒佛并出的造像形式，表明了在人们的观念中，弥勒上生和弥勒下生信仰的关系极度密切，两者实是一体两面的。

总之，弥勒信仰在中国的演变就是一个不断为中国人所接受和改造的过程，一个不断中国化的过程，这种情况透露出的外来文化与本土文化的关系是值得我们深思的。

深圳大学《文化与传播》，1995（7）

中国佛教慈悲理念的特质及其现代意义

慈悲是佛教的核心理念之一，是佛教的重要伦理准则和理想价值观念，鲜明地体现了佛教的人文精神，构成为佛教人道主义思想的重要形态。阐述中国佛教慈悲理念的内涵和特质，进而揭示其现代意义，是本文所要着意论述的内容。

一、慈悲理念的哲学基础

佛教的慈悲理念是奠立在佛教世界观——缘起论的哲学基础上的。缘起论是说，世界万事万物都由因（直接原因）缘（间接原因）和合而生，也由因缘散失而灭。这是佛教解释人生、社会和宇宙种种现象产生、变化和消亡的基本理论。从缘起论又推导出“无我”论：就人来说，也是由各种因缘聚会而生，即生理的、心理的多种成分的组合，并没有一个真正的独立的自我存在。既然人不能作为自身的主宰，人生无常，毕竟空无，这就构成了人生痛苦、一切皆苦的价值基础。人有生老病死的痛苦，有欲望和追求得不到满足与实现的痛苦。这就形成人生的一种根本的需要——抚慰痛苦，缓解痛苦，拔除痛苦。佛教慈悲理念的重要性和必要性由此而被凸显出来。

从缘起论还推导出“同体”论和“平等”论。[①] 按照缘起论，没有任何事物可以离开因缘而独立产生和独立存在，同样，每个人也都与其他众生息息相关。从三世因果关系来看，其他众生的某某在过去世可能就是自己的父母等亲人，宇宙间各类生命实质上是一个整体。进一步说，佛、菩萨观照众生与己身具有同一的本性（同体），也就是说，一切众生皆具有存在的同一性、本质的同一性和至善的同一性。佛、菩萨也由此而生起与众生的绝对平等心，生起为众生拔苦与乐的慈悲心。这是佛教提出慈悲理念的必然性和践行慈悲理念的可能性的理论基础。

建立在缘起论哲学基础上的慈悲理念，成为佛教弘法度生的出发点。《长阿含经·大本经》云：“以慈悲心故，为说四真谛。”[②]《法集要颂经·有为品》也云：“如是佛世尊，一切智中师，慈悲为有情，广说真实语。”[③] 慈悲心是佛为众生阐说苦、集、灭、道四谛的内在动因，慈悲精神也贯穿于四谛的学说之中。《中阿含经·说处经》和《增一阿含经·苦乐品》分别讲到慈、悲、喜、舍“四无量心”[④] 与慈、悲、喜、护“四等心”。[⑤] 无量心亦即四等心，是佛教修持者借以成就阿罗汉果位的解脱心愿和精神力量。在小乘佛教慈悲理念的基础上，大乘佛教进一步深化慈悲理念，宣传慈悲思想，弘扬慈悲精神，并把四无量心发展为四种广大的利他心愿，以引导和辅助无量众生成就佛果。许多大乘佛教经典都宣扬慈悲理念，如《妙法莲华经》，尤其是其中的《妙音菩萨品》、《观世音菩萨普门品》更是集中地宣扬菩萨，特别是观音菩萨的大慈大悲精神。菩萨的这种大慈大悲精神，集中表现了佛、菩萨对众生平等的深切关怀，在一定意义上可以说，慈悲标志着中国佛教的

---

① 关于佛教的平等论可参照拙作《佛教平等理念对和平与发展的启导意义》，载《中国宗教》2004 年第 1 期。

② ［日］高楠顺次郎等编：《大正藏》第 1 卷，东京：大正一切经刊行会，1979 年，5 页。

③ 同上，第 4 卷，777 页。

④ 同上，第 1 卷，563 页。

⑤ 同上，第 2 卷，658 页。

根本精神。

二、慈悲理念的思想含义

慈悲是梵语 Maitri-Karunā 的意译。“慈”是慈爱众生，给与快乐，“悲”是悲悯众生，拔除痛苦，二者合称为慈悲。简言之，慈悲就是“与乐拔苦”。佛教认为，慈从悲来，悲必为慈。“悲”原意为痛苦，由痛苦而生悲情。一个人深刻感受到自身的痛苦，也就能对他人的痛苦感同身受，产生悲情，自然地由衷地衍生出对他人的友情，并扩展为对一切众生的普遍的平等的慈爱。慈与悲相辅相成，缺一不可。只有慈悲相连，才能产生“与乐拔苦”的践行和作用。

大乘佛教把慈悲分为三种，称为“三缘慈悲”。《大智度论》卷四十云：“慈悲心有三种：众生缘、法缘、无缘。凡夫人，众生缘；声闻、辟支佛及菩萨，初众生缘，后法缘；诸佛善修行毕竟空，故名为无缘。”[①] 这三种缘是根据大乘佛教空宗思想划分的，认为以众生为对象的慈悲，是凡夫的慈悲，称“众生缘慈悲”；“法缘慈悲”是指觉悟众生无我进而觉悟诸法无我的道理而生起的慈悲，是声闻、辟支佛和菩萨的慈悲；心无所缘，离一切差别，超越对立，毕竟空无，此为佛的“无缘慈悲”。

隋代佛教义学高僧慧远著《大乘义章》，他在该著第十四卷中把“三缘慈悲”，分解为三种悲和三种慈，即众生缘悲、法缘悲、无缘悲和众生缘慈、法缘慈、无缘慈，并分别就其意义，作出明确解释，反映了中国佛教学者对慈悲概念的重视和理解。[②]

与上述三种慈悲紧密相关，佛教还把慈悲层次化，分为小慈悲、中慈悲和大慈悲三个层次。《大智度论》卷第二十七云：

> 大慈与一切众生乐，大悲拔一切众生苦；大慈以喜乐因缘与众生，

① 《大正藏》第 25 卷，350 页。

② 同上，第 44 卷，743 页。

大悲以离苦因缘与众生。譬如，有人诸子系在牢狱，当受大辟。其父慈恻，以若干方便，令得免苦，是大悲；得离苦已，以五所欲给与诸子，是大慈。如是等种种差别。问曰："大慈大悲如是，何等是小慈小悲？因此小而名为大？" 答曰："四无量心中，慈悲名为小，此中十八不共法[①]次第说大慈悲，名为大。复次，诸佛心中慈悲，名为大，余人心中[慈悲]，名为小。" 问曰："若尔者，何以言菩萨行大慈大悲？" 答曰："菩萨大慈者，于佛为小，于二乘为大。此是假名为大，佛大慈大悲，真实最大。" 复次，小慈但心念与众生乐，实无乐事；小悲名观众生种种身苦、心苦，怜悯而已，不能令脱。大慈者，令众生得乐，亦与乐事；大悲怜悯众生苦，亦能令脱苦。[②]

据上所引，区别慈悲层次的标准有三：一是慈悲践行者身份的不同。佛的慈悲为大：菩萨的慈悲相对于佛为小，相对于二乘为大，也可说菩萨的慈悲是中，是中慈悲；二乘即声闻与缘觉的慈悲为小，是小慈悲。二是动机与效果的差异。小慈悲只是主观的同情、怜悯，停留在心念、心愿上面，而大慈悲则给予众生以实际的关怀、帮助，使众生真正得到快乐，脱离痛苦。三是自他有别与平等一体的区别。小慈悲是主客有别、自他有别的，大慈悲则主众生平等、佛与众生平等，是一种无差别的、普遍的慈悲，这也称为"无缘大慈"、"同体大悲"，是最高层次的慈悲。

三缘慈悲偏重于从慈悲的对象来区分，大、中、小慈悲则偏于从佛教修持者的认知和思想境界的高下来立论。两者的关系错综复杂，如以众生为对象的"众生缘慈悲"，也可以从动机与效果的差异角度区分为小慈悲与大慈悲。又如"法缘慈悲"，因慈悲践行主体二乘与菩萨的不同而有小慈悲与大慈悲之别。至于"无缘慈悲"即是无缘大慈，同体大悲，与佛的大慈大悲异名同实。慈悲的种类与层次的关系，虽

---

① "十八不共法"，是佛不与众生共有的独特的十八种智能或功德，其中有大慈大悲法。

② 《大正藏》第25卷，256页。

然复杂，但从思想实质来看，两者又是统一的。

大乘佛教强调慈悲是佛教的根本，《大智度论》卷第二十七云：

慈悲是佛道之根本。所以者何？菩萨见众生生老病死苦、身苦、心苦、今世后世苦等诸苦所恼，生大慈悲，救如是苦，然后发心求阿耨多罗三藐三菩提。亦以大慈悲力故，于无量阿僧祇世生死中，心不厌没。以大慈悲力故，久应得涅槃而不取证。以是故，一切诸佛法中慈悲为大。①

“阿耨多罗三藐三菩提”，意为无上觉悟。“阿僧祇”，意为极为漫长的时间。就是说，慈悲是佛法中最重大的原则，是佛教的根本所在。大乘佛教菩萨的特征就是全力践行大慈大悲的原则，以普度众生为自己的崇高职责和伟大理想。

中国佛教极度推崇慈悲精神，唐代释道世在《法苑珠林》中就说：“菩萨兴行救济为先，诸佛出世大悲为本。”② 中国佛教以诸佛、菩萨为理想人格的化身和学习修持的榜样，也以救度一切众生为最高愿望。这正如《大乘起信论》所说：“众生如是，甚为可悯。作此思惟，即应勇猛立大誓愿，愿令我心离分别故，遍于十方修行一切诸善功德。尽其未来，以无量方便救拔一切苦恼众生，令得涅槃第一义乐。”③ 菩萨都有大悲愿，慈悲济世，救度众生，不度尽众生，誓不证菩提，不成佛道，这也构成为中国佛教的主导思想之一。

三、慈悲理念的善行要点

随着小乘佛教向大乘佛教发展，佛教越来越强调慈悲与智慧的结合是解脱之道的两大环节，也是大乘菩萨德性的两个方面。慈悲是在

① 《大正藏》第25卷，256页。

② 同上，第53卷，774页。

③ 同上，第32卷，582页。

践行上要求自我牺牲和无私奉献，智慧是在认识上证悟宇宙、人生的真谛。悲智结合，悲智双运，是为解脱成佛的正道。大乘佛教把“戒、定、慧”三学的戒学、定学归结为慈悲，慧学为智慧。“六度”中的前五度布施、持戒、忍辱、精进、禅定也被定为慈悲之度，最后第六度智慧即是智慧之度。于此可见，慈悲在佛教修持中占有极为重要的地位。

大乘佛教，尤其中国佛教对慈悲理念的践行主要侧重于布施和不杀生两个方面。佛教崇尚布施，认为布施具有无上功德。小乘佛教的布施有两种：一是“财施”，将财物布施于他人，破除自我的贪心和吝啬，以免除来世贫穷；二是“法施”，向人说法传教，使人成就解脱智慧。大乘佛教在此基础上又增加“无畏施”，给人增强无畏的信心，使之面对茫茫人生之苦而无所畏惧，在修持解脱的漫漫长途上勇猛精进。大乘佛教还将布施与慈悲教义联系起来，用以济世利他，普度众生，把布施的对象扩大到遍及一切有情（众生），并把它纳入“四摄”①和“六度”之中，且居于两者之首项，这就表明，布施是大乘佛教道德修养与解脱修持中最重要的善行。不杀生是佛教“五戒”②的首戒，指不杀人，也指不杀鸟兽虫蚁，还指不乱折草木等，表现了对一切生命的尊重，也体现了戒律所包含的慈悲的本质特性。佛教也认为，对社会和自然有害的东西，如害虫害鼠，非杀不可，杀了，也是慈悲心的一种体现。中国佛教还特别反对战争和刑杀，并提出断酒肉、素食、放生的主张。自南朝梁武帝提倡断酒肉以来，素食成为汉地僧人普遍的饮食生活准则。

① “四摄”，“摄”，意为引领，即菩萨引领众生的四种方便：布施、爱语、利行、同事。

② “五戒”，佛教在家教徒应遵守的五项戒条，即不杀生、不偷盗、不邪淫、不妄语、不饮酒。

四、慈悲理念的形象创造

对于广大信徒来说，任何一个宗教的神格形象，对宗教教化的神圣性、权威性的确立，都具有特别重大的意义。在大乘佛教诸多佛菩萨中，集中体现慈悲理念的神格形象是阿弥陀佛和观音菩萨、地藏菩萨。

阿弥陀佛是西方极乐世界的教主，又因接引众生往生西方极乐净土而称为“接引佛”。据《无量寿经》载，阿弥陀佛发“四十八愿”，其中第十九愿说，凡诚心发愿往生极乐世界者，在临终时，阿弥陀佛必亲来接引往生。弥陀信仰在中国流传久远，东晋时竺法旷、支道林、慧远等就信奉往生净土法门。后经昙鸾、道绰至善导，更创立了以持名念佛，即口颂“南无阿弥陀佛”为主要特色的净土宗，提倡以修行者的念佛为内因，以弥陀的愿力为外缘，内外相应，往生弥陀净土。这种以信佛的因缘愿生净土，凭借阿弥陀佛的愿力便得往生，是为修持成佛的“易行道”。阿弥陀佛接引众生往生西方极乐国土，使众生离苦得乐，从人间火宅升入极乐世界，这中间表现出来的崇高的慈悲形象、伟大的慈悲情怀，令众多信徒感激赞叹，趋之若鹜。

观世音菩萨与大势至菩萨同为西方极乐世界阿弥陀佛的胁侍，是以慈悲济世，拯救众生为本愿的菩萨。“观世音”称号的含义有三：一是观世音，观众生发出求救的音声即往拯救；二是观世意，观众生发出求救的意愿即前往施救；三是观世身，观众生身受苦难而往解救。因观音菩萨达观自在，理事无碍，又称为观自在菩萨。有关观世音菩萨的经典很多，其中最重要的有《妙法莲华经》，该经中的《观世音菩萨普门品》还以《观音经》为名单本别行。又如《大方广佛华严经》的《入法界品》、《佛说观无量寿经》和《佛说大乘庄严宝王经》等，也是有关观世音菩萨的重要经典。观音菩萨是佛教塑造的大慈大悲理念的典型神格化身，其慈悲精神的特征有三：一是现实性：观世音菩萨大慈大悲，能解救众生现实生活中的种种苦难，满足众生现实生活中的种种愿望和要求。二是随类性：观世音菩萨“随类度化”，对于众生一视同仁，不分贵贱贤愚，随顺众生的类别、特性来不断变换自己的形象，开示教化，度脱苦厄。三是融通性：观世音菩萨为了拯救众生的苦难，满足众生的要求，应化无方，融通自在。观世音菩萨的应化形相千姿百态，如多首、多臂、多目，非男非女，变男变女，乃至清代以来，更有送子观音，并与道教结合而有“观音娘娘”之称。观音信仰无论在中国汉传佛教还是藏传佛教中，均极为普遍、深入，在广度和深度上都超越了对诸佛与其他菩萨的信仰。这其间有着深刻的社会和思想的原因。

地藏菩萨也是中国佛教重点崇奉的菩萨。据《地藏菩萨本愿经》等载，地藏菩萨受释迦牟尼的嘱托，承诺在释迦牟尼身后和弥勒菩萨成佛以前的中间无佛时期，地藏菩萨将现身世间，救度众生。据传地藏菩萨立下“众生度尽，方证菩提；地狱未空，誓不成佛”的宏愿，置身于地狱拯救恶道众生。《地藏菩萨本愿经》还称，若是崇奉地藏菩萨，必能使人世间获得丰壤良田、无水旱天灾等十种利益。[①] 民间还以地藏菩萨为地狱的最高主宰，称之为“幽冥教主”、“地藏王菩萨”，管辖十殿阎王。

在中国大乘佛教信仰中，上述三位佛菩萨以阿弥陀佛和观音菩萨最为突出，在阿弥陀佛和观音菩萨中，又以后者居于首位。三位佛菩萨的角色定位是，阿弥陀佛接引众生往生西方极乐世界，观世音菩萨解救众生的现世苦难，地藏菩萨则赋予世间风调雨顺，五谷丰登。他们互相配合，各有分工。这就是说，大乘佛教慈悲济世，既满足了人对来世的期待，又帮助人解除现世的痛苦，同时还协调人与自然的关系，从而调和了现实与来世、此岸与彼岸、社会与自然、现实与理想等人生和社会的根本矛盾，给广大信众带来情感和思想上的满足与愉悦，希望与期待。

---

① 《大正藏》第 13 卷，787 页。

五、慈悲理念的内在特质

佛教慈悲理念是与其解脱论紧密相联系的，归根到底，是为了众生的解脱，成就佛果。不过从中国人佛教信仰的动机和重心来看，则偏于祈求佛和菩萨帮助解决现实的问题与困难，满足现实的功利与福祉。

从思想史角度理性地审视佛教的慈悲理念，我们会发现，它的出世性、神秘性、宽泛性等局限性，是易于引起一些人的质疑，难以让人普遍认同的。但是尽管如此，我们还是认为更为重要的是应当思考作为拥有数以亿计的众多信徒，并构成中华文化儒道佛三大组成部分之一的佛教，其基本理念慈悲是否也是对人生和社会的省察、反思的成果？是否也是维护人类生存的智慧表现？是否与世俗社会提倡的价值、道德、精神也有共通、一致之处？我们认为回答应当是肯定的。大乘佛教慈悲理念所包含的价值理论和人文精神内涵是丰满的，也可说是深刻的，这表现在：

人本思想与人道主义。佛教慈悲观念的提出，主要是缘起于对人类的局限性的反思，对人的生命脆弱性的关切，对人生苦难的忧患，这种以人为对象、以人的解脱为本位的人本思想，与以关怀人尊重人为特征、以人为中心的人道主义是相互会通的，且有相互一致之处。

利他思想与集体主义。佛教慈悲观念以利他为原则，强调要有利于他人，要为救济一切众生而致力行善，这与我们提倡的助人为乐、大公无私，一切以广大人民群众的根本利益为出发点的集体主义思想，也是相近、相通的。

平等思想与同情博爱。平等是佛教慈悲的思想基础，慈悲是平等的道德体现。佛教主张人与人之间平等、人与其他生物之间平等，强调对他人，对其他生命主体性的尊重、关怀以至敬畏，这与儒家的“仁爱”、“博爱”、“民胞物与”（仁民、爱物）是一致的，与中国哲学，即以“天人合一”为基本理论架构的整体生命哲学是相通的。佛教平等思想所蕴涵的尊重一切生命的伟大同情心和博大的爱心，是值得肯定的。

六、慈悲理念的现代意义

从社会史的视角观察，我们不能不承认，佛教的慈悲理念符合相当多人的祈望和希求；从古至今，受到人民，尤其是下层人民的普遍欢迎。虽然佛教慈悲理念在古代社会的作用是复杂的、多重的，但是，从佛教慈悲理念中所折射出来的信息中我们不难发现：人的有限性、脆弱性、人的现实困境乃至深重灾难，人的追求和理想难以满足与实现，凡由此种种切身感受而导致的仰望神灵的慈悲、扶助、赐予之心，是真诚而强烈的，一部分信徒从中得到了程度不等的情感慰藉，也是真实不容置疑的。从这方面来看，佛教慈悲理念无疑发挥了某种抚慰社会人心、稳定社会结构和社会秩序的作用。

在历史上，慈悲理念的意义不断得到新的诠释和新的发展，浸润人心，生发作用。在人类已经进入21世纪的今天，在进行社会主义现代化建设的中国，佛教慈悲理念是否也有其现代价值与意义呢？我们认为，佛教若能审时度势，与时俱进，革故鼎新，结合社会的需要、人民的生活和容受的条件，运用现代的思想、理论、概念、术语对佛教慈悲理念作出新的合乎本意和情理的诠释与阐发，必将有助于慈悲理念的弘扬，进而有益于社会的发展。

我们认为，在当代社会，佛教慈悲理念具有以下新的现实意义：

有助于提高国民的素质，尤其是道德素质。伦理道德建设必须建立在符合人性的本质和要求上。可以说佛教提倡的慈悲理念，符合人性的弱点与优点共存的本质、去恶从善的要求、离苦与乐的愿望，以及平等博爱的追求。提倡慈悲理念，必将有助于发扬团结和互助友爱的精神，有助于实践无私奉献、济世利人、救死扶伤、扶危济困等美德善行，有助于社会公德的完美与职业道德的提高。

有助于维护世界和平与人类安全。虽然当今世界总体来说是和平的，但是种族、宗教、地区的冲突此伏彼起，恐怖主义活动猖獗，核扩散问题形势严重，人类面临自我毁灭的危险。为了消除人类和平、安全的威胁，需要各国的共同努力，采取相应的坚决措施。就思想文化方面而言，以关怀、尊重生命价值为基础的佛教慈悲理念，实是一种跨种族、跨宗教、跨国界的博爱文化、和平文化和安全文化，有利于调整人的观念进而导致在行动上维护和平与安全。

有助于生态平衡与经济可持续发展。佛教强调宇宙万物的不可分离的依存性，佛教慈悲理念主张尊重他者、尊重异类、尊重动植物的生命，反对滥杀滥伐，任意糟蹋环境，破坏生态平衡。若将佛教平等慈悲理念应用于生态学，无疑将有助于建立完整的生态伦理学，进而也必将有助于推动经济的可持续发展。

原载《文史哲》，2004（4）

中国佛教的过去与未来

——为纪念中国佛教两千年而作

一、引　言

远在两千年前，古印度佛教僧侣奉持佛经，经由中亚细亚，踏着平沙莽莽的丝绸之路，进入我国新疆地区，再沿着马铃声声的河西走廊而深入内地，传播佛教。以后，印度佛教的不同派别又分别北上，进入我国西南地区的西藏和云南，弘扬佛教，由此，中国佛教形成了汉语、藏语和巴利语三大语系的完整格局。

佛教传入中国后，它的独特宗教信仰逐渐深入到中国人的精神生活和传统文化之中，在中国大地上扎根、发芽、开花、结果。中国佛教学者也创立了佛教宗派，并传入周边国家和地区，如朝鲜、日本和越南等国的佛教就是中国佛教宗派的延伸。13世纪初，印度佛教被外来势力消灭。这样，事实上中国成了大乘佛教的第二母国。

两千年来，佛教不仅深刻地影响了中国社会，也程度不同地影响了东亚、东北亚和东南亚地区。在中国和这些地区国家的宗教、伦理、哲学、文学、艺术、医学、民俗等广泛领域，无不显示出佛教的巨大作用，这构成了中国历史和上述地区国家历史的显著特点。这是不同民族、国家的不同文化自由交流的成功范例，也是亚洲乃至世界人类文明史上的光辉篇章。

1998年是中国佛教两千年，是有历史意义的年头，值得隆重纪念。纪念中国佛教两千年，最有意义的活动就是回顾过去、展望未来。这就要求我们对中国佛教的两千年历程，进行深入的反思，做出深刻的总结。我们认为，中国佛教两千年的历程，其实质就是佛教中国化的历程。佛教是怎样实现中国化的？有哪些成功的基本经验值得总结？这就是我们要探讨的主题。佛教中国化的成功经验，是中国佛教的宝贵精神财富和优秀文化传统，构成了中国佛教的优势、长处、强项，也是佛教赖以长期存在和继续发展的重要基础。我们认为，依托佛教历史经验的丰富思想资源，结合未来社会的新形势、新特点、新课题，加以细致研究、缜密思考，就能比较准确地展望佛教的未来前景，并确定相应的思路和举措，以推动佛教适应时代和不断发展。

下面，我们拟从学术文化的视角出发，就中国佛教过去的经验和未来的走向，做一冷静的客观的探讨，以此作为对中国佛教两千年的纪念。

二、中国佛教的历史经验

中国佛教的历史经验就是佛教实现中国化的成功实践，总结中国佛教的历史经验，就要深入探讨和分析佛教是如何调整角色定位，应对排拒，化解障碍，消除矛盾，从而为中国人所接受，并得以存在的；就要深入探讨和分析佛教是如何与中国国情相结合，不断提出与印度佛教既同又异的义理思想和修持方法，从而适应中国人的精神需要，并获得发展的。我们认为，中国佛教的历史经验似可以概括为以下三项基本内容：

（一）与世俗政治的协调。政治通常涵括政权、政治制度与政治观念等内容。中国自秦汉以来，直至清代灭亡，是以皇帝为首的中央集权专制国家，实行皇帝“家天下”制度，“天下”（国家）被认为是皇帝的私产。皇权至上，一切大权归于皇帝，“皇帝”是国家最高权力的象征。皇位世袭，传位被视为皇帝家庭的私事。皇帝还建立一套相应的政治制度来确保自身的政治特权和经济特权。皇帝的至高无上地位和强大政治权势，绝不会容许神权凌驾于皇权之上，也绝不会容许神权漠视皇权的尊严，更不会容许神权对皇权的挑战。因此，历代皇帝都要运用至高无上的权力，这样那样地驾驭、控制、支配、管理宗教，要求宗教服从自身统治的利益。

中国封建皇权具有决定宗教命运的严峻现实，逐渐被中国佛教上层精英所认识，妥善处理佛教与封建皇权政治的关系，是佛教在中国获得存在与发展的首要条件。东晋时代佛教领袖道安就说“不依国主，则法事难立”[①],明确地道出了政治对佛教生死攸关的重要作用和佛教必须采取的协调立场。道安弟子、东晋后期南方佛教领袖慧远的“政教离即”论，更是全面地阐发了政教关系说。当时以权倾一时的桓玄为代表的部分政界人士，要求沙门向王侯礼敬，并与慧远展开了激烈的辩论。慧远在《沙门不敬王者论》和《答桓太尉书》[②] 中就此做了两方面的答辩：首先，把在家信徒与出家信徒加以区别，肯定在家信徒必须顺应世俗礼法，尊亲敬君；同时又强调出家僧侣的特殊之处，一是要隐居，一是要变俗，也就是要独立于世俗之外，不随俗顺化，因而不恭敬王者。其次，慧远又从出家僧侣的社会功能和作用方面说：“如令一夫全德，则道洽六亲，泽流天下，虽不处王侯之位，固已协契皇极，大庇生民矣。”[③] “一夫”，此指沙门。“皇极”，政治贤明。这是说，如果使沙门勤于修持，成就功德，就能使自己的六亲乃至天下都得到好处，这是完全符合王侯的政治利益的。慧远既高扬佛教的主体意识，维护佛教的独立立场，又强调佛教的道德教化有利于政治统治的巩固。也就是说，慧远十分强调出家僧侣独立于政治，强调政教分离，同时又论证佛教有益于政治，即与政治的一致性，肯定其相即不离的关系，将佛教与世俗政治协调起来，维护了佛教的生存权。从历史的观点来

① 《释道安传》，见《高僧传》卷五。

② 见《弘明集》卷五；卷十二。

③ 《答桓太尉书》，见《弘明集》卷十二。

看，应当说，慧远的“政教离即”论是合乎理性的，有积极意义的，是封建时代佛教僧侣对政教关系所能做出的最出色的总结，为中国佛教处理政教关系确定了原则立场，它有助于避免因僧人染指政治而导致朝纲不振、政治腐败现象的出现，也有助于减少或避免王朝运用政治力量和行政手段压制宗教现象的发生。

为了协调政教关系，自5世纪末开始，中国佛教还设立了僧官制。在执政者的管制之下，僧官负责沙汰僧众、试经得度，禁止私建寺院、编制僧籍等，以匡正僧众纪律，控制僧团势力。由于慧远的“政教离即”论和僧官制度等的调节作用，即使后来发生了“三武一宗”的灭佛事件，佛教也没有被消灭，而是在新的最高统治者的支持下，得以复兴。历史表明，古代佛教与政治的关系是关系中国佛教生死存亡的大事，而佛教保持与世俗政治的协调关系，正是它得以长期流传的重要原因。

（二）与固有文化的磨合。磨合是指摩擦与融合，由摩擦到融合。佛教与中国固有文化的磨合，即是佛教成功地与不同文化的交流，是使自身成为儒、道、佛三大传统文化中与儒、道并列的一系，并获得长期、广泛的流传的又一重要原因。

佛教与以儒、道思想为代表的中国固有文化，是古代东方中印两大国家的两大文明体系，对人生和宇宙都做出了系统的、有深度的说明。这两大文明体系各有特点，旗鼓相当。当彼此产生交涉、撞击时，我们可以看到，两者都采取了相互选择的立场，经由相互摩擦、冲突，到相互会通、融合，寻找彼此认同的契合点，以共同适应中国社会的需要。佛教与儒家曾发生“生死”、“形神”之争，有无因果报应之辩，和“沙门应否敬王者”之争。佛教与儒、道曾发生中印国民性格之辩，和儒、道、佛三教的高下优劣之争等。但是，从整个佛教与中国固有文化的交涉史来看，双方真正在思想文化上的斗争不是十分突出的，也不是主要的。相反，彼此的融合则是经常的、普遍的，后来更是达到了“三教合一”的程度。

佛教与中国固有文化的融合，主要表现在两个方面：一是佛教吸取、融摄儒、道，二是佛教影响、渗透儒、道。佛教传入伊始，就重视对儒道的融摄，如用道家的专用术语来翻译佛经的一些概念，用黄老的无为思想来解说佛教宗旨，后来又用魏晋玄学来诠释佛教般若学。儒家把人的心性视为有关个人的道德修养乃至关系到治理国家的重大问题。晋宋之际，佛教学者竺道生在儒家重视心性和玄学家探讨宇宙本体思潮的影响下，也注重从对外的本体转向对内的人格本体即对心性的探讨，以为人的本体即人类自身的“本性”，把本体论与心性论统一起来，大力宣扬佛性论，为日后形成的中国化佛教宗派提供了重要的理论基石。佛教也极为重视融摄儒家伦理思想。忠君和孝亲是中国封建伦理道德的基本规范，尤其是孝，更被视为是伦理道德的根本。僧人出家，不拜皇帝，不拜父母，曾遭到儒家学者的强烈抨击。后来中国佛教学者也转而提倡忠孝，宋代契嵩更是撰《孝论》12 章，系统地阐发了戒孝合一论。

至于佛教对儒、道的影响、渗透，也是多方面的、深刻的。例如，僧肇撰《不真空论》，对与玄学相呼应的般若学三派（本无派、心无派和即色派）的性空理论做了分析批判，在《物不迁论》中阐发了动静相即观点，在《般若无知论》中提出了不知即知的命题，这在客观上都是对魏晋玄学哲学基本问题的总结，推进了玄学理论的发展。又如，佛教对宋明理学的深刻影响更是大家所公认的。佛教的理事学说、心性思想和修持模式等构成理学的重要来源。佛教的禅宗和儒家的理学，就是佛教与中国固有文化互动而产生的两大文化成果。

佛教与中国固有文化的磨合，推动了古代中国文化的发展，与这种发展同步，佛教也获得了相应的发展。

（三）文化学术的创造。中国佛教的文化学术创造，是佛教中国化的典型表现，也是佛教长期流传、不断发展的又一重要原因。

中国佛教的文化学术创造，是佛教原有的思想优势与中国的实际国情相结合的新成果。佛教与儒、道是两种异质文化。大体而言，佛教是以宗教文化的特质而异于儒、道文化的。相对于儒、道文化而言，佛教文化关于宇宙存在的缘起论、人生痛苦的价值论、对人的生死的终极关切思想、细密的心性论、独到的伦理学说以及系统的修持方法等，都有其显著的优势，构成与儒、道互补的重要基础。中国国情包括中国政治经济、社会结构、文化传统、民族性格和思维方式等。佛教自传入之日始，就一直表现出适应中国国情的灵活风格，随着条件的成熟，中国佛教学者更把佛教的优势和中国的国情结合起来，全面地创造了别具异彩的中国佛教文化。中国佛教的创造，涉及广泛的文化领域。这里仅以佛教宗派的创立和佛教丛林制度的建立为例，略做说明。

佛教宗派的创立。隋唐时代，中国佛教形成了天台、三论、唯识、华严、律、密、净土、禅八大宗派。中国佛教学者重视佛教学术研究，独立判别印度佛教经典的高下，选择某类经典为本宗崇奉的最高经典，并结合中国的固有文化，加以融通，进而创造出新的宗派。以中国化色彩最为鲜明的天台、华严和禅诸宗为例，天台宗重视《法华经·方便品》，倡导方便法门，并融合中国固有的“万物一体”观念，建立实相说；华严宗人法藏阐扬万事万物圆融无碍的思想；密宗更把儒、道思想纳入佛教思想体系，以阐明人类本原的学说；禅宗依据佛教的心性思想，并吸收道家的自然主义等中国固有观念，提出“不立文字，教外别传，直指人心，见性成佛”的宗旨，更是充分地表现了独立的创造精神。中国佛教宗派的创立，促进了中国佛教文化学术的繁荣，对佛教的持续发展具有重大意义。

佛教丛林制度的建立。佛教传入中国后，原来的“三衣一钵，游行乞食，树下一宿”教制，与中国国情、民俗不相适应：中国人重视农耕，难以容许乞化生活的存在；北方严寒的气候，也不适宜四处游化，宿于路边。中国佛教及时自我调整，逐渐形成定居式的僧团制，道安法师还为僧团制定了僧尼轨范。后来唐代马祖道一更确立丛林制度，其弟子百丈怀海制定的清规，全面建立了僧团管理制度，如长老制度，重视劳动生产的农禅生活制度，乃至僧侣服制由印度式改为中国化的唐朝衣冠等。中国佛教丛林制度，代代相承，对于维护中国佛教的持久发展有着重大作用。其中农禅并重的制度，适应了当时中国的生产方式，对缓解佛教与上层统治的矛盾，维系僧团的生存，有着突出的意义。

此外，中国佛教还重视向外传播，并在国外获得巨大的发展，如1.2亿人的日本，现有8000万佛教信徒，这就是中国佛教强大生命力的生动证明。赵朴初先生说，中、韩、日三国佛教徒共同构筑了黄金纽带。这条纽带推进了三国的文化交流与发展，增进了三国人民的了解与友谊，这其中所体现出来的佛教的意义与价值，不也是十分明显的吗?

三、中国佛教的未来走向

历史犹如奔腾不息的长河，中国佛教的未来，是中国佛教过去的延续。中国佛教的历史经验，是中国佛教的宝贵财富，如何把中国佛教的历史经验创造性地运用到佛教未来实践中去，并结合未来社会的新形势，适应人群的新需要，创造出新经验，以规范中国佛教的未来走向，这是关系到中国佛教命运的重大问题。值此中国佛教两千年之际，在探讨21世纪社会基本特征的基础上，以中国佛教的历史经验为依据，规划佛教的未来之路，确定相应的举措，这对中国佛教未来的走向与发展是很有意义的。

中国佛教告别了古代史和近代史，它将要面对的是21世纪社会。与以往历史比较，当代社会不仅在政治制度、经济制度和社会结构诸方面，都已发生历史性的变化，而且由于现代化建设的不断推进，越来越显示出与以往历史不同的新特征，如：（一）由于市场经济的日趋成熟，通讯技术的进步和交通的发达，国家与国家、地区与地区之间的经济正在走向一体化，世界将变得越来越全球化。这样，就出现了国别观念的淡化而国家间竞争加剧的新形势，也带来了贫富悬殊的进一步扩大。据日本《世界》月刊8月号载文说，1997年，世界最大富翁比尔·盖茨的资产总额达364亿美元，相当于拥有1.2亿人口的孟加拉国的国民生产总值。[1]（二）由于科学技术的空前进步，人类在征服自然、改造自然方面取得的成就也会越来越巨大，与此同时，自然也在增大报复人类的力度，生态失衡、环境污染、气温升高、人口爆炸、能源危机、食品短缺等难题正在日益困扰人类，人类实际上面临着生存危机。（三）由于物质条件的不断完善和生活方式的更加现代化，丰富的物质生活与相对匮乏的精神境界的反差现象将长期存在，也就是说，文化精神危机、价值危机是未来社会的一个重大问题。鉴于这种情况，未来社会有可能逐渐从单纯追求经济增长转入追求人的全面发展。这就为宗教的发展提供了历史性的新契机、新机遇。

上述特征表明，人类社会的人与自然、人与社会、人与自我三个矛盾，有的改变了形式，有的是更尖锐了。未来的中国佛教应当在缓解这些矛盾方面发挥作用，以满足人们的新需要。由太虚法师率先提出，现为两岸佛教界基本认同的人间佛教理念，可以视为规范中国佛教未来走向的蓝本。所谓人间佛教是对当代佛教的角色、功能、特质的定位，它以人为出发点，强调适应和提升现实社会，它的实质是，以佛教伦理道德净化人心，提升人的思想道德素质。应当肯定，这是符合当前和未来社会需要的。

走人间佛教之路，要勇于开拓，善于开拓。例如，把修持佛教戒律和保护环境结合起来，就有助于协调人与自然的关系。又如，在条件具备的情况下，积极开展社会公益事业和文化教育事业，对于和谐人际关系以及提升人的素质，肯定是有重要意义的。再如，把佛教某些修持方式方法如何运用于心理调节、心性修养、心灵提升方面，也是很有意义的。总之，要在运作实践中，使人间佛教的理念越来越完善，使人间佛教的道路越走越广阔。

实践人间佛教的理念，对佛教界提出了更高的要求。这里，完善佛教的教育，积极培养佛教的人才，具有关键性的意义。可以说，一位佛学造诣深厚、人格高尚、修持严谨、热心弘法利生的佛门龙象，

---

① 参见［美］戴维·科顿：《全球化资本主义导致人类日益贫困》，载《世界》，1997（8）。

其作用与影响要远远大于盖十座大庙。佛教人才是佛教未来命运之所系。这也是我们在纪念中国佛教两千年时特别需要提出和关注的大事。

原载《中国宗教》，1998（4）

佛、道的人生价值观及其现代意义

一、人生价值观是佛、道思想的核心

价值是近代出现的名词。在古代中国虽无价值一词，但有一个与它相当的词是“贵”。[①]佛家和道家[②]关于“贵”即价值的思想学说，尤其是关于人生价值的思想学说是十分丰富的。人生价值观是佛道两家思想的核心。

人生价值观是价值观的基本类型和主要方面，在价值观中具有最突出的意义和最重要的地位。人生价值的含义是多方面的：第一是生命价值。人的生命是实有的，还是空无的？人的生命有没有实际意义？第二是人类价值。人类在宇宙中的地位如何，有无价值？第三是人格价值。每一个人在社会中的地位如何，有无价值？第四是理想价值，即最高价值。人的最高价值标准是什么？如何衡量一个人的价值？怎样生活才有价值？如何成就生活的最高价值？以上几个方面就是人生价值观的基本问题和基本方面。

佛道两家学说几乎是同时在公元前5、前6世纪产生的，都是古代东方文明的巨大成果。佛教约在两汉之际传入中国，经过与中国固

① 此据张岱年先生说，见《中国古典哲学的价值观》，载《学术月刊》，1985（7）。

② 道教是道家学说的重要继承者，本文所论包括道教的基本思想。

有文化的碰撞、交涉、融合，日益成为汉以来中国传统文化的一部分。值得强调指出的是，佛道两家所探讨的主要对象都是人，都对人生价值的一系列问题作出了独特的阐述，两家思想的核心都是人生价值观。

佛教创始人释迦牟尼有见于人生的痛苦，为求解脱而创立佛教。原始佛教的基本教义是“四谛”和“三法印”，其基本思想是阐述实现人生的痛苦和解脱苦难的办法。“四谛”是苦、集、灭、道。“苦”是受逼迫苦恼的意思，尤其是指人有生死轮回的痛苦；“集”是指人的贪、嗔、痴的思想行为能感召未来的生死苦果；“灭”指灭尽因果报应，解脱生死痛苦，达到涅槃寂灭的境界；“道”是达到寂灭解脱的方法和手段。“三法印”是：“诸行无常”，世界变化无常；“诸法无我”，世界万物都没有独立的实体或主宰者；“涅槃寂静”，佛教徒经过修行，断尽烦恼痛苦，超脱生死轮回，达到寂灭解脱的境界。“四谛”和“三法印”都是从缘起思想出发，阐述现实世界和现实人生的痛苦、造成痛苦的原因，以及解除痛苦的途径和目标。原始佛教是解脱道，是一种解脱人生苦难的说教。虽然后来佛教又不断产生新的思想，形成新的派别，但“四谛”、“三法印”这一套人生解脱之道是始终坚持的，而且得到发挥，一直是佛教各派思想重心之所在。

道家思想奠基人老子提出“道”本原论，以无为的“道”为宇宙本原和根本法则，对宇宙理论作出了突出的贡献。同时，他又从宇宙论衍生出人生论，强调人应以“道”为法，虚静无为，顺其自然，无知无欲，以符合人的本性。老子极重视保全自身，提出“后其身而身先，外其身而身存”（《老子·第七章》）的观点，强调柔弱的作用，主张以弱胜强，以柔克刚，提倡贵柔学说。老子认为儒家的仁义道德会废弃大“道”，一味追逐名利，使人丧失“素朴”本性，由此而主张“绝仁弃义”。庄子继承老子的自然无为的人生哲学，进一步提出“逍遥游”的思想，认为仁义、善恶、是非、利害等区别都是人生的桎梏，主张通过“坐忘”等功夫达到“天地与我并生，而万物与我为一”的境界，以获得绝对的自由。把个人的自由超脱、个人精神的绝对自由作为人生的最高理想境界。

道教是上标老子无为，次述神仙饵服，下袭张陵符箓，即由宗教化的道家学说、长生术和仙学，以及各类斋醮杂术三个相互关联的部分、层次所构成。道教的价值取向是，吸取老子的无为的“道”，并把“道”视为人格化的神，进而阐扬以方术求得长生不死、羽化成仙的教义。道教也规定了诸多戒律，如不得杀生、不得荤酒、不得妄语、不得偷盗和不得邪淫等，要求信徒禁恶从善，多做善事，以求福报，成为神仙。道家以自由超脱为人生理想，道教贵生，主张长生成一仙，都表现出对个体本真生命的重视和追求。

从佛道两家的思想内核来看，它们关注和考察的主要对象都是人，主要内容都是人生哲学，是对现实人生在宇宙和社会之中的价值作出的种种判断，指出提高人生价值和完满实现人生最高价值的道路和方法，是在古代中国和印度大地上产生的各具不同特色的人生哲学体系。佛道两家都着重研究人生价值，但由于地理、历史、社会和传统等因素的不同，形成了不同的人生价值学说。显然，对东方这两大人生价值体系进行研究并标示其现代价值，是有重要意义的。

佛道两家的学说流传了两千数百年，内部派别众多，对于人生价值的具体学说也不相同，本文只选取两家最基本、最典型、最具代表性的观点进行论述，对两家的内部分歧和枝末观点则略而不论。

二、佛、道人生价值观的要义

佛道两家人生价值观的要义，主要集中在对人的地位、生活、生命、生死、理想等一系列问题的看法上，并表现出鲜明的差异。

（一）人的地位

关于人的地位，包括两个方面，即人分别在宇宙中和社会中的地位，也就是关于人类价值和自我价值的问题。

佛道两家对于人类在宇宙中的地位所取的参照系各不相同。佛教是就“佛”来论人在宇宙间的地位；老庄道家是就人与其他“物”，尤其是与一般动物的比较来立论，从而确定人在天地间的意义；而道教主要是相对神仙鬼怪来论人在世间的地位。

佛教把宇宙间有情识的生命分为四圣、六凡，即两类十等。第一类是佛、菩萨、缘觉、声闻，为四种“圣者”；第二类是天、人、阿修罗、畜生、饿鬼、地狱，称为“六凡”或“六道”，也称“凡夫”“众生”。从佛教对人的地位的排列来看，人与佛相比，有凡、圣的本质区别，是分别居住在两个不同世界里的生类。四圣是超越生死、获得了解脱，六凡则陷于痛苦的生死轮回转生之中，没有得到解脱。人若不信佛教，就将在六道中轮回转生，永远不得解脱。包括人类在内的六凡，地位是低下的。然而，在六凡中，人类处于第二等次，地位又是相对比较高的。佛教学说毕竟是以人类为主要对象，以觉悟人群为最终目的，因此它又经常强调人类的优胜，宣扬“人生难得”。佛典云：“何故人道名摩銮沙（译为人，人类）？此有八义：一聪明故，二为胜故，三意微细故，四正觉故，五智慧增上故，六能别虚实故，七圣道正器故，八聪慧业所生故。”[①] 意为人类聪明，富有智慧，容易成就佛道。有的佛典还认为人道胜于天道，如《大毗婆沙论》云：“能寂静意故名人，以五趣中能寂静意无如人者。故契经说，人有三事胜于天者：一勇猛，二忆念，三梵行。”[②] 意思是说，天过于享乐，忆念也差，又不修行，人则勇猛精进，长于忆念，又能坚持修行，这些方面都超过了天。在六凡中，佛教对人寄予的希望最大。人的地位虽在天之下，但在不少方面又高于天，从这个意义上说，人的地位是比较高的。

对人在宇宙中地位的看法，道家内部多有分歧。老子强调人有卓越的地位。他说：“故道大，天大，地大，人亦大。域中有四大，而人居其一焉。”（《老子·第二十五章》）老子认为人是宇宙中四大之一，且高于万物之上。《庄子》的外杂篇则从形体的角度出发，认为人藐小无比，“吾在于天地之间，犹小石小木之在大山也”（《庄子·秋水》）。又说，与无限大的宇宙相比，人犹如蜗角上的微生物（参见《庄子·则

① 《立世阿毗昙论》。

② 《法苑珠林》卷五。

阳》)，人只是天地的附属品，并没有独立的地位。道教是通过神、人、鬼的宇宙生命系统来显示人的地位的。道教认为，宇宙空间是由天庭、仙境、人间、地府构成的，神居于至高无上的地位，其中的神又有尊神和俗神之别，是信徒们的主要崇拜对象。仙人是修炼得道者，神通广大，长生不死，是人应当追求的理想人格。人是精气和合而生者。鬼是人死后落入阴曹地府的受罚者。人是神仙与鬼之间的中介，处于上可升为神仙、下可堕为恶鬼的中间地位。道教尊崇老子为神明，宣扬彭祖、黄帝等是神仙，打通了人与神仙的间隔。道教有时还宣传一些神和仙的封号是由皇帝赐予的，实是把地上的皇帝置于某些神和仙之上。至于民间对道教神的态度也很有意思，如对灶君爷，阴历年终送他上天时，特意供上“胶牙肠”，好黏住他的牙，使他无法对玉帝打小报告、讲坏话。中国人往往以功利心态对待神，就像对待在上的官吏一样。人们是基于有恩必报的心理来信奉神的，人和神之间带有一种类似契约性的关系。道教也深受这种民间社会心理的影响。道教还明确强调“万物之中，人最为贵”[①]。认为人是一般生物中最有灵智的，可长生不死，直接成为神仙。这都表明了道教在一定程度上对人在宇宙间地位的重视，表现出在人神关系上，人对神具有相对独立性的思想。

每个人作为人类中的一分子，是否具有价值？这是关于人格价值的问题，也就是人在社会中的地位问题。佛教从它的众生平等的观念出发，强调人与人之间是平等的。释迦牟尼在创立佛教时反对婆罗门的四种姓[②]不可改变及婆罗门至上的观点，主张四种姓平等：一是在出家修行和僧团内部实行平等，即所有人不问其出身如何都有权出家学道加入僧团，而且在僧团内部不管原来的种姓高低，一律平等。二是业报轮回方面的平等，即不管种姓、出身、职业的高低，都根据自身的业报决定生死轮回。三是成就正果方面的平等，即所有人在成就正果的机会、条件方面也都是平等的。后来，虽然有的佛教派别主张有

① 《太上老君开天经）第二。

② 四种姓指古印度的婆罗门、刹帝利、吠舍和首陀罗四个等级。

一种人没有善根种子，不能成佛，但是多数派别都反对这种说法，认为一切众生都具有成佛的根据、可能。

对于个人在社会中的价值问题，道家和道教的看法比较复杂。老子一方面比较重视人的地位，一方面又提倡“不争”，说：“夫唯不争，故天下莫能与之争。”（《老子·第二十二章》）主张凡事听其自然，不要人为地加以干预。又说：“不敢为天下先。”（《老子·第六十七章》）意思是，不敢居天下的前面。老子认为只有这样，人才能在社会上取得成功；也只有这样，才能救人救物，而不是弃人弃物。庄子从“齐物”的观点出发，强调人的美丑、认识的是非，都是相对的，是平等无差别的。他反对人为造作，认为人的真正自由在于任其自然，无条件地与自然为一。

道教在道家无为观的基础上有所衍化，《老子想尔注》说：“圣人不与俗人争，有争，避之高逝，俗人如何能与之共争乎！”道教把“不争”作为戒律的内容之一。后来还把不争与修炼联系起来，强调“不与俗争”才能得道长生。道教也强调等级观念，它不仅宣称天地之间有神人、真人、仙人、道人、圣人、贤人、俗人之别，而且还强调君、臣、民的不同地位，主张“君臣民当应天法，三合相通，并力同心，共为一家”[①]。认为人君如日，人臣如月，人民如群星，人民应像众星拱卫日月一样，围拥着君主大臣，服从君臣的统治。这里强调的是，世俗社会中不同等级的人具有不同的社会价值。

（二）人的生活

人的生活有没有意义、价值？有什么样的意义、价值？这主要是涉及苦与乐的矛盾问题。佛教认为人生是痛苦的。佛教所讲的痛苦主要是就精神逼迫而言，尤其是指生死轮回之苦。佛教从缘起、无常、无我的基本哲学概念出发，观察人间和人生，认为世间一切都在无常变化之中，人生没有快乐幸福可言。佛典说：“危脆败坏，是名世间。”[②]

① 王明：《太平经合校》，北京：中华书局，1979年，150页。
② 《杂阿含经》卷九。

意思是说，世间一切都在变异破坏，世间一切皆苦。又说："天下之苦，莫过有身。饥渴嗔恚色欲怨仇，皆因有身。身者众苦之本，祸患之源。"[1] 由此佛教宣扬三苦、八苦说。三苦，指三类基本的苦恼。一是苦苦，即受痛苦时的苦恼；二是坏苦，指快乐享受结束时的苦恼，所以有"乐即苦因"之说；三是行苦，指不苦不乐时为无常变化的自然规律所支配而生的苦恼，包括生、老、病、死在内。八苦即除生、老、病、死之外，再加求不得苦、怨憎会苦、爱别离苦、五阴炽盛苦。总之，在佛教看来，人生有生理、情感和精神多层次的痛苦，人世间苦海无边，应当回头信佛，解脱苦难。

道家认为人的生活应以顺从、符合本性为原则。凡合乎本性的生活为有价值的，不合乎本性的生活是有害的。老子反对过分的享受，强调多欲的害处，提倡无欲、寡欲，"见素抱朴，少私寡欲"（《老子·第十九章》）。要知足知止，满足现状，不要有更多更高的企求。庄子也讲无欲，"恶、欲、喜、怒、哀、乐六者，累德也"（《庄子·庚桑楚》）。认为欲望情感是伤德害德的，应当涤除。《吕氏春秋·本生》认为对于声色滋味，"利于性则取之，害于性则舍之"。因此，既不能纵欲，也不能抑欲，而应当适欲。"由贵生动（适欲）则得其情矣；不由贵而生动（纵欲）则失其情矣。此二者，死生存亡之本也。"（《吕氏春秋·情欲》）《淮南子·原道训》以主体感受的是否适意为判断生活意义的尺度，文说："乐亡乎富贵，而在于德和。……吾所谓乐者，人得其得者也。夫得其得者，不以奢为乐，不以廉为悲。"这是说，人生的乐与悲是以是否自得为准则。又说："能至于无乐者，则无不乐，无不乐则至极乐矣。"乐与不乐完全是主体瞬间不同的感受，是相对的，而超乎乐与不乐的"无乐"则是永恒的，是"无不乐"，是"极乐"。

道教发展了道家思想中的极乐观，进一步以生为乐，以死为苦，重生恶死，追求长生不老。然而道教并不是以普通的世俗生活为乐，而是主张超脱现实生活，排除世俗享乐，出家入山修道，通过特殊的

① 《法句经》。

生活方式，以求成仙，永享安乐。

（三）人的生命

佛教认为人是自然的产物，原先是发光的气体，没有物质性的固定形态，后来因在世界上食用了香土和植物，就逐渐形成粗糙的物质身体，并有了肤色和性别的区分。同时，佛教又认为人是没有实体的，是空的，称为“人无我”（人空）。为什么人是空无实体呢？因为人是由五蕴[①]和合而成，所以没有恒常自在的主体——“我”（主宰、灵魂）。佛教的“人无我”说具有反对婆罗门教的宇宙间存在最高主宰和灵魂不灭说的积极意义。但它的人空学说又不免导致否定了生命价值，视人体为“臭皮囊”，是污秽之物，不值得珍视；人只是在能修持佛性的意义上才被重视，人应当努力修持，超越生死，转凡为圣，成就佛果，进入另一种境界。

道家学派认为人的生命是一种自然体，是实有的。此派奠基人老子主张“无身”。他说：“吾所以有大患者，为吾有身，及吾无身，吾有何患？”（《老子·第十三章》）认为人的各种忧患都是由于有了此身所致。人若自贵其身，自贵其生，则忧患就会更重、更多。人若不贵其身，不贵其生，亦即自外其身，自外其生，就会免除无穷的忧患。老子是从免患防祸的角度提倡无身的。实际上，无身就是超越自身、超越自我的意思。《庄子·养生主》提出全生保身的观点，文中说：“为善无近名，为恶无近刑，缘督以为经，可以保身，可以全生，可以养亲，可以尽年。”这是说，为善就涉嫌近名，为恶不免近刑。近名和近刑都不是保身全生之道。若善恶都不为，恪守中立，就可以保身全生。老子提倡无身，庄子主张保身，说法各异，然其主张防祸免患的精神实有一致之处。《吕氏春秋·审为》载，子华子提出了“两臂重于天下”的重生观点，是更为重视保全人的形体和生命了。

道教继承道家思想和神仙方术，以养生、重生、贵生，追求长生

① 五蕴指构成人的五种类别——色、受、想、行、识。

为根本教义。道教认为，人是积精聚气，和合受生的。“我命在我不在天”（《抱朴子内篇·黄白》），“命”，指生命。人的生命的存亡，年寿的长短，决定于自我，不是决定于天、命。人可以经过一定的修炼而成为长生不死的活神仙。道教提倡“修道成仙”，“生道合一”。“道”是灵而有性的神异之物，宇宙精神，是万物的父母，宇宙的本原，“道之在我之谓德”，道可以因修而得。人若能与道相合不离，称为得道，得道就是成仙，就能保持生命的不朽。这也就是说，人若得道，也就与宇宙精神相融合，即个体的有限生命与大道的永恒生命相结合，回归大道，实现永恒。道教认为修仙是人生的最大事业，“其事在于少思寡欲，其业在于全身久寿”（《抱朴子内篇·释滞》）。为此道教还提出一系列的道功和道术，如服食、行气、导引、守一、外丹、内丹以及斋醮、符箓、守庚申等。生命是大自然的美妙杰作，人的生命更是杰作中的杰作。道教的这些主张和创造，表现了人类对现实生命的热烈挚爱，对生命奥秘的专一探求和对生命永恒的执著追求。

（四）人的生死

这是与上面所讲人的生命直接相关的问题。佛教轻生重死，道家视生死为自然，道教悦生恶死，表现出在生死观问题上的重大分歧。

佛教认为人生是痛苦的，因而极为重视人死后的命运。佛教也有些重视人生的言论，但其目的是为了修持，以求死后成佛。佛教重视人的生是为了人死，为了人死后的解脱。佛教大讲“生死事大，无常迅速”，宣扬因果报应，轮回转世，人死后将按照生前所作的善恶行为而转生为另一种生命形态，或转为鬼，或上升为神（佛），由此又推演出一套鬼神系统。

道家认为人的生与死都是自然现象，由生而死，是自然变化，不必悦生，更不必恶死。道家学者中对生死论述最深刻详尽的当属庄子。《庄子·知北游》中说：“人之生，气之聚也。聚则为生，散则为死。”认为人的生死只是气的聚散，气的形态变化而已。《庄子·大宗师》说：“夫大块载我以形，劳我以生，佚我以老，息我以死。故善吾生者，乃所以善吾死也。"庄子认为生是劳，死是息（休息）。若生任凭自然，死也就无可畏惧了。庄子如此从自然论出发看待人的生死问题，以至于他的妻子去世时，非但不表悲痛，还"鼓盆而歌"。但遗憾的是，庄子虽能正确对待生死，却又否定了生命的价值，把生与死视为等同。庄子还认为，人若能以人体的气与外物的气相应，合为一体，就能忘乎一切，从而进入"不死不生"的境界（参见《庄子·大宗师》）。所谓"不死不生"，就是与天地万物融为一体，超越时间而永存不朽。

一般说来，畏死是人类共同的原始的心理情结，道教教义的中心就是要解决人的生死问题。道教的思想基石是悦生恶死，追求"肉体成仙"。道经云："气来人身谓之生，神去于身谓之死，所以通生谓之道。……道不可见，因生而明之；生不可常，用道以守之。若生亡则道废，道废则生亡。生道合一，则长生不死。"① 人能长生不死是和道、神、气三者密切相关的。在道教看来，人若能做到"生道相守"，"生道合一"就能长生不死。生命与宇宙绝对本体"道"合而为一，也就意味着神不离开身，做到形神相合。"形神合时，则是人是物；形神若离，则是灵是鬼。"② 形神分离，人就变为鬼了。形神不离是肉身飞升成仙的条件，形神之所以能够不离，又是因为两者都是气所构成的。构成神的"精气"和构成形的"形气"可以保持在一起。"神明精气，不得去离其身，则不知老不知死矣。"③ 由此，"养生之道，安身养气"④。人通过"养气"使身体清轻如"气"，就能飞升成仙，这也就和气一样可以长生不死、永恒不朽了。道教为了实现人类的悦生恶死、存生去死的愿望和追求，进行了不懈探索和种种试验。

（五）人的理想

人的理想是什么？这也是佛道两家着意探讨的重大问题。对于人

---

① 《太上老君内观经》第四。

② 《华阳陶隐居集》卷上第十八《答朝士访仙佛两法体相书》。

③ 王明：《太平经合校》，698 页。

④ 同上，727 页。

生的理想价值，佛教以涅槃成佛为理想境界，道家以无为、逍遥为人生理想，道教则主张追求长生成仙。

佛教从人生是痛苦的价值判断出发，主张个人出家修行，成就为佛，进入涅槃境界。涅槃就是佛教的最高理想境界。涅槃的基本含义是灭除烦恼痛苦，超越生死，解脱自在。通常涅槃分为有余涅槃和无余涅槃两种。修行者若证得阿罗汉果，此时业报的因已尽，但业报身心还存在，为有余涅槃；及至身心果报也不存在，为无余涅槃。为了达到涅槃境界，佛教强调修习，先后提出“八正道”、“七科三十七道品”、“四摄”、“六度”等修持途径和方法。佛教的修持方法，概括起来主要是戒、定、慧三个方面，称为“三学”，是佛教徒为达到涅槃境界必须修持的三种基本学业。

道家以得“道”，即法自然、无为、逍遥为人生理想，追求的是人生理想的精神生活和境界。老子率先提出“法自然”的主张，“人法地，地法天，天法道，道法自然”（《老子·第二十五章》）。“自然”即“本然”，意思是道的性质、功能是自然的，要效法自然。老子进而还领悟出无为的精神境界。所谓无为，是指无意于为，任其自然，是虽有为也是无为，由此无为又是无不为。无为要求人人排除智慧、欲望，过着自然的生活。老子认为，如果人们都是无为，天下就会大治了。庄子进一步强调要达到无为仍需有为，无为并非消极地无所作为，而是合乎天道、顺应自然的积极行动。犹如庖丁解牛，从庖丁的“技”中就可体会出“道”来。庄子还由无为而展衍为逍遥，主张游心于四海之外，而与天地万物为一体，即以逍遥游为理想生活，极富浪漫色彩。所谓与宇宙为一，也就是不区别内外，不分主客，浑然一体，无己无物。能达到这种完全忘我而无己境界的人，称为“至人”。至人与宇宙万物为一，也就没有任何束缚，因而得到了极大的自由。既不为物所动，又不为情所动，“有人之形，无人之情”（《庄子·德充符》），这种人又称为“真人”。著名玄学家郭象提出自生独化论来消除对“无”的执持，他强调游外（逍遥）与弘内（从事世俗事务）、内圣（高度的道德修养）与外王（从事王政）是完全统一的。他力图破除内外之别，寓无为于有为。郭象实是本于庄子，彻底打通了理想与现实的联络关节。

庄子所讲的至人、真人，实际上是过着神秘精神生活的人，这也是道教所追求的最高理想人格，即成为神仙。神仙是修真得道、神通广大的长生不死者，又称神人或仙人。神人之得名，是因其有神通变化的本事，仙人则因其老而不死得名。神仙又有若干等级，在神仙之上还有真人。真人大都是受帝王封诰的仙人，如赞颂“真人”的庄子，后来自己也被唐玄宗追号为“南华真人”，其书被尊为《南华真经》，真人和仙人又合称为“仙真”。仙真、神仙被道教徒奉为老师和榜样，最受信徒的崇敬。得道成仙是信徒们修炼的目的和追求的目标。

三、佛、道人生价值观的现代意义

上述人生价值观的学说，是中国古代佛道两家学者的生命体验的总结和人生智慧的结晶，是各门精心设计的安身立命的种种方案，并成为古代处理人生各种矛盾的一种准则。人生的矛盾是极为复杂的，包括个人与自然和社会的矛盾、生活的苦与乐的矛盾、人生现实与理想的矛盾、生命的短暂与永恒的矛盾、灵与肉的矛盾、生与死的矛盾，乃至人与神的矛盾等。佛道人生价值观学说就是探索、处理和解决上述种种矛盾的方式、答案，是中国传统文化的重要内容，是古代先人留给后人的巨大精神财富。

佛道两家人生价值观在中国文化思想史上具有极为重要的地位。道家人生价值观源远流长，它不仅直接影响了古代士大夫的人生道路，而且还影响了某些时代的政治生活，同时也深刻地影响到道教和佛教两大宗教思想的发展。道教也以其独特的人生价值观影响了古代不少帝王朝臣，并且在下层社会中产生了广泛的影响。佛教传入中国后，在两晋南北朝和隋唐时代获得了广泛的流传，盛极一时，影响深远。

佛道两家人生价值观内容庞杂，在历史上发生过正负等多种作用，在当代也不可能全面适应社会发展的要求。但是它毕竟是古代先人留给我们的巨大精神财富，在现代化的社会里，某些思想甚至更显发出它的活力和光辉，这是我们应当特别注意的。综合考察佛道两家人生价值观，有以下四方面的现代意义：

（一）自然主义思想。道家创始人老子在人生理想论中所提出的“自然”范畴，是一个功能化范畴，是一种价值判断，是为了说明如何得“道”，即如何开出生命由有限而通向无限的价值之路而提出的，体现了一种对崇高精神境界的追求。道家的自然主义思想代表了一种文化理想，通过超越人的经验，去追求生命自觉，开发生命真实，达到人生理想价值的至上境界。自然主义思想体现了一种超越性精神：高度自觉地突破世俗情欲与利禄的局限和束缚，冷静而理性地正视与对待人生和社会，以使自身本真生命的存全，不受外界的干扰和牵制。自然主义思想在历史上发生过正负两面作用，今天，我们要做的是，应当防止自然主义思想及其衍化所带来的消极作用，努力开掘自然主义思想的精髓，发扬其真精神，以助于人格的完善和社会的进步。例如，合乎客观发展规律，弃华取实，顺应自然的作业和生活态度；主张敦厚质实，反对人为造作、矫饰虚伪的作风和习俗；突破世俗财利与狭隘经验的限制，追求高尚的超越精神；鄙视你争我夺、尔虞我诈，提倡自重自律、互尊互谅；等等。在现代化社会中，这些无疑都是能发挥积极而有益的作用的。

（二）树立正确的苦乐观、生死观。人生是一种苦乐场，人生总是有乐也有苦、时乐时苦的。佛道两教对人生的一苦一乐的相反判断，各有其合理的内容，但又都陷入了绝对、片面。人有生也必有死，人人都不免一死，这是任何人都不可能逃避得了的自然归宿。佛教清醒地看到这一点，但又忽视生，道教重视生而无视死，同样也都失之偏颇、不当。我们应当去其片面性，取其合理的内容，明确认识人生是一个苦与乐的矛盾统一的过程，是由生到死的过程，进而树立正确的苦乐观和生死观，确立对待苦与乐、生与死的科学态度。

（三）努力提高道德情操。佛道两家都重视自身心性修养，提高道德情操，完善行为规范，以此作为追求和达到人生理想境界的基本途径，并借以协调人际关系，推进社会和谐。当今社会，科技、法制、民主等因素，在发展经济和稳定社会方面，分别发挥了各自的功能和作用，而个人的道德素质、社会的道德建设，并不是普遍地令人满意的。为了提高社会成员的素养，进而推进社会的健康发展，吸取佛道两家道德修养的合理内容，以加强道德建设，实是一重大的课题。

（四）健身文化资源。道教重视养生，并采用外丹、内丹修炼方术。至南宋，全真道排斥外丹，以内丹为主要修炼术。内丹术是将人体比作炉鼎，以精、气为药物，以神烧炼，通过炼养，使精、气、神在体内凝结成丹而长生不死。看来，通过这套修炼方法，要达到长生不死，这只是道教徒的信念，但能使人身心健康、延年益寿则是确实无疑的。佛教讲禅定功夫，其目的不是健身，更不是为了长生，但其客观效果则有益于心情平静、心理平衡、恬淡通脱，进而又有益于生理健康。因此，如何科学地总结内丹术和禅法，运用于人民的保健事业，乃是一件功德无量的事情。

原载《禅学研究》，2001（8）

佛教生态哲学与现代生态意识

小　引

自18世纪进入工业文明以来，人类对生态环境的破坏日益严重。19世纪70年代，德国生物学家赫克尔提出了“生态学”这一名词。20世纪60年代以后，生态环境问题引起了人们的普遍关注，并逐渐从观念、理论和制度等方面进行反思。20世纪80年代德国学者胡伯提出现代化与自然环境互利耦合的生态现代化理论。生物之间、生物与非生物环境之间究竟应该是怎样的关系？ 人类究竟应该怎样对待自身以外的其他生物和自然环境？ 现代化与自然环境是一种什么样的关系？这是生态学说的基本问题，生态哲学就是从世界观、人生观的角度回答这些问题。

保护资源，保护环境，保护生态，关系到整个人类和地球的命运。努力把握人与自然之间关系的平衡，寻求人与自然的和谐发展，是保障可持续发展的基础。理论指导实践，思想支配行为。人类要处理好生态问题，就应当转变和端正生态理念。佛教是一个为一切众生提供解脱的宗教文化体系，其中蕴含着丰富的生态哲学思想。我们若从生态学的视角来诠释、演绎佛教的相关哲学思想，不仅将有助于丰富生态学说，而且也有助于提高人们的现代生态意识，推动中国生态现代化的进展。

一、佛教缘起论与生态构成

佛教修持实践是以追求人生精神解脱为目的，所谓解脱就是从种种烦恼中脱却开来，在精神上臻于自由自在的境界。这种修持解脱是以佛教所理解的宇宙人生真实为依据的，而宇宙人生的真实意义又是从缘起现象上作出的价值判断。释迦牟尼创立佛教时，印度思想界流行着两种因果论：一是认为宇宙是从一种总的原因转变、演化为复杂万象，是因中有果说；二是认为事物是多种原因积累而成，是因中无果说。佛教别树一帜，提出“缘起论”，主张一切现象都是由于互相依待、互相作用，也即由于一定的条件或原因而形成的。也就是说，既不是一因生多果，也不是多因生一果，而是互为因果。缘起是佛教对宇宙人生的根本看法，是佛教理论的基本观念。缘起论是佛教思想体系的哲学基石。

佛教《杂阿含经》卷第十对缘起思想的典型表述是：“此有故彼有，此生故彼生。此无故彼无，此灭故彼灭。”① 此是彼的缘（条件或原因），彼依此而起，彼也依此而灭。这是说，任何事物都因条件或原因而存在，都因失去条件或原因而消失。条件或原因又有主次之分，这分别称为“因”、“缘”。“因”，指直接的主要的条件或原因；与“因”相对的“缘”则指间接的次要的条件或原因。由此在《杂阿含经》卷第二中，缘起又表述为：“有因有缘集世间，有因有缘世间集；有因有缘灭世间，有因有缘世间灭。”② 就是说，世间万法皆由因缘聚集而生起，也由因缘离散而消失。缘起展现为时空两个方面，从空间上看是一种有无状态，从时间上看是一种生灭过程。大乘佛教中观学派还认为，由于世界万有是依缘而起，不能独立决定自身的存在，要由因缘决定，因此是没有独立的自性，也就是本性是空即性空的。《中论》云：“众因

① 《大正藏》第 2 卷，67 页。

② 同上，12 页。

缘生法，我说即是无（空）。”[1]缘起涵蕴性空，缘起即性空，二者一体两面，相即不离。

上述佛教缘起思想包含了多重涵义：

其一，条件互依——因果关系论。缘起现象决定于条件，由互相依待、作用的条件而生起，是各别条件相互关联的结果，是由“彼”“此”构成的互相依存、互不分离的因果关系。也就是说，一切事物都是关系的存在，都是因果关系的存在，离开因果关系就不存在任何事物。《华严经》里有“因陀罗网”的说法，谓帝释天宫中有一张张撑开来的巨大宝网，网上结附着众多宝玉，这些宝玉熠熠生辉，互相映发，形成为无限的反映关系。中国华严宗人进一步提出“因陀罗网境界”的法门，因陀罗网景象譬喻缘起万有间可以互相涵摄，以至于重重无尽地相即相入，而互不相碍。华严宗人还从哲学上把这种境界归结为“事事无碍法界”。“事事”即种种缘起的事相、事物。“事事无碍”即一事物与其他一切事物之间互相交摄而不相碍。事物之间的关系是共同为缘的缘起关系、和谐关系，事物都无自性（空），互不排斥，相即相入。

其二，生灭无常——事物过程论。佛教缘起论既讲“此生故彼生”，又讲“此灭故彼灭”，是生灭并举的。一切缘起现象都是依因托缘而起，因缘时时在变，因果关系时时在变，有生有灭，生生灭灭，没有常住性。这也就是佛教思想的重要命题“诸行无常”的意思，强调的是缘起现象随着因缘的状况而起伏，变化不停，成住异灭，无一间断。生灭无常是与缘相关、由缘的变动引起的动态过程，进而又可以说，缘起现象是一个过程，一切事物都是不断变化的过程。

其三，缘起性空——现象与本性相即论。一切现象的存在都依赖于因缘，因此是空虚无主，没有独立的自我、不变的自性，即“无我”的。佛教思想又一重要命题“诸法无我”，就是这个意思。此中的我，即指独立的实体、不变的自性。无我就是空，性空。由此可见，缘起

① 《大正藏》第30卷，33页。

的存在有两个层面，就存在的现象而言是有，就存在的本性而言是空。有与空统一于缘起事物之中，绝不相离，这也就是佛教所谓的“色（物质）不异空，空不异色；色即是空，空即是色”的意思。

缘起性空说还宣扬“空”成就“有”的思想。《中论》云：“以有空义故，一切法得成。”[①] 这是说，空由缘生而来，空否定对缘起事物固定实体、不变自性的执著；空本身也不是实体。由于无实体，无自性，才能表示缘生的意义，进而才能成就一切缘起事物。事物若是具有固定实体、不变自性，就不是缘生，就不能缘起。也就是说，若没有空，就没有缘生，就没有一切缘起事物。没有空也就没有有。实体、自性的非存在，即空为事物的缘生提供可能，而一切缘起事物是这种可能成就为现实的表现。

从生态学视角来诠释上述佛教缘起论的思想，我们可以得出这样一些思想启示。诸如，由缘起论推导出生态是一定条件、原因互相依待、互相作用的结果的论点，由此又昭示我们：个人、人类和社会都不是独立存在的，而是与自然紧密相联的关系存在。损害自然，就是损害人类自身；破坏自然，就是破坏人类自身的存在。由此还昭示我们：如何防止人为的生态破坏，如何维护正常的生态平衡，如何完善相关条件、因素以利于生态提升，是人类应尽的职责，也是人类保护自身应尽的职责。缘起论所蕴含的过程思想则告诉我们，生态是随因缘条件的改变而不断变化的，人类应当预见这种变化，并参与其中，尽力防止生态的恶化，尽力推动生态的良性发展。至于缘起论排除缘起事物本性实有的思想，笔者认为这是把事物的条件性与真实性、现象与本性、相对与绝对对立起来，是难以认同的。但是，性空思想肯定了条件性与真实性、现象与本性、相对与绝对的差别，强调了事物的条件性、相对性、暂时性则有其合理的一面，事物的本性既有实有的一面，也确有空无的一面。就实践意义来说，“无我”论直接否定了人类中心主义，有助于破除人的优先性、优越感，提倡以虚怀若谷的

① 《大正藏》第30卷，33页。

心胸对待万物，这是有利于克服人与自然的疏离，增进人与自然的和谐的。

二、佛教宇宙图式论与生态共同体

佛教倡导从现实的苦难世界进入彼岸的幸福世界，并从平面与立体的角度描绘了宇宙结构图式，佛教具有独特的宇宙论的眼光和视野。

这是怎样的一个世界呢?

据中国佛教学者的有关著作《经律异相》、《法苑珠林》[①]和《法界安立图》[②]论述的内容来看，佛教宇宙图式论的主要进路是：中国→南洲（南瞻部洲）→大地→三界→大千世界→佛刹。中国疆域广阔，有四水、五岳，居于南洲的东部。南洲为四大洲之一，是佛祖释迦牟尼教化的世界。四大洲为一世界，世界大地以须弥山为中心，外有多重山水。大地由水轮支撑，水轮由风轮支撑，风轮由空轮支撑。众生所居的世界有层次之分，称为三界：欲界，为具有淫欲和贪欲的众生所居；色界，虽脱离淫欲和贪欲但仍有物质生活的众生所居；无色界，是厌离物质生活而修持禅定的众生所居。世界是无限的，一千个世界名小千世界，小千世界的千倍为中千世界，而千倍的中千世界为大千世界。大千世界也通称为佛刹（佛土)。大千世界无限，佛土无边无量。

佛教还描述佛所居住的世界，如阿弥陀佛的西方极乐世界和毗卢遮那佛的华藏世界，都是心无烦恼、幸福安乐、环境优美、生态和谐的世界，其中还突出强调了水质优良、矿藏丰富、鸟兽众多、林木茂盛、花草芬芳、空气清新等优美的、绿色的、无污染的自然环境（参见《称赞净土佛摄受经》)，是佛国世界的本质属性。

佛教宇宙图式论虽然表现出历史与宗教的种种局限，但是作为古代宇宙论学说的历史遗产，其中也包括了某些合理的思想：第一，佛教宇宙图式论关于地理区域、空间结构及其多重层次、不同物体和不

① 两书均见《大正藏》第53卷。

② 见《续藏经》第1辑第2编乙第23套第4册。

同生命在不同空间的分布，不同世界的相互影响和作用，以及对理想世界的描述，都是对世界生态的整体性、无限性、有序性的重要猜测，对于我们认识世界生态有着启示意义：人类与其他生物是互为一体的，物质与生命是互相关联的；佛教宇宙图式论表现了超越人类和现世的思想立场和人生向上不断追求的自觉与热情，反映了人类内心深处追求理想生存环境的共同愿望，这对于建构人类与自然和谐的生态世界也是有启迪作用的。

三、佛教因果报应论与生态循环

在缘起论的基础上，佛教还宣扬因果论。因指原因、因缘，果指结果、果报。《瑜伽师地论》卷第三十八云："已作不失，未作不得。"[①] 已作的因在未得果前不会自行消失，未作的因亦不会得果。此种因果之理，俨然不乱。宇宙万物都受因果法则支配。佛教进一步强调，因果律的一种表现方式是，善因必产生乐果，恶因必产生苦果。《佛说无量寿经》卷下云："天地之间，五道分明。恢廓窈冥，浩浩茫茫。善恶报应，祸福相承。"[②] 这也称为因果报应，是佛教用来说明世界一切关系和支配众生命运法则的基本理论。

因果报应，也作因果业报。"业"指业因，"报"是果报。因果报应的关键是"业"，业决定报应的性质。早期佛教的"业感缘起"论，就宣扬世间一切现象与有情众生的生死流转，都是由众生的业因所生起的。业是行为的意思，展开说分为三个方面，即身（行为）、口（言说）、意（意识），合称三业。业的性质有三类：善、恶和无记（中性，非善非恶，不生果报）。佛教强调业是召感果报的力量，也称为业力。业力作为前世或前时所表现的行为招引结果的力量，由此而引起生死"流转"或解脱"还灭"（灭，涅槃），也就是说，由于业力性质的不同，众生或在六道（六凡）中轮回流转，或是还灭，即修道证得涅槃，

① 《大正藏》第 30 卷，502 页。

② 《大正藏》第 12 卷，277 页。

获得解脱。这是说众生行为的善恶不同性质带来两种不同趋向、前途：一种是流转的，不应当的；一种是还灭的，应当的。佛教强调众生应当变革流转的生活，开辟新途径，向上寻求真正的常乐我净，这种向上的自觉是因果报应思想对众生修持实践的本质要求。

佛教为了阐明因果报应论，还把缘起的万事万物概括为三类即“蕴”、“处”、“界”三科，并以此说明，人生现象是由主客观两方面交织而成，受因果观律支配的。蕴，积集之意。构成众生生命和周围环境的色、受、想、行、识五种要素的集合，称为五蕴。处，认识器官作用于被认识的对象的所涉处，即眼等六根与色等六境，合称十二处。界，界别。六根为内六界，六境为外六界，眼识等六识是六识界，合称为十八界。五蕴、十二处、十八界都说明人的生命主体和客观现象。这里我们以五蕴为例来说明人生现象的缘起。五蕴的主观客观两边分别是开头的色和最后的识，两边发生交涉作用的是中间的受、想、行。识与色的接触产生感觉、感受，不同感觉、感受决定思想，思想再决定意志、意向。在人生的这种五蕴缘起现象中间，客观影响了主观，影响好恶心理的形成，主观也摄取客观的资源来丰富自己的生活，并反作用于客观。好恶心理支配行为，行为变革对象。人的受、想、行是客观影响主观的结果，而变革了的客观是人的行为带来的结果。主客交织，形成为相应的互为因果关系，这种因果关系构成人生现象的基本内容，支配人生的前途和命运。由此佛教强调人们要端正思想，树立道德责任，按照因果报应原理，认识客观，对待客观，变革客观。

人生现象由主客观因素交织而成，而人既是个体的存在，又是社会群体的一员，这样人的业也分为二类，自业和共业。自业是自己个人造的业自己得果报，也称不共业；共业是众人共造的业，即具有社会意义的共同的业。共业召感共同果报，也称共报。这种由诸多众生所共同召感的果报，主要指众人的共同生存环境，包括社会环境和自然环境。由此果报也分正依二报。正报是指由业所召感而得的众生身心，即个体生命的存在。依报是众生生活所依的国土、山河等整个环境世界。道世在《法苑珠林·三界篇·述意部》云："寻世界立体，四大所成；业和缘合，与时而作。"[①]世界由地、水、火、风"四大"所成；众生业力与因缘相配合，随时而作。正报依报都是众生业力所得的果报。天台宗湛然在《十不二门》中还提出依正不二的思想，认为就佛来说，作为正报的佛身与作为依报的佛土是不二的，都归摄于一心。这反映了对主体生命与客观环境和谐统一的追求。

佛教因果报应论不是处在主体与客体的分离和对立中，而是在两者的相依和统一中来论述众生生命及其生存环境的。也就是说，就人类来说，人的行为是主客观因素作用的结果，而行为又召感主客两方面的报应。这是昭示人们，生命主体与生存环境虽有差别，但两者又是不可分割的不断运动的统一体。生命是生命主体与客观环境相互影响、作用的结果，而客观环境也是不断受到人类行为的影响、作用而改变自身面貌的。生物与非生物环境间通过能量流动和物质循环而相互作用构成了生态系统。因果报应理论包含着人类与环境互为因果，人类作为生态系统的一员通过自身行为而与环境融为一体的思想，这在客观上揭示了生命主体与生存环境的辩证关系，在生态学上具有理论参照意义。生态系统中生物与非生物之间存在着一定的运行机理和调控机理，而通过自我调节达到生态平衡即反馈调节是维护生态系统的主要方式和基本要求。佛教因果报应思想要求众生从事善业，要求人对自然的索求必须与人对自然的回馈相平衡，反对掠夺资源、破坏环境，符合生态系统的反馈调节要求。生态系统的自我调节有其一定的限度，超过一定的限度，就会引起生态失调，甚至导致生态危机。佛教劝导人类不要造恶业，就生态问题而言实具有警世意义。

---

① 释道世撰：《法苑珠林校注》卷二，周叔迦、苏晋仁校注，北京：中华书局，2003年，32页。

四、佛教普遍平等观与生态平衡

佛教把宇宙万物分为两大类：一类是具有生命的东西，生命指有情识（感情与意识）而言，原作“众生”，后作“有情”；一类是不具有情识的东西，如草木瓦石、山河大地等。佛教的两个命题——“众生平等”和“无情有性”，集中地体现了佛教的普遍平等观。

众生平等。佛教通常把众生归结为六凡四圣“十法界”（十界）。六凡，即凡夫的六个层次，由低到高是地狱、饿鬼、畜牲、阿修罗、人、天。四圣是四类证得圣智者，即声闻、缘觉、菩萨、佛。这十类众生虽有凡圣与迷误之别，迷或悟的程度也有所区别，但《法华经》卷一《方便品》宣扬“十界皆成”思想，认为十界的众生都能成佛。以《法华经》为立宗主要经典的天台宗更宣扬“十界互具”思想，认为从地狱界至佛界的每一界都具备其他境界，十界中任何一界，都具足十界。这是说，众生虽有不同，但又都具佛性，这是无区别的。由于各界同具佛性，因此各界之间能够交渗互具。由于不同众生同具佛性，因此众生之间是平等的。众生平等包含人与人之间的平等、人与一般动物的平等、人与罗汉乃至佛的平等，其涵义是十分广泛的。

无情有性。天台宗人湛然在所作的《金刚錍》中，系统地论证了无情有性说，宣扬草木瓦石、山河大地等无情识的东西也有佛性。其论据主要有二：一是依据色心不二，即物质与心识相即不离的道理，提出众生成佛时，其生存所处的国土和环境也都同时成佛；二是从本体论的角度，以宇宙万有皆具同一的真如本体的观点，将宇宙万有的本性即法性与众生的心性等同起来，进而论证草木瓦石等也具有真如性，即佛性，也都能成佛。

禅宗有些禅师也主张“无情有性”说。所谓“青青翠竹尽是法身，郁郁黄花无非般若”[1]，是说翠竹是佛法之身，黄花是般若智慧，也就是

① 《大正藏》第51卷，441页。

称翠竹黄花都有佛性。苏轼在庐山东林寺曾作偈云:“溪声便是广长舌，山色岂非清净身？”[①] 此处溪声指东林寺山门前虎溪的潺潺流水之声，山色指庐山美丽的迷人景色。这里的广长舌和清净身是佛显现的形相。偈的意思是说水声山色都是佛身的显现，都有佛性。有的禅师还宣扬“无情说法”，如杨岐方会说:“雾锁长空，风生大野。百草树木，作大狮子吼。演说摩诃大般若，三世诸佛在你诸人脚跟下转大法轮。若也会得，功不浪施。”[②] 意思说，百草树木、脚下大地，自然界的一切都是诸佛的体现，都在说法。这也就是说，无情不仅有佛性，而且无情也就是佛身，也在弘扬佛法。

以上两方面的论述表明，佛教主张有情和无情，即宇宙万物都具有佛性，都是平等的，用现代语言来诠释，也就是世界生态的因子是平等的。这里的平等观念有两层认识意义：一是每一个生物和非生物都有生存的权利，这是一种自然权利，也是生态权利。由此又可作出这样的推论：只有这种权利得到维护，只有各个生命体之间、生命体与非生命体之间互相依待、互相作用，才能保证、维持整个生态系统的稳定和平衡。二是每一个生物和非生物都有内在价值——佛性。佛教认为，佛性是宇宙万物普遍具有的本性，是向上提升成佛的可能性，佛性对万物来说，并非此有彼无，也无高下之分。虽然，草木瓦石佛性之说是我们难以认同的，但是这种说法在客观上也提示我们，宇宙万物都有自我调节、自我革新、自我提升的内在机制，这是有助于尊重自然，敬畏自然，防止人为地践踏生态，破坏生态，从而推进生态的结构和功能的稳定性。

佛教的普遍平等观有助于提升人们的现代生态意识。比如在认同宇宙万物普遍平等理念的基础上，就能由平等心进而产生同情心、爱护心、慈悲心。佛教关于众生平等和万物都有佛性的主张，也直接否定了人类至上的观念，否定了人类有权征服自然的观念，把人们从人与自然绝对对立的主客二分思维框架中解放出来，有助于确立人与自

① 普济:《五灯会元》卷十七，北京：中华书局，1984 年，1146 页。

② 《五灯会元》卷十九，1230 页。

然和谐、现代化与自然环境互利耦合的心理思想基础。

五、佛教环境伦理实践与生态建设

佛教是非常重视道德责任感的教派，具有丰富的伦理思想，其中也包含了环境伦理的思想因素。环境有社会环境与自然环境之别，这里所讲的佛教环境伦理主要是指人对自然环境、对自然界其他生物与非生物的行为规范和行为模式而言。

如上所述，佛教对人与自然的关系作了如下的定位：人是自然的一部分，是参与自然衍化的一部分，人不是绝对的实体存在，而是缘起关系的存在；人与自然万物是平等的，要尊重自然；人要有积极向上的自觉，要有道德操守，为完美生态作贡献。由此，佛教进一步形成了独特的环境伦理实践模式。

（一）破我执，断贪欲。“我执”，执著实我。佛教认为众生本是五蕴积聚而成，若妄执具有主宰作用的实体“我”的存在，并进而执著身外的事物为我所有，就会形成妄想分别，即为我执。我执被视为万恶之本，谬误之源。我执在心理上表现为贪著之心及执取之欲望，在认识上表现为无明（无知），贪欲与无明成为众生不断轮回流转痛苦的根本原因。贪欲产生执取外物的意向，这种意向决定“业”即行为的性质，是一种以自我利益为中心的巧取物质、掠取自然的恶行。佛教破我执、断贪欲的主张，是为了灭除众生轮回流转之苦，获得解脱，客观上也有利于生态建设。《维摩诘所说经》卷上云：“随其心净则佛土净。”[①] 佛土的清净决定于心的清净，心的染净与环境直接相关。我们认为，欲望有不同的类别、性质，正常的、积极的、健康的欲望是进步的驱动力，反常的、消极的、贪婪的欲望则是一种破坏力量。佛教对于欲望的态度为人类如何正确对待自然提供了一种重要的参照，有助于排除人类的自我中心主义和单边征服自然的欲望，有助

① 《大正藏》第14卷，538页。

于排除贪欲，节制欲望，进而有助于自然环境的有效维护。

（二）不杀生、放生和护生。不杀生戒是佛教戒律中的首戒，即首要的道德规范。不杀生，指不杀人，也指不杀鸟兽虫蚁，还指不乱折草木等。广而言之，也就是不得杀害一切生命。同时，不仅自己不能杀生，也不能教唆他人杀生，甚至连起意杀生也是犯戒。不杀生戒，还不单指戒杀的行为、意念，也指不得持有杀生的器具。《大智度论》卷十三云："诸余（"余"字，疑为衍文）罪当中，杀罪最重。诸功德中，不杀第一。世间中惜命为第一。"[①] 认为杀生是最重的罪恶，不杀是第一功德。佛教不杀生戒的思想根据，一是万物互依缘生，同为一体，彼此平等，不能互相杀害；二是生死轮回观念把人与其他生命连在一起，这是更深一层的不杀生理由。佛教认为其他众生是自己过去世的父母等亲人，彼此具有"血缘关系"，怎能杀亲人呢？所以在佛教看来戒杀也是孝顺的一种表现。

佛教由不杀生戒又衍化出"放生"的传统。所谓放生是用钱买来被捕的鸟禽鱼龟等动物，将其放回山林湖池，使之重获生命自由。但是社会上也有一些不肖之徒利用佛教徒放生之机，滥捕野生动物出售牟利，破坏了山林江河的生态。佛教界反思放生带来的某些负面影响，在坚持放生的同时，又提倡"护生"，倡导运用各种有利于野生动物生存的手段、方式，积极保护野生动物。

一个以不杀生为首戒的宗教自然也是提倡和平、反对战争的宗教。战争不仅直接带来人类的互相残杀，而且也必然带来生态的严重破坏。佛教富有反对战争的传统，在当代，呼吁和平，制止战争，更是佛教的重要实践活动。

在阶级社会，不杀生戒的社会作用是非常复杂的，该戒对古代农业生产的作用也是多重的。然而从总体来看，佛教戒杀的主张，体现了生命的平等观和自由观，这是一种崇高的精神境界。佛教尊重生命、尊重自然的理念，不仅有助于维护生态平衡，而且也有助于培育人的

① 《大正藏》第25卷，155页。

平等心、慈悲心，进而也有助于和谐社会、和谐世界的构建。

（三）素食。佛教《大乘入楞伽经》卷第六云：“凡杀生者，多为人食。人若不食，亦无杀事，是故食肉与杀同罪。”[①] 这是说，人为满足口腹之欲食肉是导致杀生的基本原因，要实行戒杀律，就要改变以动物为食物的肉食习惯，提倡以植物为主要食物的素食。这种饮食方式是实行戒杀的重要保证。佛教倡导素食，其主观动机，是恪守不杀生戒，培育修行者的善良慈悲心理，保护动物。从客观效果来看，不仅保护野生动物资源免遭破坏，也有利于恢复动物品种的多样性。肉食动物的饲养需相应的土地、饲料和水等，自然资源的消耗量大；素食来源植物的生长所消耗的自然资源相对较小，有利于土地和水等的节约利用与保护。此外，多食谷物、蔬果、豆制品、菌类等食品，也确有益于人的身体健康。

（四）惜福、报恩。福，通常指福分、福气，是享受幸福生活的命运。佛教依据不断向上追求解脱的立场，认为惜福也是一种获得解脱的行为，强调要正确对待自己的福分，主张即使有十分福气，也只能享受二三分，甚至主张以惜福代替幸福。惜福就是要珍惜福气，要求人们正确对待消费、享受，要求节约衣、食、住、行等一切生活资源，合理使用和积极保护自然资源，树立正确的、适度的、节约的消费观。

在万物缘起而有和互相依存的思想基础上，佛教还提出“知恩报恩”的主张。在应报的多项恩德中，有互相联系的两项是报“天下恩”和“国土恩”。“天下”，相当于世界。“国土”，所在国的土地。天下和国土是众生的住处，生存环境。众生因获得天下、国土的自然资源与社会资源而生存，当知天下和国土的恩德，应当尊重、敬畏、感恩天地，尽力报恩。当代中国佛教提倡信徒积极参与环境保护，植树造林，美化环境，保护自然资源，竭力避免自然资源的透支，这也是报天下恩和国土恩的具体实践。

---

① 《大正藏》第 16 卷，624 页。

小　结

（一）长期以来，随着工业化、现代化的发展，人们对大自然的无休止的索取、掠夺、践踏，造成各类资源的枯竭，森林面积锐减，荒漠化面积扩大，物种消亡加速，全球气候变暖，乃至疯牛病、禽流感等疾病流行，地球已经越来越不堪人类需求的重负，越来越面临生态恶化带来的毁灭的可能，人类也面临着生态失衡后的死神威逼。严峻的现实，要求人们从根本上对人类的生活方式、价值取向和对待自然的态度进行深入反思，确立人与自然和谐相处、良性互动的两全其美的格局。

（二）佛教以超越人类本位的立场和重精神解脱的价值取向，观察和探究宇宙与人生的真实本质，从而以独特的视角，阐发了宇宙发生论、结构论以及人生规律和道德责任，为人类处理与自然的关系提供了另一类型的理念，为认识人类生活的意义、人类生命和其他生物的生命意义提供参照，有助于人们改变价值观念，调整生命方向，转换生活态度，缓解人与自然的紧张关系，增进人与自然的和谐，现代化与自然环境的互利耦合。

（三）佛教生态哲学为解决生态问题提供新的思路和启示，而要使之落到实处，落实于行动，还必须对佛教生态哲学思想进行缜密分析，揭示其合理而有效的因素，运用现代语言，结合具体实践，阐扬佛教生态哲学的合理思想，并广泛宣传、动员群众，变为群众的生态意识和自觉行动。这种转化工作是佛教生态哲学思想能否发生实际作用的关键所在。

原载《文史哲》，2007（4）

佛教与文化

中华文化的核心与国民素质的提高

我今天讲的主题是要着重探讨中华文化的核心及其与国民素质提高的关系。

中华文化博大精深、源远流长，它的核心是什么？它的最主要特点是什么？它和我们现代国民素质的提高是什么关系？我们研究这么一个主题，就是要着重探讨传统文化的构成、它的内涵，从形成和内涵当中来探讨它的核心。

我们有这么一个观点，就是认为传统文化的核心和国民素质的提高的结合是我们当前研究传统文化的一个重要任务。传统文化跟国民素质、跟现代化有什么关系呢？从什么角度去探讨、研究传统文化跟现代化的关系？我们认为大概是要找出传统文化的核心是什么，要分析这些核心的内容，传统文化核心的内容有哪些方面？要比较准确地把它找出来，然后来探讨它跟我们国家提高国民素质的关系。

根据我们的初步研究，认为传统文化的核心就是一个价值观的问题。我们讲的世界观、人生观、价值观这三种观念，价值观是根本的，也就是说世界观、人生观最后要体现在价值观上。价值可以从不同的层面去分析，我们认为从哲学层面来看价值，就是作为一个主体有什么优长？理想怎么实现？这是从哲学层面讲价值的含义。价值观当中最根本的是人生价值观。人生价值最重要的就是一个人的智慧、理想、才能的体现，为国家、为人民、为民族作出的贡献，这是真正的人生价值。人生价值观就是关于人生价值的一些观点、观念、学说。

国民素质的问题是一个国家的大事，可以说人才资源、人力资源、国民素质这些都是相近的概念，我们大家都很清楚，这是国与国之间竞争的一个根本性的、实质性的问题。英国有个经济学家哈比森，他认为人力资源是国民财富的终极基础。资本、资源都是经济当中被动的因素，人力、人才是主动的因素。因此我们也可以这么说，国民素质的高低标志着一个国家实力的强弱，国民素质在一个国家的发展当中可以说具有决定性的作用。那么国民素质包括哪些内容，传统文化与国民素质的提高是怎样的一种关系？这些都是我们今天要讲的问题。围绕着这个主题，我想分三个问题来讲。

一、中华文化的形成与核心

我们要探讨一个民族、一个国家文化的形成，需要考虑它的自然环境、社会状况，以及它的生态情况。我们都知道，大概在公元前 6、前 5 世纪的时候，在东亚，在我们这个土地上就形成了道家、儒家等学说，在南亚印度有佛教，在地中海一带有古希腊、罗马哲学，这就在世界上形成了不同的文化系统、哲学系统。我们的中华文化是生长在这么一个环境，就是在东亚的大陆，在公元前 6、前 5 世纪的时候，大体是在一个 300 万平方公里的范围内，也就是黄河中下游，中原地区。我们的祖先生活的地理环境，东边是海洋，西北、西南都是高山峻岭，内部的幅员非常纵深、非常宽广。这一带地区气候比较温和，适合农业生产，一年四季比较分明，与印度和其他国家的自然条件、生产条件很不一样。另外，除了黄河流域以外，长江流域土地也是非常肥沃的，气候也很温和。应当说我们国家中原一带是中华文化的一个发源地，当然中华文化的发源地也不是一个，其次就是长江流域，还有其他地区。中国所处的地理、气候条件就决定了农业生产是古代最主要的生产方式。农业生产最初是集体耕作制，到了战国的时候发展为家庭耕作制，以家庭为单位进行生产，这是一个生产方式的根本性的改变。这种环境，这种生产方式对于一个国家、一个民族的文化的形成，提供了一种客观的根据、客观的基础，也可以说自然、社会的环境和生产方式对文化的形成具有基础性的意义。

同时，文化的产生需要有文化人，需要有知识分子。我们可以看到春秋战国的时候，由宗法贵族分化出了各种各样的士，有文士、武士、隐士、方士等等，他们成为了一个独立的阶层，当时很多诸侯国家都引进这些人才来进行变法。大家都知道，商鞅变法就是最突出的一个典型。这些士，也即知识分子，发挥了知识的优势，从事教育，培养弟子。原来在商周时代上学，学校都是官办的，“学在官府”。到了春秋末期，由孔子首创私学，这就是说，打破了官方对教育的垄断，使古代的学校发生了根本性的变化，也就是把教育推向了民间。另外和私学兴起的同时，古代一些君主还创办了许多文化学术中心，聘任各个学派的大师不治而议论，他们不直接参加国家政府的治理工作，只是专门议论、专门思考如何治理国家，如何发展国家。当时像中原这一带，现在的河北、山东、河南一带都有这样的学术中心，特别是像山东的曲阜，还有河北的邯郸都是当时一些很有名的文化学术中心所在地。这样的文化学术中心，大大推动了各地文化学术的繁荣和兴盛。这种兴盛最集中地体现在春秋战国时期，形成了诸子百家，因为诸子最集中的时间是在战国时期，所以也称为战国诸子。这些诸子就天道、人道、社会伦理、礼法制度等等进行了探讨，形成了各种各样的学说。当时最重要的有儒家、墨家和道家，在这 3 家当中，儒家跟墨家在当时被称为显学，道家也很重要，但是道家是个隐士之学，它没有列到显学的范围里面。春秋战国，特别是战国时期的百家，后来西汉的时候，司马谈就把它概括为 6 家，以后又有人把它概括为 10 家，还有更多的，有的说诸子有 100 多家，如 189 家的说法，但是最重要的就是刚才我们前面讲的 3 家。在这 3 家里面，我们可以看到，儒家给我们民族提供了一个人本主义的学术系统、人本主义的文化传统；道家提供了一个自然主义的传统。可以说《周易》，就是《易经》，它是把人本主义传统跟自然主义传统结合起来，这两个传统可以说奠定了整个中华古代文化的基本走向。一直到现在，我们都可以感受到这两个传统的影响和作用。中华文化后来当然是不断发展的，我们现在可以说，它是世界上唯一没有中断过的文化传统，它表现为哲学、伦理、文学等等。根据我们学哲学的人的观点，文化里最根本的东西是哲学，因为哲学讲的是世界观的问题、人生观的问题、价值观的问题和思维方式的问题，一个民族的价值观念和它的思维方式在文化当中具有极为重要的地位。

就文化形态来说，刚才我们提到有儒家、道家。在汉代，大概在西汉末东汉初印度的佛教传到了中国内地。我们可以看到印度佛教对于中华民族文化来说，是个异质文化。中华民族已经有儒家、道家学说，佛教要进来，当然会遇到很多阻力，有很多障碍。我们也可以看到西方基督教从唐朝就传到了中国，但是它没有融入到中国传统文化里面去，佛教是融入到传统文化里面了。后来我们大家都有一个共同的说法，就是儒释道，释就是佛教，儒道佛三家是传统文化的三大组成部分。那么佛教之所以能够融入到中国传统文化里来，我们应该看到中国的人本主义传统、自然主义传统虽然符合了中国人的需要，但是它还有缺陷，那就是说对人生的烦恼、痛苦，特别是人的死亡问题，中国的传统文化探讨得很少。大家都知道，人如果没有死亡，人生就没有意义，生与死是相联系、相对应的，没有死亡，就不用探讨人生的理想意义的问题，因为他一直活下去的。正因为有死亡，我们要探讨在有限的生命里如何来确定自己的理想，如何来实现自己的理想，在这方面，可以说佛教恰恰弥补了中华文化的缺陷，它起到了补充作用，所以我们认为佛教给中国文化提供了一个解脱主义的传统。解脱主义，就是解脱烦恼、痛苦，解脱生死问题，这也是适应中国人民的需要的。所以长期以来我们的传统文化就由儒释道三家所组成。

我们可以看到，这三家从实质上来说，探讨的就是人的问题，人生的问题。所以从一定意义上来说，也可以说它是人学。因为就儒家来说，它主要是探讨为人之学，探讨怎么做人。它提倡仁爱，那是讲人与人的关系问题。它主要是要在现实生活当中去提升自己的理想。我们在平时生活当中，在平时的工作当中，就是从平凡的活动当中，怎么能够提升人生的意义和价值，即实现人生的理想，这是儒家思想。道家讲自然，讲自然主义传统，这个自然，就是要顺其自然的意思，要合乎自然本性。用我们现在的话来说，一定意义上也可说要合乎自然的规律。道家提出了这么一个传统，这从根本上来说也是个生命哲学，也是讲人的问题。怎么能够实现人生的理想呢？道家认为那就要合乎自然。佛教不同，佛教讲出世。应当说佛教是个宗教，我们刚才讲的道家、儒家，它是人文。所以中国是个人文主义传统的国家，跟印度那个宗教国家不一样。印度是个宗教国家，它的一些宗教领袖比政治家地位要高。中国不是这样，中国是人文的传统。但是我们也可以看到，佛教里面很多内容实际也是讲做人的问题，特别是传到了中国以后，佛教发生了很大的变化。中国佛教跟印度佛教是有区别的，当然它有共同性，它们都是佛教。中国佛教相对印度佛教来说，最重要的是创造了两个东西。一个是禅宗，实际上禅宗把成佛的理想由彼岸世界移到了内在的主体世界里面来，它宣扬即心即佛，你的心、你的思想，与佛不相离，用我们现在的话说，就是思想意识觉悟了，那就是成佛了。我们可以看到，这实际上就是由神转到了人，转到觉悟的人。另外，在我看来，中国佛教的第二个创造，就是现在讲的人间佛教，我们已故的赵朴老就提倡这个。台湾地区佛教也是提倡这个，两岸佛教都提倡这个。人间佛教就是认为，通过佛教道德的弘扬以及其他思想的弘扬，能够使人间成为净土。从这里边我们可以看到中国佛教，当然它有出世的一面，当然它是个宗教，但是实际上它已经受到中国的儒道的影响，带有很大的人文色彩，它也很重视做人的问题。这是从我们的文化的核心，从各个学派的思想核心来看，我们可以看出它的确是以人学为中心的。另外从中华文化的发展、历史的发展来看，我们可以看到孔子、墨子，以后的孟子、韩非，以及汉代的董仲舒、王充等等都是提倡为人之学，都是提倡通过为人，进而能够为家、为国作贡献。中华文化提倡的，实际是一种人生的价值观念。

另外一个方面，文化和民族有不可分割的联系，世界上不同的民族呈现了不同的文化。不同民族文化体系的差异，最主要表现在什么地方呢？我们认为最主要就表现在价值观念上。像我们下面要介绍的，中国文化就比较重视做人，重视和他人的关系，重视与自然的和谐，这就是它的价值观念。西方就不是这样，印度也不完全是这样。现在我们一些记者招待会，西方国家元首，包括小布什总统在清华的演讲，都是要推行西方的价值观念，也就是说，要推行他们文化的核心内容。所以，今后在一定意义上来说，就是不同民族的价值观念的较量。所以我们东方、东亚地区形成的、我们中国形成的价值观念，它的优势在什么地方？它的内容、内涵是怎么样的？它对我们国家的发展以及世界未来的发展有什么意义？这就是我们下面还要探讨的问题。

二、人生价值观的要义

人生价值观念，是在人生的一些基本矛盾基础上形成的。人类，包括我们每一个人的人生当中，最基本性的、普遍性的矛盾是什么呢？我们认为有三个矛盾：第一个矛盾就是人与自我的矛盾。我们每一个人和自己的矛盾，比方我们的现实状况与理想追求，我们的物质生活与精神生活，我们的生命价值跟人格价值、道德价值的关系怎么样，我们要处理好这些矛盾。第二个矛盾就是人和他人的矛盾。因为人都不是孤立存在的，他在社会当中存在，他有家庭关系。在一个单位，他有一个工作关系，有同志关系。再推广就是还有民族的关系和国家的关系，这就是由人与他人的关系当中派生出来的人与民族、与国家的关系，这是我们经常面临的又一类矛盾。第三个矛盾就是人与自然的矛盾，人与自然环境的矛盾。因为人是生存在特定的自然环境当中，自然环境对人类的影响是很大很大的。自然养育了人类，但是如果我们人类过分地去征服、去破坏自然，自然可能就要报复人类。所以人与自然的矛盾是我们天天可以感觉到的，像遇有沙尘暴，每个人的心情是会不太好的，这是人与自然的关系。三类矛盾当中，我们也可以把人与他人的矛盾展开为人与他人的矛盾、人与民族、人与国家的矛盾。所谓价值观念，一定意义上也可以说，就是一个人如何处理这些矛盾的问题。通过正确地处理这些矛盾，就形成了正确的价值观念。下面我们就按照刚才所讲的三类矛盾，或者四组矛盾，分四个问题来讲。

（一）人与自我的关系

人与自我的关系归根结底可以说就是一个塑造人格的问题。“人格”是现代的用语，古代没有“人格”两个字，古代叫人品。什么叫做具有崇高的人格？怎样能够达到和保持崇高的人格？这是古代思想家经常热心讨论的一个中心性的问题。特别是儒家，也还有道家。在这方面，大家都知道孔子有这样的名言：“三军可夺帅也，匹夫不可夺志也。”“三军”是泛称军队，古代的诸侯大国里可以有三个军。“匹夫”就是指男子汉，男子汉他有独立意志，每一个人都应当有独立意志、独立的人格，这对做人来说是一个极为重要的问题。孟子也说：“富贵不能淫，贫贱不能移，威武不能屈，此之谓大丈夫。”大丈夫的人格是怎么样的呢？就是要始终在任何情况下，在富贵情况下、在贫贱情况下、在威武的压力下，都要坚持自己的原则，保持自己的人格。自己的意志不能动摇，这很重要。现实生活当中也表明他这种说法有相当的普遍意义。道家也提倡要有崇高的人格，但是道家是从一种自然主义思想脉络里来讲这个问题，庄子这样说：“至人神矣！大泽焚而不能热，河汉冱而不能寒，疾雷破山、飘风振海而不能惊。”所谓至人，道家系统讲的至人，就是思想道德境界很高的人，那很神妙。一个人的境界是不一样的，境界很高的人，很神妙。就是大泽，大的草泽都焚烧了，他都不受影响。“河”就是黄河，“汉”就是汉水，就是黄河汉水冻了，他也不受影响。这是说至人具有不受任何环境影响的独立的精神和自主的精神。庄子还提倡追求“天地与我并生，而万物与我为一”的精神境界，这是一种极高的境界，主张人跟万物都是平等的，没有价值的高低区别。这种与天地万物为一的境界，我们可以想像，我们也去体会，那就是说要超越自我，与天地同在，这是极高的一种精神境界。

上面所讲的孔、孟、庄子关于人格价值追求的一些主张，对后来产生了极为深远的影响。人与自我的关系当中的一个问题就是物质生活和精神生活、物质价值和精神价值的关系的问题。我们每天都要吃饭穿衣，但是我们还要过一种精神的生活；物质价值和精神价值的关系怎么样？我们应当怎么来处理？古代思想家认为衣食是礼仪的基础，物质生活是一种基础，这个基础是不能否定的。另一方面又强调精神生活是高于物质生活的。包括后来宋代理学家讲的"存天理，灭人欲"，也不是把人的基本的欲望消灭了，人照样吃饭、穿衣，这个不在"灭人欲"范围内。"灭人欲"指的是取消超越精神生活要求的那种物质生活追求。在人与自我的关系当中，我们刚才讲它是一个塑造人格的问题。每一个人都会遇到这样一个问题，那就是要正确地对待生命。人的生命与道德、人格的关系中，生命是很重要的，所以儒家是主张保生命，一个人要保生命。道家还主张顺其自然，保全生命。但是在我们的先人看来，人的生命价值如果跟道德价值、人格价值发生矛盾的时候，比较起来，道德价值、人格价值更重要。如果为了国家、人民、民族需要牺牲自己的时候，我们要勇敢地付出自己的生命，来保持自己的人格价值。所以孔子主张"杀身成仁"，孟子主张"舍生取义"，都是这个意思。古人还看到了人的死亡跟"不朽"的关系问题。"不朽"就是人死亡以后怎么样才能够永远存在的问题。因为人都要死亡，那么死亡以后，人是不是还有可以值得以后的人永远敬仰的东西？有没有不朽的东西？这方面《左传》里有这样的记载，认为人虽然有死亡，但是死而不朽，他的精神、他的功业是永恒存在的，所以有"大（太）上有立德，其次有立功，其次有立言"这样的说法，这就叫作"三不朽"，就是要"立德、立功、立言"："立德"就是树立人格道德榜样；"立功"，就是建功立业；"立言"就是你有新的思想言论，有助于人民素质的提高，有利于国家的发展。古人认为道德、功业和言论这些价值是很重要的，这叫作"三立"。人要在"三立"方面都有贡献，或者是在某一个方面作出贡献，这样人虽然死亡了，但他又是不朽的。我们现在可以看到像孔子孟子他们都是不朽的，到现在我们都要纪念他们，甚至于还要学习他们的某些思想。在人与自我的关系当中，探讨这个问题的时候，我想起了我的老师冯友兰先生，他有人生四境界的学说，每个人不一样的，有四种境界。他说第一种境界叫自然境界，什么叫自然境界呢？自然境界是适应人的生物本性、生理本性的要求，吃饭、穿衣，还有繁衍子孙、适应世俗习惯，等等，这个叫自然境界。第二是功利境界，功利境界是功利性的，就是追求个人的私利。有些人做事情首先考虑的是个人的利益，对我有没有利，这是第二境界。第三个境界就是道德境界，它是为社会谋福利的，我做的事情是为了对国家、社会有利。第四是天地境界，天地境界就是人是天的一部分，是自然的一部分，人归根结底要和天统一起来。这一思想境界，应当说是更高的一个境界，我们想问题、处理事情是从人与整个自然统一的角度来思考。人生有四种境界，应当说后面这两个境界都是很高的境界。

（二）人与他人的关系

人与他人的关系，就是人际关系、人伦关系、群体关系。在这方面，古人认为人和别的动物不一样。人是有义的，是讲道义的，所以人能够组织起来成为一种群体。人的体力可能不如有的动物，但是人能够驾驭动物，能够组织群体，能够组织社会，能够按照职份、按照道义来妥善地处理人与人之间的关系问题。那么人与人有哪些关系呢？最早提出人与人的关系的是孟子，他认为有五类关系，那就是父子关系、君臣关系、夫妇关系、长幼关系、朋友关系，其中长幼关系就包括了兄弟关系。所以后来又演变为“五伦”，就是“父子、君臣、夫妇、兄弟、朋友”这五种关系。这五种关系是由十种角色组成的，所以古人又提倡“十义”，就是十种道德规范，每一个角色都有特定的道德要求、道德规范。根据《礼记·礼运》上的记载，所谓“十义”叫做“父慈、子孝、兄良、弟悌、夫义、妇听、长惠、幼顺、君仁、臣忠”，这是十个不同的角色应当具有的道德规范。这里面，我们可以看像父子之间、兄弟之间、君臣之间都是各有权利和责任的。像“忠”，臣对君要忠，但君一定要“仁”，君是仁的，所以臣要对君尽忠。如果君不“仁”，他不是仁君，那臣就不一定“忠”了。儿子对父亲也不是一种绝对的服从关系，父要慈爱然后子要孝，这个和汉代以来一方绝对地服从另一方又不同，所以“三纲”、“五常”、“十义”都有一个演变的过程。

古代学者在关于人与他人的关系准则和规范方面，所提出的准则和规范最重要的有“仁、礼、和、义、信”这几个范畴。现在我们简单介绍一下这几个范畴的意义：

1. 仁 “仁”字好像是两个人那样，从字的造型里可以看到它是讲人与人的关系的。大家都知道，孔子有个很重要的定义，“仁”就是爱人，就是泛爱众，要爱大众，要爱他人，人与人之间要相爱。在孔子看起来，爱人的内容有两条根本性的原则，第一条就是“已所不欲，勿施于人”；第二条是“已欲立而立人，已欲达而达人”。第一条是消极性的，你自己不喜欢的不要给别人，第二条是积极的，“立”就是自立，“达”就是显达，你想立的，你自己追求的、要实现的东西，也要帮助别人达到。现在国际上宗教界也在探讨普世伦理，全世界人类能不能有一个基本的伦理规范，有没有？讨论很长时间了。其中有的学者就提出来，孔夫子的这个话可以作为基本伦理的条款，特别是“已所不欲，勿施于人”。孟子也有这样的主张，孟子认为你如果不能够做到爱人，人家也不会爱你，不尊敬你，所以儒家提倡“仁爱”。我们可以想像，一个国家、民族，人与人之间都能这样做，会形成一个什么样的状况，它可能是非常和谐的。还有墨家，墨家提倡“兼爱”，主张“视人之国若视其国，视人之家若视其家，视人之身若视其身”。它主张“兼爱”，这个“兼爱”和儒家有等差的爱、有等级的爱是不太一样的。儒家的爱是由亲近的关系，然后推到更广泛的、其他的人的关系。墨家主张“兼爱”，要求把别人的家庭看作像自己的家庭一样。我们可以看到，“仁爱”跟“兼爱”都是古代人道主义思想的一种体现，但是这两者有一定的区别。儒家的“仁爱”，是有等级性的，墨家是讲广泛的“兼爱”，但是，我们又可以这样考虑，很可能，墨家的“视人之家若视其家”这种观念，和古代社会以家庭为本位的那种社会结构是不太一致的，所以墨家的衰亡也不是偶然的了。

2. 礼 “礼”是古代的社会规范和道德规范，通常是包含了三个方面的内容，那就是社会政治制度、法律准则、道德规范。古代非常重视“礼”，孔子这样讲：如果一个人“不知礼”就“无以立”，起码的礼都不懂，这个人就不可能自立。所以孔子又把“礼”跟“仁”联系起来，提出“克己复礼为仁”，也就是要约束自己，要符合“礼”，这样来做到“仁”，达到“仁”的境界。“仁”跟“礼”的关系实际上是一个形式跟内容的关系。“礼”是“仁”的表现形式，“仁”是“礼”的实质内容。荀子有一篇文章叫《礼论》，对“礼”做了总结，他对儒家思想又有进一步的发展，他认为治理国家是“治之经，礼与刑”，治理国家靠两个方面，一个是“礼”，一个是“法”。如何治理好国家呢？一方面要讲“礼”，一方面要讲“法”。我们可以看到中国的这种思想对韩国、日本影响都很深的。本来我们是礼仪之邦，可是现在，学校师生之间的礼都比较淡了，这对我们国家以及政府机关、上下级的关系，都不是好事。我们当然要讲平等，平等是政治上、人格上的平等，但是礼要不要？很可能有“礼”比没有“礼”要好得多。

3. 和 “和”就是和谐。在这里有个很重要的问题，我们古代探讨两个很重要的范畴，那就是“和”跟“同”，“和”与“同”的关系与区别。古代很早在中国哲学史上就发生了“和同之辩”，辩论“和”跟“同”有什么区别，有什么关系。所谓“同”就是同一，相同。所谓“和”就是不同的东西的平衡。古人认为“和”能够产生不同东西，不相同的东西的平衡、和谐，能产生新的事物。“同”，相同的东西，就是重复，它不能产生新的事物。所以中国古代主张“和而不同”。孔夫子有个名言“君子和而不同，小人同而不和”，把是否追求和谐看为君子区别于小人的根本的思想分野。孔夫子还讲这样的话：“均无贫，和无寡，安无倾。”“均无贫”，平均了的话，就无贫；“和无寡”，寡就是指人口很少，就是没有凝聚力，老百姓都不跟着你了，和则人家都会凝聚在你的周围；“安无倾”，安全的话就不会有危险。孔子有个学生叫作有若，他说了这样的话：“礼之用，和为贵。”礼的作用是以和为贵，肯定了“和”的价值。根据我们学者的想法，比方说我们跟西方文化的关系，我们主张和而不同。所谓和而不同，就是能够把各种文化的优长综合起来为自己所用。孟子也有重“人和”的名言，大家都很熟知了，就是“天时不如地利，地利不如人和”，这里的“人和”就是齐心协力的意思，齐心协力、团结合作。在孟子看起来，天时、地利、人和这三个因素当中，人和是第一位的，很重要，很可能他讲的是一个真理。如果以和为价值取向的话，我们可以看到对人类社会的发展可能是很有意义的。在现实生活里面，我们可以看到人与人之间、集团与集团之间、社群与社群之间、阶层与阶层之间、阶级与阶级之间都存在着矛盾、对立和斗争，这是不能回避的，我们要面对的。但是从历史上来看，斗争的结果一般可以说有这么几个结局：一种结局就是两者同归于尽，第二种结局就是一方压倒另外一方，第三种结局就是双方和解而两利。所以和作为处理人际关系的一项基本原则，可以用来处理不同的矛盾，对不同的矛盾，采取一个恰当的处理方式。

4. 义 “义”本来是适宜的意思，适合情况，引申为公正。我们老百姓希望做官的人第一条就是公正，清廉与公正。

5. 信 “信”就是诚实、守信用，古人认为这是朋友之间应当遵守的一个基本道德规范，实际上在经济生活当中也应当是这样。

这是关于人与他人的关系的看法，是古人的一些生存智慧。

（三）人与民族和国家的关系

我们中国是有这么一个优良传统的，有个爱国主义传统。爱国主义传统的内容是什么呢？就是关心社稷民生、维护民族独立和保卫中华文化。爱国主义的内容是很丰富的，古人很多都是以爱国主义为人生的最高价值，一个人要爱国，要爱民族。孔夫子有这样的话：“微管仲，吾其被发左衽矣。”“微”是假如没有，管仲是古代很有名的一个政治家，“被”和“披”是一样的，“衽”就是衣服的衣襟，有的少数民族衣襟是往左边开的。孔夫子是说，如果没有管仲，我可能也是衣襟往左边开了。这是表现了这么一种深层的意思，就是主张维护民族尊严、国家独立。至于像屈原、范仲淹，乃至顾炎武，他们都有很多以天下为己任的抱负，那是对我们很有教育意义的言论。大家可能都知道，像“先天下之忧而忧，后天下之乐而乐”、“天下兴亡，匹夫有责”等等，都是很重要的。我们古代都提倡“忠”。“忠”的含义，就是要尽心尽责，但是到了汉代以后这种意义转变为为国君尽忠了，而把尽责又推到绝对服从，这个就不好了。所以辛亥革命有很大的功劳，就是把君主专制推翻了。但是我们应当说，对民族、祖国、人民，我们还是应当忠的，忠于民族、忠于祖国、忠于人民是每一个公民的崇高的职责。

（四）人与自然的关系

古代一些思想家是怎么样来看待人与自然的关系呢？人处在自然当中，人是自然的一部分，人跟自然的关系就叫作“天人之际”。这里我们先要搞清楚古代的“天”的含义。“天”的含义很多，主要是有两条，第一条指的是自然，也可以说这个自然就是自然界，特别是指天空、天体，或者说是天地，用我们现在的话来说，也就是客观的物质自然。“天”的另外一个意义就是神灵，认为天上有神灵存在。我们现在要探讨的主要是人与自然这个层面上的关系问题，就是要探讨天道跟人道的关系、自然跟人为的关系。在这方面，古代主要有三个学说：

第一个是“天人合一”，就是强调天道跟人道、自然与人为息息相通、和谐统一，这是一个非常重要的概念。例如，孟子就主张“尽心知性知天”。“尽心”，就是发挥我们自己的本心，我们的主体精神充分发挥了，就能够“知性”，就能够知道人的本性，进一步就能够知道自然。这里很重要的一个思维方式就是认为天跟人是个统一体，人心、人性跟天道是一样的，这是中国古人的一个很重要的思考方式。由于能够“尽心知性知天”，因此也认为人能够和天地相通，进到一种天地境界。道家也是主张“天人合一”的，我们刚才已经提到庄子。庄子主张“万物与我为一”，人与天地万物要合一、要统一起来，进一步反对人为地去破坏自然，主张“因顺自然”，顺从自然的规律。庄子的学说，有一种主张回复到原始状态的思想，这种思想当然是一种落后的思想。但是他主张不去毁坏自然，应当承认，这种思想对我们有一种警钟长鸣的意义。

第二个是“与天地参”，就是人要参与自然界的变化，这是在肯定天道、人道既有区别又统一的基础上，认为人不是消极的，不是被动的，人可以参与自然界的变化，这种观点也是很重要的。在这方面像《周易大传》有这样的话，要“裁成天地之道，辅相天地之宜，范围天地之化而不过，曲成万物而不遗”。“裁成”、“范围”都是动词，都是调节的意思，“辅相”、“曲成”都是辅助的意思。这是说，一方面要承认自然的变化和它的规律，一方面要通过发挥主体的能动性来调节自然的变化，协助万物达到完满的程度。

第三个就是“天人之分”，认为天和人不一样，是有根本性的区别的，要把天和人加以区分，各有其规律。在“天人之分”这种主张里面，有的主张要“知天命而用之”，就是要控制自然、治理自然。这种主张，就是强调要发挥人类的主观能动性去控制自然。这种主张可以说和前面“与天地参”的主张有联系，但是也有区别。

在这三种主张当中，我们可以这么说，它们之间并不完全是对立的，不是互相排斥的。凡是主张“天人合一”的，都是以“天人之分”为前提，都是在确定了天人之间的区别的基础上形成的。主张天人之分的也不完全否认天人相通、天人之间的联系，有的就主张天的职能和规律是不能违反的。所以在这三种学说之中，“天人合一”是一个基调，是中国古代关于天人关系的一个基本的学说。

三、人生价值观与国民素质提高的关系

刚才我们在探讨这个主题的思路时曾经提到，我们要提高国民素质，应当充分运用传统文化的资源。提高国民素质的途径是多方面的，

其中利用传统文化的资源是一个重要方面。在探讨利用传统的人生价值观来提高国民素质这个问题的时候，我们首先要来分析一下21世纪国际国内社会的一些新的变化，它的特色。我们认为21世纪国际国内社会最根本性的特征很可能是以下这几个方面：

第一，由于市场经济的日益成熟，国家与国家、地区与地区之间的经济正在走向一体化，又由于通讯技术的进步和交通的发达，世界，特别是在经济领域就会越来越全球化。这种情况，不仅会加速推动不同文化的交流和碰撞，而且会使国与国之间的竞争进一步加剧。

第二，由于科学技术的空前进步，人类在征服自然、改造自然方面取得的成就越来越大，但与此同时，自然也增大了报复人类的力度。所以生态失衡、环境污染、气温升高、人口暴长、能源危机、食品短缺等等问题、难题日益地困扰人类，人类将地球和大自然作为征服对象的同时要付出巨大的代价，以至于我们现在一些基本的生活需要，像水，有的地方都很缺，人类在满足水资源的需要上都出现了问题，这是一个很大的问题。要解决这个问题，一方面是要努力地去寻找、开发新的科学技术，来缓解开发自然所带来的负面作用，另外一方面需要提高人文素质来协调人类跟自然的关系，这可能是未来又一个很重要的特点。

第三，因为物质条件的不断完善和生活方式的更加现代化，丰富的物质生活和相对匮乏的精神生活的反差现象将长期存在。精神生活出了问题，就出现了一种文化精神危机，这种文化精神危机在我们看来实际上就是价值危机，就是价值观念失衡了。如果人们长期受到追求物质欲望、物质需要这种价值观念支配，停留在物质享受的层次，就会形成恶性的消费。恶性的消费势必带来恶性的开发，由此又进一步带来国民素质的下降，同时又影响了社会的可持续发展。根据这种情况，未来社会人类能不能觉悟到要逐步地把单纯地追求物质，或者着重追求经济的增长，转到追求人的全面发展，是一个很重要的问题。

21世纪显然是国与国之间竞争很激烈的一个世纪，我们要立于世界民族之林，就需要有高素质的人才，国民素质要高。什么叫作素质呢？素质包括了哪些内涵、哪些要点呢？根据我们初步的研究，素质主要包括四种，第一种是文化知识素质，这个又包括两个方面，一个是综合知识素质，一个是专业知识素质。既要有综合的知识，又要有专业的知识。第二种是品德素质，品德，就是人品，包括了道德素质和思想素质。道德和思想也是两个概念。比方说培养家庭美德、职业道德、社会公德是极为重要的，有利于形成和谐美满的家庭关系、人际关系。第三种是心理素质，这也是极为重要的素质。心理素质里包括情感素质、智力素质、意志素质。意志素质，就是我们前面讲的人要有意志、有人格。情感素质，就是在情感问题的处理上，要处理好，不要失足。智力素质，就是培养以创造性思维为核心的素质，这对于一个民族的进步、国家的兴旺发达都具有战略性的意义。创造性的思维，不是墨守陈规、保守陈旧的那种思维，要培养创造性思维，这属于心理素质里面的智力素质。最后一个素质就是身体素质，身体也很重要，学校不是讲德智体吗？“体”就包括了体质、体力、体能，身体的素质在人的素质结构里的地位是不言而喻的，它是一个前提性、基础性的东西。比如说我们中华民族都要讲健康，这是极为重要的。在我们看起来，素质很可能是包括了这四个方面。那么传统文化、传统的人生价值观念对于提高国民素质，是有一定的积极意义的。

根据当前国民素质的一些状况，特别是为了青少年素质的健全发展，我们认为，在当前应当重点地弘扬传统人生价值观当中的一些积极的内容。传统人生价值观也会有它的局限性，我们今天讲的是它的积极方面的内容。关于积极方面我们认为最重要的有三个方面：

第一，弘扬为人之道，提高人文素质。上面我们说了，中华传统文化是十分重视阐扬做人的道理的，强调道德、人格的崇高的价值。它在处理物质生活跟精神生活、生命价值跟人格价值这些方面都提出一些积极的思想，这些思想如果用来提高国民的素质，我们认为是有帮助的，特别是对于纠正当前只重视技能、经济、功利、实用而忽视人文、精神、思想、道德这种偏颇、偏差，对于纠正只追求物质生活而忽视精神生活的倾向，应当说是有启迪的意义。

第二，弘扬群体观念和爱国精神，树立社会的责任意识与历史的使命感。在这种经济全球化，国与国之间的交往日益频繁，外来的文化不断地冲击我们本土文化的情况下，我们认为提倡集体主义、爱国主义精神尤为迫切，特别是对青年一代的教育尤为迫切。因为现在国与国之间的观念淡泊了，不同国家的很多年轻人都通婚了，有的都出国定居了。所以我们对那种忽视国家、集体利益的倾向一定要注意。我们认为在处理这个问题的时候，那种忽视个体的利益、地位、作用的倾向，是不对的。我们以往曾经忽视发挥个体的积极性、主动性、创造性，这不利于我们国家的发展，但是我们也认为那种忽视群体的需要、忽视群体的价值和利益的态度也是片面的。我们应当肯定个人的价值只有通过对群体的贡献才能获得真正的体现。中华传统文化对有关群体的关系、公私的关系，以及个人和民族、国家的关系，都有很多很精粹的思想。阐述这些合理的思想和精神，对提高国民素质特别是道德素质与心理素质，增强对人民、对社会、对祖国的奉献精神应该说是有意义的。

第三，弘扬天人协调的思想，提高辩证思维水平。在处理人与自然关系问题上，我们刚才已经提到以“天人合一”为代表的思想，特别是其中关于天人协调的思想，就是人可以参与天地自然变化的思想，在我们看来很可能就是处理两者关系的一个正确的原则，那就是说主张人与自然的和谐，良性互动。人类与自然一定要良性互动，这对人类的发展是有重要意义的。所以我们认为那种人类要征服自然、把人类与自然对立起来的观念是一种形而上学的思维，人类应当与自然和谐、协调，要保持这种良性互动，要运用这种辩证的思维。那种把地球有限的资源耗尽的做法，只能是毁灭地球，也毁灭人类本身。

我们认为积极地弘扬中华传统价值的合理思想，对于培养国民的精神品质有极大的好处，对增强国民的智慧有极大的好处。总之有助于中华民族、有助于我们国家的国民形成和完善求真、行善、崇美这样的人格品质。

问：非常感谢方教授，您讲得很精彩，但您对中华文化进行归纳和总结，主要是从正面、从积极的角度来分析的。我这个问题是中华文化中有哪些内容是糟粕，是消极的，它既阻碍了社会进步，也阻碍了现代文明的进步？希望您在这方面给分析一下。

答：这个问题极为重要，大家都知道优点是跟缺点相联系的，长处是跟短处相联系的，在优点当中，我们要清醒地看到我们的缺点，对传统文化也应当是这样。比方说传统文化当中的天人合一整体观念就有局限性，它的局限性是什么呢？缺乏分析，笼而统之地作为一个整体的把握。这个整体的把握是很重要的，按照我们搞哲学的人来说，灵感就是整体把握、领悟，直接体悟，那很重要。但是还要分析，如果不重视分析，科学的发展就受到影响了。所以中国古代自然科学发展的缓慢很可能和我们传统的思维方式有关系，这是一条。第二，我们都可以看到中国传统文化很重视现实，重视物质生活，民以食为天，中国人很讲究实际，重视现实问题，这当然也很重要。中国人都是有问题才去信教，有所失就想有所得，是临时抱佛脚，如生病了，家里出什么事了，才去信教，动机不纯呢，和宗教的本义相违背，这是一种现状。过分重视现实以后，对于那种超越的精神就有所忽视，对追求一种更高层次的境界会受影响。我们可以看到目前我们国家存在的一些现象都和这个问题有联系，有的人想有权要赶快用，不用就白不用，是吧，要出问题的。有的商人也是这样，有人做很多假药，大米里放了什么，他追求眼前的利益。一个国家、民族要有一种很高的超越精神，这是提高素质的一个很重要的方面。另外我们国家强调人与人之间的关系，重视集体、重视爱国，是完全正确的。但是也应当承认，我们过去比较忽视对主体、对个体的积极性、创造性、主动性的发挥。我们认为，现在我们已清醒地认识到传统文化的优点、长处，也看到它的缺陷、短处。讲起缺点来也是很多了，可能得另外的时间了。今天主要是讲我们的优点，因为我们要增强自尊心，而且我们讲的确实是优点。我们是在清醒地、深刻地洞察到我们的缺陷基础上来讲我们的优点，我们要发挥我们的优点，通过发挥优点来克服我们的缺陷。在这方面当然我们要吸取其他民族的一些优良文化的合理因素，来弥补我们的不足。

问：刚才您讲到了中华文化的核心和人生价值观，而且提到了西方的人生价值，特别是基督教不容易融入中国，但是现在一些年轻人相反地比较容易接受这些，是不是您能评论一下西方文化的核心价值观，特别是基督教的人生价值观和中华文化价值观的异同和优劣。

答：这个题目很大，我想最重要的，中华文化跟基督教文化比较，最核心的问题大概是，基督教文化强调个人，强调个人的利益，也强调发挥个人的积极性，强调个人的自由。我们的文化主张集体、整体，这两者，在我看起来很可能应当是互补的，所以我很赞成我另一位老师张岱年老师，他的一个观点叫做综合创新，综合创新就是要综合不同文化的优点，创造出一个新的主张来。我们现在缺这样的人，也就是说把东方的文化跟西方的文化，把西方重视个体的文化和东方重视集体、整体的文化统一起来，形成一种新的更高层次的思想体系，在我看来是思想家、哲学家很重要的一个任务，这个事情要很冷静，不能感情用事。应当很清醒地看到，西方基督教精神有很多好的东西值得肯定。我们要吸取它的长处来为我所用，因为西方的发展实际和它的基督教精神直接相联。另外一个就是我们刚才已经提到了，西方的文化追求一个彼岸的东西，要超越自我，外在超越，它要服从上帝的意旨。我们中国是一个人文的国家，相对而言，它也有宗教。中国的宗教也跟别的国家不一样，中国自己创造的宗教大家都知道就是道教。道教的目标是什么呢？追求长生不死、长生不老，羽化登仙，成为神仙，就是人一直活下去。这当然体现了中国人对生命永恒的一种追求。但是大家也可以看到，人不可能永恒的，人有死亡的，死亡就是人的大限。道教也正因为它的理论的这种局限性，所以趋于衰落。中国的道教不很兴旺，后来也调整了它的主张了，本来追求成仙，后来转到心性，主要是修身养性，就是由外丹转到内丹。外丹就是炼矿，提炼金丹。以往皇帝更需要吃那种金丹，皇帝批的山，你去炼吧，炼出来吃，吃一个中毒一个，好处呢，就是水银啊这些都炼出来了。所以道教对化学、医药学贡献很大，但是它的目标不能实现，吃下去都要中毒而死。所以它后来转到内丹，内丹就是包括气功、心性修养这一些。实际上它和佛教，乃至儒家的心性相协调。中国人比较现实，比较讲现实，重视现实是很重要的，但是重视现实又是不够的。作为一个人来说，重视现实是处于一种比较低的境界。当然西方基督教以回到上帝那儿那种境界为最高境界了。我们当然不主张回到上帝那儿，我也不认为有个上帝。但是不是得有一种更高的境界呀？我们是不是应当提倡一种超越现实的更高的追求？我们认为这是中国人比较缺乏的，这个是提高整体国民素质需要探讨的一个问题。

问：您讲了中华文化的核心，那么核心外围的文化主要包括哪些？

答：一个国家、民族的文化有核心，核心周围有很丰富的内容。这个内容很多，像文学、艺术、建筑乃至于自然科学。中国也不是说没有自然科学的，特别是技术，都是文化内容。因为文化的含义非常广泛，我现在确定核心的角度是这么选取的，就是对人、对人类社会、对我们一个民族，它最有指导意义的、有决定意义的是什么东西，由此来确定它的核心。我们认为这个核心很可能是价值观念，因为这是个指向性的东西。价值观念可以指导文学研究、艺术研究以及其他方面的研究，乃至可能影响到政治、治理国家的操作，影响到官员，影响到官员的人生态度，他对人民的态度。

2002 年 3 月在“中央部级领导干部历史文化讲座”的发言
原载《部级领导干部历史文化讲座》，北京图书馆出版社，2003 年

谈谈佛教与中国民俗

佛教自汉代传入我国以后，不仅对我国的伦理道德、哲学、文学、艺术等方面给予了影响和渗透，而且与各类民俗也有着广泛的联系，甚至有的民俗简直就是中土与印度佛教的混血儿。正是随着佛教的流传，我国的民风民俗在不断充实、变化，佛教气息、佛教色彩日见鲜明浓郁。佛教对我国民俗方面的影响，方面之多，范围之广，程度之深，恐非千言万语所能详尽，这里只从几个方面略述其皮毛而已。

一、佛教信仰与民风葬俗

说起佛教对我国民俗方面的影响，最主要的方面怕是在民间信仰观念上带来的变化。早在佛教传入之前，我国就有了天上、人间、地下的三维空间的概念。人们普遍认为，天上有个天帝，它是至高无上的神，最具权威，严正无私，它时时刻刻在俯视人间，行使着奖善罚恶的权力。一些有权威的祖先神也客居在天上，谁做了坏事，他们都能看得清清楚楚。而地下是鬼类待的地方，极其阴森恐怖，人死了会变鬼，鬼也有识别善恶的能力，既能报答恩情，也能报仇雪恨，会把活人的魂勾了去。佛教传入后，宣扬因果报应观念，认为们们做善事会得善报，做恶事会得恶报，因果关系是宇宙的法则，因果报应是人生命运不可抗拒的铁的规律。

佛教的因果相应、六道轮回观念不胫而走，改变了中国人的生死观念，并使民间习俗发生重大的变化，出现了信仰佛教的热潮。修建寺庙，塑造佛像，建造佛塔，烧香拜佛，吃斋诵经成为普遍的风气。在我国许多地区，无论是都市或乡村、平原或山野，普遍建有佛寺。历史上的长安、洛阳、开封、太原、北京、南京、苏州、杭州等地都曾佛寺林立，盛极一时。我国佛教徒对观音、地藏、文殊、普贤四大菩萨尤为尊奉，分别将他们安放在环境清幽的普陀、九华、五台、峨眉四大名山上。普通的百姓对四大菩萨中的观音菩萨更怀有发自内心的崇敬。为什么会这样呢？据佛典说，观音菩萨是以救苦救难为本愿，当你遇到困厄之时，只需要在口中诵念他的名号，观音菩萨就会立即作出回应，根据声音判断出你的方位，然后前来搭救。观音菩萨如此慈悲，这自然就打动了苦难重重的平民百姓的心，把他视为生命的保护神。对观音崇拜的狂热，不仅表现在造像之多，出现了十面观音、千手观音像，而且还将观音菩萨这个中性菩萨改变为女性菩萨，日久天长，又成为能给人们送子的菩萨娘娘了。这自然是非常符合中国“不孝有三，无后为大”的传统观念，符合人们求子心切的心理需求。此外，阿弥陀佛也是人们信仰的一个热点。

由于佛教信仰的普及，长期以来佛教寺院（庙）就成为民间信仰的中心。“初一十五庙门开”，每月的这两天，善男信女相携而来，尤其是妇女、老太太们怀着无比虔诚的心情，带着香烛到佛像前烧香礼拜，求神问卜。一些寺院每逢佛教节日也向社会开放，人们便纷纷去“赶庙会”，拜佛诵经，祈求消灾祛难，保佑平安。后来又有一些老百姓乘此机会带上自家的土特产品、自制的日用杂物、手绣剪纸之类的民间工艺品等设摊叫卖。届时也有民间艺人玩杂耍，献绝活。孩子们最喜欢的各种风味小吃也搞得火火热热。庙会和集贸活动、文化娱乐联袂携手，发挥了特殊的经济和文化功能。历史上，河南开封的相国寺，每月要开放五次。旧时北京的隆福寺每月初九举行庙会。四面八方，百姓云集，熙熙攘攘，好不热闹。庙会活动几乎成了普通人家生活中最有趣、最引人的一部分。

佛教的因果报应、轮回转世说的流传，使人们普遍对地狱怀有恐惧之感，在世的人总希望亲人死后不要堕入地狱受尽折磨。这种观念又带来了丧葬习俗的重大变化。佛教轮回观认为，人从死亡的一刹那始，到再次受生的一瞬间止，这中间称为“中有身”。“中有身”最多只存在七七四十九天。在这个阶段里将根据死者生前所作的善恶行为决定转生的方向，于是出现了七七四十九日的诵经祈福的习俗。

至于死者遗体的处理方式也受佛教影响不小。我国大部分地区的民俗是讲“归土为安”的，人死了，埋在地下，修座坟。佛教实行的火葬，一般把骨灰（舍利）装进瓦罐，找个认为风水好的地方埋下。大僧人还要筑龛建塔安放骨灰。佛教这一规定，民间也不断效法。有的寺院还为俗人提供方便，推广火葬，帮助火化俗人死者。佛教纪念死者，寄托哀思，常以扫佛塔来表示。这种方式也逐渐被民间所仿效。我国传统的祭祖活动是在祠堂宗庙里进行的，后来也出现了扫墓活动。时至今日，我们仍沿袭着这一习俗，怀念亲朋，祭奠先烈。清明时节扫墓成为一种普遍的民间风气。

二、佛教活动与民间节庆

我国不少地区的民间节庆与佛教活动是密切相关的。到目前为止，我国从历史上沿袭下来的民间节日名目繁多，不同民族又有各自不同的节日。例如说中元节、腊八节、藏族的萨格达瓦节、傣族的泼水节，几乎都是佛教传入后形成的节日。让我们简要介绍一下。

佛教有一个制度，就是每年阴历的七月十五这一天，僧人都要对自己一年来的言行进行忏悔，或检举其他僧人的不端，称为“自恐日”。这一天还同时举行盂兰盆会。“盂兰盆”是梵语音译，一般认为是救助倒悬之苦的意思。七月十五这一天，各寺院拿出百味干鲜果品，各类饮食供养十方的自恐僧。以此善举使现生父母及七世父母得以超脱苦难。在我国最早举行盂兰盆会的是南朝的梁武帝。每逢七月十五设盂兰盆会，施放食物于各寺院。此后蔚然成风，上自王公大臣，下至普通百姓，到了这一日，纷纷前往寺院贡献各类杂物。至唐代更是盛况空前。唐代宗把盂兰盆会就设在宫廷之内，所供奉的器物也更加庄严豪华。当时长安各寺庙的供奉也非常隆重。花蜡、花饼、假花，满堂生辉。佛殿前铺设丰富的供养，全城人也到各寺随喜贡献，以修功德。大约到了宋代，盂兰盆会又与道教的中元节相结合，并逐渐为之取代。有的地区老百姓认为，七月十五这一天，地狱大开其门，大鬼、小鬼一时出动。于是民间举行各种活动，施主到寺庙供奉钱财米粮，和尚也集中诵经。有的人则带上果品到荒郊野外祭奠祖坟，把纸鬼纸船和灯一起点燃，放在河里顺水漂去，叫做放河灯。中元节又叫鬼节，它的一系列活动都是为了超度亡灵，消灾免祸，祈求鬼神保佑，阖家平安。目前台湾地区仍十分重视中元节，当地佛教界正在酝酿，把这一天定为僧宝节。

我国民间现在仍保留着喝腊八粥的习惯。其实这腊八粥的来历也与佛教有关。据佛典说，腊八这天（阴历十二月初八日），是佛祖释迦牟尼的成道日。释迦牟尼出家后，一直过的是云游四方的苦行生活。一天，由于饥饿困顿，昏倒在地，幸遇一牧羊女，她用随身带着的杂粮和采来的果品，用泉水熬煮成粥汤，并给释迦牟尼一口口喂下。释迦苏醒过来后，就到附近的尼连河里洗了个澡，又坐在荜钵罗树（后称菩提树）下闭目打坐，终于在腊月初八这天悟道成佛。后来佛教便把这天称为佛祖成道日。各寺院也效法牧女煮粥以示纪念。腊八粥的主要原料多以五谷杂粮为主，辅以红枣、杏仁、核桃仁、栗子、花生仁等，甘甜爽滑，有滋补功效，在寺院的影响下，民间也逐渐有了煮腊八粥的习惯，乡邻好友互相馈赠品尝，增添了生活的情趣。后来祭佛祖的意义逐渐淡化以至消失了，主要意义变成为驱邪避疫，欢庆丰收。

我国云南西双版纳傣族人的重要传统节日是新年，俗称“泼水节”。这个节日的形成也与佛教传入直接有关。根据小乘佛教上座部的传说，公历的四月十五日是佛祖的诞生日，也是他的成道日和涅槃日。又根据佛教所说“佛生时龙喷香雨浴佛身”的说法，傣族人也在这前后三天里泼水庆贺。人们先是拥入佛寺为家人祈祷，然后用浸着鲜花的清水为佛洗尘，再捧起洗过佛的清水洗自己的双眼、面颊，最后用手或树枝撩水彼此洗尘，互相祝福。从寺院出来，人们又走向街头，用桶、脸盆盛水，互相泼洒，追逐嬉戏，互相洗礼、祝愿，高潮迭起，极为热烈。

在西藏地区，人们信奉的是藏传佛教，俗称喇嘛教。他们庆祝佛祖成道日是在公历的四月十五日举行“萨格达瓦节”。届时，拉萨人倾城出动，带着自制的酥油茶和各种酥油食品，先到布达拉宫后面的龙王潭里，乘着牛皮船悠悠泛舟。夜幕降临时分，就在龙王潭的林子里搭起一座座帐篷，尽情歌舞，通宵达旦。四川康定地区的藏民有“转山节”的习俗。为了庆祝佛祖的成道，他们在四月初八这天纷纷骑马上山，纵横驰骋，尽情抒发对佛祖的虔敬之情和节日的欢愉情怀。

三、佛教生活与饮食习俗

最后谈谈佛教在饮食方面对民俗的影响。影响最明显也最深刻的有两方面，一是素食，二是喝茶。原来印度早期佛教并没有禁止僧人吃荤，只要是自己没有亲眼看见、亲耳听见或者怀疑是特地为出家人而杀生的肉都可以吃。后来大乘佛教认为食肉就是杀生。南朝梁武帝信仰大乘佛教，我国佛教徒吃素就和梁武帝直接有关。他根据《梵网经》和《涅槃经》等大乘经文，提出佛教徒要爱惜生灵，禁戒酒肉。他认为吃肉就等于杀生，是违背“不杀生”戒条的。此后和尚吃素成为了戒规。一般在家信佛的人也以吃素律己。影响所及，每逢初一、十五，或在年节不动荤腥，逐渐在民间形成一种风气，也有人甚至常年吃素。和尚不能吃荤，寺院就想方设法在素食方面不断研究开发出新品类，尤其以豆制品为主料的素食，真是花样翻新，也颇多美味佳肴。

“天下名山僧占多”，“好茶出在我山中”，名山多寺庙，名山出名茶。茶与僧相伴成趣，声名与共。喝茶是寺院生活中的一项重要内容。

寺院一般都设有“茶堂”，这是专门用来讨论佛教义理，招待八方施主宾客，品尝名茶的地方。类似现在的会议室、会客室，但冠以“茶”字，说明了喝茶是缺不了的。有的寺院还设有“茶鼓”，每到喝茶时，击鼓为号。寺院里有“茶头”，专司烧水煮茶工作。此外还有“施茶僧”，每日站在寺门前为进香的人或过往者免费供给茶水。有的寺院还常常举行品茶活动，邀请僧人来共同品评名茶，叫做“茶宴”。不少寺院有自己的茶场，能自制名茶。现在人们喝的“碧螺春”茶，原来叫“水月茶”，是江苏洞庭山水月院的山僧最早焙制的。人们喜喝的乌龙茶，在宋元以后，以福建武夷寺僧人制作的为上乘。可以这样说，许多名茶最早几乎都是从寺院传出来的。现在讲究喝茶的人多愿用紫砂壶，这种壶的发明者就是明代江苏宜兴金沙寺的一位老僧。唐代有个叫陆羽的人，他遍游名山古刹，对茶道深有研究，撰写了世界上最早的一部《茶经》，其内容不少来自于寺院种茶、制茶、饮茶的经验总结。

寺僧喝茶是生活中的重要组成部分，是僧人宗教生活的一种调剂。寺院的喝茶之风也流行到民间，成为中国人普遍的习俗，直到今日。

原载《华夏文化》，1994（1）

佛教与中国文化

一、小引：探讨的范围、方法和视角

“佛教与中国文化”的关系，是一个庞大而复杂的问题。在论述之前，有必要明确一下探讨的范围、方法和视角。

我们知道中国佛教是印度佛教与中国社会实际相结合的产物，是印度佛教的新发展。探讨“佛教与中国文化”，既要分析印度佛教与中国文化的关系，又要分析中国佛教与中国文化的关系。大体上可以这样说，在隋唐时期以前，重点是印度佛教与中国文化的关系，隋唐时期以后重点则在中国佛教与中国文化的关系。

“中国文化”，是中华民族全部物质文明与精神文明的成果，是一个极其博大丰富的总体。中国文化有它自身的演变历程，有其过去、现在和未来。就探讨“佛教与中国文化”的已有关系而言，“中国文化”其实相当于“中国传统文化”，本文所论的中国文化就是指中国传统文化。文化的中心或重点是思想，尤其是学术思想，由此中国传统文化通常是指以儒、道、佛三大思想系统为代表的文化，我们也是在这种意义上运用中国传统文化这一概念的。在中国传统文化中，儒、道是本土的固有文化，而印度佛教则是外来的异质文化。中国佛教的情况较为复杂，它属于根植中国的本土文化，除具有中国人的价值观念和思维方式的固有特性外，同时也含有外来佛教的异质性。这样，相对于印度佛教来说，儒、道文化是中国本土文化、固有文化；相对于中国佛教而言，儒、道文化则是中国传统文化中的不同系统，儒、道、佛同为中国传统文化的组成部分。

中国佛教是由汉语系、藏语系和巴利语系（上座部）三支佛教汇合而成，拥有的佛教典籍最丰富，教派最齐全，是 13 世纪印度佛教被消灭以后，保存佛教最完整的典型代表。探讨“佛教与中国文化”，应当分别就汉传佛教与汉族等传统文化、藏传佛教与藏族等传统文化、上座部佛教与傣族等传统文化进行分析研究，然后再加以归纳，进行综合研究，得出相应的结论。但由于多种原因，本文要着重探讨的是汉传佛教与中国文化中儒、道文化的关系，以下的论述都将围绕这一重心展开。

关于佛教与中国文化关系的研究范围，大致可从以下五个方面展开：

（一）佛教与儒、道文化的关系

打个比方，中国传统文化犹如一条大河流，其上游是儒、道两个支流的汇合，在中游处又有佛教支流汇入，与大河的原有水流相互激荡，奔向远方。在历史长河中，儒、道、佛三种思想，构成三角关系，即佛对儒、道，儒对佛、道，道对儒、佛各有不同的关系，并在互动中发展。探讨“佛教与中国文化”的关系，应当一方面探讨佛教对儒、道的关系，另一方面探讨儒、道对佛教的关系。而本文着重探讨的是佛教对儒、道的关系。

（二）佛教与中国文化不同层面的对应关系

文化通常由物质、制度、思想三个层面构成，这三个层面大体上相当于文化形态的外、中、内三层结构。佛教与中国文化的三层结构，互相对应，最易发生互动交涉的关系。如佛教物质层面上的寺院建设、寺院经济等，制度层面上的沙门敬不敬王者、服装和穿着方式等，以及灵魂的存灭、果报的有无等思想层面，均曾与中国文化发生纠葛、论争，乃至冲突，这三种不同层面关系的性质、形式以及结果是并不相同的。

（三）佛教与中国文化具体形态的关系

相对于政治、经济、军事而言的文化，有哲学、伦理学、文学、艺术等多种具体形态。佛教传入中国以后，与中国文化的多种具体形态发生交涉，推动了中国哲学、伦理学、文学、艺术等的发展，探讨佛教与多种具体文化形态的关系，对于了解具体文化形态的发展具有重要的意义。

（四）佛教与中国文化的迎拒关系

佛教与中国文化的关系大约有相通与不相通、相容与不相容、互补与互斥等几种类型。如佛教与儒家以及唐代以来的道教在心性上是相通相容，乃至是互补的，在生死观上则佛教不单与儒家的观点不同，与道教的长生不死说更是对立的，但三家在人生理想目标上又是相近、相通乃至可以相容的。探讨诸如此类不同类型的关系，有助于深入了解佛教和中国文化变迁发展的根源。

（五）佛教与中国文化交涉的历史动态关系

佛教作为传播者，中国文化作为受容者和对佛教的制约者，双方在历史演变中互动，双方的关系随着历史发展而变化。佛教在传入、兴盛、创宗及其以后的不同阶段，与中国文化的关系呈现出不同的历史特点，从历史的动态视角探讨佛教与中国文化的关系的演变，有利于把握两者互动关系的历史规律。

我们认为在探讨方法方面，应重视以下几点：第一，中国国情（包括自然环境、社会政治、经济、文化、生活等）鲜明、有力地制约了佛教的传播及其与中国文化的关系，并使印度佛教演化为中国佛教。中国佛教与印度佛教的根本宗旨是一致的，但两者又有不同的特质。

如上所述，中国佛教的根在中国，中国佛教是中国僧人立足于民族文化，吸取印度佛教思想，熔铸重整、综合创新的成果。从中国社会环境和文化背景去考察佛教与中国文化的关系是我们研究的重要原则。同时，我们也充分肯定思想对适应、改变社会存在的积极作用。由于本文将从佛教的角度去探讨与中国文化的关系，因此将着重论述佛教之所以能与中国文化发生种种交涉的内在思想机制。第二，运用比较学的方法，重视分析印度佛教、中国佛教与中国文化的异同，探求彼此交涉时何以发生冲突，何者又得以融合，以及如何又由冲突而走向融合的。第三，运用文化发生学的方法，注意研究中国僧人是如何融合佛教与中国文化，而提出新的教义，创宗立教，使印度佛教转轨为中国佛教，并总结其成功的经验。

综上所述，我们把本文视角确定为：以佛教为主，从佛教出发，去探讨佛教与中国文化，也即与中国传统文化的关系。着重探讨印度佛教是如何与中国本土的固有文化相交涉的，又是如何在与中国固有文化的冲突与融合中逐步中国化的；印度佛教，尤其是中国佛教是怎样充实和丰富中国文化的；并总结佛教与中国文化交涉又有什么样的成功经验。我们认为，这不单有助于了解外来佛教与中国文化交涉的历史、事实、规律与特点，也有助于通过总结异质文化交流的经验，进一步推动中外文化交流的展开。

二、佛教与中国文化发生交涉的内在思想机制

佛教传入中国内地时，中国本土文化已十分繁荣，儒、道等思想体系在社会生活中发挥了巨大作用，并积淀为社会心理和民族心理。佛教与儒、道等本土文化，是宗教与非宗教两种不同性质的文化，在理论思维上互有高下。一般说来，外来文化与本土文化以及两者的文化元素之间具有相通不相通、相容不相容、互补互斥的错综复杂的关系。佛教在与中国传统文化的撞击、交涉过程中，与中国文化发生联系的机制主要是佛教思维，其内容和形式就是价值观念和思维方式。

这是佛教与中国本土文化发生交涉的重要根源，也是佛教渗透、转化为中国传统文化组成部分的重要原因。

佛教价值观念的主要内容是人生解脱论。佛教认为一切事物都是由多种原因和条件构成并处于不断变化、流动的过程中的。人生也是如此。人有生老病死的自然变化，有对自由、幸福、永恒的强烈追求，有从自我出发的无穷欲念。由于与不断变化的客观现实相矛盾、相冲突而不能得到满足，因此人生是痛苦的。中国僧人说，人的脸形就是“苦”字形，是副苦相：眼眉是草字头，两眼和鼻子合成十字，嘴就是口字。佛教还认为，人要根据生前的行为、表现，死后转生为相应的生命体，这叫做“生死轮回”。轮回是无休止的，这样人就陷于不断的生死轮回的痛苦深渊中。佛教认为，人的理想、目标是解除痛苦、超脱生死轮回，就是“解脱”。解脱的境界称为“涅槃”，涅槃梵语原意为“火的熄灭”。涅槃作为佛教所求的一种解脱境界，是通过佛教修持，熄灭、超越一切欲念、烦恼、痛苦和生死轮回而达到的理想境界。人生现实是痛苦的，这是现实性；人生理想是涅槃，这是超越性；人活在现实社会中，又要超越现实生活得解脱，就是要由现实性转化为超越性，从而达到更高的主体性——理想人格。

应当承认，佛教对人生所作的价值判断有其一定的合理性。人生确有欢乐的一面，但也有痛苦的一面，佛教看到了人生的痛苦，是符合现实的。佛教强调人生是痛苦，这是现实生活的深刻反映，表达了人的心灵深处的基本忧虑，这也是人的一种觉醒、自觉，对于人们清醒认识人生是有一定意义的。特别是对于在人生历程中遇到困难、挫折、磨难、不幸的人，更会引起他们的赞同与共鸣。佛教的价值观念表现了人生的内容，人们在赞同佛教价值观念后就会产生出一种积极的，甚至热烈的情感，从而获得心灵的抚慰和心理的平衡。人是有精神的，人的精神世界是平衡的整体。若人的精神长期失衡得不到调节，人也就失去为人的支撑。佛教的价值观念为一些人的现世生活与出世愿望提供基本信念，具有平衡心理的功能。

中国传统文化中儒家的价值观是重视人类在宇宙中的地位，称人和天、地为“三才”，且有鲜明的人格意识，如云：“三军可夺帅也，匹夫不可夺志也。”（《论语·子罕》）重视独立的意志、人格，提倡刚毅观念，强调自强不息。但是儒家又竭力主张等级制度，宣传浓厚的等级思想。儒家肯定人生是快乐的，主张“自乐其乐”、“乐天知命”。孟子说：“反身而诚，乐莫大焉。”（《孟子·尽心上》）道家的价值观念和儒家不同，具有强烈的批判意识，对现实不满。与此相应，道家以个人的自由超脱为人生理想，个人不受约束，也不损害社会。庄子更提出“逍遥游”的观念，认为任何事物都不能超越自己本性和客观环境，主张人要各任其性，消解差别，超然物外，从而在精神上产生一种超越现实的逍遥自在境界，成为“神人”。佛教传入后产生的道教则主张经过修炼得道，使形神不灭，超越生死，变幻莫测，成为“神仙”。道教是乐生、重死、贵生的，认为人生活在世上是一件乐事，而死亡是痛苦的，人们应当争取长生不死，起码要尽其天年。儒家是入世的，道家带有出世的倾向，道教是出世的，佛教也讲出世。在价值观念上，佛教与儒家是对立的，与道家则有相通之外，既同又异，主张超越现实是同，超越的途径、方式和目标不同是异。儒家更注重生，孔子说：“未知生，焉知死？”（《论语·先进》）而佛教认为生死事大，讲生也讲死，特别重视人的“来世”。生和死是人生的两个对立面，是一个十分严肃的整体人生观问题。儒家重视生，是一个方面，佛教重视死也是一个方面，两者可以互补。道教追求的长生不死，成神成仙，事实上不可能。佛教讲有生必有死，在理论上比道教圆满，更具有思想吸引力。

佛教的思维方式内容丰富，类别颇多，其中的直觉思维、否定思维和具象思维等，与中国传统文化的思维方式，既有相同性，又有相异性，既有相容性，又有不相容性，这也是两者发生联系的重要机制。至于中国佛教学者运用综合圆融思维来判别、安排印度佛教各派教义和不同经典的关系、地位，则是和深受中国传统的整体、综合思维的影响直接有关的。这一点留待本文最后一部分“佛教与中国文化交涉的成功经验”再申述。

直觉思维是佛教的基本思维方式。这是因为佛教是一种人生解脱论，其宗旨是对人生的终极关怀，追求人生的最高理想境界。按照佛教说法，这种境界大体上有三类：成佛进入佛国世界；对人生和世界的本质的最终认识、把握，如悟解一切皆空；对人类自我本性的最终认识、返归，如体认人的本性清净。这三类境界虽侧重点不同，但同时又是可以统一的。这些境界具有神秘性、意向性、整体性、内在性等特征。一方面可以满足某些人的精神需要，另一方面也决定了这种境界的把握是非逻辑分析的直觉思维。佛教的直觉思维方式极为丰富，主要有禅观，要求一边坐禅，一边观照特定的对象；现观，运用般若智慧直接观照对象，并合而为一；观心，返观自心，显示本性，这也是内向思维；禅悟，中国禅宗提倡在日常行事中，排除妄念，体证禅道。这些直觉思维方式具有直接切人性、整体契合性和神秘意会性等特征。中国儒家和道家也都重视追求人生的最高理想境界，强调把握天道、道或理，所以，也重视和运用直觉思维。如老子提倡“玄览”，庄子主张“坐忘”，孟子主张“尽心、知性、知天”，张载主张“体悟”。这种思维方式的相同性、相容性，有利于佛教与中国传统文化的共存。同时，佛教与中国本土文化的直觉思维方式的内容又有很大差异。佛教直觉思维是追求对人们现实生命的超越，终极目的是超越人成为佛。儒家和道家的直觉思维是对现实生活的超越，或追求理想人格，或追求精神自由，带有平实性。这些相容性、不相容性，又为佛教与中国本土文化带来互斥，也带来互补。魏晋以来迄至近代，佛教哲学与中国传统哲学的长期相互激荡、交渗、影响，充分表明了这一点。

否定思维是佛教所特有的重要思维方式。佛教追求超越现实的人生理想境界，除了运用直觉思维外，还运用否定思维，以否定现实的真实，赞美肯定理想。这种否定思维是奠定在相对性的原理和以破为立的方法论的基础上的。佛教的基本哲学学说是缘起论，认为世界上一切事物和现象都是因缘（条件、原因）和合而成，都是互为因果、互相依存的，都是相对的、变化的，并由这种相对性、变化性说明事物没有永恒实体，没有主宰，是空的。与缘起论相应，佛教还提倡以破为主，甚至是只破不立的思维方法，强调主观上对世界破除净尽是成佛的基本条件，甚至就是成佛的理想境界。在中国本土中否定思维没有得到充分的运用和发展，儒家讲现实，不重玄想和否定。道家虽有批判意识，但它的顺应自然观念仍然是肯定思维的运用。道教多虚幻怪诞，但它肯定人的形神不灭，成仙得道。佛教的否定思维方式具有两重性，它在否定人和事物的客观真实存在的同时，也否定人和事物的主宰性、永恒性，并揭示了名称、概念和事物之间的差异、矛盾。佛教的否定思维方式受到儒家等本土文化的排拒，但却为具有强烈宗教意识和宗教需要的人们所接受，一些佛教学者并运用于哲学、道德、文学、艺术等领域，从而又丰富了中国传统文化的思维方式。

形象思维也是佛教的重要思维方式，这是与佛教的宗教特质直接相关的。佛教既是人们受自然力和社会关系的压抑的表现，也是对这种压抑的超越，它所追求的理想境界和彼岸世界是排除卑俗的欲求、污浊的功利的。与之相应，它所描绘的人类应当超脱的地狱、饿鬼等是充满罪恶和痛苦的。这两种带有强烈反差的世界，极易使信徒或引生美感，或引生恐怖感，或抒发虔诚的情感。佛教为了以情动人，使信仰者进入既定境界，就需要有丰富、奇特的想象，浪漫、神异的意象，需要丰富多彩的艺术去描绘佛国境界和地狱苦难，描绘佛、菩萨的法术威力，高僧大德的灵异事迹，这就要充分运用形象思维。佛教的形象思维既是具象思维，又是意象思维。具象思维是一种对特定的具体形象的反复、专一的思维活动，意向思维是一种内心的意想活动，在意想中形成各种形象，这两种思维是相连相通的。

佛教运用这些思维方式构成佛、菩萨、罗汉与佛国乐土、地狱、饿鬼以及高僧与法术等形象或境界，而且用于宗教修持实践。比如，小乘佛教禅观的不净观、白骨观，就是专以人身或白骨为对象进行观照活动，以排除欲念，不执著自我为实有，体悟“人无我”的佛理。再如密教，尤其是它的意密是以大日如来为观想对象。又如佛教观想念佛的思维方式，教人集中思维观想阿弥陀佛的美妙、庄严，以生起敬仰、向往之心，并说众生因如此虔诚而会由阿弥陀佛接引到西方极乐世界。如此等等。

佛教的形象思维具有自由无羁的联想、想象的性质，也是自身丰富的完美潜在力的艺术展现，为中国传统文化，尤其是为文学艺术提供了大量的想象、意象。中国儒学、道学文化也都具有丰富的形象思维，在审美情感和表现方法等方面与佛教都有惊人的一致之处，但是它们的浪漫性、想象力远远不如佛教，也没有人类最高潜在力的神化，没有出世、超世的宗教审美价值。佛教对于中国传统文学艺术的丰富和发展起了巨大的作用。

三、佛教与中国文化交涉的过程与方式

佛教传入中国以后，就一直与中国文化相互击撞、相互激荡，演成外来文化与本土文化波澜壮阔、错综复杂的交涉关系史。作为传播主体的佛教，与中国文化的交涉，采用了调适与比附、冲突与抗衡、融汇与创新等基本方式，通过这些方式基本上凸显出了佛教的思想性格及其与中国传统文化交涉的特点。这三种基本方式还大体上表现了佛教与中国文化交涉的三个历史阶段。这样，也为论述方便起见，我们便把本文第一部分所述佛教与中国文化关系研究范围五个方面中的(一)、(二)、(四)、(五)四个方面结合起来，组织在一起来论述。

（一）调适与比附

这在佛教传入前期比较突出。汉代时，佛教在宗教哲学观念上依附道术、道学，到了魏晋则主要依附于玄学。在政治伦理观念上，佛教一直迎合儒学。佛教通过翻译、释义、著述和创立学派等不同途径迎合、比附中国固有的文化。佛经是佛教的主要传播媒介。由于中印语言文字的不同，就需要翻译，而了解印度语言并非易事，译经者往往用道家等术语翻译佛经。如将佛教译为“释道”，佛教的最高理想境界“涅槃”译为“无为”，本体“真如”译为“本无”，其实无为与涅槃、本无与真如的含义是有很大差别的。又如用“五阴”翻译构成人

的五类因素就含有阳尊阴卑的贬义。再如佛教中涉及的人际关系和伦理道德的内容，像主张父子、夫妇、主仆之间的平等关系，就与儒家道德学说相悖。汉魏晋时代译者通过选、删、节、增等手法，将译文作了适应儒家纲常名教的调整，从而减少了佛经流传的阻力。

与译经密切相关，还有一个理解佛经、解释经义的问题。东晋时的佛教学者创造出一种"格义"方法。史载："雅（竺法雅）乃与康法朗等，以经中事数，拟配外书，为生解之例，谓之格义。"[①]"格义"就是用《老》、《庄》等著作（外书）去比拟、解释佛经义理的条目名相（事数），以量度（格）经文正义。因初学佛的人对佛教思想并不了解，而对本土文化思想则有一定认识，用本土文化思想去解说佛理，触类旁通，使人易于理解，当然也有牵强附会、背离原意的情况。佛教学者还通过著述来把佛教与中国本土的宗教信仰文化观念附会、等同起来。如我国早期阐述佛教义理的著作《理惑论》，就把佛教视为"道术"的一种，说："道有九十六种，至于尊大，莫尚佛道也。"[②]佛教是九十六种道术中最高的一种。该书还把佛比作中国传说中的三种神：一种是道家所讲的"修真得道"的真人；一种是神仙家所说的"恍惚变化，分身散体"、法术多端、神通广大的仙人；一种是"犹名三皇神、五帝圣"的神人、圣人。[③]该书还批判那种把佛教的布施等修持与"不孝不仁"对立起来的观点，强调佛教的修行是完全符合"仁"和"孝"的。

晋代佛教般若学六家七宗[④]，即解说空的六七个学派，实际上也是用魏晋玄学比附般若学的结果。佛教般若学的主旨是讲空，破除人们对一切事物的执著。魏晋玄学的中心是本体论问题，探索本末有无的关系。两者主题不同，但可以相通。般若学者深受中国文化思想的影响，依附玄学，用玄学本体论去看待般若学派，以为玄学的"无"就是般若学的"空"，实际上玄学家的无是指无形无名的绝对本体，般若

① 《高僧传》第4卷，《大正藏》第50卷，347页。

② 《中国佛教思想资料选编》第1卷，13页，北京，中华书局，1981。

③ 参见上书，3—4页。

④ 参见《汤用彤全集》第1卷，174—207页。

学的空是针对无自性、无实体而言，中国般若学者所讲的空，是与印度般若学所讲的空即否定事物实体性的观点大相径庭的。当时一些般若学者不单援用玄学来解说佛学，而且言谈举止也力求仿照名士风度，东晋孙绰在《道贤论》中就以竹林七贤配佛教七道人，亦可谓竹林丛林，竞相辉映。

（二）冲突与抗衡

东晋以来佛教经典翻译日益增多，流传更趋广泛，与中国文化的矛盾日益暴露，也更趋明显；同时由于佛教寺院经济的壮大，佛教僧侣涉足政治，形成了佛教与统治阶层的直接现实利益冲突。佛教与中国文化的冲突，集中表现在佛教与儒家、道教的关系上，冲突的领域主要是哲学思想、政治伦理观念和儒、道、佛三教地位高下几个方面。

在哲学思想方面，佛教和中国哲学的冲突，主要是“生死”、“形神”之辩和因果报应之辩。佛教主张人有生必有死，在没有超脱以前，生死不断循环，陷于轮回苦海之中，只有超脱了生死才能进入理想境界（涅槃）。一般地说，佛教是反对灵魂不灭的，但它的轮回转生和进入涅槃境界的主体，在儒家看来就是灵魂，就是一种神不灭论。儒家也持有生必有死的自然观点，但不赞成转生说和灵魂不灭论，所以后来酿成了分别以梁武帝和范缜为代表的神不灭论与神灭论的大论战。与生死形神问题相联系，佛教宣扬因果报应论，认为人的善或恶的思想言行都是因，有因必有果，有业就有报应。这种报应有现报、生报（来世受报）和后报（在长远的转世中受报）三报。一些儒家学者抨击这种思想：“西方说报应……乖背五经，故见弃于先圣。”[①] 但是，儒家提倡祖先崇拜，鼓吹“神道设教”，佛教和儒家的善恶观念又可相通，从而因果报应论又成了儒家伦理道德的辅助工具。这样，无论是生死形神之辩，还是因果报应之辩，争论的结局不是一方压倒另一方，而是各持己说，彼此存异。

---

① 何承天《报应问》，《广弘明集》卷十八，《四部丛刊》影印本。

在政治伦理方面，主要是“沙门应否敬王”之争，其实质是礼制问题，是涉及君权与神权、佛教与儒家名教的关系问题。佛教出家沙门见到包括帝王在内的任何在家人都不跪拜，只是双手合十以示敬意，与中国传统礼制相悖，因而逐渐形成了与封建皇权和儒家名教的尖锐矛盾，不断出现沙门应否向帝王跪拜的争论。在争论儒、道、佛地位高下方面，主要表现是老子化胡之争。这一争辩是佛道两教之争的重大历史事件，也涉及儒、道、佛三家的地位问题。佛教与儒道的冲突、斗争，通常都是采用撰文笔战和朝廷殿前辩论的方式，其中有的涉及深刻的思想内容，有的则是宗教的成见。值得注意的是，道教徒曾借用信仰道教的皇帝的最高政治权力打击佛教，这就是历史上著名的三武灭佛事件——北魏太武帝、北周武帝和唐武宗的毁佛运动。这三次灭佛事件尤其是北魏太武帝和唐武宗灭佛事件，虽有其深刻的政治、经济原因，但又都和佛道两教的矛盾相关。

（三）融汇与创新

佛教传入中国以后，一直与中国本土文化相融合，这种融合是全面的持久的，尤其是隋唐以来，融合的势头更大，吸取中国本土思想而创立的中国化的佛教宗派，大大改变了佛教的面貌。以下是佛教融合中国本土文化的方式和重点。

提倡圆融方式。佛教传入中国内地，面对着强大的中华民族文化，出现了如何对待、儒道的问题。从总体上来说，佛教一直采取调和融合的态度。如《理惑论》就包含了儒、道、佛三教同源的观念，南朝梁武帝也倡导三教同源说，唐代以来佛教学者如神清在《北山录》中力主三教一致的说法，到了唐宋之际更形成了三教合一的思潮。为了与中国本土文化相融合，有的佛教学者推崇《法华经》中的《方便品》，提倡方便法门，运用各种灵活方便教化众生。有的佛教学者突出《华严经》的圆融无碍（无矛盾）思想，宣扬各种事物、现象都是无矛盾的。有的宣传佛教的无上菩提之道与儒、道无异，且高于儒、道。张商英的《护法论》以药石治病为喻，说：“儒者使之求为君子者，治皮肤之疾也；道书使之日损，损之又损者，治血脉之疾也；释氏直指本根，不存枝叶者，治骨髓之疾也。”还有说佛教治心，道教治身，儒教治世的。这种“方便论”、“无碍论”、“合治论”，为佛教融合中国本土文化提供了理论的根据，也表现了佛教的内在的调适机能。

吸收儒道思想，创建新宗派。这主要是天台、华严和禅诸宗。如天台宗学人吸收道教的丹田、炼气的神仙等说法，作为本宗的修持方法，主张先成仙而后成佛。华严宗学人竭力吸取《周易》思想和儒家道德，作为本宗思想体系的内容。禅宗学人也是在道家的自然无为、玄学家的得意忘言和儒家的心性学说的熏陶和影响下，创立以“不立文字”、“教外别传”和“性净自悟”为宗旨的宗派。这些宗教还都和中国儒道两家重视心性修养的历史传统相协调，以心性论为宗派学说的重心，着重阐发心性理论，从而又反过来丰富了中国传统的心性思想。

突出宣传佛道儒道德的一致性。佛教和中国本土文化的矛盾最集中的表现就是与儒家忠孝观念的对立。面对这种道德观念的对立，中国佛教运用各种手段加以调和。早期汉译佛经，就通过删节经文来避免和儒家伦理观念发生冲突。后来佛教着重强调“五戒”与儒家“五常”的一致性。到了唐代，僧尼已拜父母，后来又对皇上称“臣”而不称“贫道”。中国佛教还有《父母恩重经》，宣扬应报父母养育之恩，又注疏《盂兰盆经》，该经讲释迦牟尼的弟子目连入地狱去救饿鬼身的母亲的故事，被中国僧人视为佛教的“孝经”。寺院还要在农历七月十五日举行盂兰盆会，以追祭祖先。宋以来一些佛教学者撰文宣扬孝道，强调戒就是孝。如名僧契嵩作《孝论》十二章，阐发持戒就是行孝，为父母修福，由此，又论定佛教最重视孝，远比儒家更崇孝道。这都是佛教求得与当时社会道德相协调的鲜明表现。

适应社会的心理，重塑诸神的形象和地位。佛教传入中国后，日益适应中国的观念、愿望、习惯、趋向，重新调整、塑造佛教诸神的形象。如中国佛教突出尊崇的观音、地藏、文殊、普贤四大菩萨，在中国人心目中地位实在释迦牟尼之上。尤其是大慈大悲的观音菩萨被奉为能解除众生现实苦难的大救星而极受中国人的崇敬。由于中国的宗法制度和传宗接代的观念的影响，约自唐代以来观音菩萨的形象就由中性变为女性，送子成为她的重要职能之一。地藏菩萨由于被奉为保佑风调雨顺、五谷丰登的神，也极受农民尊崇。至于阿弥陀佛是由于能接引众生到西方极乐世界过极其美好幸福的生活，即能满足人们对未来的追求，也极受中国人的欢迎。诸如此类的神，有的成为佛教名山主奉的“本尊”，有的是佛教某一宗派崇奉的主神，在中国佛教中受到特殊的崇拜，这都是佛教融合中国文化，从而使自身发生重构的表现。

上述佛教与中国文化的交涉方式与过程，向人们昭示以下带有规律性的现象：整个佛教与中国文化交涉的过程，就是通过相互激荡，逐渐走向彼此融合的过程。佛教对中国文化的迎合、比附，可以说是一种外在的融合，经过冲突、抗衡而后的融合、创宗，可以说是一种内在的融合，整个交涉是由外层融合进入内层融合的过程。佛教与中国文化的冲突、抗衡，在整个交涉史上并不占主要篇章，而且除了生死和因果报应问题以外也缺乏理论意义。佛教传入中国以后，一直是自发或自觉地寻求与中国文化的结合，它与中国文化的冲突、抗衡也是被动的，是守卫性的，除了佛道两教斗争以外，佛教几乎很少向中国本土文化发动进攻性的挑战，佛教在中国传播并进而成为中国传统文化的一部分，其原因之一就在于它的融合机制。与印度佛教重分析、重理论系统不同，中国佛教重综合、重思想的圆融。外来文化与本土文化相结合，是文化交流的成功之路。综合、圆融，进而创新，是中国佛教成功之路。

四、佛教对中国文化的充实与丰富

佛教本身也是一种宗教文化，是以信仰—哲学观念为核心的多层次多形式的立体文化，是包含各种文化形态的综合文化。佛教在中国流传过程中，通过自身文化的优势和特点呈现出对中国文化的强大渗透力，并对汉以来整个中国文化发生了极其广泛和深刻的影响，进而使自身融入中国各类具体文化形态之中，充实与丰富了中国文化。

以下举十个方面的例证，略作说明。

（一）佛教与哲学

佛教作为解脱学，归根到底也是以哲学为理论基础的。佛教的世界观和人生观是其整个思想体系的核心。佛教哲学丰富和发展了中国古代哲学，并与中国固有哲学合流，成为古代传统哲学的一部分。佛教哲学的影响，表现在人生论上，提出人生价值是痛苦，人生本质是空的命题，并以因果报应说为支配人生的铁的法则，成为了对儒、道人生哲学的补充。在心性论上，南北朝尤其是隋唐时代的佛教多讲心性之学，对于人的本性、欲望、烦恼等的性质和转换问题，作了细致的阐发，极大地影响了唐以来中国哲学的方向，也是佛教对古代哲学的最大发展。在宇宙论上，佛教不单提出现象和本质皆空的学说，还着重阐发了以个人的意识和共同的“真心”为本体的学说，丰富了中国古代唯心主义本体论。在认识论上，佛教以其神秘直觉思维方式、主体与客体的关系学说，以及强调主体、自我意识和主观能动性的学说，丰富了中国古代的认识论，并在伦理道德和文学艺术领域发生了深刻影响。

此外，这里还应当指出佛教对玄学和理学的思想内容、思维方式和学说取向的深刻影响。魏晋玄学家探讨有无、言意和动静等问题，各执一端，相持不下。佛教学者僧肇立著，阐述非有非无、不知即知、动静相即的观点，客观上对玄学的基本问题作了总结，把玄学理论推向了一个新的阶段。东晋以来，张湛《列子注》显然受佛学影响，文中玄学与佛学趋于合流，玄学的显要地位也为佛学所取代。佛教对于理学的影响，是大家公认的，应当说这种影响是全面、深刻的。从学术的角度来看，主要是隋唐佛教大讲心性之学，大谈修持方法，对儒道造成了强烈的刺激，推动了儒学形态诸方面的变化。第一，促进了儒学要典的确定。一些涉及心性修养问题的典籍，如《孟子》、《大学》

和《中庸》，与《论语》相配合，合称“四书”，作为儒家要典，以与佛教相抗衡，并长期成为封建统治阶级科举取士的初级标准书。第二，推动了儒学学术转移。宋明新儒学——理学和以往儒学风格不同，不是侧重社会政治伦理、少言性命之学，而是重视修心养性的性命之学。第三，影响理学思维方式的转换。佛教心性学说着重讲人的本性与欲念对立，本性清净、觉悟，欲念污染、迷惑，应当去掉情欲妄念，恢复本性。这种本性与欲念对立的思维方式为理学家所吸取，转化为天理与人欲对立的概念，“存天理，灭人欲”成为理学家的核心思想。第四，促使理学修养方法的确立。佛教的止观学说，直指本心观念，即观心、禅定的方法，也为理学家所效仿，形成了主静、主敬的修养方法。禅宗与理学是唐宋时代儒、道、佛三教融合而成的两大思想文化成果。

（二）佛教与伦理道德

如上所述，佛教伦理道德与中国封建宗法社会的等级制度和儒家纲常名教存在着严峻的对立。儒家学者从维护儒家礼仪和中国传统习俗的立场出发，指责佛教僧侣的剃发出家、不结婚生子、见人君无跪起之礼、施舍家庭财产等，是不孝、不忠、不仁、不义的表现，佛教对此一直采取调和的立场，以协调两者的关系。中国佛教通过比附融合、撰文论证以及确定有关宗教仪式，突出宣扬忠孝等儒家观念。如宋代名僧契嵩说：“夫不杀，仁也；不盗，义也；不邪淫，礼也；不饮酒，智也；不妄言，信也。”[①] 把佛教的“五戒”比作儒家的“五常”。契嵩又大力阐扬孝道，称：“夫教，天之经也，地之义也，民之行也。至哉大矣，孝之为道也夫！”[②] 强调孝是天经地义的大道。契嵩还崇扬中庸之道，说：“中庸之道也，静与天地同其理，动与四时合其运。”[③] 中庸与天地同理，与四时合运，是宇宙的真理与法则。佛教传入中国以

① 《考论·戒孝章第七》，《大正藏》第52卷，661页。

② 同上书，600页。

③ 同上书，667页。

后，随着因果报应、业报轮回思想的深入人心，为父母追祭冥福，请诵经作法事的僧侣担当孝道使者的活动在社会上广泛流传。凡此，对于孝道观念的强化，积淀为社会心理，都起了重要作用。

佛教的基本道德标准是去恶从善、慈悲平等、利人利己，这些观念不但充实了中国的伦理道德学说，而且也发挥了稳定社会的作用。在近代，佛教伦理道德还曾为一批先进人物如林则徐、魏源、龚自珍、康有为、梁启超、谭嗣同、严复、章太炎等，作为改造社会道德乃至改造社会的工具，它显示出的积极作用是不能不承认的。在当代，佛教的大乘戒行、无我利人的精神、去恶从善的德行，以及人间净土的行愿等，都是能与现实社会相协调，并有助于推动社会发展的。

（三）佛教与文学

和宗教与艺术的关系一样，宗教与文学也有不解之缘。自由无羁、丰富热烈、奇诡神异的联想、想象和意象都是宗教和文学不可或缺的内在机制。佛教对中国文学的影响是全面的、长期的，给中国文学带来了内容和形式两方面的巨大推动和变化。佛教典籍中如《维摩经》、《法华经》、《楞严经》和《百喻经》等，本身也是瑰丽多彩的文学作品，向为文人所喜爱。又如《本生经》是叙述佛陀生前的传记文学，《佛所行赞》是长篇叙事诗。这些佛典的译出，不但创造了融冶华梵的新体裁——翻译文学，而且为中国文学的创作带来了新的意境、新的文体和新的命意遣词的方法。佛教典籍促进了中国晋、唐小说的创作，并为后来的古典小说如《西游记》、《三国演义》、《金瓶梅词话》和《红楼梦》等的创作提供了故事情节和思想内容。佛教的俗讲、变文，也直接推动了后来的平话、宝卷、弹词、鼓词、戏曲等通俗文学艺术的形成。佛教禅宗词录也对后来的民间文学作品发生影响。佛教不但对我国古代文学产生过重大影响，而且还深刻地影响到我国古代文学理论批评。如佛教的“言语道断”说、“顿悟”说、“妙悟”说、“现量”说和“境界”说，以及“以禅喻诗”——用禅宗的一套禅理来论述诗的创作、欣赏和评论，就是这方面的突出表现。可以说，没有佛教的影响，中国汉代以后的古代文学将是另一番面貌。

（四）佛教与语言

印度声明学（训诂和词汇学）影响汉语体系的发展，因明学（认识论和逻辑学）则影响到逻辑思维的发展。佛教文化是汉语文化源之一，它推动了汉语语言方法论的变化。汉字是以音节为单位的象形文字、表意文字，南朝时人在佛教梵声的影响下，把字音的声调高低分为平上去入四声，用于诗的格律，推动了音韵学的前进和律体诗的产生。在注音方式上，东汉以来盛行将直音改用反切，这也可能与受梵文拼音的影响有关。至于在唐末僧人守温制定30个字母的基础上，在宋代形成了36个“字母”——汉语语音的36个声母，以及分析汉语发音原理及发音方法的学科“音韵学”，更是梵语语音体系汉语化的产物。还有佛教音义之书，由于保存了大量久已失传的古代字韵和其他文史典籍，又为古籍的辑佚、校勘、训诂提供了宝贵的资料。在语法学方面，佛教对汉语的句法结构产生了潜在的影响，如佛教著作判断句用“是”来承接主宾语，句末不再用“矣”、“焉”、“也”、“耳”等语气词。佛教还为中国文学语言宝库增添了新的词汇。佛教成语占中国汉语外来成语的9/10。而且许多佛教用语逐渐演化成日常用语，如世界、实际、方便、平等、知识、相对、绝对等。至于出现姓氏、人名、地名的佛教化，更反映出佛教对汉民族心理和文化意识的深入渗透。

（五）佛教与艺术

这是佛教与中国文化关系最密切的领域之一。宗教与艺术在价值观念、思维方式、情感体验和表现手法等方面是相似、相近和相通的。宗教需要通过自身的审美潜在力的艺术展示来显现自身的存在，佛教也需要艺术，没有艺术活动它就不能存在。汉魏以来，佛教在建筑、美术和音乐等方面都取得了辉煌的成就，使中国艺术大放异彩，进入崭新的阶段。佛教建筑主要是寺塔，这是随佛教的传入而发展起来的。

最古老的石窟寺，其中举世闻名的如敦煌、云冈、龙门三大石窟，都是根据印度佛教造型艺术，糅合中国民族形式建造的。又以今天汉族地区124座全国佛教重点寺院来说，如洛阳白马寺、登封少林寺、南岳福严寺、广州光孝寺、韶关南华寺、苏州寒山寺、扬州大明寺、泉州开元寺等，都是各有建筑特色的有上千年历史的名刹古寺，五台山的南禅寺、佛光寺是至今保存完整的古代木结构寺院，寺内彩塑精美绝伦。中国的佛塔的建筑大约起源于三国时代，除了印度式的，多为中国式样，采取中国原有阁楼形式，建成可供凭眺的楼阁式建筑。藏传佛教的寺庙，一般都有庞大的建筑群，体现了藏族古建筑艺术的特色和汉藏文化事例的风格。佛教美术主要是绘画、雕塑，也是随佛教的传入而发展为具有中国民族的风格和特色。早在梁代，以善画佛像名世的张僧繇，是佛画中国化的开创者和推动者，创立了笔法简练的“张家样”，在南北朝后期影响很大。北齐佛画家曹仲达创立了“曹家样”，其特点是衣服紧窄，与印度笈多王朝的雕刻风格相近。唐代吴道子创立的“吴家样”，其特点是衣带宽博，飘飘欲仙，突出了浓重的中国风格。佛教的壁画也很著名，敦煌莫高窟和麦积山石窟都保存有壁画，这些作品色彩艳丽、辉煌灿烂，具有极高的审美价值。佛教音乐也是佛教艺术的重要方面。佛教认为，音乐有“供养”、“颂佛”作用，在举行宗教仪式时都要用音乐——声乐和器乐。佛教音乐传入中国内地称为呗。由于汉梵语音不同，曲调难以通用，约在三国时佛教音乐就“改梵为秦”，用中国的音调来配唱经文，形成了中国佛教音乐。中国地域辽阔，佛教音乐在创作过程中，由于各地方言、地方民间音乐和风俗习惯的差异而形成了各种各样的独特风格。唐代进入鼎盛时期，佛教音乐家辈出，在创作、演唱、演奏上都达到了很高水平。佛教音乐对中国民间说唱音乐、音韵学、乐律、音阶、音型、音调和字谱学的发展，都产生了重大影响。

（六）佛教与科学

宗教与科学属于不同领域，佛教与自然科学有其对立的一面，也有其统一的一面。佛教徒的物质生活、宗教实践和宗教宣传，使佛教在医学、天文和印刷术方面作出了卓越的贡献。佛教与医学的联系不是偶然的，佛教的寺庙多集中在远离都市的山区，寺庙僧人形成相对独立的社会实体，需要有和尚兼任医生专门医治疾病。佛教讲乐善好施、普度众生，济世治病也是寺院的一大功能。中国佛教寺院有的设专科，有诊堂、药室，为患者治病。如浙江萧山竹林寺女科，历史悠久，闻名遐迩，一度门庭若市。唐代寺院立的福田院或悲田院，就是养病院。宋代政府的安济坊（救济机关）置官医，也往往请僧人担任。现在有的藏传佛教寺庙还设有专门学习医学的经学院。我国敦煌石窟壁画和藏经洞遗书中，保存了大量的医学史料，遗书中有近百件医药文书，其中有已知的我国最早的一幅有关口腔卫生的绘画，还有不少久已失传或书目上未见记载的医书，都是弥足珍贵的。唐代名僧鉴真，也是一位名医，相传著有《鉴真上人秘方》，他将中国的医药以及建筑、雕塑介绍到日本，增进了古代中日文化交流。佛教与天文学的联系也不是偶然的，人类的生产和生活都与季节变化密切相关，而季节变化和天象直接相连，所以古代都重视对日、月、星等天体现象的观察。由此各国也都流行占星术，以观察星辰运行、人事祸福。还依据天象编制历法作为计算年、月、日的时间系统。唐高僧一行，也精通历法和天文。他与人同制黄道游仪，用以测定恒星的位置和研究月球的运动；又与人根据实测，在世界上第一次测量出子午线一度的长度。他还订有《大衍历》，这是当时一部先进的历法，施行了 29 年，并对后来历法家的编历产生了很大的影响。敦煌遗书中保存着两幅星图，其中一幅是世界上迄今为止发现的最古老的，还有历、日、天文图等文献资料和绘图，对于研究古代天文学史具有重要的价值。印刷术被称为“文明之母”，雕版印刷和活字印刷都为我国首创。佛教不仅推动了印刷术的进步，而且它保存的大量古代印刷品，为研究印刷术的演变提供了宝贵的实物例证。例如现存世界上第一部标有年代的雕版印刷品，就是唐懿宗咸通九年（868）王玠为父母祈福所刻的《金刚经》，经卷完整无缺，雕刻精美，印刷清晰，表明绝非雕版印刷初期的印本。自宋太祖最初雕印《大藏经》而后1000多年，先后有20余次刻本，完整地体现了宋以来印刷术的前进历程。佛教对造纸也是有贡献的。有的寺院植楮树，取皮，浸以香水（香料），制造经纸，用以抄写佛经。如唐代法藏在《华严经传记》卷五《书写》中就有僧人造纸的明确记载。

（七）佛教与道教

道教为了宣传教义与佛教争高下，大量仿照佛经编造道教的经典。如《洞玄灵宝太上真人问疾经》就源于《法华经》，《太上灵宝元阳妙经》是据《涅槃经》改编而成，《太玄真一本际经》是深受《般若经》空论影响的产物。在《道藏》中还有一些题属佛教的著作，如《昙鸾法师服气法》、《达摩大师住世留形内真妙用诀》等，也包含了鲜明的佛教内容。一些著名道士改革道教、推动道教的发展，其内容之一就是吸收佛教思想和方法。例如北魏著名道士寇谦之，改革天师道，主张六道轮回就是引佛入道，还模仿佛教仪节和修行方式，提倡立坛宇、积累功德、持戒修行、诵经成仙等。南朝齐梁时著名道士陶弘景，开道教茅山宗，是南朝道教上清派的代表人物。他主张佛道变修，亲受佛戒，建佛、道二堂，轮番朝礼。金初王重阳创立的全真道，主张三教合一，以《道德经》、《般若波罗蜜多心经》、《孝经》为主要经典。他还学习佛教的规定，创立道教的出家受戒制度；又学习佛教的参禅、止观法门，发展内丹修炼，不搞外丹。如果说，宋明理学是儒道佛融合的产物，那么道教全真派虽也受儒家思想影响，但主要是道佛融合的产物。全真道在北方影响颇大。

（八）佛教与民间宗教

佛教对民间宗教的影响极为深远，可以说宋以来的重要民间宗教几乎都与佛教有关。民间宗教中最大的教派白莲教就渊源于佛教净土宗，并混合明教教义而成。南宋僧人慈昭（茅子元）在流行的净土结社的基础上创立新教门，称白莲宗，即白莲教。此教也崇奉阿弥陀佛，以往生西方极乐世界为目标。师徒传授，宗门相属，并形成了一大批有家室的职业教徒，称白莲道人。白莲教一度被视为“事魔邪党”，后在元代势力极盛，不久随之发生分化，以致宗派林立，迄至清代，白莲教的支派竟多达百余种。白莲教的重要支派有大乘教、弘阳教、黄天教、龙天教和无为教（罗祖教、罗教）等。白莲教各派的成分复杂，有的攀附上层、取悦朝廷，有的与下层群众结合，发动武装起义反对朝廷。自宋至清，不仅影响了民间信仰，而且在社会生活中也发挥着重大的作用。

（九）佛教与民间习俗

佛教的传入和佛教徒的生活带给中国民间习俗的影响是十分广泛和深远的。首先，在饮食文化方面，印度佛教戒律规定僧尼不准吃荤，不是指禁食肉食，而是指禁食葱、蒜等气味浓烈的刺激性较强的食物。南朝佛教信徒梁武帝萧衍根据佛教禁戒杀生和《大般涅槃经》等的教义，提倡茹素，并在汉族僧尼中普遍实行。这种素食制度推动蔬菜、水果和食用菌的栽培和加工，包括豆制品、面筋制品业和制糖业的发展，并形成了净素烹饪流派。素食对人民的饮食结构和身体健康影响极大。由于坐禅养神的需要，寺院饮茶成风。种茶、制茶、品茶、饮茶是山寺僧人的重要生活内容。名山、名茶、名刹几乎是三位一体。寺院的饮茶风气，极大地促进了民间饮茶习俗的普及。此外，佛教以农历十二月初八为佛祖释迦牟尼的成道日，自宋代开始，佛寺于是日供应腊八粥。这是民间腊八节喝腊八粥习俗的由来。其次，在节日文化方面，民间元宵灯节就从佛教法会演变而来。佛教视火光为佛的神威，谓灯火的照耀，能现佛的光明，破人世的黑暗，推众生的烦恼。所以灯是佛像、菩萨像前的供具之一。据传，佛祖释迦牟尼示现神变、降伏神魔是在东土正月十五日。为纪念佛祖神变，是日举行燃灯法会，以表佛法大明。在佛教法会的影响下，从唐代起，元宵张灯渐成民间习俗。另外，汉地佛教每逢农历七月十五日举行盂兰盆会，以超度先灵，后演成民间的中元节，届时以各种形式祭奉祖先。还有佛教纪念佛、菩萨的诞生日、成道日，也演化为庙会和民间信仰节日。如按照佛教传说，农历二月十九日是观音菩萨诞生日，汉族地区普遍举行盛大的观音庙会，十分热闹。至于藏族和傣族地区，佛教节日和民间节日更是融为一体了。再次，在葬仪方面，人死后不仅要请和尚诵经修福，超度亡灵，而且宋元明三代火葬习俗的流行也受佛教葬仪的影响。相传释迦牟尼逝世后实行火葬，其舍利安置在塔中，佛教沿袭这种做法，僧尼逝世后一般都实行火葬，中国汉地佛教也是如此。中国火葬起源很早，但火葬的流行是受佛教的影响，时至今日也有在家佛教徒死后送到佛寺火葬和安置骨灰的。

（十）佛教与社会心理

社会心理是一种普遍存在的潜意识，是不见文字著作表述的内在概念。佛教对中国社会心理所造成的最大影响是报应观念。佛教宣传因果报应理论，强调“未入业不起，已作业不失”，人们的现实社会地位和各种遭遇都是自身前世作善恶业的结果，今世所作的业将决定来世的命运。这种理论和中国固有的报应观念相融合，长期积淀在人们的心里，形成了深沉的善有善报、恶有恶报的观念，为约束自身的言行，奉行去恶从善的道德准则奠定深厚的思想基础。此外，佛教提倡忍辱以求得好报，带来了容忍、宽容、忍辱、忍受、忍让的心理影响。佛教讲普度众生、布施，也生发出同情心情、助人精神，而这些心态和精神对于维护社会的稳定和人际关系的和谐是有积极作用的。

五、佛教与中国文化交涉的成功经验

佛教通过与中国文化的交涉、会通、融合而逐渐实现了中国化，中国文化也部分地佛教化，从而充实和丰富了中国传统文化的内涵，形成中华文化生命的共同体，促进了中华民族文化的发展。这是不同民族、国家的不同文化自由交流的成功范例，是具有悠久历史文化的中华民族吸取外来文化的成功范例，也是亚洲乃至世界人类文明史上的光辉篇章。佛教与中国文化的交涉，包含了丰富而深刻的经验，其中成功的基本经验，大致有三项。

（一）立足于本民族文化

佛教在中国传播，首先是要使中国人接受基本教义。这就要求在传播时适应由中国本土文化培育出来的中国人的国民性格和心理结构（佛教称为“应机”），进而提升其精神素质与精神境界。这就有一个出发点与立足点的关系问题，在中国传播佛教是出发点，推动中国文化建设则是立足点。这种立足点的定位，决定了处理佛教与中国文化的关系时要立足于中华民族文化及其建设，积极吸取、融化佛教文化。中国佛教学者正是自觉不自觉地基于民族文化的立场，一直重视运用汉文、藏文译出佛教经典，从公元 2 世纪至 15 世纪共译出汉、藏经论达万卷之多，有力地推动了佛教民族化，也极大地丰富了中国文化。又有中国古代高僧大德，如法显、玄奘、义净等人，跋山涉水，历尽艰辛，远赴印度学习、取经，其目的就是回国建设佛教的新文化。唐玄奘在印度留学时，其学问、学识、学养已在包括其师父戒贤在内的印度全部佛教僧侣之上，印度朝野和教内教外也强烈恳求玄奘留在印度，但玄奘毅然决然回国，在当时都城长安组织译经，弘扬佛法，创立佛教宗派，这是吸收外来文化，以建设本民族文化的成功实践，是中国僧人坚持民族文化立场的突出典型。

（二）重视学术理论研究

学术研究和文化创新是中国佛教的优良传统，也是中国佛教不断发展的内在动力和历久不衰的重要生命力。

佛教典籍浩瀚，内涵丰厚，思想深邃，经过中国佛教高僧大德长期持续的译经弘法、注释撰述，佛学成为了一门专门学问，并与儒学、道学鼎足而三。中国社会的知识阶层一般也把佛教视为一种学术思想学习钻研，且有所得。经过社会知识分子的研究，佛学思想广泛渗透到思想文化各个方面，进而使中国佛教在思想文化领域里的影响持久扩大。

学术研究是文化创新的基础，文化创新是学术研究的结果。中国佛教高僧大德通过学术研究，不断取得新成果，获得新创造，从而推动了佛教的发展。例如，隋唐时代高僧大德重视佛教学术研究，各自独立判别印度佛教经典的高下，选择某类经典为本宗崇奉的最高经典，结合中国的固有思想，加以综合融通，进而创造出新的宗派。以中国化色彩最为鲜明的天台、华严和禅诸宗来讲，天台宗重视《法华经》，倡导方便法门，并融合中国固有的"万物一体"观念，建立实相说；华严宗人法藏阐扬万事万物圆融无碍的思想；宗密更把儒、道思想纳入佛教思想体系，以阐明人类本源的学说，为华严宗人生解脱论提供理论根据；禅宗依佛教和儒家的心性论，并吸收道家的自然主义思想，提出"不立文字，教外别传，直指人心，见性成佛"的宗旨，更是充分地表现了文化的独创精神。隋唐佛教宗派的创立，极大地推动了中国佛教的空前繁荣与向前发展。又如，近代太虚法师等人根据佛教重人生解脱的原理，结合时代特点和现实状况，创造性地提出"人间佛教"的理念，作为佛教实践的指针，对于佛教在现代的发展具有重大的指引意义。当前海峡两岸的中国佛教界，都一致推行人间佛教，而且取得了显著的效果。凡此都表明中国佛教重学术、重文化创造的优点，表明佛教与中国文化不断交涉融合的活力，也表明佛教与中国文化的成功交涉，对于中国佛教的命运和发展产生的重大意义。

（三）运用综合创造性思维方法

佛教在中国流传及中国化佛教的形成，这其间中国佛教学者发挥了决定性的作用。中国佛教学者通常都在早年学习儒、道典籍，深受中国固有文化，尤其是先秦文化的熏陶，具有中国国民性格和中华民族精神。在这方面，综合性思维方式为中国佛教学者提供了融合不同文化，推进文化创新的思维方法，而中国儒、道等思想文化内容，又为中国佛教学者提供了文化融合的丰富思想资源。例如，道家《庄子》提出从"道"的观点来看，一切事物都是平等无差别的，是一体的思想；儒家《中庸》强调“中和”，要求人们随时选取适应的标准，随具体情况采用适当的方法。这类综合思维方式实际上成为中国佛教学者确立佛教与中国文化关系的原则和方法。中国佛教与印度佛教的重大差别点在于，印度佛教重分析，重理论系统的分明，重自家经论的坚守，并具有强烈的排他性，与“外道”是敌视、对立的，并一直处于激烈斗争的状态中。中国佛教则重综合，重各自的判教，不重理论系统的分明，而力求思想的圆融。有的中国佛教学者还把儒、道学说纳入判教视野之中，而且绝大多数中国佛教学者也都普遍重视融合儒、道的思想。这其间实有可能透露出印度佛教趋于灭亡和中国佛教久传不衰的内在原因。

在 2001 年香港中文大学崇基学院成立 50 周年校庆上的演讲

原载《二十一世纪的宗教展望》，香港中文大学崇基学院出版，2001 年

中国佛教文化的内涵

很高兴今天能够见到各位，我们彼此来进行一场关于中国佛教文化的学术交流。我看到这里有年长的，也有年轻的，这标志着中国人对文化的诉求越来越高。这种活动首先在深圳市举行，也不是偶然的，它里面可能包含了很深刻的原因，这也是深圳值得我们敬仰和尊敬的地方。

我今天要和诸位交流的是中国佛教的文化内涵。我们要知道中国佛教属于国学范畴，印度佛教不是我们国学，它是印度的国学，中国佛教是中国国学里面的重要的内容。中国传统文化有儒、释、道三个部分。今天我的主要目的是要让各位对中国佛教的文化有一个初步的、简要的概念，给大家提供一个基本的理念，使我们了解佛教是一个什么样的宗教。

我要讲的内容分三个部分。第一部分是学习了解研究佛教的意义；第二是佛教文化的基本内涵；第三是我们怎么样看待佛教。第二问题是我要讲的重点，也是我今天要花时间最多的地方。

一、佛教文化的意义

现在我先讲第一个问题，就是了解佛教文化的意义。了解佛教文化的意义可以从四个方面思考。

第一，了解中国佛教，首先使我们可以对其他的宗教有一个比较，特别是和基督教、伊斯兰教另外两个世界宗教进行比较。我们都知道宗教有成千上万个，其中有三个教是世界宗教，那就是佛教、基督教、伊斯兰教。基督教里面有三派，可能诸位都知道，那就是天主教、东正教和新教。罗马有天主教，俄罗斯地区有东正教，这些都是广义的基督教。还有伊斯兰教，这三个称作世界宗教。所谓世界宗教，指的是世界性的，它的范围是世界性的。佛教是三个世界宗教里面成立最早、历史最悠久的，它的文化思想内涵最丰富，超过其他宗教。佛教和基督教、伊斯兰教有个很大的区别。基督教和伊斯兰教都是一神的，都是信仰上帝，基督也好，上帝也好，阿拉也好，是一神的。佛教不是这样，佛教是多神的。佛教起初很可能还反对偶像崇拜，反对上帝创造世界，反对上帝主宰世界，反对一个人可以由上帝来成就，而不是通过自身的努力，甚至一段时间反对灵魂不灭，这就是佛教的特点。佛教包含了很多理性的、思想的、哲学的内容。当然，后来为了扩展佛教的影响，是有很多神的塑造。特别是大乘佛教以后，有很多菩萨，所以我们现在看到庙里，有大雄宝殿，中间坐着释迦牟尼，那就是教主，佛教的创造者，旁边坐的是菩萨，还有十八罗汉等等，这是多神教，它的思想是不一样的。

第二，佛教是中国传统文化三个组成部分之一。基督教很早就传到中国了，那个时候叫景教。后来有人考证那个有可能就是现在的东正教。这个派系很早就传到长安一带了。长安有碑，你们看到陕西省那有碑林，而且传播得很广。但是，好像一直到现在，中国人还没有说基督教是中国传统文化的组成部分。为什么基督教没有融入中国的传统文化？这个原因可以从思想层面来考察。原因就在于我们中国自己创造的儒学、道家有缺陷，他们对人的死亡、人的烦恼、痛苦这些方面讲得不够，研究得不够。中国传统文化可以说有三个传统，第一个就是儒家的传统，儒家就是人本主义，以人为本，一切问题考虑到人。不是以钱为本、以物为本，更不是以神为本，而是以人为本思考问题，这就是儒家的传统。有的以人为本当中还包括以民为本这种思想。它就是侧重解决现实问题，解决现实人生问题，人在世界上应该怎么去努力，去实现理想，怎么去立功建业。第二个是道家系统，就是老子、庄子这个系统。这个系统提倡自然主义传统，它是自然主义，强调自然。什么叫作自然？自然不是自然界，中国古代讲的自然就是自然而然，是本然、本性的意思。如果我们用现代的语言给它转换来说，就是你做事情要符合客观本性和客观规律。这也很好，你看中国已经有了要怎么做人的，要怎么做事的。但是中国人很现实，中国人条件也不错，生长在黄河流域、长江流域，气候比较温和，物产也比较有保证，所以对死亡对痛苦想得比较少。那么在公元1世纪左右，佛教传到了中国的内地来。佛教是一个什么思想体系，怎么样一个文化体系呢？佛教是解脱主义，它是解剖人生的痛苦，说人生在世界上有很多烦恼，有很多痛苦，有很多困惑，有很多不能解决的事情，有很多理想愿望不能实现的事情。最后还有大事情，人还有死亡。一般来说，按照人的本性，不喜欢提前死亡，对死亡有畏惧，都希望活着。中国人以道教为代表，长生不死，中国人希望生命是永恒的。佛教不同，认为人是有生老病死，有很多痛苦，最后是一个大限，还有死亡。因此，怎么来消解这个烦恼，消解这些痛苦并来化解这些痛苦，怎么样来安顿死亡，怎么样来看待死亡，这是一个问题。我们诸位可以想一想，这是不是人生要思考的问题？很显然是应当要思考的问题。人有生活还有死亡，人生包含死亡。中国的儒学、道学都讲得很少，未知生，焉知死呀。生的问题还没有搞清楚呢，你还要研究死的问题？但是人必然会思考这种终极关怀、终极关切的问题。佛教传来不久，就遇到三国魏晋南北朝这个阶段，大家都知道，这时我们国家有相当长的时间处在分裂中，战争很频繁，社会动荡不安，人不能掌握自己的命运。当时中国可能是死亡率相当高的，因此人的死亡问题就提到大家的面前，提到了精英们面前，要思考这一问题，所以佛教这套理论传到中国来，中国人慢慢接受了这个思想。佛教提出人有生必有死，人的命运是要通过因果报应这个铁的法制来体现。做好事以后可能会有好运，有好命，下一次可能投身到更高级的生命当中去。相反会投身畜牲，会变成饿鬼，更糟糕的是要掉到地狱去。佛教给中国人补充了一个新的价值观念。三教不光是人本的、自然的，还有解脱的，所以三教能共存，能互补。

第三个意义，现在我们也构建和谐社会、和谐世界。中央最近作了决定，其中有一句话，就是发挥宗教在构建和谐社会当中的积极作用，这标志着我们对宗教理念某个意义上的一种调整，肯定了宗教的积极作用。佛教在构建和谐社会当中，同样有它的积极作用。我们还可以说，佛教的和谐资源极为丰富，这个下面还要介绍，所以刚才讲的首届佛教论坛，为什么不搞别的论坛，为什么要搞首届佛教论坛，请了三十几个国家，上千的人来参加讨论佛教与构建和谐社会关系的问题。这显然是佛教具有这样的资源，这个下面还要讲到。

最后一个意义，我们都知道深圳是广东一个很重要的市，广东是佛教大省。深圳有一个庙，叫弘法寺，里面住了一个非常重要的高僧，当代佛门的泰斗，禅宗的泰斗，本焕长老，他在信徒当中影响很大。有一次我在广东的一个佛教学术会上讲，广东出很多人才，其中最重要的两位，一位是慧能，一位是孙中山。唐代的慧能，文化很低，悟性很高，很聪明，一听人家讲金刚经，他就悟了。人生观念发生根本的转折，他就信佛教，然后创造了自己的宗派，现在影响很大。我们知道他在日本、韩国、越南影响都很大。现在这种思想还传播到世界其他国家和地区去。另外一个大家都知道，孙中山是我们国家民主主义革命的领袖。这两人有个共同点，有人叫慧能叫六祖革命，我倒不认为他是革命，起码是革新、创新，创立了禅宗这一个新派。创立禅宗很了不起，这就是国学。禅宗是我们现在汉传佛教的主流。我联想到我们这个活动，深圳举办了深圳市民的文化讲座，也有创新。在广东这个地方实际上也可以创新。现在北方可以逐渐向南方学习，南方的理念生活方式逐渐往北方推近。我们讲了广东是个佛教大省，那么应当对佛教有一个了解。这样你到弘法寺、光孝寺、南华寺，去了就不一样，不是光看看建筑和那个佛像，也不知道它包含了深刻的文化内涵。

二、中国佛教文化的内涵

下面讲第二个问题，中国佛教文化的内涵。中国佛教文化的内涵很丰富，如果概括起来，它的文化结构、它的文化体系包含哪些要素？这些要素直接相互关系又是怎么样的呢？我们认为佛教文化，最主要有五个方面的内涵。第一个是信仰，第二个是哲学，第三个是它的伦理道德，第四个是文学艺术，第五个是它的风俗、民俗、风俗习惯，叫做习俗，共五个方面。当然还有其他方面，包括科学、中医、天文，因为时间关系来不及讲了，并且这五个要素之间相互的关系，它们与儒道的关系，和外部的关系以及内部的关系怎么样，因为时间的关系今天也不展开讲了。今天我们要讲的是五个方面，直接对它所包含的内容要点作一个提示。

首先讲信仰。佛教是一个宗教，当然信仰是核心，它的文化里面的核心内容是信仰。佛教的信仰是怎么样的？佛教的信仰可以说包含了两个方面，就是外部信仰和内部信仰。内部信仰是指思想信仰。内在的思想信仰是什么，内涵有很多，但是概括起来我们可以说是因果报应。佛教就是信仰因果报应的一个宗教。什么叫做因果报应？因果就是原因和结果，佛教认为有因就有果，善因得到乐果，恶因就得到苦果。人生也是这样的，你多做一些善举，那就会有好报。你干不好的事情就会得到恶报，这就是它的观念。这个观念由几个要素构成。第一，佛教认为人有三业，每个人有三方面的业，身、口、意。身是身体的行动和行为；口，就是说话，你这个人是很文明很诚实的，还是善于欺骗别人的，还是说假话的；意就是思想、意识，不一定体现在行动上，但是有一些很邪恶的念头，那也不行。每个人有三方面的业，业有三个性质，有善的、恶的和中性的。中性就是无所谓善恶，佛家叫做无记，就是没有记号的东西，因为它不留下什么东西。

佛教说了，人有三报，有生报，有现报，有后报，都不一样。现报就是现在做的事情现在就报，比方说今天，在这里如果我没有认真准备，我是来敷衍大家，那很有可能就会对我有一种报应，会说这个人很不敬业，很不认真。如果我今天认真讲，使大家有收获，大家可能对我有一个好的评估。第二是生报，现在发生的事情，是上一世所做的事的报应。那么现在有些坏人，生活各方面都很好，荣华富贵，那是因为他上一辈子做过好事。现在做不好的事情，可能在下一辈子受到报应，所以还有一个后报。后报是现在做的事情，下一辈子受报，或者是还有下一辈子，乃至于更多的世代来受报应。所以它从理论上把困难解决了，能够解答恶人有好报，好人有恶报。这就是因果报应理论，这是基本观念。

我认为因果报应从理论框架、理论方式来说是有合理性的，因为它讲的因果，有因就有果。现在每个人来体悟一下我们的生活，如果一个人善于帮助别人，善待别人，他遇到困难的时候，也有人会乐意帮助他；如果这是一个孤家寡人，或者是一个损人利己的人，我想他遇到困难的时候，大家可能不会伸出援助之手，这就是现报。从因果报应的理论上来说，有因就有果，强调了人的生活的价值取向，要求我们做好事，不要去做不好的事情，从这个意义上来讲是应当肯定因果报应理论的，它要我们去恶从善。所以国外有学者说，因果报应是人类最美好的思想。比如说文学奖得主，日本的川端康成，在接受诺贝尔奖答谢的时候说了这句话，每个人都要懂得因果报应，那么这个国家，这个民族很可能就会强大。当然因果报应里面，包括佛教讲的，有六道轮回，这一些我们可能很难认同，人死了以后变成畜牲，我现在没有想好，会不会这样，但是它所指引的、所提供的价值理念，是值得我们批判地汲取，是有值得肯定的地方，这不是迷信。

外在信仰有三个方面，第一就是佛、菩萨、罗汉以及四大天王等等。我们在庙里拜佛，拜释迦牟尼、阿弥陀佛等等，这里面是有层次的，佛是级别最高的。什么叫作佛？简单地讲，按照佛教的定义，佛就是觉悟者。用现在的话来讲，所谓成佛，就是成为对宇宙人生有所觉悟的人。佛不是别的，从这个定义来说，是排斥那种偶像崇拜，是对宇宙人生有所觉悟，对宇宙人生的真实、真谛、真相的本质有所觉悟。我们讲人生的本质是什么？我们每个人问过没有？你的本质是什么？你的真实是什么？我们生活在大千世界，世界的本质是什么？佛教就回答这个问题。佛是觉悟，自己觉悟，又帮助别人觉悟，觉醒很圆满，三个目标都达到。菩萨，我们大家都知道有观音菩萨等等。菩萨是自己觉悟，帮助别人觉悟。他是普渡众生的，具备了两条，还没有做到完全觉醒圆满。罗汉是自觉，自己觉悟，所以中国人不太喜欢他，把他们看成是搞个人主义，追求个人觉悟。至于在庙里面看到的四大天王则并没有解脱，四大天王还有身世问题。四大天王是佛国世界里的武装警长，保卫干部的，是保卫佛国世界的，所以他是看门的，他也不能犯错误，犯错误要掉下来的。同时，在这里，中国有中国的特点。问老奶奶她们，问谁是释迦牟尼？她不知道；问观音菩萨，每个人都知道。中国人对佛教的外在信仰进行了调整。虽然从级别上来说，观音菩萨比释迦牟尼佛、阿弥陀佛要低一级，但是从知名度来说，观音菩萨远远超过了释迦牟尼佛。

外在信仰的第二个方面，就是佛堂、佛牙、佛指骨、佛舍利，所谓神性的圣物。

第三个外在信仰，就是对祖庭、极乐世界，佛土世界的信仰。什么叫祖庭？祖庭就是佛教的祖师活动过的地方，住过的地方。这就使我想起广东。广东是禅宗的祖庭，新兴县是慧能的老家，光孝寺是慧能出家的地方，南华寺是慧能弘法的地方，这个是主要的地方。各地禅宗的信徒来朝拜。所以我建议广东有关单位，可以申请世界文化遗产，禅宗之旅，这是一个很有特点、很有意义的事情。

第二就是哲学。我们都知道，好像哲学是属于学者思考的一些内容，其实佛教里面充满了哲学。佛教和基督教、伊斯兰教不同的地方，就是世界观上不同，刚才讲了一条，一个是一神论，一个是多神论。从哲学上来说，一个是上帝创造世界，一个是主张缘起论。缘就是缘分的缘，因缘的缘，这是佛教哲学的基本概念，是它理论的核心和理论的基石。缘起论就是认为一切事物都是由原因和条件构成的。一个缘字，就包括因和缘两个方面，如果分开说，讲因缘，因就指主要原因、内在的根据，缘就是指次要原因、外部的条件。如果光讲一个缘字，就包括外在原因和内在原因两个方面。缘起论就是讲宇宙万物是怎么形成的，不是上帝创造的，不是由一个神创造的，而是由各种事物之间互相依赖、互相作用、互相依靠、互相依存而形成的。这就是佛教的理论根本。远的不用说，就说我们的讲台，讲台就是缘起。讲台一般来说是由木料构成的，木料是一个因素，油漆是第二个因素，第三个因素是工人的劳动制作，三个条件构成。这三个条件相结合的时候就有了讲台，这三个条件分开的时候这个讲台就没有了，佛教就讲的这个道理，这就是缘起论，非常重要。你们要了解佛教吗？首先要把这三个字搞好，这就是缘起论。我反复思考，用我们现在的语言来讲，缘起论就是两个意思。第一个就是因果关系论，一切事物都是因果关系，不是吗？每个人都是这样，每个人都是由父母所生，由父母养你，然后在学校有老师对你的影响，同学对你的影响，有时候老师会影响你一辈子。然后结婚，夫妇、家庭关系如果和睦，那对你的事业是很大的推动。如果两口子经常吵架，对你的事业影响很不好。

第三个是伦理道德。佛教的伦理道德有三个基本原则，第一个就是去恶从善，所有恶的事情，大大小小都不能去做；所有好的事情，大大小小的事情，你都要去做。第二，就是平等慈悲。第三是自觉、觉他。自己从道德上提升，还要帮助别人提升。这是佛教的伦理三大原则。那么它的道德规范很多，我们都知道出家人，比丘尼有几百条戒，男的也有两百几十条。据说早上起来第一次出门，第一只脚怎么走，要注意不能踩到蚂蚁，踩到蚂蚁就是杀生的，那个罪恶也很大。佛教最基本的有五条戒律，这个很值得我们注意，值得我们社会去思考。我们对很多和尚很尊敬，也就认为他人格很高，道德很高尚，能够不吃荤，能够不结婚，一般常人做不到，对他肃然起敬。

第四是文学艺术。文学艺术非常重要，佛教之所以能够在中国传播跟它的文学艺术很有关系，佛教用它的文学艺术来推行它的理念。我们中国现在的语言很丰富，但是我们也知道，我们成语的百分之十，就是从佛教来的，还有我们常常每天要说的话，比方说讲世界、相对、绝对、功课、实际、就近、转变、烦恼、平等、希望、享福、遣责、消化、援助、赞助、享受、评论、厌恶、控告、机会、正宗、种子、觉悟、悲哀、因缘、方便、众生、悲观、一针见血、一弹指间、三生有幸、五体投地、快马加鞭，等等，都是佛教的话。佛教对中国的语言文学影响很大，很多品种都是佛教传进来以后发展起来的，对小说的主题结构、情节安排影响也很大。我念一下大家看过的《三国演义》，《三国演义》开头的题词是这样的："滚滚长江东逝水，浪花淘尽英雄，是非成败转头空，青山依旧在，几度夕阳红……"佛教的思想，缘起性空，政治斗争，人物之间的争权夺利，是非成败转头空。艺术方面影响也很多，包括音乐、美术、书法、绘画、舞蹈、雕塑。可以这么说，中国的艺术如果没有庙，没有塔，没有建筑，没有云冈、龙门、敦煌等等，中国的山河大地上的美景，可能要受到很大的影响，而且旅游业的收入可能要大减少。以前有一句话，说旅游，"白天看庙，晚上睡觉"，说明旅游就是看庙了。到广州，不看南华寺、光孝寺不行的，到这里看一看弘法寺。现在全国的重要的旅游业三分之一都跟佛教有关，佛教给我们祖国山河大地增加了很多美丽的人文景观，而且佛教都建立在天下名山，所以这留给我们很大的遗产。好的地方、好的名山都建了寺庙，黄色的瓦、红色的船，看它多漂亮，有的是白色的，点缀了祖国的山河大地。这就是我们祖国的文化之美很重要的一个方面，所以这个艺术是很重要的。

最后是民俗，就是民间风俗习惯。佛教对我们民间风俗习惯有很多的影响，第一要喝腊八粥，就是讲释迦牟尼成道的日子。素食，关于素食我简单地说一下。佛教不主张吃荤，大家知道荤是草字头，下面一个"车"，原来佛教讲的不能吃荤是大蒜、葱、韭菜等有气味的东西，生姜、辣椒不包括，说起话来没有味道，是可以的。佛教叫你不能吃这些东西，因为这样做的话，比如说我中午吃了很多蒜，朋友们会待不住，会污染空气，所以不让吃。现在讲不能吃荤菜，包括不能吃肉，这是中国人决定的，是一个信佛教的皇帝，南朝梁武帝决定的。他信佛比较虔诚，还是用佛教作为一个工具，这个我也没研究。他认为佛教不能杀生，正因为老百姓要吃肉，所以就推动了很多杀生的事情，杀鱼、杀鸡、杀鸭，屠夫就多了。所以不吃肉的话，就不能杀生，就下了一条命令不能吃肉，不能吃动物性的肉，也不能喝酒，这是梁武帝定的。中国汉人的和尚就遵守了。所以吃素是这样来的。我们这个要搞清楚。在印度、东南亚的和尚是可以吃肉的。他每天上午跑到人家家里等，站在那，不能敲门，我来了，你给我点饭，那也不行。等到主人开门，看到有法师在外面乞食，就给他一碗，那个饭菜是主人吃什么，就给什么，有鸡有鱼也照吃，因为那不是你杀的，也不是你做的，所以概念要上分清。还有像西藏蒙古喇嘛，过去不吃牛肉和羊肉，就没有能吃的了，因为那里的蔬菜很少，那里很难种，只能吃肉。这个佛教不能吃肉，是我们汉传佛教的规定。

这是我们要讲的佛教文化的基本内涵的五个方面，信仰、哲学、伦理道德、文学艺术和民俗。给大家做个参考。

最后，如果了解了佛教，我们就应该知道：第一，我们应该纠正过去那种把佛教简单地看成迷信的态度，认为它一无是处，这是不对的。佛教是中国传统文化组成部分之一，是我们老祖宗所信奉的一种学说，其中包含了许多合理的积极要素，值得我们今天发扬，比如说佛教哲学的六个基本定义，缘起、因果、平等、慈悲、中道、圆融，我认为在当前很重要。在西方，资本主义的自由、平等、博爱思想影响全世界几百年的历史。我们现在社会又发展了，后工业化的时代、信息化的时代、地球村的时代，我们能不能把中国佛教的缘起、因果、平等、慈悲、中道、圆融贡献给全人类。当前是要发挥它的积极作用，这是很重要的。第二，我们这么说是不是讲佛教全身都是一个宝，它所有的东西都很好，已经很完美，什么缺陷也没有？是不是这样的？不是的。佛教是有它理论上不完善的地方，也有一些守旧的地方，佛教也有它的缺陷，也有它的局限，这也是很正常的。因为任何事物都有长处，也有短处，有优点，也有缺点，有肯定的地方，也有否定的地方。所以我们采取分析的态度来对待这些问题。

2007年5月在深圳市市民大讲堂的讲座

中国佛学思想精华与当代世界文明建设（论纲）

一、中国佛学思想的特质：重自力、重解脱、重入世

研究中国佛学思想的基本特质、基本精神是了解中国佛学思想精华的前提，我们拟用比较的方法，从三个方面来揭示中国佛学思想的基本特质、基本精神。

佛教是三大世界宗教之一，相对基督宗教和伊斯兰教而言，佛教有很多独特之处。

创世说与缘起论　基督宗教和伊斯兰教都讲上帝创造世界；佛教不讲创世，而是主张缘起的，认为宇宙一切事物都是因缘聚合而生，因缘散失而灭。

一神与无神、多神　基督宗教和伊斯兰教都是严格的一神教；而佛教在终极世界观上，是无神论的，而在信仰实践上，则是多神的，有十方诸佛菩萨、护法神灵，是多元而开放的信仰崇拜体系。

信外力上帝与崇内力自力　基督宗教和伊斯兰教比较强调人的有限性，必须依赖外力、神力才能解脱；而佛教主张人人皆有佛性，只要不懈追求智慧，勤修善行，人人都可以觉悟成佛。

中国佛教是中国传统文化儒、释、道三教之一，相对儒家与道教来说，中国佛教也有很多独特之处。

生命的快乐与痛苦 儒家与道教，比较重视生命快乐的一面，或独善其身、安贫乐道，或兼济天下、与民同乐；而佛教则更加深沉一些，重视的是人生老病死的痛苦，以及解脱痛苦的方法。

重今生、重长生与重生死 儒家重视今生的建功立业，道教追求的是长生不老；而佛教重视生死。《法华经》上讲："佛为一大事因缘出现于世。"什么大事呢？生死事大。佛教修行就是为了"了生死"。

重人本、重自然与重解脱 儒家学说是人本主义的，天道远、人道迩，儒家很少涉及超验世界；道教注重自然，道法自然，自然就是自然而然的状态。佛教则注重解脱，既关注人生痛苦，又要进行改变，将人从痛苦、不觉悟的状态中解脱出来，达到更高层次、更加理想的生存状态。

中国佛学是中国国学的重要组成部分之一，与印度佛学比较，中国佛学也有很多独特之处。

融合与创新 中国佛学，例如天台宗、华严宗、禅宗，融中、印两国佛教精英学者的生命智慧，表现出既融合又创新的特色。

入世性 印度早期佛教偏于出世，而中国佛教，特别是佛教中国化的两大成果——唐代的南宗禅、近代的人间佛教，表现出强烈的入世倾向。

综上所述，通过与基督宗教、伊斯兰教等世界宗教的比较，同中国传统儒家与道教的比较，乃至于同印度佛教的比较，我们可以看出中国佛学思想的特质、精神是重自力、重解脱、重入世。

二、中国佛学思想的精华：缘起因果，求智修善，平等慈悲，中道圆融

哲学是时代精神的精华，而佛教是极富哲学思想的教派。我们要确定中国佛学思想的精华，需要有一个标准，这个标准就是：有助于人格完善、社会和谐、人与自然的协调，有助于当代世界文明建设。按照这个标准，我们可以确定中国佛学精华之要点有：缘起因果，求智修善，平等慈悲，中道圆融。

（一）全球化时代的三大矛盾

人类社会的矛盾形形色色、错综复杂，而归结起来，主要是三类基本矛盾：人与自我的矛盾、人与群体（他人、民族、国家、社会）的矛盾以及人与自然的矛盾。工业经济和知识经济的发展，尤其是以全球化为特点的知识经济的发展，给人类社会各类矛盾带来了广泛和深刻的影响，导致了人类社会矛盾的新发展。

上述矛盾的形成，原因有三：一是利益的不同，二是制度的差异，三是观念的缺陷。如在思想观念方面，面对如何看待人的精神生活与物质生活的关系、个人利益与群体（集体、民族、国家）利益的关系、国家与国家之间的关系、人与自然的关系，以及不同地区、不同国家的文明、文化、价值观念的关系等问题。如何调适思想观念，以缓解乃至化解人类社会的矛盾及其根源，以建设和谐世界，是人类面临的共同课题。正是在这一方面，佛教可以发挥其独特的作用。

佛教哲学是佛教对宇宙、社会、人生的基本看法，佛教的世界观、社会观和人生观可以作为人类认识世界、社会、人生的借鉴。中国佛教哲学体系的理论基石是缘起论，在缘起论基础上形成核心性的中国佛学思想范畴：缘起因果，求智修善，平等慈悲，中道圆融。它们构成了中国佛学思想的精华。

（二）中国佛学思想精华的具体内容

缘起　这是佛教最基本的观念，最根本的教理。缘起论是对宇宙万物的生成演变和世界的本来面目的合理的论说。缘起论自身包含着两个重要的理念：“关系”和“过程”。缘起论认为事物是诸多因素的组合，凡事都是一种关系；既是关系组合，就是不断运动变化的，也即凡事都是一个过程。

缘起论的万物由因缘聚合而生即缘起共生的思想，逻辑地肯定世界的多样性，肯定世界的多极格局，由此也必然提倡多边合作、和谐共赢的主张，也必然否定自我中心和单边主义的思维。当前世界不同国家经济上的互相依赖越来越深，正如有些美国学者所说的，没有中国的支持，美元也许已经暴跌，美国经济即使不出现萧条，或许也已经陷入衰退。又如世界性难题南北贫富差距，是与广大发展中国家在经济上长期处于被剥削的地位，无法分享全球经济繁荣成果直接相关的。要解决这个问题，就必须加强国际合作，采取措施促进世界经济秩序合理化，尤其是发达国家要保证发展中国家平等利用资源和分享财富的权利，帮助贫穷国家的经济发展。

因果 由缘起直接推导出因果观念和因果法则，即有因必有果，有果必有因。这一法则，反映在伦理方面，则有善有善报、恶有恶报的惩戒规条。佛教包括因果报应在内的因果理论，强调因果相连，要求人们的行为必须考虑带来的后果，善恶有报。同时佛教的因果强调“自作自受”，强调了个人的主体性及其道德责任。

求智 佛教并不神秘，佛也是人，是“觉悟”了的人，是了解事物的真相，通晓缘起法则及事物的来龙去脉的觉悟者。佛教就是要给人智慧，给人办法，去解决人生面临的诸多烦恼、痛苦。西方哲学的研究者常常说：哲学是智慧之爱，不是智慧之有；我则要说，佛教不仅是智慧之爱，而且也是智慧之有。佛教就是要启迪人们的智慧，去妄契真，获得真知觉悟。

修善 “诸恶莫作，众善奉行，自净其意，是诸佛教”。佛教讲究因果，反对各种恶因及给自身和社会带来的恶果，提倡做各种善因，以给自身和社会带来善果，鼓励人心向上，人心向善。应当肯定，这从根本上说是有利于个人道德操守、社会秩序稳定以及人与自然关系的和谐的，是有利于人类社会的可持续发展的，是有利于和谐世界建设的。

平等 佛教的平等观是基于缘起的学说，是建立在因果平等上的——众生与佛同具成佛的因“真如佛性”，也同能成就佛果，进入涅槃境界。由此又肯定人与人之间的平等、不同种类众生之间的平等，乃至众生与“无情”（山川大地、草木花卉等无情感意识的事物）之间的平等。佛教平等观体现了生命观、自然观与价值观的统一，具有理论意义和现实意义；它可以作为处理人与人、民族与民族、国家与国家等相互关系的基本准则，从而成为维护世界和平的思想基础。和平从平等中确立，和平来自平等。因为平等意味着互相尊重，易于建立互信与合作；平等意味着互相理解、谅解，进而达到互相宽容、友爱，不致兵戎相见；平等意味着消弭嗔恨、仇视，有助于从思想观念上消除战争产生的根源；平等还意味着消除根深蒂固的人类中心主义，树立人与自然和谐共生的理念。

慈悲　这是与平等观念直接联系着的理念，是大乘佛教提倡的对众生的平等一如的深切关怀。慈是给众生以快乐，悲是拔除众生的痛苦。慈与悲结合在一起的心愿，即慈悲心，是维护众生平等、建设和谐世界的重要心理基础。每当某一国家、地区发生特大自然灾害时，世界各国人民慷慨解囊，给予无私援助，是人类同情心、慈悲心自发的生动体现，而佛教徒往往站在援助行列的前头，并作出了重大的贡献，是内在慈悲心的实际表现。佛教的慈悲理念有助于化解人们的妒忌心、仇恨心、复仇心，有助于缓解弱势群体的痛苦，有助于减少恐怖主义和战争的发生。

中道　这是在缘起、平等等理念基础上形成的涉及认识论与真理论、伦理观与境界观的重要理念。中道是远离事物的对立状态，远离有无、断常等对立见解，这被认为是认识事物的中正之道，也被认为是反映事物的实相，即最高真理。在修持上，远离苦行与快乐两端的不苦不乐中道，被视为正确的道路，坚持中道必得解脱，由此也可以说，中道是最高境界。中道思想是佛教能够兼容并蓄、协和诸方、适应变化的方法论基础。在当前，佛教中道理念对于从思想方法上克服极端主义、单边主义、霸权主义都是有益处的，是有助于人际和谐、国际合作的。例如，贸易争端是国际冲突的根源和表现之一，近几十年来，解决这类争端的国际惯例是，在世界贸易组织的框架下，通过谈判、协商和互相妥协来解决，这是国际社会的一大进步，从思维方式来说，是与佛教的中道观相一致的。

圆融　在缘起、中道的思想基础上，中国佛教天台宗和华严宗都着力阐发圆融的理念。华严宗宣扬本质与现象、现象与现象的圆融无碍，天台宗则宣扬空、假、中三谛同时成立，即空即假即中，互相融合。圆融是中国佛教宇宙观和真理观的重要理念，同样是能够兼容和谐、调和适应的方法论基础。圆融要求尊重事物的不同因素，尊重差异各方的共存共荣。按照佛教圆融观来看待世界，世界是一个丰富多彩的、多元化的统一整体。按照圆融理论，各个国家、各个民族的不同文化并无高下之分，也并不存在相互冲突的必然性，各自不同的文化特性，都应获得尊重。我们认为，当前地区一体化和经济全球化迅速发展，保护各个国家和民族的不同文化特性尤为重要，这是建设和谐世界的要素之一。

佛教具有丰富的哲学范畴体系，这里讲的四组八个范畴，提供了一个互为因果、互相联系、互相依存的世界观，构成了中国佛学思想的精华，在世界观、个人修养、人际关系、思维方式等方面都具有现代价值，是当今世界文明不可或缺的组成部分。

三、中国佛学思想精华与当代世界文明建设

当代世界文明建设有三个层次：个人文明建设、社会文明建设和生态文明建设。中国佛学思想精华对上述三个层次的文明建设，都具有启迪和借鉴意义。

如何更好地继承和弘扬中国佛学思想精华，为推进当代世界文明建设服务，是我们当前面临的一个重要课题。我们认为以下几点是比较重要的：

要正确认识中国佛学思想在建设当代世界文明的积极作用。以往人们过多地看到佛教消极避世的一面，而忽视了佛教积极进取的一面。特别是在当代全球化背景下，佛教的圆融中道，没有咄咄逼人的态度，这恰是佛教的优点，更有利于宗教的对话，化解文明间的冲突。

佛教要贴近世间生活，关心化解人类社会的矛盾、问题。佛教的本怀就是关心人的疾苦，关心人在现实生活中身、心遇到的一切烦恼，将之化解，让人获得觉悟解脱。要真正实际发挥中国佛学思想精华对

当代世界文明建设的积极作用，其前提性的条件之一是要力求密切地关注和把握当代人类社会面临的矛盾、问题，只有这样才能有的放矢地进行对话，进而化解人类社会的矛盾、问题。

科学地挖掘、整理中国佛学的合理、积极因素。中国佛学是一个宝藏，还有许多积极有益的内容没有发掘出来，哲学思想、文学艺术、语言文字、民俗遗产，等等，需要我们深入挖掘，综合开发利用，既扩展现有学术研究范围，同时也为现实生活服务。

着力做好创造性转换和现代诠释工作。用现代学术语言、概念和范畴，重新表达和诠释古老的佛学思想，这既是对当代学者的学术要求，也具有重要的现实意义。创新是佛教发展的本质要求。佛教主张“依法不依人”的原则，把佛法、真理的权威置于个人权威之上，体现了以追求真理为归依的精神。佛教在弘扬佛法方面，提倡“如理如法”和“契时契机”相结合的原则，即一方面要求符合佛法、真理，另一方面又要求契合时代特点和传教对象的具体条件，并把两个方面有机地结合起来，体现了理论与实际相结合的精神。求真是创新的动力，理论与实际结合是创新的途径。只有深入当今社会现实，我们才能提出真正有价值的学术问题，才能真正做好对中国佛学思想的现代诠释和创造性转化。

自由、平等、博爱等源于西方基督宗教背景下的理念，自文艺复兴以来影响了世界几百年；而在今后数百年，中国佛学思想的精华，也必将在地球村中产生越来越大的影响。如何更好地挖掘整理、诠释发扬中国佛学的精华，为构建当代世界文明作出应有的贡献，是今日我们宗教学者的重要责任。

2009年10月29日在中国人民大学宗教高等研究院高峰论坛上的讲演

原载《中国民族报》2009年11月3日第6版

佛教中国化与中国化佛教

——以汉传佛教为中心

印度佛教于两汉之际传播到中国内地，一直到宋代，前后约历经10个世纪之久。这是外来文化第一次长时间地输入中国。佛教的传入，带来了伟大的印度文化，还带来了希腊文化、波斯文化，由此而形成了规模非常宏伟的中外文化交融现象。

佛教传入中国和中国对佛教的吸纳，梵典华章，交相辉映，各显异彩，其间积累了不同文化对话、交流的丰富经验，这是中印两大文明古国异质文化的成功交流，是世界文化交流史上可圈可点、甚堪玩味的典范之一。这一文化交流的伟大实践，展示了中华民族在吸收外来文化方面的充分自信、博大胸襟的开放性与同化力，也体现了佛教适应不同地域、满足不同民族精神需求和与时俱进的开拓性文化品格。

佛教在中国的长期流传过程中，逐渐与中国实际相结合，实现了佛教中国化，形成了中国化佛教。本文着重就佛教中国化与中国化佛教的界说、佛教中国化的必然性及其历史进程，以及中国化佛教的基本内涵与重要特点做一论述，请方家指正。

一、佛教中国化与中国化佛教的界说

佛教中国化不是抽象或象征性的话语，也不只是一种学术史意义上

的脉络梳理，而是佛教教义在中国的实现途径和实现方式。也就是说，佛教中国化作为一个特定命题，是指佛教徒在推动佛教流传的过程中，逐渐使印度佛教与中国政治、经济、文化、社会实际相适应、相结合，接受中国社会环境的影响和改造，从而在教义思想、仪轨制度和修持生活诸方面都发生了变化，打上了中国社会的深刻烙印，具有鲜明的中国民族性、地域性和时代性特征，纳入了中国传统文化的巨流，转变为中国文化的品格和旨趣，形成了有别于印度佛教的独特精神风貌。

佛教中国化，包含佛教的民族化、地域化和时代化三层意义。

佛教的民族化。中国是大国，是多民族组成的国家。印度佛教的传入与中国各民族的地理分布有直接的关系。佛教约于1世纪经新疆少数民族地区传入内地汉族地区，并于7世纪分别传入中国的西藏地区和云南傣族地区。佛教结合不同民族的文化心理和历史传统，在中国形成了具有不同民族气派、形式、性格和特征的三大支；汉传佛教、藏传佛教和南传上座部佛教。三支分别运用汉文、藏文和傣文译出佛教经典，分别着重弘扬大乘佛教、密教和上座部佛教的教义。正是在这个意义上，我们可以说，佛教汉化、藏化和傣化的总称，就是佛教中国民族化，而佛教中国民族化，也就是佛教中国化。

和中国汉族是由古代华夏族与其他民族长期混血而成的情景相仿，汉传佛教也是由汉族和少数民族的僧侣乃至侨民游僧共同创造的。东汉以来，来自西亚、中亚和南亚的域外僧人和我国新疆于阗、龟兹、疏勒等地僧人，深入内地译经传教。隋唐佛教八大宗派中的三论、唯识、华严、密和禅诸宗的创立都有非汉族僧侣参与，或者是直接由非汉族僧侣创建。汉传佛教实际上融汇了多民族佛教精英的智慧，融进了多民族的思想文化，体现了多民族共创的融合性格。藏传佛教也受汉传佛教，尤其是禅宗的影响。汉藏佛教是交融的，两者共同构成中国佛教的主体。

在佛教民族化的结构中包含了两个层次：一是由民族上层人士、知识分子所代表的着重阐扬经典教义的精英佛教，二是民间社会奉持的以念经拜佛为主的大众佛教。这两类佛教的分流是中国佛教的一大特点。前一层次是佛教民族化的主导，后一层次是佛教民族化的基础。这两个层次的佛教是有所不同的，但又是相互影响的。

佛教的地域化是说，由于中国疆域辽阔，不同地域不同地区的情况差异较大，这种差异对佛教中国化产生了很大影响。中国佛教的地域性差异有三：自然环境——各地山、水、土地、气候、位置、生物各不相同；文化环境——中国各个地域民风习俗的差别，文化心理的不同；政治环境——中国主要江河山脉的东西走向，决定了南北的地理区别。值得注意的是，自秦统一中国以来，经济重心虽从南北朝开始逐渐南移，但政治中心则一直在北方。这些地域环境的差异，形成了佛教中国化的地域性特征，如：石窟雕塑北方多南方少；不同地区僧侣生活习俗差异很大；一度北方佛教重修持，南方佛教偏于义理；中国历史上的三武一宗灭佛事件，[①] 除唐武宗灭佛外，其余三次都发生在南北分裂时期，而且都发生在政治重心所在的北方，南方政权则从未灭佛，等等。中国佛教地域化的色彩，丰富了佛教中国化的内涵。

佛教的时代化。这是指佛教在传播的过程中，要和当时的现实需要和时代特征结合起来，不断推进中国化内涵的拓展。为什么说佛教在中国化过程中也包含时代化呢？这是因为：第一，历史是不断发展的，古代的王朝更替就给佛教带来不同的挑战或机遇，要求佛教做出适应当时王朝统治需要的回应。第二，不同时代的背景与特征不同，如和平或战争、统一或分裂、繁荣或衰弱、开放或封闭等不同状况，都给社会不同人群带来了不同的宗教需求，从而要求佛教与时代气息相应，满足该时代不同人群的具体精神需要。第三，中国思想文化潮流是不断演变的，不同时代的主流思想给予佛教的影响极大。第四，佛教传播是一个逐渐扩大、深化的过程，由一般弘法到自主创造的过程，如译经讲经、撰写经论、分派立宗，在不同历史时代佛教主体的活动重点是不同的，是带有时代特征的。这些时代因素都会反映在佛教中国化的进程之中。

---

① 三武一宗灭佛，指北魏太武帝、北周武帝、唐武宗和后周世宗四个皇帝的毁灭佛教事件。

以上佛教的民族化、地域化和时代化“三化”综合为“一化”，即佛教中国化。“三化”的相互结合，构成了佛教中国化的基本内涵。

如果说佛教中国化是一种实现方式和现实追求，那么，中国化佛教就是佛教中国化的成果和结晶。也就是说，佛教中国化必然形成中国化佛教，中国化佛教是佛教中国化的必然结果。中国化佛教同样作为一个特定命题，是指佛教与中国国情相结合的产物，是中国僧人吸取佛教一般义理结合中国实际的创造，是中国式的佛教思想与实践方式，是在内容与形式两方面都与印度佛教既有联系又有区别的。中国佛教与印度佛教同属于以解脱人生痛苦为基本宗旨的佛教，两者的联系、一致性是十分显然的，但两者在具体内容与形式上又确有显著的不同特点。

有人认为，佛教就是佛教，不存在中国化问题。我们认为，这里关键的问题是如何看待佛教在不同地区、国度的流变和演进，以及这种演变的社会根源，如何看待印度佛教与中国佛教的差异，如何看待佛教结合中国实际的新发展，如何看待中国佛教是中国传统文化的不可分割的有机组成部分。我们认为，印度佛教是脱胎于印度社会，活动在印度社会，是印度的宗教，而中国佛教虽来源于印度，但活动在中国，扎根在中国，是经过改造的佛教，是创新性的佛教，中国化的佛教是中国的宗教。

与佛教中国化和中国化佛教的界说相关，还有一个人们常说的佛教化，即佛教化中国的问题。我们认为，佛教的中国化过程和中国化的佛教形成，使佛教渗透到中国文化和生活的许多方面。例如，佛教的一些教义融入中国文化之中，带来中国一部分人价值观念的新变化，佛教的文学艺术感化、教化中国人，丰富了中国人的精神生活。又如，在某些地区佛教信仰实现了普遍民间化，也使民间习俗佛教化，以及带来一些人名、地名、姓氏的佛教化[①]，等等。凡此都表明了中国部分文化的佛教化，表现了佛教对中华民族心理与文化意识的广泛而深刻

① 例如，唐代以来，以寺院、佛、菩萨、法器、佛教活动等为名的地名，仅北京市区就有 300 多处。

的影响。同时，我们也认为，从整体来说，中国并没有佛教化，中国没有整体佛教化，理由是中国人并没有普遍地接受和认同佛教信仰，更没有以佛教为主要信仰，在中国传统文化结构中，儒家和道家是中国固有文化的主流，儒家更居于主导地位，而佛教融入中国传统文化之中，是为传统文化儒、道、佛三家之一，且居于辅助儒家的地位。也就是说，印度佛教在中国是中国化了，且形成了中国化的佛教，但中国并未在整体上佛教化。

二、佛教中国化的必要性与可能性

（一）佛教中国化的必要性

印度佛教传入中国，为什么一定要中国化呢？其必要性何在？原因很多，重要的有三点：

1. 中印两大国自然环境和社会结构的差别

发源于印度的佛教要在中国流传，涉及中印两大国的空间性互动，即由南亚到东亚的地区性沟通。中印两大国的自然环境差别很大。印度位于南亚次大陆，地处热带，每逢旱季，气温高达摄氏四十多度，热风过处，草木枯萎，蛇虫匿迹，人们犹如居于“火宅”之中。因此，印度文化也被人称为“炎土文化”。佛教的“苦”的理念和出世思想，以及斋戒、沐浴、坐禅等宗教生活的形成，都与气候炎热有关。位于东亚大陆的中国，地处温带，自然环境与印度有很大的差异。不同的地理条件和自然环境，形成人们不同的生活价值取向和生活习惯。这就要求佛教作出相应的调整。

中印两国古代的社会基础不同。古代印度盛行种姓制度，主要是四种姓，即婆罗门等四个社会阶级。[①] 在中国则是以家族制为中心，按

① 四种姓为婆罗门（婆罗门教僧侣和学者，掌管祭祀）、刹帝利（王族和士族，掌管政治）、吠舍（从事农、工、商的平民）和首陀罗（奴隶）。不同种姓血统不同、习俗不同、社会职业和地位不同。

血统远近区别亲疏的宗法社会。古代印度在政治上或实行贵族统治，或实行共和制，长期以来小国林立，统一时间相对较短。中国自秦汉以来是中央高度集权的专制社会，国家统一时间远远长于分裂时期。印度神权高于王权，中国则王权在神权之上。这些差异是佛教在中国传播遇到的一大社会问题。

中印两国国情的又一重大差别是，印度是一个几乎人人信仰宗教的典型的宗教国家，人们重视来世，盛行出家修行。相对而言，中国则是一个以追求个人人格提升和天人合一境界为人生和社会价值取向的人文国家。人们注重家庭和家族延续，重视现实。如何使宗教信仰相对淡薄的中国人能够接受和信仰外来的佛教，如何吸引佛教的信仰者，获得社会精英的认同、支持和社会大众的靠拢、拥护，实现佛教的民间化、大众化，是佛教在中国传播遇到的又一重大问题。

佛教在中国面对的国情不同，佛教在中国是否得以流传决定于它能否满足中国社会的需要。佛教为了在中国传播，就需要适应中国国情，在理论话语和实践方式方面都做出相应的改变。

2. 佛教与儒、道文化的歧异

约在释迦牟尼创立佛教的同时，也就是公元前 6 世纪，中国形成了儒家和道家学说。儒家思想以“人”为本，重视人的生命意义与价值，重视人际关系和社会秩序，宣扬以道德提升人生和以“德治”、“仁政”、“王道”治理社会为最高理想。道家以“自然”为本位，强调自然是人生的根本，主张顺应自然，张扬自身本性和个体自由，回归自然。在道家思想基础上，后来又形成了以合道成仙为主旨的道教。儒家的人本主义和道家的自然主义，构成了中国固有文化的两大传统，奠定了中华古代文化的基础和走向。

佛教重精神轻肉体、重解脱轻生命、重来世轻现世、重神灵世界轻世俗世界，是以“众生解脱”为主旨，宣扬众生要通过修持，以求从烦恼、痛苦、压力、紧张、困惑和生死轮回中解脱出来，进入大自在的“涅槃”境界。佛教强调现实的存在是痛苦的，涅槃境界是幸福的。佛教的解脱主义思想，显然与儒、道两家的思想主旨的具体内容有相左的一面，而且儒、道思想尤其是儒家作为社会意识形态，儒家的道德礼法作为中国文化的内核，关乎人生和社会的意义系统，一直在主导着中国人的价值取向和思维方式。这样，如何回应儒家的思想，就构成了佛教能否在中国传播的关键性因素。佛教作为一种外来的文化，若要加盟于中国文化生态结构中，落地扎根，开花结果，是存在需要排除的障碍和克服的困难的。

佛教传入中国后，儒家和道家（含道教）分别从自身本位立场出发来排拒佛教和迎接佛教。如儒家责难沙门不向国王顶礼是不忠，沙门落发出家，是断子绝孙，是大不孝。道家以长生成仙理念指斥佛教的人皆当死的思想，等等。又，佛教传入早期，儒、道两家只是以比拟的手法认同佛教，如儒家以“杀身成仁”比拟大乘佛教菩萨行，道家以无为思想比拟佛教“法身”①,中国人还以道术定位佛教。可见佛教若要在中国占有一席之地，就必须与儒、道文化相磨合，而这种磨合也就是佛教中国化的实践。

3. 印度佛教一般义理与中国僧人具体实践的矛盾

佛教义理对所有佛教信徒都具有规范意义，而佛教传播和佛教修持则是信徒的一种具体实践，佛教义理与佛教传播、修持二者不是等同的，是有矛盾的，印度佛教在自身的不断演变中呈现出的前后差异就说明了这一点。至于佛教传入中国，其主要媒介是传译和讲习。在翻译方面，佛典本来就难理解，又因大小乘佛典混杂一起传入，不了解佛教的发展次第脉络，就更难理解了。要将梵文译成汉文，有时也很困难，中国人和印度人的思想方法又不同，也影响文字的理解和表达。这些条件的制约，必然导致翻译难免有错解、模糊和不准确的地方。在讲习方面，讲授者根据自己所学所知的讲，听讲者是借助原来中国文化知识去理解，实际上就是通过中国固有思想与印度佛教思想的比较而接受佛教思想的。这两方面的情况都是推动佛教中国化的重要原因。也就是说，佛教的传入不可避免地要受信仰者本人民族传统

① “法身”，成就佛法的永恒常住的精神象征。

文化的影响，带上民族的特点。僧团内部由于谋求各自的生存和发展，也会产生分歧，并带上派别的特点。僧人面对不同弘法对象（如社会精英与一般大众）的不同要求，也带来了教化的内容和方式的差别。僧人受地区差异和时代潮流的不同影响，导致对佛教义理的理解差异。凡此种种情况，都决定了中国僧人的传播实践与修持实践是历经变化而千差万别的。中国僧人尤其是其中的精英人物，根据中国社会实际情况和人们信仰需求，既坚持佛教解脱主义的根本立场和基本义理，又摒弃了不符合中国国情的一些理念与规定，并结合新的实际提出新的学说和修持模式。可见，由于中国佛教传播者与修持者的实践活动的多样性及其与佛教一般义理的差别性，决定了佛教必须结合中国僧人的具体实践，发展印度佛教，推进佛教中国化。

以上是决定印度佛教必须中国化的三个原因、根据。相应地，中国国情、中国固有文化和中国僧人的新实践，也是影响、制约和决定佛教中国化内涵的三个因素、作用力。

（二）佛教中国化的可能性

佛教在中国必须中国化，也可能中国化。佛教中国化是否具有可能性在于，一方面，佛教作为传播主体是否具有普遍意义的思想因素，能否和如何适应中国社会的需要，顺应中国固有文化而调整、重构自身；另一方面，中华民族作为接受主体是否具有开放性的思想，能否和如何从中国社会需要出发，按照本民族固有文化形成的主体接受图式而取舍、重塑佛教。历史表明，这两方面的可能性都是存在的。

佛教具有补充中国儒、道文化缺陷和渗透民间底层的思想内涵与实践方式，具有实现中国化的自我调节、自我更新和自我组织的机制。佛教教义的中心关怀是人生的痛苦问题，佛教讲人的生死是大苦海，“生死事大”，强调只有正视生死大事，从生死困境中解脱出来，生命才有意义。这种对生命、生死的关切，是与人的终极关切相联系的。怎样看待生死，怎样安顿死亡，是人类心灵深处的永恒难题，是人生哲学的重大问题。在这个问题上，儒、道所论较少，而佛教则有专门论述，佛教所论弥补了儒、道的理论空缺，满足了人们的精神需要。佛教教义的根本宗旨是教人从生死的痛苦中解脱成佛。“诸恶莫作，众善奉行，自净其意，是诸佛教。”[①] 佛教以去恶从善为行为规范，以体悟自性清净而达到理想的精神境界。佛教的戒律、禅定为实现超越理想提供现实可行的操作程序和方式。佛教的根本宗旨与中国固有的儒、道教人成圣、成仙的文化宗旨有相左的一面，也有相通的一面，且与儒家的高度重视道德的价值取向相一致，与儒、道强调完善心性修养也是异中有同。这都构成了佛教在中国流传的思想前提和基础。

佛教是富有哲学理性色彩的多神教，在传法上，它的“如理如法”与“契时契机”说、“方便”法门说和佛教真理的“真俗二谛”说，为佛教自身的中国化提供了方法论基础。“如理如法”是要求随佛所说的教理教法而不违背，“契时契机”是说弘法要与时俱进和适应对象的实际需要。佛教讲的“方便”，是指诸佛接引众生的种种权宜便捷的方式。佛教提倡“方便菩提”，以菩提智慧施设种种方便接引众生。佛教二谛说的真谛指佛教真理，俗谛指世俗真理。佛教宣扬二谛虽有高下真假之分，但又是缺一不可，互不相离。上述说法使佛教具有开放功能、适应功能、融合功能和创新功能，有利于自身实现中国化。

文学艺术对于人的心灵、情感有着巨大的冲击、感染作用。佛教文学艺术是佛教传播的行之有效的手段和方式之一。丰富多彩的佛教文学，大量的佛寺、佛塔、雕塑、绘画、音乐等艺术作品，为中国人所喜闻乐见、欣赏赞美，极大地丰富了中国人的精神文化生活，也为佛教中国化奠定了一块坚实的基石。

此外，佛教又有出家僧人和在家居士两支庞大的修持实践者，他们使佛教在中国得以广泛流传而发挥作用。同时，他们的中国传统文化基因和民族心理，又构成了推进佛教中国化的内在动因和客观可能性。

另一方面，中国社会也为佛教的传播和中国化提供了良好的、开

① 《法句经》卷下，见《大正藏》第 4 卷，567 页。

放性的人文环境，这是佛教成功实现中国化的有利的客观条件。正如上面所述，儒、道的成圣、成仙的文化旨趣，为教人成佛的佛教提供了比较参照；至于中国传统的天帝崇拜、祖先崇拜、神灵观念以及方技道术等，也为佛教的世俗世界与神灵世界等多重世界说的流传铺平了道路。历史还为佛教流传中国提供机遇。魏晋南北朝时期，时局动荡不安，中国固有的价值观念发生动摇，佛教的生死解脱教义易于流传渗透。北朝一些少数民族统治者为了牵制、对抗汉族统治者，也有意提倡佛教。这是佛教之所以能够在中国流传，并成为中国传统文化的一个组成部分的极为重要的历史原因。

中国传统的核心理念与思维定式，如“和而不同”、“致中和”等，为不同学说、不同学派、不同宗教的互相争鸣和共同发展提供了舆论保障。《周易·系辞下》有云：“天下同归而殊途，一致而百虑。”殊途同归的思想，使有别于儒、道学说的佛教也得以与儒、道争奇斗艳，进而达到“同归”的境界。又如魏晋玄学家盛倡“言意之辨”，也为中国佛教提供重在“得意”的思辨方法，进而为灵活对待佛教经学、戒学，以及会通儒、道带来了很大的方便。

三、佛教中国化的历史进程

佛教中国化始于佛教初传中国内地之时。佛教作为外来宗教，其中国化的需要、努力和追求，不仅存在于过去，也存在于当下，而且还存在于未来。佛教中国化是一个持续进行、不断推进的历史过程，是佛教不断面对中国实际、不断结合中国实际和不断适应中国实际的互动过程，是不断产生矛盾、发现矛盾和解决矛盾的动态过程。由于不同时期佛教中国化遇到和需要解决的问题不同，导致佛教中国化实现方式的差异，而这种方式的差异，也就构成了佛教中国化的历史进程及其阶段性特征。

相对而言，迄今为止，佛教中国化经历了五个阶段：

（一）汉代：比附阶段。佛教初传入中国内地，面临如何使中国人认识、了解的问题，为了适应这种需要，其中国化的方式是比附。这表现为两个方面，一是佛教传播的手段是译经。佛教译经者在译经中往往采用中国道家、阴阳家的重要术语来翻译佛典的理念，并根据儒家的伦理准则来删、增、改佛典的相关内容。二是早期中国信奉佛教者并不真正认识、了解佛教，而是笼统地从整体上把佛教视为近似当时的中国黄老之学、神仙导引之术，即道术的一种。这种译经比附和信仰比附，是汉代佛教中国化的基本特征。

（二）魏晋南北朝时期：磨合阶段。磨合是指经过摩擦、冲突，进而达到相融、契合。随着佛教典籍翻译的增多，人们对佛教的了解也日益提高，东晋时佛教已为贵族社会所接纳，到了南北朝时佛教更是渗透到民间。与佛教势力逐渐增强相应，佛教的主体性、独立性也得到提升，进而佛教与中国社会、传统文化的矛盾也全面凸显出来。此时佛教面临在中国如何推行其世界观、人生观和价值观，以及修持生活方式的问题。佛教一方面因应与中国政治、伦理、思想、宗教的冲突，在王权与神权、王法与佛法、儒家礼教与佛教教仪，以及佛教与道教的分歧等方面，都做出了结合中国国情的阐说；另一方面又自主地进行大量的学术性活动，讲习经论，撰写论著，形成学派，以推进佛教中国化的进程。也就是通过探索、辩难、阐扬、融汇等方式，与中国实际相磨合，逐渐适应中国的实际，并在中国扎根。

（三）隋唐时代：创宗阶段。此时佛教创宗的主客观条件均已具足。在北朝两次毁佛事件的推动下，佛教加快适应中国实际的创宗步伐，形成了中国化的佛教宗派。在思想文化方面，中国化佛教宗派的创宗理路有二：一是结合中国固有的相应思想，把儒学、道学和道教的一些理念纳入创宗的体系，如禅宗就是继承老庄思想、六朝清谈和儒家心性论的产物。二是适应中国民族重视现实、重视现世、重视福报的精神品格，确定创宗的价值取向，如华严宗就提倡个体之间、事物之间的圆融。又，即使是主张往生西方极乐世界的净土宗，也以口诵阿弥陀佛名号即可求得福报而往生彼岸为思想主轴。在适应中国信众类别方面，天台宗和华严宗是侧重于满足社会精英需求的教派，禅宗具有分别适应社会精英和大众不同需求的宗教功能，净土宗则以适应大众需求为主。佛教有助于社会成员内心的和谐，客观上也有利于王朝的政治统治。

中国化佛教教派，尤其是禅宗的形成，标志着佛教中国化的完成。但完成不等于结束，佛教作为从异域传入中国的外来宗教，其中国化的进程在尔后不同时代又呈现出新的特点。

（四）宋元明清时代：合流阶段。隋唐佛教宗派的创立，标志中国佛教在思想、理论、信仰上臻于定型，由此中国佛教也转向在实践上实行禅净合流，并在此基础上进一步与中国社会生活、思想文化合流。这种合流主要表现在三个方面：1. 与民众社会生活融合。唐武宗会昌灭佛给精英佛教以沉重打击，推动佛教转向以民众为中心开展活动。禅宗的挑水斫柴无非妙道，和净土宗的口称阿弥陀佛即可往生的修持实践，受到民众的欢迎。禅净合流成为此后中国佛教的主流，佛教由此也真正深入民间，融入中国人的社会生活之中。随着岁月推移，佛教又逐渐演变成民众的求福工具，有时则衍化成为社会改良的辅助武器。2. 与儒、道思想，尤其是儒家思想的合流。宋以来社会主导意识儒学继续排拒佛教，佛教则寻求与儒家思想的深度融汇。其要点，一是突出阐扬忠孝思想，把忠孝，尤其是孝置于佛教伦理的首位；二是从儒、道、佛三教的心性本源一致、社会功能分工等方面，阐发三教合一的思想。3. 与道教、民间信仰的同化。随着佛教与社会生活、道教思想的日益融合，佛教与道教、民间宗教在神灵信仰上的界限也逐渐模糊、混淆、淡化，以致佛教寺庙与一般神庙不分。有的佛寺共同供奉释迦牟尼、老子和孔子。更多的佛寺供奉城隍、土地、文昌、真武以及大仙、娘娘之类的神像，僧人居住或住持神庙也为数众多。以上现象表明，宋代以来佛教在实践上的中国化是更加深化了。

（五）近现代：转型阶段。清代末年以来，中国佛教在理论、修持、制度等方面的杂乱和流弊极为严重，佛教徒因循苟且，故步自封，消极避世，逃避现实，脱离现实人生和现实社会，佛教原有的积极救世精神湮没不彰。佛教衰颓不振，处于风雨飘摇、岌岌可危的境况之中。

佛教界有识之士提出“人生佛教”、“人间佛教”、“新佛教运动”的概念，积极推动传统佛教的转型：提倡强化佛教的慈善、文化、教育功能，关怀人间的痛苦，积极提升大众的道德素质和人文精神，以推动人间社会的和谐发展。

四、中国化佛教的基本内涵

漫长的佛教中国化的历史进程，带来了丰硕的成果，这些成果构成了中国化佛教的基本内涵。概括起来，这些内涵的要点有以下五个方面：

（一）中国化的佛教义理

印度佛教传入中国后，其学说日益具有中国思想文化的特色，亦即在义理上日趋中国化。

在佛教传入中国早期，汉代人以当时社会流行的黄老之学和神仙方术来看待佛教。魏晋以来，佛教阐扬“缘起性空”思想的般若学开始流行，之后又形成了阐发般若学的“六家七宗”，即六七个般若学派。值得注意的是，这些学派多认为“心”或“物”为实有而非“性空”。这是中国佛教对印度佛教基本理念“性空”的重大冲击和自发调整。

魏晋南北朝时期，战争频仍，人的生命尊严时时受到威胁，“死亡”问题成为社会普遍关注的突出问题，如何对待生死，成为人们价值观念的重大问题。佛教义理的传入为中国人提供了新的人生观、生死观、价值观，并引发了相关的争论。这种争论主要是在东晋南北朝时期的两场关于佛教基本理论的论辩：因果报应之辩和神灭神不灭之争。经过论辩，佛教既坚持众生的命运决定于自己的“业”（行为）和“业力”（召感果报的力量）的基本理念，同时，一方面接受中国儒、道的价值取向的影响，使“业”的内涵发生局部异化，另一方面又把中国固有的人生命运由先天“气数”决定的“分命”说纳入到自身的因果报应思想体系中，把泰山崇拜与地狱报应合而为一，并与儒家典籍中的报应观相沟通，形成了中国化的果报思想。它宣扬人的死亡并非生命的终结，死后有来生，或沉沦或提升，关键在于人的行为，也就是说，人的行为善恶决定未来的命运。这成为支配中国民间社会富有道德责任感和未来希望感的新的重要价值尺度。又，关于神灭神不灭的问题，印度佛教早期排斥灵魂不灭说，后又多认为，人的灵魂是不断变化的意识状态之流。中国佛教则在中国的实体性思想影响下，结合祖宗崇拜、灵魂鬼神观念以及气论等思想，高扬灵魂不灭论，以实有的灵魂即不灭的神为永恒的主体，为中国佛教轮回转世和修持成佛提供了理论基石。

隋唐时代，中国佛教形成创宗高潮，迈出了中国化佛教的决定性一步。中国佛教宗派的建立，构成在义理上与印度佛教的重大区别。如天台宗吸纳道教的丹田、炼气等说法，与道教信仰相融合，又吸取中国传统的人性善恶观念，与儒家的道德相呼应。又如华严宗着重宣扬圆融无碍的思想，以《周易》“乾”的“四德”（元、亨、利、贞）比配佛身的“四德”（常、乐、我、净），以儒家的“五常”（仁、义、礼、智、信）比配佛教的“五戒”（不杀生、不偷盗、不邪淫、不饮酒、不妄语），直接把儒、佛两家的理想境界、道德规范协调起来。唐代著名佛教学者、思想家宗密把华严宗和禅宗结合起来，进而以华严禅去统一佛教其他宗派，更进而与儒、道相统一，推动了三教一致思潮的发展，在推进佛教义理中国化方面有着独特的意义。更为突出的是禅宗，在道家自然说和儒家心性论的影响下，禅宗创造性地提出“性净自悟”的佛学理论，把佛教原来主张的外在成佛轨迹转换为主体自身的本性显现，即“见性成佛”；贬斥烦琐义理思辨和繁杂修持方式，破除思想和文字的束缚，否定累世修行，提倡自悟体证的顿悟法门；还反对佛法脱离世间的倾向，强调佛法与世间相即不离，在世间求得解脱。禅宗理论的实质是把印度佛教的基本范畴空性与有相、真谛与俗谛、出世与入世加以深度的融通，并转向侧重于有相、俗谛和入世的阐扬，是对印度佛教修行成佛轨道的深刻改革，是典型的中国化的佛教理论。

净土宗和禅宗被称为中国佛教的双璧。净土宗信仰阿弥陀佛的本愿，而称颂其名号，持念南无阿弥陀佛，倚仗他力，借以往生极乐世界。这种简易的解脱法门，是中国佛教又一创造，构成中国佛教的重要特色。

如上所述，近现代以来，中国汉传佛教的主流是“人间佛教”，这既是一种新的思想潮流，也可看成是一种佛教现代化运动。人间佛教是以现实人生为基点，以人的清净心为基础，通过大乘菩萨道的修持，达到完善人格，进而建立人间净土的佛教。人间佛教的学说与中国儒家的人本主义思想相一致，而与印度早期佛教的出世精神、佛教的泛众生论思想相悖，这是中国佛教继禅宗之后的又一理论创新，是中国化佛教义理的又一重大表现。

（二）中国化的佛教神灵信仰结构

印度佛教神灵信仰在大乘佛教和密教时期达到了顶峰，佛、菩萨和罗汉成为广大信徒顶礼膜拜的神圣对象。这套信仰崇拜传入中国后，经过了不断的诠释、调适的过程。佛教传入前期，中国人以儒、道两家学说加以比附，如东晋喜佛的著名文学家孙绰就认为“体道”者是佛，还说：“周、孔即佛，佛即周、孔。”（《喻道论》）后来禅宗以“如何是佛”作为参悟的重要话题进行了持久的追问，有“心即佛”、“无心是佛”等说，把佛与心沟通乃至统一起来。由此还一度演成呵佛骂祖、否定偶像崇拜的思潮。禅宗经过省思，后来又转而提倡禅教一致、禅净一致，修持念佛禅，为中国佛教的神灵信仰奠定思想基础。

印度佛教神灵信仰系统是由从低到高的罗汉、菩萨和佛三个不同层次构成的。其中释迦牟尼佛是佛教的教主，享有至高无上的至尊地位，但在中国民间其知名度远不如观音菩萨。“西方三圣”主尊阿弥陀佛，虽被佛教徒时刻口诵，但其影响也远不如左胁侍观音菩萨，独自拥有浙江普陀山道场，享有旺盛香火。“华严三圣”主尊毗卢遮那佛虽端坐在河南洛阳龙门奉先寺供人朝拜，但也不如其左右胁侍文殊、普贤二位菩萨深入民心，分别被山西五台山、四川峨眉山寺院奉为“本尊”，名声显赫。唐中叶以来，在民间逐渐重组崇拜对象和朝拜中心，构成以文殊、普贤、观音和地藏四大菩萨为主体的神灵信仰架构，进而形成了以崇拜菩萨为中心和以祈福求运为目的的中国佛教的信仰特色。

四大菩萨之所以受到中国人的特殊青睐，是因他们的角色和职能接近平民百姓，适应平民百姓的心理需求。中国佛教徒当然追求成佛，但对绝大多数人来说，这被认为是遥不可及的事。中国佛教徒也渴望来世有好报，但更为关注的是战乱、贫困、疾病、水旱灾害、饥荒乃至传宗接代等现实苦难、困惑的解除或解决。人们敬仰高高在上的诸佛，但心理上更为亲近的是能为之解决现实困难、满足现实需要、提升现实生活质量的菩萨。如观音菩萨因其大慈大悲、救苦救难的神圣功能而深受民众欢迎。后来观音菩萨更与道教的“娘娘神”信仰结合，被塑造为“观音娘娘”、“送子观音”，由佛道两教共同建“娘娘庙”供奉。在长篇小说《封神演义》中，观音连同文殊、普贤“三大士”的生平身世也被中国化了。《西游记》描写的“海岛观音”群像的雏形，进一步推动了观音形象的中国化。地藏菩萨也因其保护农业和防治百病的大愿而深受民众特别是农民的崇敬。在民间更说地藏菩萨化身为阎罗王，为地狱的最高主宰。中国人视菩萨为慈悲救世、护佑众生的神灵，在菩萨身上寄托着祈求现世利益的厚望。

在明代，中国佛教形成了地域分布比较均衡的“四大名山”说，确立了四大菩萨教化众生的道场。五台山文殊菩萨代表大智，峨眉山普贤菩萨代表大行，普陀山观世音菩萨代表大悲，九华山地藏菩萨代表大愿。智、行、悲、愿代表中国佛教的精神特质，四大菩萨成为中国佛教信仰的神圣象征。①

已故中国佛教协会会长赵朴初居士《往无锡灵山大佛开光大典上的致词》中，提出四大名山四大菩萨是因行上的信仰，在果德上则应

① 弥勒菩萨信仰在中国民间也有广泛影响。梁陈间，傅翕自称弥勒化身，被尊为傅大士。五代时，布袋和尚契此，形体肥胖，笑口常开，因传说是弥勒化身，故后人塑像作为弥勒供奉，香火兴盛不衰。

崇奉五方五佛。他说，神州大地上东、南、西、北、中五个方位分别有五尊大佛：东方灵山大佛（无锡）、南方天坛大佛（香港）、西方乐山大佛、北方云冈大佛和中央龙门大佛。可以说，四大名山四大菩萨和五方五佛构成了当代中国佛教神灵信仰的基本格局。这是中国人尤其是下层平民的心理愿望、精神需求和价值取向的信仰表现。

（三）中国化的佛教伦理道德

印度佛教是追求出世解脱的宗教，主张严格区分王道和佛道。在世俗礼制方面，出家人见到在家的任何人都不跪拜，既不敬王者，也不拜父母，只合掌致敬。更为重要的是，在传统核心价值观念方面，僧人出家就不再过问世事，也不能娶妻生子。佛教把人的烦恼解脱、精神超越置于血缘亲情与社会责任之上，瓦解现实社会秩序。这都与中国专制宗法社会的结构秩序和忠孝道德直接相扞格，被认为不忠不孝，遗礼废敬，背理伤情，莫此之甚。这是佛教与中国儒家社会共同体及其纲常名教最为尖锐的矛盾，也是佛教与中国固有文化冲撞最为突出的焦点。

东晋时王朝曾诏令“沙门应尽敬王者”，但因朝廷内部大臣意见不一，未能贯彻执行。南方庐山慧远著《沙门不敬王者论》五篇，又分别地提出出家沙门不必敬王者，而在家奉佛的信徒则要尽敬王者。北方北魏沙门统法果与慧远不同，带头礼拜皇帝，称“太祖明睿好道，即是当今如来，沙门宜应尽礼”[①]。认为跪拜皇帝就是拜如来佛。南朝宋孝武帝强令沙门必须对皇帝跪拜，否则就“鞭颜皴面而斩之”[②]。此后，尤其是宋代以来，虽有僧人仍坚持不敬王者的立场，但总体说来佛教是屈服了。僧人上书皇帝以“臣”自称，以示忠君，尽君臣之礼了。

面对中国普遍重孝的巨大压力，中国佛教调动多种舆论手段和工具，尽其所能编造重孝的“伪经”，撰写论孝的专文，并在每年农历七月十五举行盂兰盆会，超度祖先亡灵，以及由和尚主持世人父母、先

① 《释老志》，见《魏书》卷一一四。

② 《叙列代王臣滞惑解》，见《广弘明集》卷六。

辈死后的追念法事，为宣扬传统孝道增加新形式。中国僧人高唱孝是天地的根本，宗密说："始于混沌，塞乎天地，通人神，贯贵贱，儒、释皆宗之，其唯孝道矣。"[①]《虚堂和尚语录》卷十云："天地之大，以孝为本。"[②]智旭宣扬孝是世俗社会和佛教出世法的共同宗旨，"世出世法，皆以孝顺为宗。"[③]又说："儒以孝为百行之本，佛以孝为至道之宗。"[④]中国僧人还认为孝是佛教戒行的宗旨，"经诠理智，律诠戒行。戒虽万行，以孝为宗"[⑤]。把戒与孝统一起来，以孝为戒，孝即是戒。中国僧人还在父母去世后，提倡"三年必心丧，静居修我法，赞父母之冥"[⑥]。由此，还张扬说："夫孝，诸教皆尊之，而佛教殊尊也。"[⑦]甚至说佛教比儒家更尊孝。经过这样一番融通、阐发，中国佛教形成了以孝道为核心，以孝为戒，孝即是戒的独特伦理规范，充分地体现了中国佛教伦理的民族特色。

儒家伦理以家族为本位，突出宣扬对父母前辈尽孝，对朝廷皇上尽忠，相对而言，对中间社会大众的道德规范比较忽视。佛教面向众生的伦理道德，如不杀生、不偷盗、不妄语、不邪淫的"四戒"主张，弥补了上述缺陷。可以说，中国佛教伦理既丰富了古代专制社会的道德内容，又起到帮助维护儒家道德和巩固专制社会秩序的作用。

（四）中国化的佛教文学艺术

为了使佛法广泛深入民间，维系佛教的生存与发展，中国僧人积极与世俗相适应，采用平易通俗的文学形式为传教手段，日积月累，逐渐产生了佛教通俗文学。禅宗为了"绕路说禅"，也采用中国文人学士喜爱的偈颂、诗歌形式，创作大量禅诗。通俗文学和禅诗是中国化

---

① 宗密：《盂兰盆经疏》卷上，见《大正藏》第39卷，505页。

② 《大正藏》第47卷，1058页。

③ 智旭：《孝闻说》，见《灵峰蕅益大师宗论》卷四。

④ 智旭：《题至孝回春传》，见《灵峰蕅益大师宗论》卷七。

⑤ 宗密：《盂兰盆经疏》卷上，见《大正藏》第39卷，505页。

⑥ 契嵩：《孝论·终孝章第十二》，见《辅教篇》下，见《镡津文集》卷三，见《大正藏》第52卷，662页。

⑦ 契嵩：《孝论·叙》，见上书600页。

佛教文学的突出典型。

中国佛教通俗文学的基本类型有俗讲、变文、宝卷等。俗讲是以在俗者为对象的通俗的讲经法会，盛行于唐朝、五代。俗讲有一定的程序，有说有唱，所讲内容属于故事之类，既有佛教故事，也有世俗故事。俗讲底本“讲经文”，又演变为纯粹以“说唱”故事为主、以神变故事为题材的更加通俗化的“讲经变文”。能说的散文和能唱的韵文结合是变文的标准文体。变文虽为民众所喜爱，但不能登大雅之堂，在北宋初俗讲被禁，佛教寺院讲唱变文之风熄灭。宋代，民间变文又演变为以唱为主的“宝卷”，并盛行于明清两代。宝卷多以七字句、十字句的韵文为主，间以散文。题材以佛教故事居多，着重宣扬劝善惩恶和因果报应思想。通俗文学是中国佛教文学的一大创造。在中国，佛教文学的“俗”化，也就是佛教文学的中国化，与印度佛教及其文学是有区别的。

随着唐代禅宗的创立和流传，也形成了禅诗创作的热潮。禅诗是抒发禅理、禅趣、禅味、禅悦、禅境的诗作。如被称为“诗佛”的王维作《鹿柴》云：“空山不见人，但闻人语响。返景入深林，复照青苔上。”远山的人语衬托着深山的空寂，黄昏时分落日余晖返照在深林的青苔上。这是依据禅宗的“返照”、“空寂”的禅理，通过描绘鹿柴深林中傍晚的景色，表现空寂的禅境。又如白居易的《读禅经》：“须知诸相皆非相，若住无余却有余。言下忘言一时了，梦中说梦两重虚。空花岂得兼求果，阳焰如何更觅鱼？摄动是禅禅是动，不禅不动即如如。”诗文通俗直露，饱含寂静空灵的禅味。禅诗“以禅入诗”、“以禅喻诗”，发展了参禅的新形式，推进了诗歌的新意境，禅与诗交相呼应，相得益彰。禅诗在中国古代诗坛上独树一帜，是中国佛教文学的一束奇葩。

印度佛教艺术传入中国后，受到中国固有审美情趣和艺术风格的影响，逐渐发生变化。大约到了隋唐时代，中国佛教艺术实现了由模仿到创新的转折，也就是把外来佛教艺术融入到本土的传统艺术之中，逐渐形成具有中国民族特色的佛教艺术。

例如，在佛教寺院建筑方面，始建于前秦或北魏的敦煌、云冈、龙门等石窟寺，多仿照印度佛教的石窟塔庙，在洞窟中建塔，后壁雕刻大佛，石窟前空地建寺院。隋唐时代，佛寺建筑逐渐改变过去以塔为主的布局，而以佛殿为中心了。许多寺院不建塔，若建塔则置于寺的前后或两侧。宝塔的建造虽来自印度，但也受中国建筑文化传统的影响，而有中国的艺术创造，如塔下地宫是受中国深葬制度影响而产生的，高大的塔基则与中国古建筑传统重视台基作用密切相关。此外，塔的建造还结合了实际应用的需要。例如，西安大雁塔是为藏书防火而建的；开封铁塔也是军事上的瞭望台，以保卫北宋王朝首都的安全；杭州六和塔上挂有灯笼，则是为进出钱塘江的船只起导航作用，等等。

雕塑和绘画是佛教视觉艺术的重要内容。如体现在造像方面，敦煌早期洞窟中塑造的东王公、西王母，就是早期佛教融合中国道教的艺术的特殊形式。更为重要的是，佛教神灵的形象也逐渐还原为人的形象，唐代的造像就多富有人情味和亲切感。菩萨的形象和装束大致是面作女相，体态健美；少着僧衣，衣饰华丽，实是印度贵族装饰与唐代贵族妇女时装的混合。可以说是以唐代贵族妇女为模特儿，实现了菩萨外在形象的中国化。正如史载："宣（道宣）律师云：'造像梵相，宋齐间皆唇厚鼻隆，目长颐丰，挺然丈夫之相。自唐来，笔工皆端严柔弱，似妓女之貌，故今人夸宫娃如菩萨也。'"①

（五）中国化的佛教制度、教仪和生活

佛教在印度一度享有崇高的地位。佛教僧侣或依寺院或游化托钵，遵守戒律，规范修持和弘法传教。佛教传入中国后，中国僧尼虽然基本上遵守印度佛教的戒律和教仪，但为了适应中国的国情，在若干方面也相继发生了重要变化。

僧官制度的设立是佛教制度中国化的一项极为重要的内容。早在汉代，西来僧人就由政府机构大鸿胪（寺）接待，姚秦时更正式设立了僧官制度，由朝廷任命僧人管理全国佛教僧尼事务，此后历代因之。

① 《释氏要览》卷中，见《大正藏》第54卷，288页。

中央专制王朝牢固地掌握着僧尼名籍簿册、寺院僧尼数目以及僧尼行为模式和活动内容。

在佛教制度、教仪和生活中国化的过程中，东晋道安法师和唐代道宣律师、怀海禅师等人，都作出了重要的贡献。

东晋时代杰出佛教学者道安，长年从事佛教的研究、著述和弘扬，四方之士闻风前来，法席极盛，形成了一个数百人的僧团，因此着手定制僧规。① 道安规范僧尼内部生活和斋忏仪轨，这对中国佛教僧团的制度建设、独立僧侣阶层的形成，以及佛教的持续发展，具有历史性的意义。

戒律是佛教徒修持生活的制度性规定。唐代律宗创始人道宣律师以《四分律》开宗弘化，为中国僧尼提供了行持的规范。同时，在持戒方面，中国僧人重视把“五戒”视同儒家“五常”的道德实践，并强调把“孝”行和持戒统一起来。在传戒方面，后来更设立戒坛、戒场，开设律宗道场，并形成中国特有的授戒仪式“三坛大戒”②，只有受足三坛大戒者，才被公认为合格的大乘出家人。

唐代禅宗僧众多半住在律寺，由于参学的人数不断增多，住在律寺有诸多不便，一些禅师便率众开辟荒山另建丛林。丛林也需要规章制度，百丈怀海禅师乃折中大小乘的戒律，结合中国的文化、民情，制定禅院清规。③ 禅院清规的最重要特色，一是不循印度佛教禁止“掘地垦土”的戒律，确立“一日不作，一日不食”的规制，实行“普请”(集众作务）法，上下协力劳动；二是不立佛殿，只设法堂，表示遵循佛祖嘱咐，以现前的人法为重。此外，还规定以具道眼的禅师，号为“长老”，住在方丈，参学大众则住在僧堂。“百丈清规”使禅宗丛林有了规范，这是唐代佛教制度建设的最大成果。清规与戒律，可谓是禅宗规章制度的双轨制，这一定意义上也可以说是标志着中国化的佛教

---

① 详见《高僧传》卷五。

② “三坛大戒”，指初坛授沙弥、沙弥尼戒，二坛授比丘、比丘尼戒，三坛授出家菩萨戒。

③ 详见《景德传灯录》卷六《洪州百丈山怀海禅师传》附《禅门规式》，见《大正藏》第51卷，250—251页。

制度、教仪的完成。

还应当论及的是，与印度僧人托钵为生不同，中国僧人虽游化可以托钵，也可以到其他寺庙挂单，但定居后，必须依中国的习俗不得沿门托钵。这样就有了自行举炊之制，进而就有自筹资粮，集资蓄财，乃至经营田地山林，治理产业，形成了寺院经济。[①] 这是与禁止“手捉金银”的印度佛教截然不同的。这种寺院经济又不同于中国世俗家庭经济，其土地一般既不准买卖，也不致分散（如五分家事），也不太受改朝换代的影响，因而得以长期存在。佛教寺院经济既维护宗法经济，延缓社会发展，也推动了中国佛教宗派的发展，带来了佛教生活的世俗化。此外，中国僧尼的服饰、食法（使用筷子）、素食、坐姿、礼拜以及忏法等，也都做出了适应中国国情的调整[②]，这些也是中国化佛教的具体表现。

中国佛教在继承印度佛教的基本精神的同时，通过佛教的学术化、神灵信仰化、伦理化、文学艺术化和社会化五个方面的努力，从整体结构上实现了佛教中国化，形成了中国化佛教，并融入了中国传统文化之中，完成了世界佛教史上的一项文化创举。

五、中国化佛教的重要特点

佛教中国化，必然使印度佛教的某些性质、状态和形式在中国发生变化，必然形成有别于印度佛教的中国化佛教的若干特点。我们认为，中国佛教区别于印度佛教的重要特点有以下六个[③]：

---

① 如20世纪50年代前，北京郊区潭柘寺不仅在北京周围有很多田地，在河北、山西两省也拥有许多土地。大觉寺在鼎盛时期，拥有田产超过了1600亩。

② 例如，中国佛教就有因天子诞辰、国忌（帝后皇族忌辰）而举行的法会。

③ 20多年前，笔者曾撰写《试论中国佛教之特点》一文（见深圳大学国学研究所主编:《中国文化与中国哲学》，北京，东方出版社，1986），认为中国佛教特点有三个：调和性、融摄性和简易性。这是偏于从传播方式、修持方式去概括总结特点。经过后来不断思索、琢磨，我转为从修持成佛的根源、道路和方法多角度去探讨中国佛教的特点。

（一）重自性

自性是印度佛教的重要概念，指自己的存在的本性，也即自己决定自己存在的真实不变的本质。印度佛教对自性的看法有一个演变的过程。早期佛教有个“人无我”的命题，“我”，即自性，“无我”即无自性，“人无我”是说，人的生命存在是由物质和精神方面的多个要素结合而成的，并没有真实的自性。部派佛教时期，有的部派佛教认为“自性实有”。大乘佛教形成后，其中中观学派高扬“缘起性空”说，主张缘起万物自性空，不赞成“自性实有”说。此外，大乘佛教中也出现了真心—佛性思想说，有的还以自性表示佛性，作为众生成佛的超越根据。印度佛教内部对自性学说的论述并不一致，但主流思想是主张自性空论。

以禅宗为代表的中国佛教继承了印度佛教的真心佛性思想，把自性等同为佛性，并作为核心概念以构建本宗的学说，进而表现出印度佛教主流思想偏于讲自性空，而中国佛教偏于主自性有的重大差别。

史载，禅宗五祖弘忍欲付衣法给慧能，叫慧能夜半入丈室，为说《金刚经》，至“因无所住而生其心”句，慧能言下大悟：一切万法不离自性。并说：“何期自性本自清净，何期自性本不生灭，何期自性本自具足，何期自性本无动摇，何期自性能生万法。”[①] 在慧能看来，自性是清净的、绝对的、自足的、恒常的，是一切万法的根源、根本，是宇宙和人生的本体、本原。这是对人的本性、对人的生命本质的一种肯定，是对人的心性本体和人生的实践主体的肯定，这为人的修持成佛提供了理论基石和内在基础。中国禅宗的自性说对印度佛教的真心佛性说有明显的继承关系，同时也时而可见般若性空思想的影响，但是与印度佛教的性空学说的基本精神有所不同，是偏重于从自性有的方面来阐述人生解脱问题的。禅宗主张修持应以自性为枢纽，而且提出自性是一种“本觉性”的论说，慧能说：“自色身中……自有本觉

① 慧能：《六祖大师法宝坛经·行由品第一》。

性。”[1]本觉是先天本来具有的觉悟、智慧。宗密更以自性本觉表示中印佛教心性思想空与不空（有）的区别。他在《禅源诸诠集都序》中从“性”“空”对举的角度，把佛教区分为空宗和性宗两宗，并分析了两宗的十种异点，其中最重要的是指出两宗“性”字的意义不同：空宗的心性指空寂而言，性宗所说的心性则“不但空寂，而乃自然常知”[2]。又说：“空宗以诸法无性为性，性宗以灵明常住不空之体为性。”[3]宗密认为，代表印度佛教的空宗讲的心性是不觉、无知的，是诸法无性为性，而中国佛教的性宗讲的心性是本觉、有知的，是以灵明常住不空之体为性。心性本觉说是肯定心性觉悟不是可能而是现实的，是不需要经过修持就本来具有的。宗密所说的心性具有现实灵知不空之体的思想，实为隋唐时代中国化佛教宗派天台、华严和禅诸宗所共有，并成为这些宗派的理论基础。中国佛教的这种自性说与中国固有的重视个人心性修养、儒家的性善说和反省内心的方法以及道家的自然本性说，是彼此相互呼应的。

（二）重现实

佛教的主旨是通过修持以解脱人生的烦恼、痛苦，进入远离现世苦恼的涅槃境地。由此如何对待和处置现实与理想、经验与超越、现世与来世、入世与出世的关系，就成为佛教的重大理论问题和实践问题。

印度小乘佛教圣者声闻、缘觉严格区分经验的现实的世界与超越的理想的世界，强调独善自了，舍离世间，超脱现实的情欲世界，具有强烈的出世倾向。大乘佛教则认为出世间与世间两者不能分离，强调出世间的理想要在世间中实现。大乘佛教并不否定人生价值，也不忽略现世生活，而是要求投身于世间，改革人生，变革世间。

中国佛教继承印度大乘佛教思想，而且更加重视现实，重视现实

---

① 敦煌本《坛经》，[21]。

② 《大正藏》第 48 卷，406 页。

③ 《大正藏》第 48 卷，406 页。

人性、现实人生、现实社会和现实世界，禅宗和人间佛教在这方面的表现尤为突出。

禅宗创始人慧能在自性本来具有觉悟性的思想基础上，提出了“自性自度”① 的修持模式，宣扬无须向外求索，也无须外界助力的自我解脱说。由此“本来是佛”、“心即是佛”、“即心即佛”、“平常心是道”，乃至“一切观成”，也就成为尔后禅门修持的基调。

慧能还提倡禅修要在世事上实践，他说：“法元在世间，于世出世间，勿离世间上，外求出世间。”② 后世将此句改为“佛法在世间，不离世间觉，离世觅菩提，恰如求兔角”③，强调佛法与世间的相即不离的关系。又说：“若欲修行，在家亦得，不由在寺。”④ 提倡修行不必脱离现实的家庭生活。慧能甚至说：“心平何劳持戒，行直何用修禅；恩则孝养父母，义则上下相怜。”⑤ 认为佛教修持重在心平行直而不是一定要持戒禅修，关键是要重视世俗道德，讲究恩义，孝养父母，爱怜上下。慧能重视不离开现实世间的禅修主张，极大地拉近了世间与出世间的距离，缓解了世间与出世间的矛盾，有力地推动了佛教修持的世间化的进程。⑥

形成于近现代的人间佛教是继承禅宗重现实重世间的基本精神、适应近现代特点和需要的新佛教，是中国佛教的新派别、新类型、新模式。作为一种新佛教的人间佛教，它的“新”就在于更加重视现实性，重视现实人生，重视现实人间，强调要在此生、此时、此地的现实中去实现佛教理想。展开一点说，人间佛教重现实的基本向度有三：

---

① 敦煌本《坛经》，[21]。

② 敦煌本《坛经》，[36]。

③ 慧能：《六祖大师法宝坛经·般若品第二》。

④ 敦煌本《坛经》，[36]。

⑤ 慧能：《六祖大师法宝坛经·疑问品第三》。

⑥ 后世禅师有“出草入草”之说。草，喻现实世界。入草是投身现实世界，济世度生。出草是离开现实，探求佛法。《碧岩录》：“出草入草，谁解寻讨？雪窦却知他落处，到这里，一手抬，一手搦。”（《大正藏》第48卷，173页）又，禅师也提倡在卖鱼售酒的烦嚣街市，教化度生。《卍续藏经》第113册载，宋代廓庵禅师《十牛图颂并序》云：“提瓢入市，策杖还家，酒肆鱼行，化令成佛。”

一是以人类为本位、为中心，强调佛教主要是使人类进步，而不是离开人类去做神做鬼，贬低、排除鬼神在佛教中的地位，也贬低、排除人类以外其他动物“众生”在佛教中的地位。二是重现生，轻死后。重视人的现实生命的提升，在视野中淡出死亡、来世、“永生”，以对治“死人佛教”、“鬼的佛教”的偏向。三是反对消极厌世、逃世、出世的倾向，强调要服务社会，为社会谋利益；要影响社会，净化社会，建设人间净土。

此外，中国民间大众对佛教的信仰追求，也多侧重于物质层面、现世福利、眼前好处，表现为追求福、禄、寿，祈求消灾祛难、避祸得福、多子多孙、升官发财、延年益寿等现实性利益。

（三）重禅修

“禅”是梵语 Dhyāna 音译“禅那”的略称，汉译是思维修、静虑、摄念，即冥想的意思。与禅的含义相应的梵语还有 Samadhi，音译为三摩地、三昧等，汉译作定、等持等，是指心神凝然不动的状态。在中国通常是梵汉并用，称作“禅定”。实际上，禅定的主要内容是禅，其要点是静虑、冥想。

禅定是印度佛教戒、定、慧“三学”之一，也是大乘菩萨修持的六种德目“六波罗蜜”[①]之一，在佛教思想体系中具有重要的意义。从印度佛教历史发展的实际过程来考察，相对而言，印度早期佛教偏重于持戒实践，中期以中观学派和瑜伽行派为代表则偏重于义理的阐扬，到了后期，佛教又逐渐密教化，奉行身、口、意“三密”的修法。中国佛教则有所不同，从佛教传入迄今两千余年，禅定一直是中国佛教修持的基本方式。太虚法师据此提出“中国佛学特质在禅”的论断[②]，揭示出中国佛教的一个重要特点。

禅修作为中国佛教的特点，表现在两晋南北朝时期大量僧人，尤其是北方僧人的修持实践上，更表现在中国化佛教宗派——天台、华

① 六波罗蜜：布施、持戒、忍辱、精进、禅定、智慧。

② 太虚：《中国佛学》，北京：中国佛教协会·中国佛教文化研究所，1989 年。

严、禅诸宗也都以禅修为立宗基点，甚至于净土宗在其演变中也出现日益与禅修合流的倾向。

天台宗先驱慧文禅师一生力阐禅观，于《大智度论》、《中论》深有所得，而悟入“一心三观”的观行方法。慧文后继者慧思禅师则是日间谈义理，夜间禅观思维。慧思的杰出弟子智𫖮禅师不仅继承和发展了慧文、慧思的“一心三观”，还吸取了其他有关学说，倡导圆顿教观，在佛教的教义和观行方面构成一家教法，创立了天台宗。天台宗的独特禅观，从一个重要侧面反映了中国佛教重禅修的特点。

华严宗的学统传承，一般作杜顺—智俨—法藏—澄观—宗密。杜顺早年从僧珍禅师受持定业，相传他撰有《华严法界观门》。杜顺弟子智俨作《华严经搜玄记》，阐扬《华严经》的教相和观行。智俨门人法藏继承杜顺、智俨的学说，并发扬光大，创立宗派。此宗宣导理事圆融、事事无碍的观法，构成中国佛教禅观的一项重要内容。华严宗四祖澄观早年广泛参学禅教各家，后更是融会禅教，强调唯心，立一心法界无尽缘起说。澄观弟子宗密，以诵经、禅修为业，后世称为圭峰禅师，尊为华严五祖。他继承澄观的融会教禅的思想，盛倡教禅一致。历史表明，华严宗与禅修有不解之缘。

禅宗更是把本来是佛教的实践德目之一的禅定发展为一种独特的实践方式，以用参究的方法，彻见心性的本原为主旨，强调成佛主要是显现本心本性，从而形成了有别于印度佛教修持的独具特色的佛教宗派。禅宗在唐末以后，日益成为中国佛教的主流派别，这是中国佛教重禅修最为典型的表现，

净土宗本以专修称名念佛而求死后往生弥陀净土的法门而得名。五代以后，净土宗逐渐与禅宗合流，同时实行禅与净土念佛相结合的修习法。宋、明以来还出现了“念佛禅”，践行念佛的禅法。

禅源自印度，但把禅作为佛教整体修持实践的重点则是中国佛教的特色，其中禅宗的创立及其禅修方式更是中国佛教的重大创造。

(四)重顿悟

佛教讲的悟，即觉悟。所谓觉悟，指对宇宙人生的真理的认知和体悟；相应地，也含有生命的烦恼痛苦获得解脱的意思。总体来说，佛教的觉悟方式通常分为两种：渐悟和顿悟。渐悟是经历不同次第、阶段，渐次悟入真理，证得佛果。顿悟则是当下的、顿然的觉悟，成就佛道。

印度小乘佛教认为人通过长期修行只能证得阿罗汉果。大乘佛教也认为修行是一种漫长的渐次过程，要经历极为复杂的次第阶段。渐修是顿悟的前提和基础，顿悟是在渐修的最后次第才出现的。如菩萨的修行要经过五十二个阶位，才能臻于成佛。也就是要经"三阿僧祇劫"，即经过异常久远的时间，在功德圆满时才能成就为佛。

佛教传入中国以后，中国僧人也有持渐悟说的，且时有渐顿之争，但就其主流来说，则是主张顿悟的。

顿悟说的首创者是东晋南北朝时的竺道生，他说："夫称顿者，明理不可分，悟语照极。以不二之悟，符不分之理。理、智恚[①]释，谓之顿悟。"[②]他认为宇宙人生的最高真理是一个不可分割的整体，既然最高真理是不可分割的，对真理的悟得也是不可能分阶段、渐次实现的。道生的顿悟说在中国佛教思想史上有着重要的意义和深远的影响。

隋唐时代，宗派佛教处于鼎盛时期，顿、渐之争十分激烈。有主渐修顿悟的，也有主顿修渐悟的，还有提倡渐修渐悟的。在诸宗派中，禅宗慧能南宗力主顿悟说，神秀北宗则偏重渐修说。

敦煌本《坛经》载，慧能结合本人的宗教体验说："善知识，我于忍和尚处，一闻言下大悟，顿见真如本性。是故将此教法流行后代，令学道者顿悟菩提，令自本性顿悟。"[③]慧能所谓顿悟，是顿然悟得菩提

---

① "恚"，此字意义不明。《荷泽神会禅师语录》卷二十一有云："事须理、智兼释。谓之顿悟。""恚"或为"兼"字之误。

② 慧达的《肇论疏》引道生语，见《续藏经》，第1辑第2编2节第23套第4册，425页。

③ 敦煌本《坛经》，[31]。

智慧，直接契证本性（觉性）。王维在《六祖能禅师碑铭》[①]中称慧能倡言“本觉超于三世”，“超于三世”就是顿悟。顿悟是在刹那间、瞬息间实现的。竺道生的顿悟说重在悟理，把握最高真理。慧能的顿悟说则重在悟性，顿悟清净自性。悟理和悟性有相通之处，其间的桥梁是悟菩提智慧。就悟理和悟性相较而言，悟性比悟理似较易操作，也更能体现修持的主体特征。慧能突出了众生自心的觉悟，并以此为解脱的根本思想和唯一途径。顿悟本性说开辟了一条自心快捷觉悟的成佛之道，成为祖师禅区别于如来禅的主要标志，也成为尔后禅宗各派系禅修方式的根本指导思想，影响深远。

（五）重简易

中国佛教的重简易，首先表现为净土宗修持的简易法门。净土宗实际创始人善导把往生净土的行业分为正、杂二行。正行是依净土经典所修的行业，杂行则是修持其他善行。正行有五种：读诵净土经典、观察弥陀净土的庄严、礼拜弥陀佛、赞叹供养弥陀佛和专称弥陀佛的名号。五行中前四行是助业，称名是正业。善导的净土法门是舍杂行，归正行；正修正业，旁修助业；念念不舍，一心专念阿弥陀佛的名号。也就是以称名念佛为主，以往生净土为目的。称名念佛与禅修念佛不同，也与礼拜、赞叹、供养弥陀佛不同，而是口上称颂阿弥陀佛的名号，心中念想之，心、口并用。善导认为，只有称名是符契阿弥陀佛本愿的正业，而通过念佛，就能得到阿弥陀佛的他力的帮助往生净土。也就是说，净土法门不仅易行，也“易往”，易于往生，即“速超生死”，进入净土。净土法门既无深奥义理之解和艰难劳苦之行，又定能进入极乐世界，并不会退转，而直至成佛。净土宗正以其简易修行方法，凝聚了广大信徒。宋代以来，也吸引了不少禅宗、天台宗和律宗的信众兼弘净土。

其次，慧能禅宗的根本思想和修持方式也具有简易性。所谓“直

---

① 见石峻等编：《中国佛教思想资料选编》，第2卷第4册，北京：中华书局，1983年。

指人心，见性成佛”，就是排除经典学习和戒律修持，把成佛归结为自我本性的还原、呈现，具有主观、简易和便捷的特征。后世禅家还把这种思想渗透到日常生活里头，使之成为一种随缘任运的态度。《景德传灯录·慧海传》里有这样的故事：“有源律师来问：‘和尚修道，还用功否？’师曰：‘用功。’曰：‘如何用功？’师曰：‘饥来吃饭，困来即眠。’曰：‘一切人总如是，同师用功否？’师曰：‘不同。’曰：‘何故不同？’师曰：‘他吃饭时不肯吃饭，百种须索；睡时不肯睡，千般计较，所以不同也。”’[①] 这就是说，一切言语举动，不著事相，行无所事，顺其本然，就是用功修道的法门。禅修就是在日常生活中，在举手投足间，这也是简易性的突出表现。

印度佛教修学纲要和实践要道是戒、定、慧“三学”。佛教徒要修持遮恶从善的各种规范，要摄散澄神，观悟佛道，要广学佛理，消除无明，提升智慧。由戒生定，由定发慧，戒、定、慧三者，缺一不可。此外，又有八圣道、六度等的进一步阐论。相较之下，中国净土宗专修称名念佛，禅宗主随缘任运，其修持之简易性是十分明显的。

（六）重圆融

圆融，即圆满融通。从中印佛教史来看，圆融构成了中国佛教区别于印度佛教的又一重要特点。

印度佛教历史大体上是由统一到分裂、分派，是一个不断地分化、衍生的过程。印度佛教于公元前 6 ~ 前 5 世纪创立，约公元前 3 世纪，分裂为保守的上座部和革新的大众部两个部派。后来这两个部派又分化为 18 个或 20 个部派。公元 1 世纪，在家信众组织的菩萨团成立，标志着大乘佛教的形成。迄至大乘佛教中期，又分为中观学派和瑜伽行派两大派别。后来两派又各自分化出不同的派系。公元 7 世纪中叶，又形成密教。密教的产生，涉及佛教与印度教的关系。此时伊斯兰教军队屡次入侵印度，印度大众由于反抗意识主导而倾向于民族宗教印

① 《大正藏》第 51 卷，247 页。

度教，佛教则为了维护自身的存在，也逐渐融合于印度教并导致密教化。至 12 世纪末，佛教已完全融入于印度教中，并在伊斯兰教军队的摧毁下，奄奄一息，终至销声匿迹。可见，印度佛教虽也有圆融思想，但在内部，不断分化是其主流，而在外部，则因与印度教融合而导致自身特质的丧失，从而也就失去了独立存在的价值。

中国佛教则不同，它的流传是一个从译经、讲习到创新的过程，是一个由分派到融合的过程。它在流传过程中，不仅融入了中国传统文化之中，而且又保持了自身的特质，成为中国传统文化儒、道、佛三大组成部分之一。中国佛教的圆融是成功的，谱写了中国文化史上的光辉篇章。

中国佛教内部的圆融，主要表现为，一是教相判释，二是中印异质文化融合，三是诸宗合流。教相判释即判教。佛教经典浩如烟海，且又大小乘不同派别的学说混杂一起介绍过来，在教义内容上多有不一致之处。中国佛教各宗派普遍采用判教方式，把各经典加以综合、融通，依说法的时序、对象、内容和形式的不同进行排列，成为一种顺序过程，而不致产生矛盾。关于中印佛教文化，如上所述，印度佛教追求未来，重在来世的安顿，中国文化奉行忠、孝、仁、义之道，重在现实的关照，两种文化基质不同。而中国佛教运用中道圆融精神，使两者互相融合，成功地实现了佛教中国化的整合。又与判教学说相适应，唐代以后各个宗派之间融合倾向也日益增强，先是实现禅教一致，次是各宗与净土的合一，再是以禅净合一为中心的各派大融合，这也是中国佛教历久不亡、没有被边缘化的重要原因。

中国佛教外部的圆融，表现为与中国社会政治、伦理道德、价值观念、信仰习俗等多方面的融合会通。如佛教鼓吹“仁道”的政治，宣扬佛教的存在需要“国主”的支持，以求王权的保护。佛教主动调整有违中国伦理道德的话语，宣扬孝顺父母、尊敬君主，以求与中国伦理道德观念的协调。佛教综合因果报应论与中国固有报应观念，提出新的生死价值观，并结合中国平民的习俗与需要，构成以观音等菩萨信仰为重点的神灵崇拜体系。佛教与中国固有文化的圆融，也可以说集中表现为与儒、道的圆融。佛教与儒、道有冲突有融合，但融合是主要的。相对而言，佛教与儒家的融合重在伦理道德层面，而与道家的融合则重在哲学理念层面。最值得注意的是，佛教不断提出儒、道、佛三教“同源”、“一体”、“一道”、“一致”、“合一”等说法，并把三教合一定位在心性上面，强调儒、佛、道三者是名，三者的心是实，心是成就儒、佛、道理想人格或神格的根据。因三教的心有其共同之处，心也就成为三教合一的融会点。佛教强调与儒、道圆融的基础是心性论，这对于认识中国佛教乃至中国哲学、文化的特质，都有重要意义。

此外，中国佛教还重视圆融理论的创新。如天台宗的空、假、中三谛圆融论和华严宗的理事无碍、事事无碍说，就是中国佛教圆融实践的理论总结，并从哲学上为中国佛教的圆融特质提供了方法论根据。

由上可见，中国佛教以其鲜明的特点而异于印度佛教。虽然作为佛教，中国佛教对印度佛教有其必然的继承关系，但更为重要的是，中国佛教对印度佛教有着重大的发展，这种发展构成了佛教的新特色，这种新特色集中表现为中国化的成佛之道的形成。

中国佛教的六个特点中，大体而言，重自性和重现实，属于佛教信仰价值取向的范畴，而重禅修、重顿悟、重简易和重圆融，则属于佛教信仰修持方式的范畴。偏重修持主体的本源心性和现实生活，是六个特点中最重要的两个特点，这两个特点体现了中国文化重实践不重思辨的特性，从而不仅决定了中国佛教偏重禅修的特点，而且连同重禅修特点又决定了中国佛教偏重顿悟的特点。此外，重自性和重现实的特点，连同重禅修和重顿悟的特点，又影响了简易和圆融两个特点。六个特点之间有着紧密程度不同的逻辑联系，反映了内容决定形式的客观规律。

从文化背景来考察，中国佛教的信仰价值取向，深受中国修学之道的影响。《礼记·中庸》云：“君子尊德性而道问学。”认为君子既要尊崇天赋的善性，又要通过学习来培养善性。直至宋明理学之前，儒家虽将问学与德性并提，但实际上是重德性之尊而轻问学之道，关注心性修养而忽视知识探求。该书又云："极高明而道中庸。"强调追求崇高的境界要遵循平常的中庸之道，包含着在现实日常生活中实现境界提升的意义。儒家成就人生理想人格的基本模式和思维定式，影响了中国佛教在确立成佛之道进程中关切自性和关注现实的特点的形成。

中国佛教的特点也彰显了中国佛教僧侣乃至中华民族的主体性与开放性的和谐统一。中国佛教僧侣既保持有中华民族的主体意识，以中国佛教的发展需求为本位，去重构成佛的根据、道路和方法，同时也持有开放的心态，虚心吸纳印度佛教适应中国佛教需要的因素。主体性与开放性的结合，迸发出创造性。这是一个重要的历史启示：一个民族文化要想获得不断发展，也同样必须具有主体性与开放性两种素质，并且善于把两者有机地结合起来，不断地推动民族文化的创新和进步。

2009 年 4 月 22 日在中国人民大学"国学论坛"的讲演

原载《国学学刊》，2009（4）